Claudio Magris

Der habsburgische Mythos in der modernen österreichischen Literatur

Paul Zsolnay Verlag

Die italienische Originalausgabe erschien erstmals 1963 unter dem Titel *Il mito absburgico nella letteratura austriaca moderna* beim Verlag Einaudi in Turin. Die von Madeleine von Pásztory für die deutsche Erstausgabe von 1966 angefertigte Übersetzung wurde auf der Grundlage der italienischen Neuausgabe (Einaudi, Turin 1996) überarbeitet. »Dreißig Jahre danach«, das Vorwort zu dieser Neuausgabe, wurde von Renate Lunzer übersetzt.

1 2 3 4 5 04 03 02 01 00

ISBN 3-552-04961-4

Satz: Satz für Satz. Barbara Reischmann, Leutkirch
Druck und Bindung: Franz Spiegel Buch GmbH, Ulm
Printed in Germany

Inhalt

IV. HABSBURGISCHE HEIMATLITERATUR

V. FINIS AUSTRIAE

VI. EINE WELT VON GESTERN – EIN MYTHOS VON HEUTE

Dem Andenken an
Leonello Vincenti
gewidmet

Dreißig Jahre danach

Das Vorwort zur vorausgegangenen Ausgabe dieses Buches trug den Titel »Zwanzig Jahre danach«. Zwanzig Jahre danach, dreißig Jahre danach ... in Wirklichkeit sind es mehr, auch wenn die Symmetrie der Titel die runden Zahlen liebt und vor allem im ersten Fall der Versuchung nicht widerstehen kann – literarische Laster sind unausrottbar –, auf den berühmten Roman von Alexandre Dumas anzuspielen. *Der habsburgische Mythos*, der in Italien 1963 erschien, ist nämlich zwischen 1959/1960 und 1962 entstanden. Die poetischen Lügen enthalten jedoch oft eine Wahrheit, und so ist auch die Anspielung, die den großen Drahtzieher der Mantel- und Degenabenteuer als Schutzgeist anruft, durchaus nicht abwegig. Auch in diesem Fall haben sich – mit dem gebührenden Abstand natürlich, *si licet parva componere magnis* – die Musketiere (das heißt der Autor) ein wenig verändert, haben längs des Wegs viele Dinge entdeckt und viele andere verloren, kämpfen aber, nach dem unerbittlichen Gesetz der Fortsetzungsromane, immer noch gegen die Garden des Kardinals und vereiteln die Intrigen der Feinde des Königs. Auf seine Art ist *Der habsburgische Mythos* so etwas wie der Lebensroman seines Autors geworden, die Karte seiner geistigen und intellektuellen Geographie, der Plan für die Pfade, denen er noch immer folgt und die sich in immer neuen Richtungen verzweigen – nicht so sehr zwischen Paris und La Rochelle, wie die der Musketiere, sondern im realen und imaginären Raum von Mitteleuropa, aber letztlich doch auch zwischen Paris und La Rochelle und darüber hinaus.

Das alte Österreich, welches, wie das Komitee der Musilschen »Parallelaktion« entdeckte, »irgendwie« »in der Luft hing«, so wie die »ganze Welt«, präsentierte sich als verführerisches Gesicht der Ordnung, der harmonischen Ganzheit, brachte aber eine Literatur hervor, die mit illusionsloser Klarheit die Leere der herrschenden Zivilisation demaskierte, den Nihilismus des modernen Wissens, jene abstrakte Konstruktion, die auf einem Vakuum beruht, vergleichbar der Loge des Kaisers, von der Broch spricht, die ständig leer bleibt und dennoch das Zentrum bildet, um welches die Realität sich ordnet. Die Geschichte des habsburgischen Mythos ist die Geschichte einer Kultur, die mit besonderer Intensität in den ihr eigentümlichen Formen die Krise und die epochale Verwandlung einer Zivilisation mitgemacht hat, eine Krise, die freilich nicht auf Österreich beschränkt blieb. Es ist die Geschichte einer Kultur, die aus Liebe zur Ordnung die Unordnung der Welt entdeckt hat.

Der habsburgische Mythos ist vor allem die Geschichte dieser Ordnungsliebe, und er rührt nur andeutungsweise, vielleicht allzu zurückhaltend, an den Saum der Entdeckung der Unordnung. Während der Arbeit an diesem Buch ging ich einer Sache nach, die erst langsam im Laufe meiner Forschung Form und Gestalt annahm, so daß ich am Anfang nicht einmal meinem Lehrer Leonello Vincenti genau erklären konnte, was denn eigentlich der Gegenstand meiner Dissertation, das heißt dieses Buches, war. Ich versuchte einen Mythos dingfest zu machen, mit anderen Worten, die Art und Weise, wie eine Kultur sich bemüht, die Vielheit der Wirklichkeit auf eine Einheit zurückzuführen, das Chaos der Welt auf eine Ordnung, die fragmentarische Zufälligkeit der Existenz auf die Essenz, die historisch-politischen Gegensätze auf eine Harmonie, die sie versöhnen, wenn schon nicht aufheben kann. Ich setzte mir vor allem zum Ziel, die Morphologie dieses Mythos zu beschreiben, aber auch seine Geschichte zu verfolgen, seine Genese, seine Entwicklung, die Gründe dafür und seine politische Funktion, die Beziehungen, die jeweils zwischen seiner dichterischen Ausformung beziehungsweise zwischen seinem ideologischen Überbau und der gesellschaftlichen Realität bestanden.

Es ging darum, die Geschichte der habsburgischen Kultur

nachzuvollziehen, aber auch darum, aus ihrem historischen Kontext einen Wesenskern herauszuschälen, einen »Mythos«, der ihre intellektuelle und erkenntnisvermittelnde Funktion deutlich machen sollte, ihre Fähigkeit, mit experimenteller Schärfe das hervorzuheben, was Musil als »Welt-Experiment« bezeichnet hat. Mythos ist ein ambivalenter Begriff, der etwas mehr oder etwas weniger als die Realität angeben kann, er kann entweder eine Wesenheit, einen über die Schwankungen der Zeit hinaus gültigen Wert bedeuten oder eine wahrhaft positive, grundlegende Idee, aber auch eine Konstruktion oder eine ideologische Verfälschung.

Um die Konturen dieses Mythos oder dieses Modells zu umreißen, war es unvermeidlich, sich bei der Analyse in erster Linie auf eine positive Ausformulierung zu konzentrieren, mehr auf das sehnsuchtsvoll-verführerische Antlitz der *Austria felix*, wie es Werfel oder Roth beschworen haben, als auf das sarkastische Porträt, das Musil von ihr gezeichnet hat (und das freilich nicht minder nostalgisch ausgefallen ist), oder auf die ungreifbare Epiphanie des Nichts, als die es bei Peter Altenberg erschien. Andererseits war es aber gerade das Liebäugeln mit der Ordnung, welches erlaubte, die Unordnung zu entlarven, insofern nämlich das auf die Realität projizierte Verlangen nach Werten die Abweichung der Wirklichkeit vom Modell, ihre Mängel, ihre negativen Seiten vor Augen führte. Das losgelöste Detail wird mit dem impliziten Maß der verlorenen Totalität und der zerbrochenen Hierarchie gemessen, so daß die Unzulänglichkeit der gegebenen Wirklichkeit im Hinblick auf den Wert zutage tritt.

Der habsburgische Mythos war der Versuch, einen roten Faden, eine große Linie zu finden – vielleicht auch, sie zu konstruieren, denn jeder Gedanke, der in der verwirrenden und zufallsbedingten Vielfalt der Geschehnisse eine Einheit, eine Totalität festhalten will, trägt auch dazu bei, dem Wirbel der Ereignisse und Erscheinungen eine solche sinnstiftende Totalität zu verleihen, vielleicht auch aufzuzwingen. Damit lassen sich auch die intensiven und lebhaften Diskussionen erklären, die das Buch hervorgerufen hat. Sie sind allerdings in der Hauptsache durch den scheinbar kritischen und negativen Charakter des Buches selbst ausgelöst worden. Ich glaube, daß es sich dabei um ein Mißverständnis handelt, freilich, genau besehen, um ein fruchtbares Mißverständnis.

Das Buch scheint – besonders in Österreich wurde es anfänglich so rezipiert – eine Entmythisierung, ja eine Demolierung des habsburgischen Mythos zu sein. In Wirklichkeit ist es aus einer tiefen inneren Anteilnahme entstanden. Wenn man den Prozeß der Mythisierung verstehen will, ohne in eine sentimentale Apologie zu verfallen, die ihn verfälscht, muß man, glaube ich, bei aller teilweisen Wertschätzung und Liebe, einen negativen Standpunkt einnehmen. Nur der Widerstand gegen eine Verführung ermöglicht es, ihren konsistenten Wert herauszufiltern und ihrer authentischen Dimension Gerechtigkeit widerfahren zu lassen. Die Entzauberung ist notwendig, um das Feuer der echten Verzauberung anzufachen, die nicht leeres, künstliches Gerede bleibt. Ein Mythos beginnt erst dann zu funkeln, wenn man ihm seinen Pappzauber nimmt. Die Südsee wird eine Seelenlandschaft erst auf den Seiten von Melville oder Stevenson, die gründlich jede Staffage vom angeblich unberührten Paradies demontieren. Nur durch Kritik am habsburgischen Mythos kann man seine Faszination ins rechte Licht rücken und ihr zugleich widerstehen.

Die persönliche Faszination, die Liebe zur Donaukultur sind indirekt ausgedrückt, im Gegenlicht sozusagen. Sie verraten sich eher in den Abstufungen eines Adjektivs oder einer Parenthese als in ausdrücklichen Verlautbarungen, sie verbergen sich eher in Nebensätzen, als in Hauptsätzen aufzutreten, sie sind mehr dem Fluß der Erzählung anvertraut als präzise formulierten Urteilen. Manchmal sind es der Stil, der Ton und die Musik der Sprache, die das, was gesagt wird, ergänzen und oft bis ins Gegenteil verkehren: Eine Stimme sagt, daß das Leben keinen Sinn hat, aber ihr Timbre beschwört diesen Sinn und ist sein Echo.

Die Annäherung auf dem negativen Weg ist im übrigen auch etwas sehr Österreichisches: Die Kontinuität der österreichischen Tradition besteht in einem fortwährenden Aufbegehren gegen ebendiese Tradition, und die großen Interpreten des Kaiserreichs, von Grillparzer bis Musil und Roth, haben ihre tiefe Liebe zu ihm nicht in billigen Lobsprüchen, sondern in widerständigem Protest, durch ihre illusionslose Kritik und Ironie ausgedrückt. Roth sagte, nur deswegen weil er in seiner Jugend gegen Franz Joseph aufbegehrt habe, stehe ihm das Recht zu, ihm nachzuweinen und jenes Österreich zu lieben, das ihn selbst über die Rebellion zur Treue erzogen habe. Ich glaube, daß dieses Potential der Desillusionierung und Entmythisierung in den achtziger Jahren, angesichts der öden und undifferenzierten Verherrlichung Mitteleuropas, das oft zu einem abgestandenen, beliebig verwendbaren Klischee herabgewürdigt wurde, wertvoll war. Nach dem Fall der Mauer kann man sich fragen, wie und ob noch von Mitteleuropa geredet werden wird.

Damals aber war die Mitteleuropa-Rhetorik vielerorts im Donauraum – vor allem in Österreich, aber auch in Italien, in Frankreich und in den sogenannten Ostblockländern – zum Instrument einer fieberhaften Suche nach der eigenen Identität geworden, an der man heimlich zweifelte und die man daher ostentativ zur Schau trug, eine obsessive, narzißtische, tautologische Salbaderei, eine mechanische Idealisierung, die bisweilen für einen echten Protest und eine Kritik an der Gegenwart stand, häufiger aber als Passepartout für eine konservative Haltung in Politik und Kultur (wie in den Ostblockländern gegen die sowjetische Herrschaft und im Westen gegen den *American way of life*). Der Mitteleuropa-Diskurs erzeugte oft einen Kurzschluß zwischen einer künstlichen Verherrlichung und einer ebenso künstlichen Verunglimpfung, beide erstickend in ihrem Wiederholungszwang. Mitteleuropa war eine Allroundmetapher geworden, die alles und sein Gegenteil bedeuten konnte, nostalgische Rückständigkeit und emanzipatorische Ansprüche, Verschlossenheit und Offenheit, Fortschritt und Reaktion.

Auch Schriftsteller ersten Ranges haben zu dieser Verwirrung der Bedeutungen beigetragen, und die neuere Diskussion – zu der ich mit einigen Arbeiten beizusteuern versucht habe – ist bemüht, sie zu entwirren. Das verlangt ein streng kritisches Vorgehen, eine aufklärerische Mythenkritik.

Andererseits kann die negative Perspektive sogar beitragen zum Mythos, der Forschungsgegenstand ist, auch über die ausdrücklichen Absichten des Autors hinaus, insofern er nämlich die Komponenten des Mythos entdeckt, konstruiert und mit liebevollem Auge betrachtet, während er sie erforscht und analysiert. Möglicherweise gehört also *Der habsburgische Mythos* selbst in gewisser Hinsicht zum habsburgischen Mythos oder trägt dazu bei, ihn zu schaffen, wie es in Italien geschehen ist, auch, oder hauptsächlich, entgegen den Absichten seines Verfassers. Vor einigen Jahren, als die in Italien herrschende Österreich-Mode bereits inflationär und stereotyp geworden war und ich mich polemisch dazu äußerte, meinte Cesare Cases diesbezüglich, daß ich vergeblich versuchte, den Golem aufzuhalten, den ich in Bewegung gesetzt hätte …

Als ich mich jener Welt näherte, sprach, anders als heute, außerhalb Österreichs fast niemand von ihr. Sie schien versunken und vergessen. Manchmal spielt uns die Geschichte solche Streiche: Etwas, das überholt und abgestorben schien, taucht plötzlich wieder auf und ist aktuell wie nie zuvor, während sich das, was aktuell und zukunftsträchtig schien, als veraltet herausstellt. Diese Verschiebung der Zeiten hat mit dem Vorgang des Schreibens zu tun, bei dem deren Gewebe aufgetrennt und neu zusammengesetzt wird wie das Tuch der Penelope.

Ursprünglich entsprachen das Buch und seine Niederschrift einer persönlichen Notwendigkeit: Ich wollte Bilanz ziehen, essayistisch, das heißt auf indirekte Weise, über Triest, über meine Geschichte, meine Tradition, über ihre kulturelle und existentielle Bedeutung. Als ich Triest verließ, um in Turin zu studieren, hatte ich das Gefühl, ich müsse mir mit Intellekt und Phantasie meine Welt und ihren Hintergrund aneignen, das heißt, meine pränatale Vergangenheit. Um Triest zu verstehen, mußte ich mich mit dem auseinandersetzen, was dahinterstand, also auch mit jener habsburgischen Welt, zu der es gehört hatte und die zu einem wesentlichen Teil seiner Realität geworden war.

Das Buch ist indirekt auch ein autobiographischer Essay, übertragen und objektiviert in der Analyse und Beschwörung einer Welt, die der Geschichte angehört. Der Essay ist im übrigen *per definitionem* eine indirekte literarische Gattung, die von einer Sprache spricht, um auch – manchmal vor allem – von einer anderen zu sprechen, und sein Thema läßt sich niemals ausdrücklich auf seinen Gegenstand beschränken. Daher kommt auch der epische, der erzählende Ton des Buches, sein Charakter eines Epilogs und einer zusammenfassenden *summa*. Die habsburgische Welt wird zum Symbol einer Totalität, die zerbricht, und ihre Literatur eine Odyssee zwischen den Bruchstücken der Totalität, auf der Suche danach, herauszufinden, ob es möglich ist, dem Babel der Welt einen Sinn abzugewinnen und dieses Babel, trotz allem, so zu durchqueren, daß man zur Bildung einer eigenen Persönlichkeit gelangt; oder ob diese Reise, im Gegenteil, eine fortschreitende Auflösung und einen ständigen Verlust bedeutet – Themen, die mich als Schriftsteller beschäftigen sollten und immer noch beschäftigen, von *Itaca e oltre* bis zu *Donau* und anderen Büchern.

In diesem epischen, totalisierenden Charakter liegt die Bedeutung des *Habsburgischen Mythos*, liegen aber notwendigerweise auch seine Grenzen, die Einwände auf seiten des Lesers hervorrufen können, aber auch auf seiten des Verfassers, der mittlerweile ebenfalls ein Leser geworden ist. Der Versuch, ein ganzes, umfassendes Kapitel der Kulturgeschichte in einer einheitlichen, geschlossenen Darstellung unterzubringen, zwingt manchmal dazu, auf Unschlüssigkeiten zu verzichten und den Wald der Erscheinungen mit der Axt zu sichten und zu lichten, um sich nicht in seinem Labyrinth zu verirren, zwingt dazu, manche Autoren oder manche Aspekte zu opfern sowie literarische Strömungen und Gestalten nicht ohne eine gewisse notwendige Willkür in einen bestimmten Rahmen einzuordnen oder daraus auszuschließen.

Die epische Haltung des Buches entsprang auch dem Wunsch, ein letztes Mal den Sinn für die Totalität der Welt und der Geschichte aufrechtzuerhalten, entgegen den Tendenzen zur Auflösung eines jeden Systems und zur fragmentarischen Betrachtung der Wirklichkeit, die auch im Autor schlummerten. Unter diesem Gesichtspunkt gehört *Der habsburgische Mythos* zu den Vorboten der kommenden 68er-Bewegung. Einige Jahre später fiel das weitverbreitete Interesse für die Kultur und vor allem für die Literatur Österreichs in der westlichen Welt mit dem Auftreten des negativen Denkens zusammen, mit der Frankfurter Schule, die das Schwergewicht auf all das legte, was der Fortschritt an ungelösten, verzerrten oder unterdrückten Problemen beiseite schiebt. Die österreichische Literatur wurde nun als eine unüberhörbare Stimme jenes Unbehagens an der Geschichte begriffen, das sich ab dem Ende der sechziger Jahre in der Kulturlandschaft breitmachte und die Krise der großen, totalisierenden Systeme einleitete, die über die Widersprüche der Wirklichkeit eine einheitliche Ordnung gesetzt hatten, welche Sicherheit verlieh. Die österreichische Literatur erschien als Ausdruck einer Negativität, die man als die einzig authentische Haltung im Denken wie in der Kunst empfand: eine Stimme, verliehen der Spaltung des im Musilschen »Delirium vieler« zersplitterten Individuums und dem Scheitern der Sprache; eine Kunst der Subtraktion, welche die Unvereinbarkeit zwischen Intelligenz und sozialer Rolle aufgezeigt hat, die Diagnose einer Realität, die nur aus Parallelaktionen zu anderen besteht, die es aber nicht gibt, aus Ersatzhandlungen für das wahre Leben, das es nicht gibt.

Die spöttischen Haruspizes der Entzauberung, die sehr wohl wußten, daß die Realität von einem gelöschten Konto lebt, finden keinen angemessenen Platz im *Habsburgischen Mythos*, höchstens zwischen den Zeilen. Diesen Erfahrungen des Nihilismus setzt das Buch Lukácssche Kategorien entgegen, die Idee einer möglichen Harmonie zwischen politisch-gesellschaftlichem Projekt und literarischer Utopie, und zwar um so eindringlicher, je mehr das Buch selbst im

Grunde vom Bewußtsein der Entzauberung, des Unbehagens und des Negativen getragen ist. Ich glaube immer noch, daß es nicht unnütz ist, eine Prise von Lukácsschem Klassizismus der neuen Mythisierung entgegenzuhalten, die in Österreich ungebührlicherweise nicht *eine*, sondern *die* Wiege der Postmoderne sieht. Gewiß sind in dem Buch bereits die Ansatzpunkte enthalten, die mich später dazu führten, mich mit der Krise zu beschäftigen, mit der Abwesenheit und den großen Metaphern des Negativen, angefangen vom Essay über das Ostjudentum, *Weit von wo*, bis zu *Itaca e oltre*, von der Parabel über die Unmöglichkeit einer Heimat und einer Geschichte, die die Erzählung *Mutmaßungen über einen Säbel* darstellt, bis zu jener anderen Parabel von der Unmöglichkeit der Überzeugung und des wahren Lebens, die den Roman *Ein anderes Meer* ausmacht. Letztere sind Geschichten, die die Grenzen Zentraleuropas überschreiten, die aber aus ihm kommen und es durchqueren. Ich glaube freilich, daß mir der Parameter einer – freilich zerbrochenen – Totalität, den ich mit dem *Habsburgischen Mythos* gewonnen habe, auch erlaubt hat, das Zerbrechen jeder Totalität besser zu beobachten – und ihrer Relikte, die wir sind.

Heute würde ich sicherlich das letzte Kapitel des *Habsburgischen Mythos* umschreiben und erweitern, jenen Teil, der dem großen erkenntnistheoretischen österreichischen Roman gewidmet ist, einem Musil oder Broch, die das Trümmerfeld der Totalität, den Zerfallsprozeß der Sprache und des individuellen Ich ausloten und auf die Konstruktion eines neuen Modells der Welt, des Wissens und des Menschen selbst ausgerichtet sind. Dieses Kapitel habe ich aber, wie ich glaube, während der seither vergangenen Jahre in vielen Essays geschrieben, die der österreichischen und der mitteleuropäischen Literatur im allgemeinen sowie einzelnen Autoren gewidmet sind (Hofmannsthal, Musil, Svevo, Broch, Blei, Canetti, Doderer, Rilke und vielen anderen), Essays, die sich vielfach auch der Auseinandersetzung mit Freunden und Kollegen verdanken. Aber das wahre Finale des *Habsburgischen Mythos* habe ich doch wohl, wenn man von *Weit von wo* absieht, mit zwei Büchern geschrieben: in Form eines Essays mit dem *Ring der Clarisse* von 1984, einem Band, der den Problemen des Nihilismus und des großen Stils nachgeht und sich dabei auf die europäische, besonders aber die österreichische Literatur zwischen dem Fin de siècle und der Gegenwart stützt; und in erzählender Form in *Donau* (1986), einer »sentimentalen Reise« durch Mitteleuropa, die, so glaube ich, mehr ein Buch *aus der* als *über die* Donaukultur ist. Diese Bücher sind, so hoffe ich, die Fortsetzung des Weges, den ich mit dem *Habsburgischen Mythos* eingeschlagen habe.

Claudio Magris
1996

Einführung

Das österreichisch-ungarische Reich ging 1918 unter. Doch für seine Intellektuellen und Dichter, die mit ihm plötzlich auch ihre Gesellschaft und damit das Fundament ihres Lebens und ihrer Kultur zerstört sahen, für die österreichischen Schriftsteller, die nun mit einem neuen politischen Klima konfrontiert waren, dessen Anforderungen sie ihrer Herkunft nach nicht gewachsen sein konnten, für sie stellte sich – und stellt sich mitunter noch heute – das alte habsburgische Österreich als eine glückliche und harmonische Zeit, als geordnetes und märchenhaftes Mitteleuropa dar, in dem die Zeit nicht so schnell zu vergehen schien und man es anscheinend nicht so eilig hatte, Dinge und Empfindungen des Gestern zu vergessen. In ihrer Erinnerung wurde dieses Österreich zu einem »goldenen Zeitalter der Sicherheit. Alles in unserer fast tausendjährigen österreichischen Monarchie schien auf Dauer gegründet und der Staat selbst der oberste Garant dieser Beständigkeit … Jeder wußte, wieviel er besaß oder wieviel ihm zukam, was erlaubt und was verboten war. Alles hatte seine Norm, sein bestimmtes Maß und Gewicht«[1]. Im verwandelnden Spiegel der Erinnerung war Österreich-Ungarn »ein alter Staat, von einem greisen Kaiser beherrscht, von alten Ministern regiert, ein Staat, der ohne Ambition einzig hoffte, sich durch Abwehr aller radikalen Veränderungen im europäischen Raume unversehrt zu erhalten«[2]. An dieses Zeitalter denkt man freilich nicht als ein »Jahrhundert der Leidenschaft«[3]: Die Männer »gingen langsam, sie sprachen gemessen und strichen im Gespräch sich die wohlgepflegten, oft schon angegrauten Bärte«[4].

Die Trauer um eine feste und sichere, in alten und beständigen Werten verankerte Welt verband sich in der Erinnerung oft mit dem Heimweh nach der Kindheit, nach den Düften und Farben, die jene Atmosphäre unauslöschlich dem Gedächtnis eingeprägt hatten: »noch heute kann ich jenen muffigen, modrigen Geruch nicht vergessen, der diesem Haus wie allen österreichischen Amtsbüros anhaftete, und den man bei uns den ›ärarischen‹ Geruch nannte«[5]. In der moralischen Verwirrung des neuen Europa dachte man mit naiver Hingabe oder ironischer Zärtlichkeit daran, daß man damals, in den k.k. Zeiten, noch an bürgerlichen Anstand und Achtbarkeit glaubte: »Heutzutage sind die Begriffe von Standesehre und Familienehre und persönlicher Ehre ... Überreste unglaubwürdiger und kindischer Legenden, wie es uns manchmal scheint. Damals aber hätte einen österreichischen Bezirkshauptmann von der Art Herrn von Trottas die Kunde vom plötzlichen Tod seines einzigen Kindes weniger erschüttert als die von einer auch nur scheinbaren Unehrenhaftigkeit dieses einzigen Kindes.«[6]

So erinnern sich Joseph Roth und Stefan Zweig ihrer Welt von gestern, die Stürme hinweggefegt hatten, die größer waren als sie; einer Welt, deren ohnmächtige Langsamkeit und scheinheilige Mittelmäßigkeit Zweig selbst zugab, die aber in der Erinnerung zum idealen Vaterland wurde, das, regungslos und gealtert, doch Tugenden bewahrt hatte, die inzwischen unglaublich erschienen: würdevoller Anstand und Korrektheit, pedantischer Respekt und gemütliche Ruhe, flüchtige und wehmütige Lebensfreude. Dieser Prozeß einer phantastischen und poetischen Verwandlung der untergegangenen Donaumonarchie kennzeichnet einen Großteil der nach der Apokalypse des Jahres 1918 entstandenen Literatur.

Von Zweig bis Werfel, von Roth bis Csokor, von Musil bis Doderer beschwören viele Schriftsteller, ausdrücklich oder indirekt, die Atmosphäre und die Merkmale des kulturellen Lebensstils der Donaumonarchie. Dabei handelt es sich um keine äußerliche thematische Verwandtschaft auf der Grundlage äußerer Kriterien, wie gemeinsamer Motive und Inhalte ihrer Werke, sondern vielmehr um einen ganz bestimmten kulturellen Humus, der in ausdrucksvolle Formen und einen spezifischen Ton der dichterischen Inspiration übertragen wird. Menschheitsbild und Denken dieser Schriftsteller, ihre mannigfaltige Reaktion auf die konkreten Lebensprobleme und die Nuancierung ihrer Empfindungswelt werden von der Last einer Tradition bedingt, von der sie kaum loskommen; vor allem aber von der prekären, instabilen und unbefriedigenden geschichtlichen Wirklichkeit und von einer daraus folgenden Flucht und der unmöglich gewordenen Rückkehr zur Realität und zur Gefühlswelt einer von der Geschichte zerstörten Welt.

Diese Schriftsteller, die im Kaiserreich Österreich, Königreich Ungarn und Böhmen und so weiter – so lauten Franz Josephs Titel – aufwuchsen, wenden sich in den Jahren ihrer Reifezeit dem Gestern zu, das sie als Ausgangspunkt für ihre menschliche und künstlerische Persönlichkeit empfinden. Heimweh oder Ironie, vollendete Beschreibung oder flüchtige Skizzierung des geistigen Hintergrundes kennzeichnen die Erinnerung an »Kakanien«[7], wie es bei Musil heißt; und trotz aller Unterschiede des Temperaments oder der vielleicht gegensätzlichen Blickwinkel, aus denen diese Welt betrachtet und wiedererlebt wird, präsentiert sie eine charakteristische Physiognomie, die man schwer völlig erfassen kann, da es sich mehr um eine musikalische Stimmung handelt als um eine organische Darstellung. Dies wird offensichtlich, wenn man den stark persönlichen, lyrischen, mythologischen Ton dieser Schriftsteller, von Werfel bis Roth, berücksichtigt, in dem sie sich mit der untergegangenen österreichisch-ungarischen Gesellschaft auseinandersetzen. Ihre dichterische Erfahrung geht von dieser quälenden Bindung an die Vergangenheit und von diesem Mythos aus, der ihrer Erinnerung und ihrer Phantasie oder besser, ihrer Kultur innewohnt.

Der Ausdruck Mythos, an sich schon ein Hinweis auf die Veränderung und Entstellung der Wirklichkeit, die auf den Wunsch zurückzuführen sind, aus dieser Wirklichkeit eine angeblich wesentliche Wahrheit, einen hypothetischen, metahistorischen, deren eigentlichste Bedeutung beinhaltenden

Kern herauszuschälen, gewinnt in diesem Falle ganz besondere Bedeutung. Der habsburgische Mythos ist also nicht ein einfacher Prozeß der Verwandlung des Realen, wie er jede dichterische Tätigkeit charakterisiert, sondern er bedeutet, daß eine historisch-gesellschaftliche Wirklichkeit vollständig durch eine fiktive, illusorische Realität ersetzt wird, daß eine konkrete Gesellschaft zu einer malerischen, sicheren und geordneten Märchenwelt verklärt wird. Es versteht sich, daß diese Mythisierung keine abstrakte Phantasie ist, daß sie also zuweilen durchaus einige reale Aspekte der habsburgischen Kultur zu erfassen vermag, und zwar mit ganz besonderem Scharfsinn. Und es versteht sich ebenfalls von selbst, daß sich nicht alle Schriftsteller auf eine oberflächliche »Laudatio« der guten alten Zeit beschränken: im Gegenteil entfernt die Ironie eines Musil erbarmungslos die erhabene und achtbare Patina, die wie eine barmherzige Staubschicht das Ende der Ära Franz Josephs bedeckt. Aber auch die schärfste Analyse Musils und Doderers nüchterner Humor bleiben in gewissem Sinne innerhalb einer bestimmten Art und Weise, die Dinge zu sehen. Auch als boshafte Kritiker bleiben sie Gefangene dieser märchenhaften und sehnsüchtigen Verklärung der Welt der Donaumonarchie, dieser suggestiven Entfremdung, die mehr als ein Jahrhundert lang ein wirkungsvolles Machtinstrument und die wichtigste geistige Stütze des Habsburgerreiches war.

Dies hat seinen Grund darin, daß die Mythisierung der habsburgischen Welt, wie man ihr in der nach deren Auflösung entstandenen Literatur begegnet, keine einfache Evozierung der Vergangenheit ist, sondern sich einer alten Tradition, einem geschichtlichen Prozeß der Deformierung der österreichisch-ungarischen Realität angliedert: ein Vorgang, dessen letzte Phase die zeitgenössischen Dichter darstellen; das End- und zugleich beispielhafteste Kapitel, da der Umstand, daß diese Gesellschaft nach ihrem Untergang beschrieben wird, den Charakter der Evasion und der Flucht vor der Wirklichkeit, wie er die Sicht der österreichischen Dinge – den habsburgischen Mythos – gekennzeichnet hatte, noch betont. Dieser war vor allem ein weises und überaus wirksames Instrument einer umsichtigen politischen Entfremdung gewesen, nämlich das Bemühen, für ein immer anachronistischer werdendes Staatsgefüge eine Daseinsberechtigung zu finden und auf diese Weise die Energien von der konkreten Wahrnehmung der Wirklichkeit abzulenken. Natürlich war dieses pathetische Bemühen, das einer aufrichtigen und leidenschaftlichen Bindung an die zu verteidigenden Werte entsprang, nicht auf allgemeiner, politisch-propagandistischer Ebene geblieben, sondern in den Bereich der Gefühle und Alltagswerte, des Lebensstils, eingedrungen. So hatte sich das habsburgische »System« in einen Komplex von Gewohnheiten und nicht nur politischen, sondern auch persönlichen Idealen, in eine ganz bestimmte geistige Atmosphäre umgesetzt. Ein großer Teil der österreichischen Literatur im letzten Jahrhundert der habsburgischen Geschichte war in diesem Klima entstanden, und der ernsthafte humane Elan, der diesen Versuch eines unmöglichen Erhaltens belebte, äußerte sich oft in Werken von bewegter Menschlichkeit und lebendiger Poesie. Der habsburgische Mythos hatte einen überaus bemerkenswerten Verbreitungs- und Durchdringungsgrad erlangt, er hatte Empfinden und Bewußtsein erfaßt, und so war es ihm fast gänzlich gelungen, die widersprüchliche österreichische Realität in eine ruhige und sichere Welt zu verwandeln. So erinnern sich ihrer die Dichter, die nach ihrem Zusammenbruch übrigblieben, verliebt in jene statische Epoche: wenn die Ereignisse sich überstürzten und man das Bedürfnis nach Frieden empfand, »konnte man den Zug der Zeit verlassen, sich in einen gewöhnlichen Zug einer gewöhnlichen Eisenbahn setzen und in die Heimat zurückfahren«[8]. Und in der Tat macht sich in den Werken der modernen Schriftsteller, die Kakanien beschwören, ein Gefühl des Verlustes der zerstörten festen Sicherheit und der verlorenen Werthierarchie bemerkbar; die Auflösung der Donaumonarchie scheint ihr Leben und ihre Gefühle umgewälzt zu haben: »Damals, vor dem großen Kriege, ... war es noch nicht gleichgültig, ob ein Mensch lebte oder starb.

Wenn einer aus der Schar der Irdischen ausgelöscht wurde, trat nicht sofort ein anderer an seine Stelle, um den Toten vergessen zu machen, sondern eine Lücke blieb, wo er fehlte ... Alles, was wuchs, brauchte viel Zeit zum Wachsen; und alles, was unterging, brauchte lange Zeit, um vergessen zu werden ... man lebte dazumal von den Erinnerungen, wie man heutzutage lebt von der Fähigkeit, schnell und nachdrücklich zu vergessen.«[9]

Die Themen und Motive der modernen Beschwörung der Donaumonarchie entstehen also nicht mit den modernen Autoren, sondern knüpfen an eine besondere Tradition an. Ja, bei den neueren Schriftstellern, die Milieu und Menschenbild der k.u.k. Monarchie in ihren Werken wiedererwecken, werden die alten Aspekte sogar deutlicher, klären sich besser und heben sich deutlicher ab, da gerade in diesen jüngeren Werken das lange Bemühen der Monarchie deutlicher erfaßbar wird, die eigene Existenz zu maskieren und zu idealisieren. Was früher pathetisch verkündet und mit der tatsächlichen Realität des habsburgischen Systems verwechselt worden war, erscheint nun im klaren und transparenten Bild des Mythos, in der Spiegelung durch Phantasie und Empfindung. Nur noch in der Erinnerung und in der Erweckung der Vergangenheit wird jene schwärmerische Verklärung neu vollzogen, die einst auf eine ganz andere Gegenwartsrealität gerichtet gewesen war. Orientierungslos in der neuen, chaotischen Welt, die aus den Trümmern des Jahres 1918 hervorgegangen war, klammerten sich die österreichischen Intellektuellen an jene idealisierende und verzaubernde habsburgische Tradition und nahmen damit die entfremdende Mythisierung der historischen Wirklichkeit, die das ganze Zeitalter Franz Josephs gekennzeichnet hatte, an oder zumindest auf sich.

Für Franz Werfel, den jüdischen Kosmopoliten und Weltfreund[10], war die Donaumonarchie ein übernationaler Staat, eine bürgerliche und harmonische »Große Schweiz«, ein malerisches und geordnetes Mosaik, das »die Alpen Tirols, die Seen des Salzkammerguts, die sanften Horizonte Böhmens, die wilden Hochflächen des Karsts, die üppigen Landschaften der Adria, die Paläste Wiens, die Kirchen Salzburgs, die Türme Prags«[11], »... die weiten Steppen der Puszta, ... die Almen der Karpathen und die Tiefebenen der Donau mit all den Wundern ihres Flußbeckens, mit ihren vogelreichen wilden Auen und den großen Inseln ihres Nebenflusses, der Theiß«[12], verband. Mag dies auch die eindrucksvollste, an mitteleuropäischem Zauber reichste Note sein – die die Heraufbeschwörung der Monarchie stets mit einer Art slawischem Hauch begleitet –, so ist doch die politisch-religiöse Bedeutung, die Werfel dem habsburgischen Staatsgefüge beimißt, weit wichtiger. Die Monarchie erscheint ihm als ein »im Zeichen einer höheren Idee«[13] untermauertes Reich, das er ideologisch den Nationalstaaten gegenüberstellt, die »ihrem eigentlichsten Wesen nach etwas Dämonisches sind; wie alles, was dämonisch und götzendienerisch ist, sind sie einer ›Dynamik‹ fähig, sind sie drohend und bedroht«[14]. Das übernationale Ideal, das noch in der väterlich-strengen Anfangswendung der Proklamationen Franz Josephs »An Meine Völker« Ausdruck findet, war das ideologische Fundament der Donaumonarchie, ihre geistige und propagandistische Stütze im Kampf gegen das moderne Erwachen der nationalen Kräfte, kurz, eine Waffe des habsburgischen Kampfes gegen die Geschichte. Für Werfel, der in einem schon vom Nazismus erschütterten Europa schrieb, verwandelte sich der mittelalterliche und feudale Universalismus des Reiches in eine moderne europäische Kultur und in eine harmonische Überwindung der nationalen Gegensätze. Die Habsburgermonarchie verlangte von ihren Untertanen, daß sie nicht nur »Deutsche, Ruthenen, Polen seien, sondern etwas Größeres und Höheres«[15], sie beanspruchte »ein wahres und eigentliches Sacrificium nationis«[16], einen »Verzicht auf bequeme Selbstbehauptung, einen Verzicht auf das erregende Aufgehen in den Instinkten des eigenen Blutes«[17]; durch diesen Verzicht verwandelte sich der Mensch »aus einem Deutschen, Tschechen oder was immer er war ... in den Österreicher«[18].

Mannigfache geschichtliche Komponenten treffen in diesem Mythos zusammen: die deutsch-mitteleuropäische Funktion des Habsburgerreiches, die kulturelle Kolonisation Osteuropas (man bedenke, daß ohne sie Dichter wie Rilke und Kafka nicht zur deutschen Literatur zählen könnten) und der aufrichtige, wenngleich letztlich vergebliche Wunsch nach übernationaler Harmonie. Auch Thomas Mann empfand die Faszination und die Tragweite, die darin lag, wenn »der alte Herr sagte: ›Meine Völker‹. Erbe und Fortsetzung des Heiligen Römischen Reiches Deutscher Nation, dachte ich manchmal seitdem, sei eigentlich nicht Preußen-Deutschland, sondern Österreich«[19]. Vor allem findet sich aber in Werfels Lobpreis die alte politische Entfremdung religiöser Prägung wieder, der paternalistische Völkermythos, der den aus der Französischen Revolution hervorgegangenen Nationen entgegengesetzt wird. So denkt auch Herr von Trotta, der slowenische Baron aus Sipolje: »Es konnte viele Völker geben, aber keineswegs Nationen. Und außerdem kamen verschiedene, kaum verständliche Erlässe und Verfügungen der Statthalterei, betreffend eine gelindere Behandlung ›nationaler Minoritäten‹, eines jener Worte, die Herr von Trotta am tiefsten haßte. Denn ›nationale Minoritäten‹ waren für seine Begriffe nichts anderes als größere Gemeinschaften ›revolutionärer Individuen‹.«[20]

Ebenso wird auch die Verteidigung der geliebten, schwankend gewordenen Werte mythisiert. Für Werfel war das bindende Element der Monarchie »eine weise und grandiose Statik, die sich in der meisterhaften Fähigkeit zeigte, Lösungen zu verschieben, Konflikte zu umgehen und zerbröckeln zu lassen. Diese Statik wurde im respektlosen Vokabular des Österreichers mit dem klassischen Begriff des ›Fortwurstelns‹ gekennzeichnet«[21]. Der rückwärtsgewandte Immobilismus wird also mit tiefem Bedeutungsgehalt umkleidet und zu einer Offenbarung höherer Weisheit erhoben: So werden Begrenzungen und Fehler zu Vorzügen und Tugenden. Das langsame Unvermögen wird zur grandiosen Statik und verwandelt sich aus einer Ursache in ein Heilmittel für die labilen politischen Verhältnisse; Werfel führt diese Untätigkeit auf das Bewußtsein zurück, »daß jeder Schritt, auch der kleinste, ein Schritt zum Abgrund war«[22]. So wie die Dinge und die Struktur des habsburgischen Systems beschaffen waren, hätte sich jede Aktion gegen dieses Gleichgewicht gerichtet und wäre so zum Anfang der Auflösung geworden. Der mythologische und illusorische Aspekt dieses Behauptenwollens liegt also nicht in der Entstellung der historischen Wirklichkeit, sondern in der Hinnahme einer negativen Bedingung als ideelles Gut und in der absoluten Verteidigungsbereitschaft für diese Lage, ohne sie ändern zu wollen. In diesem Sinne betrifft Werfels leidenschaftlicher Lobpreis eine objektive geschichtliche Gegebenheit, nämlich die statische Verteidigungstaktik der Donaumonarchie; denn diese wurde wirklich, wie Musil sagt, »in einer aufgeklärten, wenig fühlbaren, alle Spitzen vorsichtig beschneidenden Weise«[23] verwaltet. Daraus ergibt sich ganz von selbst ein Lebensstil, eine aus Zurückhaltung und Maß bestehende Verteidigungshaltung, ein Rhythmus, der das Leben skandierte, wobei die Gefühle schamhaft im Zaum gehalten und die »unbedingte Distanz«[24] beibehalten wurde; desgleichen »die Überwindung jeder persönlichen Charakteristik«[25] und eine wohlwollende Atmosphäre »familiärer Unnahbarkeit«[26].

Das heißt: »Man handelte in diesem Land – und mitunter bis zu den höchsten Graden der Leidenschaft und ihren Folgen – immer anders, als man dachte, oder dachte anders, als man handelte … Es ist passiert, sagte man dort, wenn andere Leute anderswo glaubten, es sei wunder was geschehen; das war ein eigenartiges … Wort, in dessen Hauch Tatsachen und Schicksalsschläge so leicht wurden wie Flaumfedern und Gedanken.«[27]

Und so hütete man sich auch vor den Anschlägen des Gefühls, um es im Herzen um so scheuer und wahrer zu erhalten und zu verhindern, daß es die methodische Strenge der Alltagsgewohnheiten störe; man zwang es in eine Art bürokratische Ordnung, so wie beim Ferienbesuch des jungen Carl Joseph von Trotta, als er von der Kadettenschule in Weißenkirchen in Mähren nach Hause kam. »Der Tag seiner Ankunft war immer ein Sonntag. Es geschah nach dem Willen seines Vaters, des Herrn Bezirkshauptmanns Franz Freiherrn von Trotta und Sipolje. Sommerferien hatten, mochten sie in der Anstalt an welchem Tag immer beginnen, zu Hause jedenfalls am Sonntag anzubrechen ... Pünktlich zehn Minuten vor neun, eine Viertelstunde nach der ersten Messe, stand der Junge in der Sonntagsuniform vor der Tür seines Vaters. Fünf Minuten vor neun kam Jacques in der grauen Livree die Treppe herunter und sagte: ›Junger Herr, der Herr Papa kommt.‹ Carl Joseph zog noch einmal an seinem Rock, rückte das Koppel zurecht, nahm die Mütze in die Hand und stemmte sie, wie es Vorschrift war, gegen die Hüfte. Der Vater kam, der Sohn schlug die Hacken zusammen, es knallte durch das stille, alte Haus ... Der Vater schritt ... durch die Tür, Carl Joseph folgte ihm und blieb an der Schwelle stehen. ›Mach dir's bequem!‹ sagte nach einer Weile der Bezirkshauptmann. Jetzt erst trat Carl Joseph an den großen Lehnstuhl aus rotem Plüsch und setzte sich, dem Vater gegenüber, die Knie steif angezogen und die Mütze mit den weißen Handschuhen auf den Knien. Durch die dünnen Ritzen der grünen Jalousien fielen schmale Sonnenstreifen auf den dunkelroten Teppich. Eine Fliege summte, die Wanduhr begann zu schlagen. Nachdem die neun goldenen Schläge verhallt waren, begann der Bezirkshauptmann: ›Was macht Herr Oberst Marek?‹ – ›Danke, Papa, es geht ihm gut!‹ – ... ›Erzähle weiter!‹ sagte er und zündete sich eine Zigarette an ... Es war das Signal für den Anbruch der Gemütlichkeit. Carl Joseph legte Mütze und Handschuhe auf ein kleines Pult, erhob sich und begann, alle Ereignisse des letzten Jahres vorzutragen. Der Alte nickte. Auf einmal sagte er: ›Du bist ja ein großer Bub, mein Sohn! Du mutierst ja! Etwa verliebt?‹ ... Plötzlich fragte er: ›Was ist Subordination?‹ – ›Subordination ist die Pflicht des unbedingten Gehorsams‹, deklamierte Carl Joseph, ›welchen jeder Untergebene seinem Vorgesetzten und jeder Niedere ...‹ – ›Halt!‹ unterbrach ihn der Vater und verbesserte: ›... sowie auch jeder Niedere dem Höheren ...‹ Es schlug zwölf.«[28]

Dies ist die Verlagerung der bürokratischen Mentalität auf die Ebene des Gefühls und der Gewohnheit. Die Gestalt des Bürokraten faßt das ganze Wesen der Monarchie zusammen, ihre Regierungsmethoden und statischen Werte, das politische Allheilmittel gegenüber dem dynamischen Drängen der Zeit und den zentrifugalen Fermenten. Sinn für Ordnung und Hierarchie, Abneigung gegen jegliches Titanentum und Verzicht auf jede aktive Umgestaltung der Dinge werden in der Gestalt des Bürokraten sublimiert in der ganzen österreichischen Literatur, die von Grillparzer bis Musil wiederkehrt und sogar in der »amtlichen, langsamen, ein wenig näselnden Sprache« des Herrn von Trotta Ausdruck findet[29]. Der dieser Gestalt zugrundeliegende politische Immobilismus wird übersetzt in menschliche Nuancierungen: das reife Alter – das bevorzugte Lebensalter für die Personen der österreichischen Literatur –, die methodische und skrupelhafte Pedanterie, die fast religiöse Aufopferung der eigenen Person zugunsten der formalen Ordnung. Der Lieblingsheld der österreichischen Literatur ist der fleißige alte Beamte, der die Kanzlei ebenso verwaltet wie sein eigenes Leben und die stürmischen Winde mit den Klammern der Aktenmappen aufzuhalten strebt. So gibt Doderers pensionierter Amtsrat Julius Zihal, der die Stunden seines Ruhegenusses damit verbringt, jeden Abend im gegenüberliegenden Haus einige Frauen beim Auskleiden zu beobachten, seinem neuen Leben Ordnung, indem er skrupelhaft vermerkt: »Gegenüber, Fenster I, 10 Uhr, als beachtlich anzusehen; dem Fenster II, gegenüber, c. c. 10 Uhr 10 Minuten: sehr beachtlich. Fenster III, Draufsicht rechts unten: 10 Uhr 15 Minuten s. b. (sehr beachtlich); Fenster II, Waldfee, als absolut beachtlich mit Vorrang normiert, beinah gleichzeitig. Nach vorläufigen Erhebungen.«[30]

Direkt verknüpft mit diesem bürokratischen Thema ist der Mythos Franz Josephs, der bei allen Schriftstellern, die mit der k. u. k. Welt verbunden sind, so lebendig ist. Vom Alter geschwächt und des nahen Endes bewußt, verschlossen in seiner Einsamkeit wie eine alte, von Jahren und Unbilden gepeitschte Eiche, scheint der Kaiser in den Augen dieser Dichter, die die Vergangenheit beschwören, die heroische *mediocritas* zu verkörpern. Nach Werfel hatte er sich der »Dienstpragmatik … geopfert, indem er sich zu Unpersönlichkeit, Ordnung und Regel zwang«[31], hatte sich dem exhibitionistischen Individualismus seiner Zeit mit der gemessenen Zurückhaltung entgegengestellt, die es ihm verwehrte, »bei einer Kunstausstellung oder Theateraufführung ein persönliches Urteil abzugeben. So entstand der in den Witzblättern oft verspottete Satz ›Es war sehr schön, es hat mich sehr gefreut‹«[32]. In Joseph Roths Roman kehrt das Bild Franz Josephs mit den kalten blauen Porzellanaugen, den buschigen Augenbrauen und dem Backenbart wie ein obsessives Leitmotiv wieder. Es hängt an den Wänden des Vaterhauses, der Schule, Kirche, Kaserne und des Bordells, eine Vorahnung würdevoller Dekadenz ausstrahlend, während der Kaiser in persona eine außerhalb des Lebens stehende, prophetische und verwirrte, von der Zeit zu Boden gedrückte Gestalt ist, Jahre und Ereignisse der langen Regierungszeit verwechselt und sich nicht mehr erinnert, ob es der Großvater, Vater oder Enkel derer von Trotta war, der ihm bei Solferino das Leben gerettet hat … Im übrigen war selbst sein Gesicht ein tausendmal nachgeahmtes Sinnbild der Monarchie. »Die Straßen waren von zahlreichen Franz Josephs bevölkert. Überall in den Ämtern sah man bekannte und unnahbare Gesichter mit dem weißen Backenbart. Selbst die Portiers an den majestätischen Pforten der Palais trugen dieselbe Maske.«[33]

Das dritte Grundmotiv des Mythos ist, nach der Übernationalität und dem Bürokratentum, der sinnliche und genußfreudige Hedonismus. »Es war wundervoll, hier zu leben, in dieser Stadt, die gastfrei alles Fremde aufnahm und gerne sich gab … Wien war, man weiß es, eine genießerische Stadt … Feinschmeckerisch im kulinarischen Sinne, sehr um einen guten Wein, ein herbes frisches Bier, üppige Mehlspeisen und Torten bekümmert, war man in dieser Stadt anspruchsvoll auch in subtileren Genüssen. Musik machen, tanzen, Theater spielen, konversieren, sich geschmackvoll und gefällig benehmen wurde hier gepflegt als eine besondere Kunst.«[34] Es ist der Mythos des Walzers und der Lebensfreude, der überschäumenden Sinnenfreudigkeit und des leichtsinnigen Vergnügens; reizender Stubenmädchen und maliziöser Damen, heiterer amouröser Abenteuer. Grinzinger Wein, stille Kaffeehäuser und zärtliche Mitzis in den Wirtshäusern schaffen das Antlitz eines versunkenen Schlaraffenlands, eines süßen und heidnischen irdischen Paradieses. Die vornehmen Kurtisanen des alten Prager Freudenhauses überliefern den lächelnden Hedonismus einer fröhlichen, glücklichen Zeit, und für Werfel ist die Schließung des Lokals ein Symbol für das Ende eines schönen, raffinierten Lebensstils. Auch dieser Mythos der schönen blauen Donau und des Wiener Bluts ist, wie wir sehen werden, aus einem bestimmten kulturellen Klima, aus spezifischen geschichtlich-soziologischen Ursachen hervorgegangen. Der Mensch dieses vergänglichen Epikureertums glaubte, »daß Geld Zeit sei ... er wollte die Zeit nicht nützen, um Geld zu verdienen, sondern Geld verdienen, um die Zeit zu nützen. Denn in der Zeit, die ihm zum Leben gegeben war, lagen die einzigen Güter seiner Armut: sehen, hören, riechen, schmecken, tasten, denken, fühlen und lieben«[35]. So wird die sinnliche Entfremdung zum geliebten und seligen Sinnbild verlorener Freude.

So also verkörpert sich die österreichisch-ungarische Welt in Erinnerung und Darstellung der Dichter, die nach dem Zusammenbruch des Jahres 1918 ohne Vaterland, wie in der Verbannung, zurückblieben. Freilich zeichnet sich das Habsburgerreich in ihren Werken unter sehr verschiedenen Aspekten ab, vom bedingungslosen Lob Werfels bis zur Ironie Musils, der, grausam auch gegen sich selbst, Vergnügen daran zu finden scheint, das Einheitliche zu zersplittern und das Oberflächliche zu verspotten.

Die Erinnerung an die alte Monarchie ist tatsächlich von größter Bedeutung und findet sich deutlich auch bei sehr vielen weniger prominenten Schriftstellern, wie Friedrich Schreyvogl, Felix Braun, Ginzkey, Mell, Lernet-Holenia und

Wildgans. Da es sie in eine neue soziale Existenz verschlagen hatte, versuchten Dichter und Essayisten, ihre Welt von gestern zu begreifen, und so wurden deren Charaktermerkmale mythisiert, von den Essays Andrians bis zu den Erinnerungen Mirko Jelusichs. Im neuen, kleinen Nachkriegsösterreich versuchte man, sich eine Bedeutung und eine Funktion wiederzugeben, die beide verlorengegangen waren, und statt in die Zukunft zu schauen, blickte man auf die habsburgische Vergangenheit zurück: so sah ein großer Historiker wie Heinrich von Srbik im Gleichgewicht Kakaniens und seiner mitteleuropäischen Sendung das Modell eines künftigen Europa[36].

Ein heutiger Mythos also. Doch entstand er nicht erst heute, als sentimentale Flucht in eine vergangene Welt; er knüpft vielmehr unmittelbar an eine säkulare habsburgische Tradition der Wirklichkeitsdeformation an. So sind seine Motive tatsächlich, wenn auch noch nicht so deutlich herausgeschält, schon in den ersten Jahren des 19. Jahrhunderts entstanden, als das Habsburgerreich noch eine große Macht war, sich aber schon dem Untergang näherte, und mit herannahendem Ende treten sie immer deutlicher hervor.

Die vorliegende Arbeit will untersuchen, wie es zu dieser letzten Phase des Mythos gekommen ist; sie will die geschichtliche Parabel ihrer Themen verfolgen und die politischen und soziologischen Gründe erfassen, aus denen sie entstanden sind; auch soll ihre Beziehung zur konkreten geschichtlichen Wirklichkeit und die Abweichung von dieser Realität untersucht werden; schließlich soll aus der Dialektik seiner Existenz die dichterische Verfügbarkeit dieses Mythos, seine Fähigkeit, sich ins Dichterische zu verwandeln, erfaßt werden. Die Begegnung von Mensch und Dingen, von geschichtlicher Realität und deren – beabsichtigter oder unbewußter – Verklärung: so präsentiert sich der habsburgische Mythos in seiner Entwicklung, einer Entwicklung, die doppelt mit der Geschichte der Monarchie verbunden ist und nur begriffen werden kann, wenn sie in dieser innigen Beziehung zum ganzen österreichisch-ungarischen Leben gesehen wird; umgekehrt muß aber auch dieser Mythisierungsprozeß berücksichtigt werden, will man das letzte Jahrhundert habsburgischer Geschichte verstehen, dieses seither untergegangenen, unverstandenen Staates, »der in so vielem ohne Anerkennung vorbildlich gewesen ist«, wo es auch Tempo gab, »aber nicht zuviel Tempo«; dieses Landes mit den »weißen, breiten, wohlhabenden Straßen aus der Zeit der Fußmärsche und Extraposten, die es nach allen Richtungen wie Flüsse der Ordnung, wie Bänder aus hellem Soldatenzwillich durchzogen und die Länder mit dem papierweißen Arm der Verwaltung umschlangen«. In diesem Land gab es slowakische Dörfer, »wo der Rauch aus den Kaminen wie aus aufgestülpten Nasenlöchern stieg«, wo »Genie und geniale Unternehmungssucht an Privatpersonen, die nicht durch hohe Geburt oder einen Staatsauftrag dazu privilegiert waren, als vorlautes Benehmen und Anmaßung« empfunden wurden, wo »immer nur ein Genie für einen Lümmel gehalten (wurde), aber niemals, wie es anderswo vorkam, schon der Lümmel für ein Genie«. Dieses Reich »war nach seiner Verfassung liberal, aber es wurde klerikal regiert. Es wurde klerikal regiert, aber man lebte freisinnig ... Man hatte ein Parlament, welches so gewaltigen Gebrauch von seiner Freiheit machte, daß man es gewöhnlich geschlossen hielt«.

Ein Land schließlich, das, »trotz vielem, was dagegen spricht, ... vielleicht doch ein Land für Genies (war); und wahrscheinlich ist es daran auch zugrunde gegangen«.[37]

Das Ziel dieser Arbeit soll es nun sein, den Mythos des Landes der Genies und alles, was dagegen zu sprechen scheint, zu untersuchen.

I.

Genesis des habsburgischen Mythos

1. Ursprung und politische Funktion des habsburgischen Mythos

Der Prozeß der Mythisierung der konkreten geschichtlichen Wirklichkeit setzt zu Beginn des vorigen Jahrhunderts ein. Diese Welt, ihre Kultur und deren Verwandlung sind mit dem Habsburg des tanzenden Wiener Kongresses, mit der *Metternicherei*[1] der k. u. k. Doppelmonarchie verbunden[2], mit einem Wort, mit dem letzten Akt der jahrhundertealten habsburgischen Geschichte; diese weist jeweils eine ganz bestimmte Prägung auf, je nachdem, ob es sich um die Habsburger der Schweizerschlachten, um den Prunk Karls V., um das goldene Zeitalter der Gegenreformation oder um die schwierigen Umstände der Pragmatischen Sanktion handelt. Doch ist diese ganze Vergangenheit, trotz des Bemühens so hervorragender Historiker wie von Srbik, die »Einheit« in der österreichischen Geschichte aufzuzeigen[3], für den Mythos »Kakaniens« mit seinem Talggeruch, seinem »stehenden Heer der Soldaten, sitzenden Heer der Bureaukraten und knienden Heer der Geistlichen«[4] und mit seinen spritzigen Walzern nur eine Art Vorgeschichte. »Kakanisch«[5] wird sie erst in der späteren verwandelnden Erinnerung, im Mythos der nachfolgenden Zeit, die hier untersucht werden soll. Was könnte weiter auseinanderliegen als der Backenbart Franz Josephs und der finstere Glutschein der nie untergehenden Sonne Karls V.? So wird Rudolf, der mythische Begründer der Dynastie, der Ottokar besiegte und dessen Pferd Leib und Blut des Herrn trug, in der Phantasie Grillparzers oder im langatmigen Poem von Ladislaus Pyrker[6] »österreichisch« und wahrhaft »habsburgisch«.

Ein provisorischer Ausgangspunkt oder ein Entstehungsdatum dieses Mythos – das zwar willkürlich wäre, wie jeder Versuch, einen genauen Zeitpunkt für Wendungen in der Geschichte festlegen zu wollen, aber doch nützlich und klärend – könnte das Jahr des Heils 1806 sein, in dem Franz II., Kaiser des Heiligen Römischen Reiches Deutscher Nation, als Franz I. den Titel eines österreichischen Kaisers annahm[7]. Ein derartiger Geburtsschein erweckt sogleich den Eindruck des Surrogats, des Auswegs, jenes herbstlichen Charakters, der den Mythos von Anfang an kennzeichnete. Damals suchen die durch die Kriege des 18. Jahrhunderts und durch die Napoleonischen Kriege von der Vorherrschaft in Deutschland ausgeschlossenen Habsburger einen neuen Modus vivendi, eine andere *raison d'être* und einen neuen Grund für den Zusammenhalt der Monarchie; selbst als Österreich, wie von 1815 bis 1850, die deutschen Geschicke lenkt, tut es dies als ausländische und nicht als inländische Macht. Damals entsteht auch das Ideal des übernationalen Reichs, der »Großen Schweiz« »Meiner Völker«, die an die dynastischen Bande des väterlichen Monarchen gebunden waren; man ließ sich den Ausdruck »Völker« angelegen sein, das heißt, ethnische Rassen und Gruppen, nicht nationale Individualitäten. So entstand der Mythos der Volksmonarchie, aber in ganz anderem Sinn als dem der Bestrebungen des aufgeklärten Absolutismus, innerhalb der Staatskräfte wirksame Zusammenhänge herzustellen, sondern vielmehr in der traditionalistischen und »heimatlichen« Bedeutung gutmütiger und gefühlsmäßiger Bindungen. Nun ist aber dieses Ideal, das die österreichisch-ungarische Atmosphäre und das Gemüt so durchdringend bestimmte, im Grunde nichts anderes als ein Ersatz für jene vitalen Kräfte, die Österreich fehlten, die aber andere Staaten, wie zum Beispiel Preußen[8], belebten; ein halbherziger Versuch, der tatsächlichen Situation Gründe zu entnehmen, die sie rechtfertigen und ihre Schwächen geradezu als Ideale mythisieren sollten. Was Werfel das »wahre

Reich«, einen »Versuch, das Reich Gottes auf Erden zu begründen« nannte, das den »dämonischen nationalen Einheiten entgegengestellt« wird, und wonach der Verzicht Franz' I. »ein verzweifelter Versuch« war, »das große Ideal der Völkereinigkeit zu retten, ein Rückzug, eine Konzentrierung auf die stärkste Position«[9], ist geschichtlich ein Mythos, der das Fehlen eines dynamischen Staatskerns verschleiert. Und auch das mitteleuropäische Ideal, vielleicht das Eigentliche der habsburgischen Kultur und ihr deutlichstes Merkmal, ist im Grunde nicht eine Konstante durch die ganze österreichische Geschichte hindurch, wie Srbik es auffaßt[10], sondern die Folge einer problematischen Lage, wie Carlo Antoni erkennt: »Die Idee Mitteleuropas setzt die nationalen Kämpfe voraus; sie ist nichts anderes als eine ausgedachte Formel zur Überwindung der im 19. Jahrhundert entstandenen Antithesen.«[11] Übrigens ist es gerade Srbik, der in seiner Verherrlichung des Universalismus Karls VI., des Prinzen Eugen und Maria Theresias dessen spezifisch deutschen Ton hervorhebt, der folglich Österreich fremd war und von dem es hieß, vielleicht ein wenig byzantisierend, die wahren Österreicher seien die Böhmen, Kroaten usw., aber nicht die Deutschen ... Und ein anderer Historiker, dem der österreichische Mythos am Herzen liegt, Lorenz, erkennt die der damaligen österreichischen Situation innewohnende *contradictio in adiecto* an; diese Lage ließ keine modern-liberale[12] Lösung zu, und so erschien die habsburgische Idee als obligater Kompromiß, der keine andere Wahlmöglichkeit gestattete (das Wort Kompromiß ist ein Leitmotiv der ganzen Geschichte, der Seele Kakaniens)[13].

Und doch, sosehr es diesem übernationalen Mythos an politischer Vitalität fehlte, so fruchtbar war er zugleich – vielleicht eben wegen jener dekadenten Stimmung, die ihn von Anfang an kennzeichnete – für die Dichtung und die Schaffung der altmodischen, überholten und würdevollen Atmosphäre, des Klimas gemessenen, vornehmen Verfalls, aus dem, wie wir sehen werden, eine faszinierende Literatur hervorging: so, als wäre diese untergehende Welt einem subtilen, zarten und zurückhaltenden Verständnis des Menschen besonders günstig gewesen. Jener Universalismus, den Srbik der österreichischen Staatsidee im Gegensatz zum egoistischen preußischen »Willensstaat« zuschreibt, stellte in Wahrheit niemals einen politischen Wert dar, sondern höchstens eine Ökumene ästhetischer Art, eine lyrische und gefühlsbestimmte mitteleuropäische Öffnung.

In dieser Zeit nimmt auch das bürokratische Ideal Gestalt an, das für Österreich, wie wir es kennen, so typisch ist: Es geht nicht mehr um den aufklärerischen Wunsch der Staatserneuerung, sondern um ein System akkurater Schlamperei, das zugleich skrupelhafte, umsichtige Ehrfurcht vor dem Gesetz war – da nur eine geordnete und weise Justiz den Untertanen der Monarchie eine ruhige und vertrauensvolle Sicherheit bieten konnte – und saumseliger Immobilismus, der vor jeder wirksamen Reform oder gar Verfassung – gottlosen Wörtern des Aufklärungszeitalters – zurückschreckte, konnten sie doch verhängnisvollerweise soziale Kräfte, dynamische Erneuerungsgelüste und folglich Zerfallskeime wecken[14]. In diesem bürokratischen Ideal findet sich die typisch österreichische *mediocritas* mit ihrer Begrenztheit und ihrem bescheidenen, scheuen, pedantisch-würdevollen Menschenbild. Dieses Thema ruft eine der typischsten habsburgischen Gestalten ins Leben, den unvergeßlichen, durch und durch menschlichen »treuen Diener«[15], von Grillparzers Bancbanus bis zu Musils Sektionschef Tuzzi oder Doderers Amtsrat Julius Zihal. Diese Schlüsselfigur wird zum Sinnbild der »grandiosen Statik«, die die Monarchie beherrscht, dieser Haltung aus byzantinischem Unvermögen und korrekter Vornehmheit.

Auch der Mythos der Lebensfreude und des Phäakentums[16], der selbstvergessenen Fröhlichkeit und des melancholiegetränkten Leichtsinns, sozusagen der Ersatz für die mangelnde politische Verantwortung und Anteilnahme, nimmt bestimmtere Formen an; dies macht Wien zum »Kapua der Geister«[17] des ganzen 19. Jahrhunderts bis zur Belle Époque, mit all dem Charme und der Begrenztheit einer

Welt, die sich nur mit dem Privatleben samt seinen Freuden und Nichtigkeiten befaßt. In dieser Welt drehen sich unaufhörlich die Brathühner am Spieß, und trunken und stolz vor sorgloser Freude rufen manche im Schatten des Stephansdoms: »Ja nur ein' Kaiserstadt! Ja nur ein Wien.«[18] Diese Lebenslust erstreckt sich von der epikureischen und häuslichen Resignation des Biedermeier bis zu den Kaffeehäusern und Walzern der Operettenzeit und zeichnet somit eine Konstante im menschlichen und künstlerischen Temperament der Österreicher[19].

Sicherlich erweist sich dieses ästhetische und sinnenfreudige Leben, gemeinsam mit dem bürokratischen Räderwerk, als konstitutives Element der österreichisch-ungarischen Welt, der es eben an einer geschichtlich-politischen Kultur, an der »Lötmasse, dem geschichtlichen und philosophischen Gedanken« fehlte[20].

Eine Untersuchung der literarischen Texte bestätigt, daß sich diese Prägung gerade in jenen Jahren abzuzeichnen beginnt, zunächst noch unter ihren indirektesten und am wenigsten bewußten Aspekten, allmählich aber immer bestimmter und ihrer selbst bewußter. Freilich kann man auch in der Literatur früherer Jahrhunderte schon Motive und Themen finden, in denen verwandte Töne und eine Vorahnung so vieler späterer Werke schwingen. Spürte und definierte doch schon Rudolf II., der »stille Kaiser«, der im Grillparzerschen Drama zum Symbol der tragischen österreichisch-kaiserlichen Situation wird, das typischste und verhängnisvollste Merkmal der Habsburger, die Mittelmäßigkeit:

> Das ist der Fluch von unserm edlen Haus:
> Auf halben Wegen und zur halben Tat
> Mit halben Mitteln zauderhaft zu streben.[21]

Was jedoch das literarische Zeugnis anbelangt, so handelt es sich um äußerliche, von metahistorischen Konstanten bedingte Ähnlichkeiten, wie die ewige Inspiration durch die heimatliche Erde oder der seit jeher übliche Lobpreis des glücklich und segensreich regierenden Fürsten; es sind also äußerliche Ähnlichkeiten, die kein gemeinsames geistiges Gefüge, keinen gemeinsamen menschlichen und geschichtlichen Hintergrund haben, der allein Bedeutung verleiht[22].

2. Das Theresianisch-Josephinische Zeitalter und seine Kultur

Auch die größte Gestalt der österreichischen Geschichte, Maria Theresia, wird in der Erinnerung der späteren Generationen – die freilich in einer völlig anderen Atmosphäre leben, nämlich in jener reaktionären des »guten« Franz I. oder in der »grandios-statischen« Franz Josephs – zum Symbol par excellence für die Austriazität. In ihrer patriotischen und pädagogischen Erinnerung an die große Kaiserin entstellen sie deren dynamische Seite und versteinern sie zu einem Genrebild von der Art, wie sie in Schulräumen zu hängen pflegen, zu einem unbewegten Medaillon der verstaubten habsburgischen Ahnengalerie, von dem den Schülern der Humanitätsklasse des Schottengymnasiums eine stickige Luft entgegenwehte, die wohl manche Tugend vornehmer Ruhe, aristokratischer Zurückhaltung und heroischer Liebe zu Maß und geistigem Gleichgewicht verraten mag, aber nicht das männliche Ungestüm der Monarchin, die Friedrich II. zum Zweikampf herausgefordert hatte. Es ist übrigens bezeichnend, daß Werfel, der Dichter des habsburgischen Mythos und seines Verfalls, über Maria Theresia wie über die anderen »überdurchschnittlichen Gestalten«[23] hinweggegangen ist, die im Grunde jener sinnbildlichen Gestalt »einer mittelmäßigen Persönlichkeit« voller »Maß«[24], nämlich Franz Joseph, geistig und bedeutungsmäßig fremd sind. Sicherlich sind der »wohlwollenden Monarchie« und den Reformen Maria Theresias (wie auch Josephs II.) viele staatliche Strukturen zu verdanken, die die Macht und Geschlossenheit der Monarchie bis zu ihrem letzten Stadium ausmachten und die aus ihr, aufgrund mancher staatlicher wie sozialer Errungenschaften (wie z.B. die Schulpflicht), trotz ihres Absolutismus einen fortschrittlicheren Staat machten, als es manche »liberale« Nationen waren. Aber der bestimmende Ton der wohlmeinenden Theresianischen Monarchie bleibt der des aufgeklärten Absolutismus, eines aufklärerischen Reformwillens und ist folglich meilenweit vom typisch habsburgischen »Fortwursteln« entfernt.

Joseph II. versinnbildlicht doch – wie auch die späteren Folgen seiner Politik ausgesehen haben mögen – mit seinem Antrieb zum Germanisieren, seiner Mißachtung der Traditionen und seiner maßvollen Vorsicht die totalste und absoluteste Antithese zum habsburgischen System und seiner Mittelmäßigkeit, nämlich den stürmischen Glauben an die schlagartige Veränderung der Welt; er verkörpert mit einem Wort all das, was man unter »radikal« verstehen kann, ein Wort, das man in der alten k.u.k. Monarchie – manche alten Leute wissen es noch – nicht einmal im Zusammenhang mit der Gichtkur oder der Umgestaltung eines Ballsaals aussprechen durfte. Damit soll die grundlegende Bedeutung dieser beiden Monarchen für die österreichische Geschichte keineswegs geleugnet oder herabgesetzt werden; vielmehr soll eine Schattierung oder mehr als eine Schattierung unterschieden werden, die von dieser ihrer Bedeutung für das letzte Kapitel der habsburgischen Geschichte abweicht.

Übrigens ist die zurückhaltende Unschlüssigkeit der späteren Generationen und Schriftsteller in ihrer Beurteilung Josephs II., wie wir sehen werden, symptomatisch, und es ist nicht ohne Bedeutung, wenn sein Mythos mehr auf deutschem als auf österreichischem Boden blühte: man denke an Berthold Auerbach, den Dichter des Schwarzwalds, und an seine *Denkmale Kaiser Josephs*, die von 1845 bis 1848 im Volksalmanach »Der Gevattersmann«[25] erschienen. Aus den kleinen Geschichten Auerbachs läßt sich der Mythos eines schlaflosen Josephs II. ablesen, Freund des Volkes, der rastlos tätig ist und bis zu den bescheidensten Hütten herabsteigt, der schadhafte Ziegel findet und ausbessert. Beim Lesen dieser Erzählungen denkt man weit eher an Peter den Großen in der Zimmermannswerkstatt oder an Friedrich II. als an Kaiser Franz, der mit gespieltem Wohlwollen durch Wien spaziert, oder an den guten alten Herrn in Schönbrunn, der unterwegs zum Prater mit seiner Kalesche mitten durch das Volk fährt[26].

Man braucht nur an die beherrschende Gestalt der Theresianisch-Josephinischen Kultur, den großen Aufklärer Joseph von Sonnenfels zu denken, um zu sehen, wie verschieden die kulturelle Atmosphäre des damaligen Wien von der späterer Zeiten war. Als Volkswirtschaftslehrer, liberaler Erneuerer des Strafrechts, Theaterkritiker und -zensor, Staatsrat, Rektor der Wiener Universität und Präsident der Akademie der bildenden Künste war Sonnenfels (1733–1817) der Beherrscher des Wiener Kulturlebens in der Theresianisch-Josephinischen Zeit. Schon sein rationalistischer Geschmack in Theaterfragen (mit seinen *Briefen über die Wienerische Schaubühne*[27] versuchte er, einen ernsten und strengen Geschmack einzuführen; 1768 ging er sogar so weit, die Stegreifkomödien als Theaterzensor zu verbieten) und seine Polemik gegen die Folter scheinen ihn dem wienerischen Lokalkolorit zu entfremden und ihn zu einem Bürger der europäischen aufgeklärten Republik zu machen. Tatsächlich fällt bei der Lektüre der politischen und kulturellen Schriften Sonnenfels' – die zur Erfassung des Zeittons am interessantesten sind – ihre fast gänzliche Unabhängigkeit von jedem lokalbedingten Hintergrund auf. Man hat den Eindruck, als könnten diese Zeilen ohne großen Unterschied von irgendeinem anderen europäischen Aufklärer, Franzosen oder Italiener, geschrieben worden sein. Man braucht sie nur mit den intellektuell so viel schwächeren Schriften eines »österreichischen Staatsbürgers« (wie sich Sonnenfels in einem seiner Werke bezeichnete[28]) vierzig Jahre später, Baron Hormayr, zu vergleichen, um zu sehen, daß sie ebenso unpersönlich sind, wie letztere den unverkennbaren Stempel des Österreich Metternichs, Andreas Hofers und der ersten Walzer Joseph Lanners tragen.

Das Vaterland, von dem Sonnenfels in seiner Schrift *Über die Liebe des Vaterlandes* (Wien 1771) spricht, erinnert nicht einmal andeutungsweise an jenen gottesfürchtigen und frommen Patriotismus, der vieles in der österreichischen Literatur, selbst manche Stellen bei Stifter, belastet. Das Vaterland ist hier der Staat, ein Staatentypus, und diese Monarchie, die den goldenen Mittelweg zwischen der ungerechten Oligarchie und der Verwirrung der Demokratie[29] darstellt, kann irgendeine aufgeklärt-absolutistische Monarchie in Europa sein, so daß selbst Goethe dieses Werk wegen seiner Unverbindlichkeit scharf kritisierte. Einen Abglanz wienerischer Fröhlichkeit kann man vielleicht der Anregung entnehmen, Vergnügungen, festliche Veranstaltungen und freundschaftliche Zusammenkünfte als Quellen der Vaterlandsliebe zu fördern[30]. Auch die Trauerrede auf Maria Theresia[31] zählt nur die Verdienste irgendeines großen Monarchen des 18. Jahrhunderts auf, und höchstens läßt vielleicht die Beschreibung ihres bis zuletzt eifrigen Wirkens an das unaufhörliche bürokratische Lesen und Unterfertigen denken, das Franz Josephs ganzes Leben einteilte. Die Wissenschaft der guten Regierung[32] ist gewiß nicht die grandiose Statik oder das »Fortwursteln« der Kaiser, die – wie Rudolf II. bei Grillparzer – das Handeln für den Anfang vom Ende hielten. Nur die machiavellistische Erhebung der Religion zur Staatsraison[33], samt den darauf folgenden Abschnitten über die Notwendigkeit einer staatlichen Kontrolle über die Kirche, erinnern an die devote salbungsvolle Gesinnung, die den österreichisch-ungarischen Cäsaropapismus nährte[34]. Hier geht es aber um etwas ganz anderes, um eine josephinische, die Stellung des Monarchen betonende Haltung. Anregender sind für die vorliegende Arbeit die schon erwähnten *Betrachtungen eines österreichischen Staatsbürgers*, da durch die heftige Polemik gegen die Französische Revolution und ihre »Blutgreuel«, mit der sich eine Verteidigung der Aufklärung als Maß und Gemäßigtheit verbindet, etwas von der österreichischen *mediocritas* durchsickert, besonders in den heftigen Ausfällen gegen die Gleichheit[35] und in der Lobpreisung einer »gerechten, weisen monarchischen Regierung«[36]. Doch stehen wir noch immer im Zeitalter der Aufklärung, in einem völlig anderen Klima als dem der habsburgischen Atmosphäre des 19. Jahrhunderts[37], jenem Klima, in dem – nach den alten Literaturhistorikern Nagl und Zeidler – die Phantasie und der österreichische Optimismus unterdrückt wurden[38]. Sie hielten den josephinischen Geist für einen »zerstörenden Geist«[39], der keine echte und ganze Dichtung aufkommen ließ, da sie vom Rationalismus gehemmt wurde[40].

Die ganze Theresianisch-Josephinische Literatur ist größtenteils eine rationalistische, abstrakte und allgemeine, selbst wenn sie das Lob der Herrscher zum Gegenstand hat. Nichts Typisches kennzeichnet die Theresiade von Franz Christoph von Scheyb (1746) oder die sarkastischen Verse von Blumauer oder die Gedichte von Johann Baptist von Alxinger[41].

Den gleichen Mangel an habsburgischer Tönung zeigen die Kriegsbeschreibungen und Lobgedichte des Jesuiten Michael Denis[42], des Übersetzers Ossians (1729–1800); oder auch die kalten Gedichte Josef Franz Ratschkys[43], des Verfassers eines satirischen Romans gegen die jakobinischen Ideen[44], der über eine im Namen des Rationalismus des 18. Jahrhunderts geführte Polemik nicht hinausgelangt.

Es besteht also sozusagen eine amtliche, gelehrte literarische Strömung, die nichts mit unserer Untersuchung zu tun hat, eine Literatur, die von den Hofdichtern bis zu den Publizisten reicht, von den Männern des kulturellen Lebens bis zu den Theaterautoren, vor allem im klassizistischen Drama und der Komödie französischen Stils[45]. Diese Literatur gelangt mit Emanuel Schikaneders *Zauberflöte*[46] bis an die Schwelle des 19. Jahrhunderts; dieses Werk ist – obwohl es von Mozart vertont worden ist, der die Verkörperung des harmonischen Wesens der österreichischen Seele schlechthin, »die Musik gewordene Idee Österreichs«[47] war – »die deutlichste Manifestation seiner (Österreichs) Aufklärung«[48].

3. Der Mythisierungsprozeß in der Volkskomödie

Die Vorspiele und Vorwegnahmen des habsburgischen Mythos, vorläufig noch im Bereich der individuellen Empfindung und des fröhlichen Hedonismus, sind in einer anderen Richtung zu suchen, nämlich in der spontansten und volkstümlichsten Literatur, der aus dem Stegreif entstandenen Theaterblüte, das heißt in den improvisierten Vorstadtkomödien; an eine noch barocke Tradition anknüpfend, wird hier gegen den seriösen Rationalismus, und vor allem gegen Sonnenfels, polemisiert, und es entstehen zahlreiche deftige Wiener Originale mit ihrer gutmütigen Wirtshausseligkeit. Es handelt sich noch um schwache, aber doch bedeutungsvolle Anzeichen. Symbol dieses Wienertums ist Hanswurst, die lustige Figur mit dem grünen Spitzhut und den langen, gelben Hosen, die mit Josef Stranitzky[49] in Wien eingezogen war und die die »gern und viel essenden dick-gemütlichen Wiener« verkörperte[50]. Und es ist der Dichter und Trinker Philipp Hafner, »ein echtes Wienerkind«[51], der in einer Reihe von Lustspielen, die alle »im Wiener Lokalton gehalten, teilweise im Dialekt geschrieben« sind[52], die Gestalt des Hanswurst zum Symbol und Sinnbild des »Wiener Bluts« erhebt. In seinem Lustspiel *Reisende Komödianten* aus dem Jahre 1762 greift er die von seinem Helden parodierten traditionellen Theaterregeln an; in *Megära, die fürchterliche Hexe oder Das bezauberte Schloß des Herrn von Einhorn*, das 1763 aufgeführt wurde, und in dem 1764 im Kärntnertortheater aufgeführten Komödie *Der Furchtsame* führt er die Verspottung der Aufklärer fort[53].

Das Lustspiel *Der auf den Parnaß versetzte grüne Hut* von Christian Gottlob Klemm, das 1767 am Kärntnertortheater zur Aufführung gelangte, gibt in einem phantasievollen Streit zwischen Hanswurst und dem gehässigen Momus (Sonnenfels), der von der Gestalt der Kritik schließlich zu Hanswursts Gunsten entschieden wird, geradezu eine Poetik des Wiener Humors. Noch sind dies alles sehr schwache Andeutungen und Stichworte: die Liebe zur heiteren Narrheit[54], hingebungsvolle Lebensfreude; Hanswurst findet in vielen, ebenso typisch wienerischen Gestalten Nachahmung, wie in Laroches Kasperl mit dem rauhen R und »den geschwärzten Augenbrauen, dem ziegelrot angestrichenen Gesicht«[55] oder dem Thaddädl Anton Hasenhuts. Es sind dies alles sehr oberflächliche Dinge, selbst was den genußfrohen Aspekt des Mythos betrifft, der lange Zeit der einzige oder zumindest vorherrschende bleibt; noch ist man vom ironischen und zugleich hilflosen Bewußtsein des Wienertums eines Bäuerle oder Nestroy weit entfernt. Doch ist es immerhin schon der Beginn einer literarischen Parabel, die bis in die Welt der Operette mit ihren Figuren und ihrem Gemüt reicht. Überdies hat man den Eindruck, als seien die Wiener Atmosphäre und das Leben dieser Jahre für den heiteren Mythos von noch größerer Bedeutung und Tragweite gewesen als diese leichte Literatur. Es ist das kosmopolitische Wien, das in der Musik die Synthese der eigenen Widersprüche fand, die Kaiserstadt, in der die fürstlichen Familien einen Koch suchten, der auch Geige spielte[56], während die Esterházys Haydn Gastfreundschaft gewährten, der 1797 Leopold Haschkas österreichische Hymne *Gott erhalte* vertonte. Den Walzer gab es noch nicht, aber im Prater tanzte man schon den Ländler, und der Dichter O'Kelly sprach 1786 von der »Tanzwut« der Wiener und der Anmut der Damen, die des wirbelnden Drehens nicht müde wurden; und 1787, im zweiten Akt des *Don Giovanni* von Mozart, tanzt Leporello nach dem Menuett auf der Bühne mit Masetto den ersten Dorfwalzer im Dreivierteltakt. Es entstanden die Theater in der Leopoldstadt und Josefstadt, das Hofburgtheater und das Theater an der Wien; auf einem Wirtshausschild im Prater stand geschrieben:

> Gott behüt dies Haus so lang,
> bis ein Schneck die Welt umgang,
> und ein Ameis dürst so sehr,
> daß er austrinkt 's ganze Meer.[57]

Dieses Wien vergißt vor lauter Lebenslust die politischen Sorgen und jede engagierte Kultur, es ist wahrhaft der »Falstaff der deutschen Städte, das alte dicke Wien«[58], diese Stadt, deren Sinnlichkeit und oberflächlicher Katholizismus den Protestanten Nicolai so sehr irritierten: »Die Einwohner Wiens sind in allen Dingen, welche zur Gemächlichkeit und zur Wohllust des Lebens gehören, sehr viel weiter als die Einwohner einer anderen deutschen Stadt ... In der Tat darf man nur in den Listen von Wien nachsehen, wieviel Leute an Schlagfluß sterben ... Der gemeine Mann in Wien ... ist kein Freund von anhaltender Arbeit. Er muß Zeitvertreib und Zerstreuung haben ... Gebackene Händln (sic) und Feuerwerk oder Wallfahrten und gebackene Händl: beides ist ihm gleich willkommen ... Sie sitzen da, als ob sie von Gott bloß zum Essen geschaffen wären ... Wenn man an Sonn- und Feyertagen den Prater durchstreicht, ist es ein Schauspiel, wie herzlich sich das Volk vergnügt ... sie speisen ihre gebackenen Händln und Kipfel im Herumdrehen ... Der Tanz besteht in einem beständig fortgehenden Walzen in die Runde ... und, da das weibliche Geschlecht in Wien wohl gewachsen und schön von Gesicht ist, so ist für die Zuschauer solch ein Tanz wirklich ein angenehmes Schauspiel.«[59]

Von diesem Charme läßt sich Nicolai jedoch nicht umgarnen, vielmehr kritisiert er die »grobmaterialistische Gesinnung«[60] des Wiener Lebensmilieus, die er der »leeren Schaureligion«[61] des österreichischen Katholizismus zuschreibt. Diese, wenn auch zum Teil einem vielleicht abstrakten, rigoristischen Moralismus entspringende Kritik durchdringt das Klischee oder, wenn man so will, den Mythos des glücklichen und sorglosen Wiener Epikureertums und enthüllt dessen wahren Gehalt. Dieser kann nicht nur in einer oberflächlichen naturalistischen Typisierung oder in einer angeblich hedonistischen Natur der Österreicher gesucht werden, sondern in einer Reihe präziser geschichtlicher Ursachen. Das süße habsburgische Leben erweist sich dann einerseits als Folge eines Verweltlichungsprozesses des Katholizismus, der seiner religiösen Innerlichkeit beraubt und auf einen bloßen gegenreformatorischen, pompösen Formalismus reduziert wurde, andererseits als wirkungsvolle Maßnahme einer schlauen politischen Propaganda und eines subtilen Verfremdungswerks. »Z' Wien bleiben wir alle, denn 's ist nur ein Wien!« singt Hanswurst[62], und damit beginnt der Mythos der *felix Austria*, des habsburgischen Schlaraffenlands: In diesem Mythos sucht die Monarchie eine Stütze in ihrem Kampf gegen die Geschichte, um den konkreten sozialen und politischen Tatsachen zu entfliehen. Dieser Mythos erlangt mit der Zeit große Verbreitungskraft und auch größere menschliche Tiefe. Zu dieser Zeit steht er allerdings noch in seinen Anfängen und ist erst undeutlich in Ausformung begriffen. Für den Augenblick scheint noch das Leben den Vorrang vor der Literatur zu haben – will man einmal diese stets willkürliche Unterscheidung treffen –, und eben am Leben selbst inspirieren sich manche Werkchen, dadurch, daß sie es bewußter begreifen[63]. Werke, in denen eine echt wienerische Luft weht, so wie in Johann Rautenstrauchs *Über die Stubenmädchen in Wien* (1781)[64], das eine der Schlüsselfiguren der österreichischen Literatur, die flinke, gefühlvolle Zofe, bringt, oder die *Skizzen von Wien* (1786–1790) von Johann Pezzl, die mit seinen *Marokkanischen Briefen* (1784) ein heiteres, deftiges Bild des Lebens und Klimas dieser Stadt geben. Von diesem Hintergrund hebt sich das wichtigste der »vorhabsburgischen« Werke ab, die *Briefe eines Eipeldauers* (1785–1797) von Joseph Richter[65].

Dieses sarkastische und humoristische Bild des jungen Eipeldauers, eines naiven, gutmütigen Bauern, der in die zauberhafte Wienerstadt kommt, dort alles mit aufgerissenen Augen und ein wenig schwerfällig anstaunt, durch die Heirat mit dem Stubenmädchen seines späteren Vorgesetzten eine Amtsstellung und nach anderthalbmonatiger Ehe ein »Sechswochenkind« erhält, versetzt uns mitten ins österreichische Gemüt; aus dem Ton dieses kleinen Werks lassen sich, selbst aus den unbedeutendsten und nebensächlichsten Aspekten, einige grundlegende Merkmale jener Welt herauslesen, die anderthalb Jahrhunderte lang in der habsburgischen Literatur Ausdruck findet. Es handelt sich nicht nur um typische Gestalten oder Situationen, sondern um eine ganze geistige Haltung des Autors, in diesem Falle des bescheidenen Joseph Richter, die aber auch im Schaffen weit größerer Schriftsteller erkennbar wird. Da ist der einfache, verlachte und doch volkstümlich-robuste Held, der Bauernfelds oder Nestroys ehrliche, dumme »Simandeln« (Pantoffelhelden) vorwegnimmt; die ungetreue, herrschsüchtige Ehefrau; die putzsüchtige Zofe, die so gerne eine Gnädige wäre, sich französische Visitenkärtchen drucken läßt und mit dem Sonnenschirm ins Theater geht: schon hebt sich die Gestalt der Frau ab, die leicht und spritzig, leichtfertig auch in der Echtheit der Leidenschaft, die ganze österreichische Literatur durchzieht, mag sie nun Agnes heißen oder eine Vorstadtnäherin bei Nestroy sein, als Elise bei Bauernfeld oder als Rosalinde in der *Fledermaus* vorkommen; selbst die Marschallin im *Rosenkavalier*, die Frauengestalten in Schnitzlers *Reigen*, Werfels Ludmilla und Musils Bonadea gehören zu diesen vielen verschiedenartigen Frauen, die jedoch etwas gemeinsam haben, was sie zu Schwestern macht, Frauen, die vielleicht die Koketterie, die Zärtlichkeit und die ganze Schwermut der Liebe kennen, aber nicht den kraftvollen Elan, durch den sich das Leben verwandelt. Eine Art von realistischem Gespür für das Unvollkommene und Hinfällige, die Unfähigkeit, die Begrenztheit des Alltags in der Liebe zu überwinden, scheinen sie zu bremsen und ihren Herzen einen Anflug von wenn auch strahlender *mediocritas* zu verleihen. Diese Lebensbedingtheit der Frau ist eine Folge des kulturellen Klimas und der historischen Situation der Monarchie, einer ausweglosen Situation, die auf die Person zurückwirkt, ihr ein ausgefülltes Leben verwehrt und sie zum Rückzug in eine Dämmerzone der Persönlichkeit zwingt. So sieht das ergreifende Schicksal vieler wunderbarer Frauengestalten in der österreichischen Literatur aus.

Nun sind es aber nicht so sehr die eigentlich banalen Figuren bei Richter, die dies alles vorwegnehmen, sondern es ist der Animus des Verfassers, der uns dazu berechtigt, dieses Büchlein an den Beginn der habsburgischen Tradition zu stellen.

Das Werk will eine Satire auf die frivolen, leichten Sitten, auf eine fröhliche und verantwortungslose Welt ohne Ernst sein, unterliegt aber schließlich dieser Fröhlichkeit und Oberflächlichkeit gewissermaßen selbst. Kurz, es ist ein ironisches Lächeln – und das wird sich später, wie wir sehen werden, bei vielen Dichtern wiederholen, die die Leere und Unbeweglichkeit des österreichischen Lebens satirisch geißeln wollen – das nicht hinausreicht über die Welt, die es ironisiert, sondern Teil davon ist. Der typisch wienerische Humor, der sich als Selbstzweck in der Unterhaltung und der komischen Fabel erschöpft, gewinnt die Oberhand; er gilt nur mehr für den lächelnden Autor und bereichert nur sein persönliches Empfinden, hat aber nach außen hin keinerlei Wirkung und will im Grunde gar nicht verbessern. Ein Wert, der sich nur als Intellekt und Sensibilität, nicht aber als Verpflichtung zum Tätigwerden verwirklicht: diese Anmerkung wird bei der habsburgischen Literatur noch oft wiederkehren. Im Grunde leben alle österreichisch-ungarischen Dichter, selbst die gedankentiefsten und am meisten bewußten, in Hofmannsthals *Turm*: im Turm des eigenen Individualismus, der inneren Stimmen und der Musik der eigenen Seele. Diese Welt bietet weniger eine geschichtliche und sittliche als eine musikalische und ästhetische Dimension des Menschen. Schon bei Richter begegnet man dem etwas pessimistischen und skeptischen Lächeln, das eine derartige Lebensbedingung zur Folge hat. Auch sind die Briefe wegen der vielen urwüchsigen Wiener Figuren, wie etwa die Frau Mahm mit ihrem schönen Töchterlein, der stubenmädelverführende Bürokrat und die Spitzbuben, aber auch wegen der saftigen, lokalgefärbten Szenen, wie das pedantische Polizeiverhör oder die malerischen Kaffeehäuser, voller Lebendigkeit.

Das ganze Wiener Leben mit seiner Begeisterung für Schauspielerinnen, die eben in Mode sind, seinen Liebeleien, seiner genäschigen Gastronomie, seinen galanten Damenfreunden, ehelichen Launen und Seitensprüngen zieht an uns vorbei: Alles wird in der einfältigen Berichterstattung wiedergegeben, die der gutmütige Tropf seinem Vetter auf dem Lande regelmäßig schreibt. Selbst die Französische Revolution mit ihrem »Robatsbärn« (Robespierre) und der »Gilutin« (Guillotine) – so lautet die komische Schreibweise, die eine gemäßigt-aufklärerische, nationalistisch-deutsche Polemik gegen jakobinische Ausschreitungen verrät – dringt dem braven Kerl zu Ohren: »Der Herr Vetter wird glaubn, daß nur ein Narr so was reden kann; aber nein, Herr Vetter, so redt jetzt d' französische Vernunft.«[66]

Kurz, es handelt sich um harmlose dichterische Ansätze, die aber doch einen eigenen Reiz haben und manche Grundthemen vorwegnehmen. Interessant ist hier die Feststellung, daß dieses Thema, selbst im bescheidenen Rahmen dieses Werkchens und in seinen nebensächlichsten Aspekten, durchaus dichterisch fruchtbar ist. Nicht nur in der künstlerischen Verwandlung durch die großen Dichter, sondern auch in den bescheidensten Zeugnissen der Literatur, die aus der lyrischen habsburgischen Welt hervorgeht, zeigt sich eine zarte Poesie.

Unterdessen schreibt Karoline Pichler, deren Haus zu dieser Zeit der erste literarische Salon Wiens ist, ihre historischen Romane und später ihre Memoiren, die den ganzen Zeitgeist ausstrahlen[67]. Gleich ihr wendet sich auch der Dramatiker Josef von Collin einem Thema zu, das später zum »habsburgischsten« der Grillparzerdramen Anlaß gibt, zu den Feldzügen Rudolfs I., des Begründers des Hauses Habsburg[68]. In Collins Dramen[69] stellt man einen neuen Ton fest: den Übergang zu einer patriotischen Literatur, in der das neue österreichische Ideal, die Vision eines Österreich auf der Grundlage der Einheit seiner plurinationalen Komponenten und seiner »Führungs«-, nicht Beherrschungsfunktion des deutschen Kernraums, aufdämmert[70].

Diese zweideutige Unterscheidung, dieser Versuch, die Gleichheit der verschiedenen Völker und das übernationale Mosaik mit der »kulturellen« deutschen Führungsposition in Einklang zu bringen, bleibt eines der widersprüchlichsten Merkmale des letzten Jahrhunderts habsburgischer Geschichte.

Diese Dramen von Collin sind tote, von einem kalten, klassizistischen heroischen Ideal beschwerte Stücke, desgleichen seine *Wehrmannslieder* (1809) oder die Dramen seines Bruders Matthäus, die die österreichische Vergangenheit zum Gegenstand haben[71]. Doch beginnt mit diesen unbedeutenden Zeugnissen die Geschichte des Mythos. Der Mythos selbst setzt erst mit dem Biedermeier ein, nachdem der Wiener Kongreß das letzte Kapitel der habsburgischen Geschichte, ebenjenes, in dem der Mythos wirksam hervortritt, aufgeschlagen hatte. In den Jahren des Biedermeier reift auch das größte dichterische Zeugnis des österreichischen 19. Jahrhunderts, Grillparzers Tragödienwerk, heran.

II.

Das Zeitalter des Biedermeier

1. Das Biedermeier in Österreich

Der friedliebende, höchst achtbare Herr Biedermeier[1] hat allem Anschein nach in Österreich die Erschütterungen der wirren Märztage des Jahres 1848 überstanden und jenes wenige an weisem, gemäßigtem Liberalismus assimiliert, das notwendig war, um seine würdevolle Gesetztheit ohne allzu großen absolutistischen Makel bis zum großen, endgültigen Zusammenbruch des Jahres 1918 hinüberzuretten. Die Zeit, die sich von den Napoleonischen Kriegen bis zum »Sturm im Wasserglas« der Wiener Revolution erstreckt und die das Zeitalter des Biedermeier genannt wird, ist der Abschnitt, in dem sich die österreichische Welt in ihren Grundaspekten ausprägte, die, wenn auch durch äußerst bemerkenswerte Wandlungen hindurch, bis zum Untergang der Monarchie dieselben blieben. In dieser Zeit treten überdies im Alltagsleben wie in der Literatur einige der deutlichsten, konventionellsten, ja geradezu klischeehaftesten Züge des Doppeladlers hervor: die starre Abwehrhaltung gegen jede Bewegung, die wachsame und doch kurzsichtige Beobachtung all dessen, was ringsum brodelte, ein in seiner pedantischen Ohnmacht heroischer Wächterdienst zur Abwehr der Übel, die sich im Herzen des alten Europa einnisteten. Menschenbild und Stil der ganzen späteren Literatur gehen in ihrer Tradition und folgenden Entwicklung von den Schriftstellern dieser Periode aus.

Über das Biedermeier muß insofern mit Vorsicht gesprochen werden, als es sich um ein geschichtliches Phänomen handelt, das außer Österreich ganz Deutschland und ein wenig auch das ganze Europa der Restaurationszeit betrifft. Die auffallendsten Merkmale seiner Empfindungswelt und Literatur, wie sie von Bietak herausgearbeitet wurden, deuten freilich auf keinen rein österreichischen Seelenzustand hin: Resignation, ruhiges Lebensmaß, bescheidene Rückbesinnung auf die individuellen Werte, Verzicht auf jegliches dynamisches Erneuerungsideal und Gemütsruhe[2] verbinden sich zur Krise und zur bürgerlichen Auflösung der Romantik und zur großen, erzwungenen Untätigkeit der Restaurationszeit, während der sich das Bürgertum stillschweigend bereit macht, die Zügel des Lebens in Europa in die Hand zu nehmen[3]. Und so ist auch die sinnbildliche Bezeichnung dieser Periode nicht auf österreichischem Boden, sondern aus der Sammlung des schwäbischen Dichters Ludwig Eichrodt entstanden.

Herr Biedermeier verkörpert mit seinem Philistertum ganz allgemein den Durchschnittsdeutschen jener Zeit mit seiner »gutmütigen Ehrlichkeit« und seinem »Respekt vor der Obrigkeit und der bestehenden Ordnung«[4], der sich in ein häusliches Idyll inmitten seiner Möbel, des großen runden Mahagonitischs und des mit unzähligen Tassen überladenen Anrichtetischchens zurückzieht. Und doch scheint diese Stimmung in Österreich die Bedeutung eines begrenzten geschichtlichen Abschnitts zu überschreiten und geradezu eine geistige Kategorie der alten habsburgischen Welt darzustellen. Diese Zeit heißt ja auch der Vormärz, also die Zeit, die den Unruhen des Jahres 1848 voranging, und im Grunde war die ganze letzte habsburgische Geschichte ein Leben in Erwartung eines Sturms oder eines Endes, das man nur hinauszögern konnte. Im übrigen veranschaulicht Bietak das Lebensgefühl dieser Zeit in der österreichischen Dichtung sehr ausführlich. Dieser Verzicht auf politische Anteilnahme und die hedonistische Zufluchtnahme zu den eigenen Freunden, den eigenen Speisen und den eigenen Büchern, mit der ganzen feinschmeckerischen Leidenschaft für das Vergängliche, waren in Österreich nicht so sehr künftigem Handeln vorangehende Erstarrung, wie in Deutschland, sondern vielmehr ein Lebensstil, der den widersprüchlichen Grundlagen der Monarchie am natürlichsten entsprach.

Bei der Literatur dieser Zeit ist es nicht leicht, die verschiedenen uns hier interessierenden Aspekte klar herauszuarbeiten, da die Menge an Andeutungen, Motiven und Nuancen in der Pleiade der verschiedenartigen Schriften – Komödien und Memoiren, Gedichte und Erzählungen, Dokumente und Briefe – überaus groß und verstreut ist. Mit Ausnahme einiger großer Persönlichkeiten wie Raimund und Nestroy zeigen diese Autoren selten eine ausgeprägte Individualität[5]; einer drängt sich neben den anderen und beschränkt sich darauf, den Ausdruck der Zeit zu registrieren oder eine schrullige Gemütsart an den Tag zu legen. Von großem Einfluß auf die vielen Ausdrucksweisen und verschiedenen Aspekte des habsburgischen Mythos sind soziologische Faktoren, wie etwa das Publikum oder die Theater, für die die verschiedenen Komödien geschrieben werden, vom Hofburgtheater bis zu den Vorstadttheatern. Jedenfalls kann nur schwer ein einheitliches und dennoch detailliertes Bild der damaligen Literatur gegeben werden, deren Einordnung besondere Probleme stellt[6]. Die erste große Dichterpersönlichkeit, die eine vollständige und einheitliche Synthese der habsburgischen Welt liefert, ist Grillparzer; in seiner einsamen, reifen Größe überragt er bei weitem den ein wenig engstirnigen Biedermeiermenschen, was immer auch äußere Tatsachen oder gleichlautende Meinungen Gegenteiliges sagen mögen.

Das Metternichsche System des »durch Schlamperei gemilderten Absolutismus«[7] erweist sich natürlich als deutlichster Hintergrund der ganzen Literatur des Vormärz. Im Grunde ist aber weder die gewissermaßen offizielle, das System preisende, noch die ausgesprochen polemische, dem System gegenüber feindlich eingestellte Literatur von Bedeutung; aus verschiedenen Gründen enden beide in farbloser Banalität, plattem Konformismus oder allgemein gehaltener Schärfe. Die politische Lyrik des Vormärz, die immerhin eine gewisse Bedeutung erlangt, erweist sich als aufgeklärt-rationalistisch, deutsch beeinflußt und an die habsburgische Welt und ihre Seelenhaltung durch bloß äußerliche, nicht tief innerliche Bande geknüpft. Daher bleibt auch das kulturelle Wirken Clemens Maria Hofbauers und seines Kreises nur am Rande unseres eigentlichen Interesses, da es, trotz seiner unleugbaren Bedeutung für die österreichische Kulturgeschichte, mit dem echt habsburgischen Gemüt doch nur indirekt verbunden ist. Sein katholisches Proselytentum gehört, gleich den Ideen Adam Müllers, in das allgemeine Bild der kirchlichen und reaktionären Restauration des damaligen Europa und ist nur lose mit dem devoten, skeptischen und heidnischen Katholizismus der Untertanen Seiner Apostolischen Majestät verbunden.

2. Die legitimistische Literatur

Dennoch muß man eine bestimmte offizielle, lobpreisende und, wenn man so sagen darf, regierungsfreundliche Literatur berücksichtigen, die sich dem Lob der Zeiten des Kaisers Franz und der mittelmäßigen Tugenden seiner getreuen Untertanen weiht. Diese Strömung ist wegen ihres erhabenen, oberflächlichen Charakters, der nichts Dichterisches enthält, selten von Bedeutung; es werden nur ein paar äußerliche, nebensächliche Aspekte der habsburgischen Kultur erfaßt; dieser grundkonservative, wohlmeinende Ton, den diese Literatur anschlägt, verrät nichts von jener ergreifenden, leidenschaftlichen Bindung an die alten, feststehenden und doch von der Zeit schon heimlich unterhöhlten Werte oder von jenem sehnsuchtsvollen Sichanklammern an die Vergangenheit, die später das Interessante und Widerspruchsvoll-Faszinierende der Donaukultur bildet. Immerhin sind es aber interessante Zeugnisse, da man in ihnen geradezu ein Brevier der traditionalistischen, respektablen habsburgischen Ehrfurcht erkennen kann.

War Sonnenfels der kulturelle Mittelpunkt der Theresianisch-Josephinischen Zeit, so fällt nunmehr eine ähnliche, wenngleich weit bescheidenere Funktion als Inspirator und Patron der Dichtung Josef Freiherrn von Hormayr zu[8]. Baron Hormayr zu Hortenburg, seit 1816 kaiserlicher Geschichtsschreiber, war der »unermüdliche Anreger einer patriotischen Literatur«[9]; in allen älteren und jüngeren Memoirenwerken suchte er Erbauung und Mahnung. Er verfaßte selbst halb historische, halb politische Werke, Almanache und biographische Sammlungen, die viele zeitgenössische österreichische Dichter, darunter Grillparzer, inspirierten. Zwar ist sein Werk ohne künstlerische Bedeutung und gehört an und für sich nicht einmal der Literaturgeschichte an, sondern der offiziellen oder halboffiziellen Publizistik, doch hilft es zum Verständnis der kulturellen Atmosphäre seiner Zeit und dient gleichsam als literarisches Barometer; überdies ist sein, wenn auch indirekter, Einfluß auf die Schriftsteller bezeichnend. Ein Werk ist vor allem wichtig, sowohl wegen seines Inhalts als auch wegen des darin herrschenden Geistes, und ist zumindest als kultureller Hintergrund und als Thema für eine (wenn auch nur rhetorische) literarische Inspiration fester Bestandteil des habsburgischen patriotischen Kulturguts. Es ist die *Geschichte Andreas Hofer's Sandwirths aus Passeyr, Oberanführers der Tyroler im Kriege von 1809* (Leipzig-Altenburg 1817). In diesem Werk sind alle Elemente der patriotischen, traditionalistischen und heimatliebenden, patriarchalischen und feudalen Rhetorik vorhanden, die sich in der gigantischen und gutmütigen Gestalt des Tiroler Wirts verkörpern; dieser bleibt der Prototyp des habsburgischen patriotischen Mythos, der all die Tugenden Andreas Hofers aufweist: »Beschränkter Kreis seiner Anlagen … biedere Treue … zähes Festhalten an dem Glauben, an den Satzungen und Rechten der Väter.«[10]

Diese Themen und Gedanken sind lange Zeit in der österreichischen Literatur vorhanden und belasten mit ihrer Konventionalität viele Werke, darunter auch Stifters *Witiko*. Der

Kampf der Tiroler geht natürlich »für Selbsterhaltung und Gleichgewicht, für Freiheit und Ordnung ... wider den angemaßten Herrn der Welt für ihren alten Herrn«[11]. Die Freiheit und Gleichheit der »biederen, eurer Religion und eurem Vaterlande getreuen Tyroler«[12] sind von der Art der Freiheit des treuen Dieners – die einzig wirkliche habsburgische Freiheit der »von oben geleiteten« Demokratie, wie Musil hundert Jahre später ironisch sagen wird[13]. Es geht also um die patriarchalische und paternalistische Nähe zwischen Herrscher und Untertanen, die in »tiefer Liebe«[14] mit dem Monarchen verbunden sind. In diesem Werk setzt der Mythos Tirols ein, des Landes, das den frommen, feudalen habsburgischen Patriotismus am besten repräsentiert, der durch die konventionelle Folklore der fröhlichen, bier- und jodelseligen Wirtshäuser seine freundliche Note erhält. Tirol, »das Herz und Schild Österreichs«[15], findet in der jovialen Gestalt Andreas Hofers mit dem großen, breitkrempigen Federhut, dem roten Wams und den grünen Hosenträgern seine Verkörperung. Mit gleichem Wohlgefallen evoziert Hormayr Andreas Hofer, den »Feind alles Neuen und Raschen«[16], seine fröhlichen Trinkgelage, seine bigotten Proteste gegen ausgeschnittene Damenkleider in Innsbruck und seine Predigten zur Versöhnung getrennter Ehepaare.

All diese heimatliebenden, feudalen Ideale – die Einmütigkeit des zu einer einzigen Familie zusammengeschlossenen »Volks«, die Abneigung gegen den liberal-bürgerlichen Individualismus – sind nicht so sehr spontane, aufrichtige Sympathie wie umsichtiges politisches Propagandawerk. Sie sind in anderen Worten eine Reaktion auf die Französische Revolution, die die Vorherrschaft der Aristokratie, und damit die Voraussetzungen des Habsburgerreiches selbst, aus den Angeln gehoben hatte. Der Mythos entsteht also nicht durch das selbständige Hervortreten von Werten, sondern als Instrument und Funktion, und zwar mit eindeutig feudaler, paternalistischer Prägung. Er durchdringt schließlich das österreichische Bewußtsein so sehr, daß er später das Aussehen einer unabhängigen, ihrer Instrumentalität ledigen Wertordnung annimmt, doch handelt es sich im Grunde auch dann, trotz des leidenschaftlich guten Glaubens derer, die diesem Mythos anhängen, um eine fiktive Autonomie; er bleibt doch immer ein Mittel und Verteidigungswerkzeug gegenüber der Geschichte.

So ersehnt Hormayr ein Volk, »so nur ein Wille ist, und eine Kraft, so daß nur ein Kopf, ein Herz und ein Arm ... ist«[17] und vertraut fest, daß in diesem Falle die Revolutionen »unblutiger, unschuldiger, heiliger« wären[18]. Man darf einigermaßen zu Recht an Hormayrs Aufrichtigkeit zweifeln, da sein Widerruf aus dem Jahre 1848 eher schlaue Durchtriebenheit als naiven Glauben vermuten läßt[19]. Trotzdem bleibt seine Bedeutung als Anreger eines literarischen Klimas bestehen. So tauchen beispielsweise die Themen seiner Andreas-Hofer-Geschichte, nämlich patriarchalische Traditionstreue und bergbäuerliche Kraft, in einem kleinen Theaterstück von Carl Meisl, *Das Reimspiel von Landeck*[20], wieder auf.

Dies ist ein kurzes und banales Stück, verfaßt zum sechzigsten Geburtstag Franz' I., und erzählt vom Streit zwischen dem Herrn von Rottenburg und Herzog Friedrich von Österreich, der, besiegt und verbannt, von seinen Getreuen erwartet wird. Verkleidet kehrt er in seine Berge zurück, wird während eines Reimspiels, das von seinem Schicksal berichtet, erkannt (man ersieht aus diesem Spiegelbild, diesem Spiel im Spiel, die barocke Tradition), vom Volk akklamiert und wieder auf den Thron erhoben, wobei der Triumphzug mehr den Bewegungen eines Balletts als eines Kampfes gleicht. Auch hier versichert ein mit verkitschten Zügen ausgestattetes Volk seinen rechtmäßigen Fürsten seiner hingebungsvollen Treue, die aus einfacher, ursprünglicher Reinheit besteht und im rauhen Gebirge zu finden ist, wo »nur der Tod die Bande zwischen Volk und Fürsten löst«[21].

Liebe meines treuen Volkes
find ich auf der Alpenhöh,
heiße, lieberglühte Herzen

unter tausendjährgem Schnee!
. . .
So geliebt von meinem Volke,
ist kein Fürst der Welt mir gleich![22]

Diese farblosen, rhetorischen Zeilen enthalten in dunkler, langweiliger und matter Form die ganze salbungsvolle Biederkeit des österreichisch-ungarischen Legitimismus und verherrlichen die habsburgischste aller Tugenden, die Treue. Es ist eines der ältesten Motive auf österreichischem Boden: schon seit der bewegenden Geschichte vom Markgrafen Rüdiger von Bechelaren im *Nibelungenlied*, der aus Vasallenpflicht gegen die liebsten Freunde und den Gatten der Tochter kämpfen muß. Das alte Rittermotiv wird aufrechterhalten, nimmt aber andere Nuancen an und wird zum Symbol des Antititanentums, des Verzichts auf egoistische Selbstbehauptung, des Versenkens in die begrenzte Welt der Pflicht und der harmonischen Eingliederung der eigenen Person in eine höhere Ordnung. Treue heißt also, sich selbst in der Bindung eines Untertänigkeitsverhältnisses (gegenüber dem Herrscher, der Kirche, dem Amtsvorgesetzten usw.) wiederfinden, die vor der Ungeordnetheit von Dingen und Gefühlen bewahrt. Dieser typisch feudale Animus verschiebt sich später auf eine bürgerliche Ebene, wenngleich unter Wahrung des aristokratischen Stempels, und überträgt sich auf die Gestalt des Bürokraten. Vorläufig tritt die Treue noch in ihrer seichtesten und rhetorischsten Bedeutung, als konventionelle Devotion auf, später gelangt man in derselben Richtung zu Grillparzers Bancbanus oder zu Werfels Professor Kio. Im übrigen erinnert die ganze Atmosphäre dieses Werks von Meisl mit seinen Tiroler Tälern, dem Jagdhornschall, den Liedern und dem Klang der Kirchenglocken an die Bilder des Franz-Joseph-Mythos, an den grünen Hut des Kaisers, wenn er in Ischl weilte.

Tirol nimmt in der Vormärzliteratur einen besonderen Platz ein und bietet ein kontrastierendes kulturelles Bild. Die Tiroler Geschichte vermerkt aus jener Zeit zwei wichtige

Daten, das Jahr 1837 (Vertreibung der Protestanten aus dem Zillertal) und das Jahr 1843 (Rückkehr der Jesuiten). Aus diesem Land kommen auch einige der fanatischsten Anhänger der Restauration unter den Schriftstellern und einige der stolzesten Widersacher des Metternich-Regimes. Auf der einen Seite stehen Männer wie Sebastian Manz und Beda Weber, mit dem ganzen Pfaffentum im Rücken, das dem Land den Ton so stumpfer Lethargie verlieh, wie es unter anderem auch Charles Sealsfield beschreibt, der ruhelose Schriftsteller, den es in die Neue Welt verschlagen hat. Auf der anderen Seite steht eine ganze Garbe stürmischer politischer Lyrik, von dem Lied Johann Senns »Adler, Tiroler Adler, warum bist du so rot?« bis zu den Bannstrahlen eines Hermann von Gilm gegen die Jesuiten. Doch hat die ganze Tiroler Literatur über diese Gegensätzlichkeiten hinaus einen gemeinsamen Zug: die folkloristische Verherrlichung der grünen Wälder, der Lederhosen der Bauern usw. Diese provinzielle, ländliche Tradition bleibt noch lange, von den Novellen Johannes Schulers bis zu den Sammlungen Josef Vonbuns, den Werken Adolf Pichlers und den verschiedenen, vom Lokalkolorit geprägten Erzählungen zahlreicher Autoren des 19. Jahrhunderts bestehen. Dieser Lebens- und Schreibstil kristallisiert sich zu einem starren literarischen Topos und zu einem folkloristischen Genre aus, das keiner Entwicklung mehr zugänglich ist und durchaus der Kultur dieses Landes entspricht, das die Erinnerung an Habsburg und die patriarchalischen, »geschlossenen Höfe« am längsten beibehält.

Das wichtigste Werk, mit dem der Name Hormayr verknüpft bleibt und das auch den größten Einfluß auf die habsburgische Literatur und ihr Kulturgut ausübte, ist der *Österreichische Plutarch*[23]. Es ist dies ein richtiger patriotischer Almanach, eine Summe der ganzen glanzvollen habsburgischen Vergangenheit und deren Zusammenfassung in der Gestalt der größten Österreicher und Böhmen, eine Art von »Denkwürdigkeiten«, Quelle der Erbauung und des edlen Nacheiferns, wie der Autor in der Einleitung selbst erklärt, wobei er nicht vergißt, auf die utilitaristische Moral seiner Bemühung hinzuweisen. Dieses Pantheon war für die österreichischen Dichter eine wahre Fundgrube der Inspiration, der sie auch so manches Stichwort entnahmen. In der Einleitung werden Bedeutung und Pathos des eigenartigen Reiches gestreift, das aus unzähligen fernen, verschiedenen Völkern zusammengesetzt ist, die doch durch etwas Gemeinsames verbunden sind.

Es ist darin von den großen Ebenen zwischen Krakau und Salzburg die Rede, von den vielen, nach Rasse und Sitte verschiedenen Regionen, die zu verschiedenen Zeiten und unter mannigfaltigen Umständen Teile der Donaumonarchie geworden sind. Vor allem aber wird der Geist verherrlicht, der all diese Teile vereint beisammenhält: eine undefinierbare österreichische Stimmung, die Böhmen und Galizien, Ungarn und Mähren verbündet und alle Volksstämme in eine harmonische Einheit verwandelt. Dies ist eines der frühesten literarischen Zeugnisse, die den übernationalen mitteleuropäischen Mythos beschwören, den Mythos des Kaiserstaates mit den vielen Kronen und Sprachen, die gemeinsam das *Gott erhalte* singen. Die Einheit dieser Völker erhält eine fast religiöse Bedeutung und wird der nivellierenden Einförmigkeit[24] der Grande Revolution entgegengestellt, die zu dieser Zeit (1807) mit den Siegen Napoleons Europa wie in einem Triumphzug durcheilt. Das übernationale Ideal erweist sich also auch hier wieder als politisches Instrument und als Verteidigungswaffe der habsburgischen Welt.

Diese Welt stützt sich auf Treue und Gerechtigkeit, deren letzter Hort im Herzen des Monarchen zu finden ist. Das Ideal, das Metternich »Kraft im Recht« nennt, »ist kein System, sondern eine Weltordnung«[25]; »Treu und Glauben«[26] stellen die Elemente jener Ordnung dar, die Metternichs Wahlspruch ist und auf der allein die »Freiheit als … unausbleibliches Ereignis« beruhen kann[27].

Die ganze mosaikartig zusammengesetzte habsburgische Geschichte, von Rudolf I. bis Wallenstein, Prinz Eugen von Savoyen und Mozart, zieht hier am Leser vorbei, und die Beschreibung der vielen böhmischen Herrscher erhöht den Reiz der Sammlung und das Interesse daran. Wegen der sinnbildhaften Bedeutung in der dichterischen Umgestaltung durch Grillparzer kommt natürlich Rudolf I. und II. besondere Wirksamkeit zu. Auf Rudolf I., dessen Züge schon die Adlernase und die blauen Augen der Habsburger aufweisen, die selbst noch beim Herzog von Reichstadt an die mütterlichen Vorfahren erinnerten, fällt von Anfang an ein ideales Licht. Die Geschichte der Dynastie beginnt mit den Worten Albrechts, Rudolfs Vaters, an den Sohn, der zum Kreuzzug aufbricht: Er ermahnt ihn zu *Frömmigkeit und Mut, Mäßigung und Ordnung*. Schon in der Biographie Hormayrs kämpft Rudolf für die Ordnung[28] und entspringt sein Handeln nicht dem Antrieb des eigenen Wollens, sondern er ist unpersönliches Werkzeug Gottes: all diese charakteristischen Aspekte gehen, dichterisch verwandelt, in das Grillparzersche Drama ein. Nicht einmal der konventionelle Paternalismus fehlt, wenn Hormayr Rudolf I. Bürger und Bauern vor dem Hochadel schützen läßt[29].

Die Legende um den Begründer des Hauses Österreich war Anlaß zu etlichen literarischen Produkten, vom Drama Werthes' bis zu den Werken der Karoline Pichler und Kotzebues. Zweifellos belebte Hormayr die alte Tradition. Grillparzer wird das Thema aufgreifen und damit den ersten Teil seines Habsburger-Zyklus schaffen; seinem *Ottokar* geht Ladislaus Pyrkers *Rudolph von Habsburg* (1824) voraus, ein überaus langweiliges Poem in zwölf Gesängen, das sich streng an Vergil hält und von klassizistischen Bildern wimmelt, doch als Bibel der ganzen habsburgischen Rhetorik von Interesse ist. Darin findet sich bereits das Gefühl für das übernationale Reich: Rudolf begründet die Dynastie »unzähligen Völkern zum Segen«[30], in einer virgilischen Heerschau ziehen die malerischen Donauvölker vorbei, und vor dem Boten Hugo von Tauffen werden melancholische ungarische Tänze aufgeführt, in einem Wechsel vielfarbiger Dolmans und bizarrer Gewänder, die an bestimmte operettenhafte Züge erinnern, wie man sie Jahrzehnte später kennen wird. Bei Pyrker treffen einige typische habsburgische Konstanten, freilich ohne künstlerische Lebendigkeit, zusammen; väterliches Wohlwollen und cäsarische Autorität kennzeichnen den Urahnen Franz Josephs; seine Augen »heischen Ehrfurcht«[31], und doch sitzt er bei den Soldaten, ruft sie beim Namen und teilt ihr einfaches Mahl. Man kann dabei gar nicht anders als an Grillparzer denken. Auch die erbauliche lobpreisende Note fehlt nicht, wenn Rudolf vor dem Allerheiligsten in die Knie sinkt und ihm ein alter, silberbärtiger Einsiedler den künftigen Ruhm seines Hauses prophezeit und weissagt, auch wenn alle Ideale wankten, »so wird doch Treu' und Redlichkeit stets in deinem Geschlechte noch dauern«[32].

Noch bezeichnender ist vielleicht die Atmosphäre würdigen Alters, die in diesem Werk herrscht. Da ist die Gestalt des alten Kriegers Lobkowitz mit dem Adlerblick unter buschigen Augenbrauen[33], der Ottokar zur Mäßigung auffordert; der alte Eremit, der Rudolf in die Kapelle geleitet. Die Gestalt des weisen, abgeklärten Greises, der zu würdevollem und mittelmäßigem Maß rät, ist geradezu ein Symbol der alternden österreichischen Welt und ein echter literarischer Topos. Die dahindämmernde habsburgische Kultur weist jede Jugendlichkeit, allen Sturm und Drang zurück, und ihre Neigung zu Gleichgewicht und statischer Abwehr aller Geschehnisse verkörpert sich mit Vorliebe in der Gestalt des noch kraftvollen, aber über ungestüme Illusionen hinausgewachsenen Mannes. Dieses Lebensalter ist eher der Reflexion als der Aufforderung zum Handeln förderlich; es hat das Leben bereits voll und ganz erkannt und das große Wort »verzichten« gelernt. So gelangt man zu Bancbanus, dem Beamten, der bis zum Absurden und bis zum Lächerlichen treu bleibt, und zum armen Spielmann bei Grillparzer, zum melancholischen Hagestolz und zum Nachsommer, dessen ruhige Wärme zumeist die Gestalten Stifters umgibt, bis hin zu Innocens in der gleichnamigen Erzählung Ferdinand von Saars und zum ergreifenden Spätgeborenen der Ebner-Eschenbach.

Noch später gelangt man so zu den backenbärtigen Personen bei Werfel, zur steifen, ältlichen Gestalt des Herrn von

Trotta bei Roth und zum pensionierten Amtsrat Julius Zihal bei Doderer. Ein Herbst voller Würde und warmem Schimmer verbreitet sich in der ganzen österreichischen Literatur, einer wahren »Kultur des alternden Menschen«[34].

Reife, die sich langsam dem Untergang und resigniertem Verzicht nähert, kennzeichnet auch das Erzählwerk des Wiener Theaterkritikers Joseph Schreyvogel. Mehr noch als sein geniales Wirken als Kritiker und Theaterdirektor interessieren hier einige zwischen 1821 und 1831 im Almanach »Aglaja« erschienene Novellen. Diese Erzählungen, denen es nicht an einer gewissen psychologischen Einsicht fehlt, haben eine überaus bemerkenswerte literarhistorische Bedeutung, da sie eine Tradition einleiten: das Genre der Provinz- und Heimatliteratur; dieses wird zu einem der repräsentativsten Aspekte der österreichischen Literatur und zu einer der typischsten Evasionsmöglichkeiten der habsburgischen Schriftsteller. Die Gestalt des ältlichen einsamen Junggesellen, eine Schlüsselfigur der demütigen Resignation des österreichischen Bürgers angesichts der engen Grenzen seines Lebens – die vor allem in Stifters *Hagestolz* von 1844 Verkörperung findet –, entsteht in diesen ruhigen, philisterhaften Jahren mit Schreyvogels Erzählung *Wie es geschah, daß ich ein Hagestolz ward*. Vor allem aber enthält die Novelle *Samuel Brinks letzte Liebe*[35] jene Themen und jene Atmosphäre, die sich bis zu Rosegger in der österreichischen Literatur finden werden und damit gewissermaßen die ländliche, provinzielle Dimension des habsburgischen Mythos darstellen.

Mit dem ältlichen Samuel Brink, der sich in ein schüchternes, verlassenes Mädchen verliebt und es mit diskreter, allzu feiner Zurückhaltung hofiert, um schließlich väterlich zugunsten des jungen Neffen zu verzichten, beginnt eine Reihe rührender, verhinderter Liebesgeschichten, wie sie das Biedermeier so liebte und wie sie in Grillparzers bittersüßer Geschichte vom *Armen Spielmann* Ausdruck findet. Der Held in Schreyvogls Erzählung ist der erste in der Reihe demütiger, verwirrter, lebensunfähiger Personen, die das Werk Stifters, Ebner-Eschenbachs und Ferdinand von Saars bevölkern: Diese Menschen erlangen ihr pathetisches Menschsein nur in einer mittelmäßigen, grauen Dimension, die von den verborgenen Tugenden des Verzichts und der Resignation erhellt wird; dieses menschliche und stilistische Weltbild, das seine Demut und Bescheidenheit auf idyllische, blasse Landschaften oder die Melancholie kleiner Städte zurückstrahlt, trägt zur Sehnsucht nach einem befriedeten Lebensrhythmus, zur Hinnahme der engen sozialen Grenzen und zur Bindung an die feststehenden Tugenden der Ehrlichkeit und Korrektheit bei, die eine Richtschnur des habsburgischen Mythos bilden.

Schreyvogels Erzählung enthält bereits das Moralistisch-Konventionelle, das in einem Großteil der österreichischen Erzählkunst wiederkehrt: das elternlose, arme, fromme und keusche Mädchen; der alte, treue Diener; die anhänglichen Bauern usw., kurz, den ganzen Schatz der konventionellen und ein wenig kitschigen habsburgischen Empfindungswelt.

Das Milieu dieser Erzählkunst ist natürlich das Land. Die Stadt taucht nur am Rande auf und ist ohne größere Bedeutsamkeit. Dafür gibt es Felder, Dörfer, Wirtshäuser, von Wäldern gesäumte Landstraßen, auf denen staubige Postkutschen fahren, arkadische heitere Gutshöfe. Es ist eine etwas genrehafte Landschaft, die an die idyllischen Bilder eines Moritz von Schwind oder eines Waldmüller erinnert. Es sind keine kraftvollen Georgika, sondern zarte Beschreibungen von friedvoller, herbstlicher Tönung. Von dieser Erzählung an ist stets der ländliche Hintergrund präsent, der regelrecht zum »Buen retiro« der österreichischen Schriftsteller wird. Die idealisierte provinzielle und ländliche Welt ist, im Hinblick auf die Landschaft, die Projektion eines Menschen, der auf aktive Teilnahme am Lauf der Geschichte verzichtet und sich in eine idyllische, heitere Gegend flüchtet, um in dieser Flucht die Unerträglichkeit der engen Grenzen seines Daseins auszugleichen. Schon in Schreyvogels Erzählung stellt sich die ländliche Welt als eine der typischsten Fiktionen der habsburgischen Kultur, als eine ihrer süßesten und weisesten Arzneien dar. Heftige Leidenschaften gehen im Verzicht unter, wie es Samuel Brink widerfährt, und Städter ziehen für immer aufs Land. Der Stil der Novelle scheint, wenn auch weit weniger eindrucksvoll, manche Passagen bei Stifter oder Rosegger vorwegzunehmen: »Es war ein herrlicher Sommerabend. Die untergehende Sonne übermalte den leichtbewölkten Himmel mit ihren schönsten Farben. Die fruchtbare Landschaft, von Hügeln und Tälern durchschnitten, ruhte wie ihre Bewohner von dem Geräusch und den Mühen des Tages. An beiden Seiten der Straße lagen in ziemlicher Ferne einige Dörfer, zu denen die Herden und hin und wieder einzelne Arbeiter zurückkehrten.«[36] – »Doch hier unten wie dort oben wirkt die Natur nach ihren ewigen, einfachen Gesetzen. Die Bahn der Gestirne altert nicht, ebensowenig der mächtige Trieb der Herzen. Was haben wir voraus mit unserer Erfahrung und Weisheit ...«[37]

Um eine Terminologie von Lukács[38] zu gebrauchen, bleibt der Stil der österreichischen Novelle stets mehr beschreibend als tatsächlich erzählend: Man verweilt liebevoll bei Details und analysiert Nuancen, aber es gibt keinen epischen Erzählrhythmus und auch nicht den großen Atem spannender Geschichten. Dies gilt sowohl für manche platten, minuziösen Beschreibungen als auch für die zartesten Schwingungen eines Hofmannsthal; es ist auch symptomatisch, daß der einzige österreichische Versuch einer Epik, *Witiko*, künstlerisch ein Fehlschlag ist und nur eine lange Kurzerzählung bleibt.

Um die literarhistorische Bedeutung dieses Samuel Brink, der sich um Pantöffelchen kümmert und »den Reiz des Lebens durch den Ernst der Betrachtung ... erhöhen«[39] will, noch hervorzuheben, genügt es, an den Seufzer zu erinnern, mit dem er schließlich auf seine Liebe verzichtet: »Fahre hin, holder Traum meines Nachsommers!«[40] Darin scheint bereits die Bezeichnung und das Gefühl des Nachsommers auf, des alternden Menschen und der versinkenden Glut: »dieses herbstliche Lebensgefühl« kennzeichnet in vielfacher Abwandlung die ganze österreichische Dichtung des 19. und beginnenden 20. Jahrhunderts[41].

Ein großer Teil der lobpreisenden Literatur dieser Jahre hält sich an das Schema einer Passage bei Pyrker, in dem Rudolfs Vision vom künftigen Ruhm seines Geschlechts beschrieben wird. Es sind ganz und gar nichtssagende, farblose Stücke, wie die *Totenkränze* (1828) von Zedlitz oder das *Habsburgerlied* von Ludwig August Frankl, meist prosaische Aufzählungen historischer oder hagiographischer Daten. Zu dieser literarischen Strömung können auch einige konventionelle Verssammlungen gezählt werden, die die Stimmung eines ergeben-heiteren Quietismus und stiller Resignation zum Ausdruck bringen. Darin werden, vor dem Hintergrund idyllischer Alpenlandschaften und ruhiger Abende, erfüllt von Glockenklängen, die von Kirchlein stammen, die den Glauben der Väter lebendig erhalten[42], die engen Grenzen und ein zurückgezogenes Leben verherrlicht; in den Dörfern kniet das Volk fromm vor dem Allerheiligsten: »In der Lieb' des Herren lebend, kniet stumm des Volkes Schar.«[43] In dieser Welt ist »Schweigen oft der Wahrheit Hort« und schreitet man »an der Vorsicht weiser Hand«[44]. Es ist dies eine Lyrik, in der Resignation und Entsagung – ein Seelenzustand, der zugleich aus mutloser Müdigkeit, träumerischen Wünschen und schweigender Zuversicht besteht – dem Menschen seinen wahren Besitz sichern[45]. Es ist eine Lyrik der Träume und des Friedens Metternichs, die, vielleicht unbewußt, geistig zur »Erhaltung des Systems«[46] und der habsburgischen Lebenssicherheit beigetragen hat. Aus dieser Welt kann auch ein banaler, doch überzeugter Hymnus der Vaterlandsliebe emporsteigen:

Ich hab' dich nicht vergessen,
Mein liebes Österreich!
. . .

Es lacht auch andrer Orten
Manch treues Herz mir zu,
Doch wer hat sie auf Erden

Zu Tausenden, wie Du?

. . .

Ich weiß nur eine Heimat, weiß nur ein Österreich![47]

Dieser Welt entstammt aber auch die Innigkeit des *Stille Nacht, heilige Nacht*[48].

Wie schon gesagt, zeigt diese literarische Strömung ein schulmäßiges und konventionelles Gepräge und berührt den habsburgischen Mythos nur indirekt, gleichsam als dokumentarisches Material. Nicht nur die künstlerische, sondern auch die menschliche Mittelmäßigkeit, die diese Zeilen verraten (und die noch weit von dem subtilen Reiz des skeptischen *ne quid nimis* entfernt ist, der die letzte Dämmerung der Monarchie kennzeichnet), ist im Grunde das psychologische Ergebnis einer ganz speziellen sozialen Situation. Was in solchen Akzenten seinen Ausdruck findet, ist ein Bürgertum, das eine neue, bescheidene Alltagsdimension des Lebens gefunden hat, darin aber eine erhabene Patina der Würde und adeliger Tugenden hineinlegt, ein gewissermaßen geadelter Legitimismus, und zwar zu einer Zeit, da das Bürgertum eigentlich die revolutionäre oder doch zumindest dynamische Klasse Europas ist. Der Ton dieser Dichtung ergibt sich aus der Begegnung zwischen einer adeligen, noch feudalen Empfindungswelt (patriarchalische Atmosphäre; Erinnerung an den Feudalbesitz über Wälder und Dörfer; feudale Hierarchie vom Herrn zum Bauern, die in einigen typischen Figuren, wie dem Waldhüter, zum Ausdruck kommt, der durch ein Band edler Treue, nicht in einer Beziehung wirtschaftlicher Abhängigkeit mit dem Herrn verbunden ist; mittelalterlich anmutende Werte, wie der Zusammenhang zwischen religiösem Glauben und Vasallentreue usw.) und einer beschränkten bürgerlichen Seele, die von den Eigenschaften des dritten Standes freilich weder puritanischen Unternehmergeist noch leidenschaftliches kulturelles Interesse, sondern nur das Philistertum aufweist. Der theresianische Versuch, einen wirklich bürgerlichen, das heißt industriell eingestellten Adel ins

Leben zu rufen, der vor allem in der Lombardei zum Erfolg geführt hatte, war gescheitert, und so blieb der Zusammenhang zwischen Adel und Mittelstand in Österreich stets nur ein fiktiver. Der Berührungspunkt und der Kompromiß spiegeln sich im Bürokraten als Gestalt und Kategorie, in einer Art togageschmücktem Bürgertum. Vielleicht repräsentiert die Kategorie des Beamten, des Staatsinstruments und priestergleichen Mittlers zwischen Hohem und Niedrigem, in Österreich die bürgerliche Klasse schlechthin. So war auch der Kaiser nichts anderes als der erste Beamte im Reich.

In der Literatur dieser Zeit findet man, abgesehen von Grillparzer, nur sporadische satirische Hinweise auf die Gestalt des Beamten, in dem man das Werkzeug der repressiven und penetranten lästigen Staatsaufsicht sieht. Es ist im übrigen eine logische Folgerung, daß diese Gestalt noch nicht allgemein verbreitet ist: Einerseits war der wachsame, mißtrauische Autoritarismus Metternichs und seines »Pudels«, des Polizeiministers Sedlnitzky, wenig dazu angetan, die vertrauensvolle Zustimmung zur Ordnung nach dem Jahre 1848 zu gewinnen; andererseits war der Verwaltungskörper damals noch nicht so beschaffen, daß daraus hätte ein Mythos des habsburgischen Bürokraten und seiner untadeligen Korrektheit entstehen können.

3. Die Polemik gegen das »System«

Wenn diese Literatur, wie wir gesehen haben, arm an »habsburgischen« Anknüpfungspunkten und Resonanzen ist, so erweist sich die extrem entgegengesetzte, ausgesprochen polemische, vorwiegend aus politischer Lyrik bestehende Literatur als noch weniger charakteristisch. Gewiß hat diese Strömung in der österreichischen Literaturgeschichte eine beträchtliche Bedeutung, von der Richtung, in die unsere Untersuchung geht, ist sie jedoch weit entfernt, da sie mit der österreichischen Kultur höchstens äußerlich verbunden ist. Es ist ein »akademischer Tyrannenhaß ... und (eine) akademische Freiheitsbegeisterung«[49], die »stark unter dem Einflusse der politischen Dichtung in Deutschland« steht[50].

Die Schmähungen der liberal gesinnten Dichter, von Anastasius Grün bis Hermann von Gilm, gegen das Regime haben keinerlei besondere Prägung und unterscheiden sich von jenen der deutschen Dichter nur durch ihren materiellen Inhalt und den Gegenstand ihrer Pfeilspitzen. Diese rationalistische, aufklärerische Dichtung tritt an zur Verteidigung der mit Füßen getretenen Menschenrechte, doch fehlt es ihr im großen ganzen an Farbe und individuellem Gehalt.

Ein entschieden josephinischer Geist erhebt energischen Protest wider die Methoden der Heiligen Allianz und die knechtische Unterdrückung, doch gelingt es seinem vernichtenden Urteil nicht, die zu Recht bekämpfte Welt geistig zu durchdringen und ihr Wesen wie ihre Merkmale zu erfassen; so verfällt er in banale Rhetorik. »Wir leben in düstrer Zeit, der Himmel ist schwarz umzogen«[51], oder: »Mein Vaterland, das, feige dumm, die Ferse dem Despoten küßt«[52]: Hunderte konventioneller Verse erklingen zu dieser Zeit in ganz Deutschland und besingen etwas emphatisch die Freiheit, sie lassen die Bestrebungen der Demokraten durchscheinen, die mit dem Liberalismus wohl – aber nicht zu sehr! – liebäugeln[53] und deren Versagen in der Feuerprobe des Jahres 1848 mehr auf eigene Unfähigkeit und mangelnde Vorbereitung zurückgeht als auf die gegnerische Gewalt. Auf jeden Fall läßt sich diese Literatur nur aus äußerlichen Gründen als »österreichisch« bezeichnen. Freilich strotzen die Werke von Anastasius Grün von historischen Erinnerungen, österreichischen Traditionen und lokalen Anspielungen auf Wien, doch handelt es sich um sehr periphere Themen, die der josephinische Geist des Dichters jeden typischen Kolorits entkleidet. In der Sammlung *Der letzte Ritter* (1829) ist die ritterliche Gestalt Kaiser Maximilians vor allem ein Vorwand für eine gemäßigt freiheitliche Polemik; und die berühmten *Spaziergänge eines Wiener Poeten* (1831) samt ihren Angriffen auf Klerus, Spione und Zensoren sind zwar ein wichtiger Bestandteil der nationalen Literatur und der Wiener Sittengeschichte, überschreiten aber nicht den Rahmen einer recht allgemein gehaltenen Polemik und haben mit dem literarischen Mythos, der hier untersucht werden soll, nichts zu tun. Die Person des Dichters Anastasius Grün, der auf seinen Krainer Besitzungen ein zurückgezogenes Herrenleben führt, Rosen züchtet und stimmungsvolle slawische Lieder sammelt, scheint dem habsburgischen Klima näherzustehen als seine polemischen Verse. Manche Aspekte seiner Dichtung helfen aber zum Verständnis bestimmter politischer Probleme im damaligen Österreich. So zeigt sein deutschösterreichischer Patriotismus, der sich bei vielen Anlässen bestätigt, in seiner Hinwendung zum »großen, deutschen, einen« Vaterland[54], seinem Blick auf den »alten deutschen Rhein«[55] und die »edle Maid, Germania«[56], zur großen, deutschen Heimat, einen der gegensätzlichsten Widersprüche einer Haltung, die zwischen Großösterreich und Großdeutschland hin- und herschwankt; gegen alle Logik will sie an beiden teilhaben[57], empfindet slawophil – wie Grün – und vertritt zugleich eine Eingliederung der Slawen in das Deutsche Reich[58]. Ebenso interessant ist es, aus der Einstellung Grüns die Antinomie im liberalismusfreundlichen Adel herauszulesen, der zwischen dem glühenden Wunsch nach politischer Freiheit und der Angst vor deren sozialen Folgen – durch die Entfesselung der »obskuren« Kräfte der Bauern – schwankte. Und es ist prompt ein reaktionärer Verseschmied, Sebastian Brunner, der in einem Gedicht *An die besitzenden deutschen Radikalen*[59] Anastasius Grün verspottet, den liberalen Spaziergänger, der lieber auf dem Pflaster des unterdrückten Wien als in den Wäldern seiner Güter wandelt, wo es von ach so gefährlichen Bauern wimmelt, die die aufklärerischen Verse ihres Herrn nicht lesen. Selbst Grillparzer, dessen widersprüchliches Denken eine der interessantesten Erkenntnisquellen jener Zeit bildet[60], macht sich über den liberalen Kavalier, der an seinen Landgütern hängt, lustig ...[61] Eine derartige Lage bestimmt später die Unsicherheit und das tiefe Mißtrauen der Achtundvierziger-Revolutionäre gegenüber den Proletariern[62], ein Mißtrauen, das durchaus gerechtfertigt und angebracht war, da die bürgerlichen und gemäßigten Kräfte die einzig wirklich liberalen waren, während die Masse das brauchbarste Werkzeug in der Hand der Reaktion war, wie dies die großherzige polnische Erhebung des Jahres 1846 in Galizien war, die von der Jacquerie der von der Regierung aufgehetzten Bauern niedergeschlagen wurde. Diese Trennung lähmte aber die liberalen Kräfte und bewirkte einen unheilbaren Bruch zwischen den gemäßigten und den extremistischen Elementen. Dieser Bruch war so tief, daß das Schauspiel der Achtundvierziger-Unruhen alle gemäßigten österreichischen Liberalen anwiderte und sie mit dem Regime und der würdevollen habsburgischen Ordnung aussöhnte. Die dichterischen Zeugnisse über die Unruhen des Jahres 1848 beschreiben alle dieselbe Parabel: von der anfänglichen Begeisterung bis hin zur Bestürzung über das plebejische Freudengeschrei und zur verächtlichen Abkehr. Diesen Weg gehen Grün selbst, Grillparzer, Stifter, Feuchtersleben und andere. Nach dem Jahr 1848 werden viele Liberale aus der Zeit des Vormärz zu ausgesöhnten Dichtern der Ordnung und des Kaiserstaates. So besingt Grün Radetzky als den Retter des Vaterlands, das Torheit und Uneinigkeit zerfleischen, und es sind Grüns habsburgischste Töne. Ähnlich weit gespannt ist das Werk des Tirolers Hermann von Gilm, des nach Grün vielleicht bedeutendsten Lyrikers seiner Zeit. Seine scharfen *Jesuitenlieder* (1842–1845) und übrigen politischen Verssammlungen tragen den deutlichen Stempel einer antiklerikalen josephinischen Erziehung und der liberalen Strömungen, die in dem rückständigen Klima Tirols gedeihen und von Männern wie dem Bezirkshauptmann Josef Kern, Streiter und den aufgeschlossenen Benediktinern des Klosters Marienberg abhängen. Gilms Dichtung steht dem habsburgischen Klima vielleicht am fernsten, und so war er auch einer der begeistertsten Wortführer der Märzunruhen; er beschrieb sie enthusiastisch in Briefen, die von republikanischen Tönungen nicht ganz frei sind. Wenn sich überhaupt etwas von seinem ganzen Werk in die patriarchalische österreichische Tradition eingliedert, so ist es ein bestimmtes Tiroler Lokalkolorit, die frische Luft der Berge und die kraftvolle Jugend der *Schützenlieder*, die seinen Gesängen eine ländliche, folkloristische Prägung verleihen. Inmitten all der Begeisterung für die Revolution zeigt sich in seinem Gedicht *An die Patrioten Tirols* vom 17. März 1848 ein Ton idyllischer Ergebenheit gegenüber dem Adel: »Wir wollen nicht, daß Fürstenblut den Freiheitsbaum uns dünge ... Die Freiheit sei kein Wetterschlag, aus dem Gewitter drücken, sie sei ein junger Frühlingstag mit himmelblauen Blicken. Wir wollen nicht im frevlen Wahn der Pflichten Fessel brechen ... Wir fordern nur, daß Volk und Thron ein Herz sei, eine Seele.«[63] Und nach der Enttäuschung des Jahres 1848 preist schließlich auch er die Erzherzöge, Radetzky, den Retter der österreichischen Einheit, und den väterlichen Monarchen: Fast alle antiklerikalen Schriftsteller des Vormärz landen hier, es ist die logische Folgerung dieser Intellektuellen, die die Widersprüche des habsburgischen Systems nicht bis auf den Grund durchschauten.

Folglich bleibt die ganze politische Lyrik, von Leitner bis Rollett und all den anderen, der habsburgischen Kultur fremd; will man wirklich etwas von der damaligen österreichischen Atmosphäre verspüren, so lese man lieber *Sant'Ambrogio* von Giusti, mit all der schwermütigen Sehnsucht jenes kroatischen Lieds, von dem es erzählt[64]. Charakteristischere Töne sind dort zu finden, wo sich dem Protest eine nationale Klage über die Knechtschaft des eigenen Volkes beimengt. In den *Böhmischen Elegien*[65] von Moritz Hartmann und den Liedern von Alfred Meißner schwingt eine slawische, subtile und musikalische Sehnsucht nach der alten böhmischen Heimat und ihren süßen, traurigen Klageliedern: diese verbreitete österreichisch-slawische Empfindung liebt die slowakischen Herdfeuer, schaut aber gleichzeitig auf Deutschland und zehrt von der Erinnerung an Joseph II., den die mährischen Bauern lange Zeit verehrten. Diese Lyrik ist im Grunde Ausdruck eines tschechischen, aber innerhalb des Kaiserreichs bleibenden Patriotismus, der sich in den vielen tschechischen Versuchen zur Erlangung der Vorherrschaft im habsburgischen Raum niederschlagen wird. Vom literarischen Standpunkt aus ist die slawische Welt mit ihren Wäldern und ihrer musikalischen Unrast eine Quelle lebendiger dichterischer Inspiration, und man wird ihr unverkennbar in Grillparzers *Libussa* und Stifters *Witiko* begegnen. Eine subtile Faszination geht auch von den Werken mittelmäßiger böhmischer Schriftsteller aus, wie Karl Egon Ebert und sein Poem *Wlasta* oder Ludwig August Frankl und sein kurzes Gedicht *Der Primator* (1861) mit der romantischen Atmosphäre der alten, hunderttürmigen Stadt Prag mit ihrem jüdischen Ghetto.

Aus Ungarn, dem »Lande der Madjaren, ... dem Land der süßen Trauben«[66], kommen die Lieder von Karl Beck[67], dessen Dichtung auch eine Note sozialen Protests enthält und dessen utopischer, philanthropischer Ton Friedrich Engels[68] so sehr irritierte. Nostalgische Visionen der Pußta und Beschreibungen des herrischen ungarischen Adels bringen mit *Janko, der Roßhirt* (1841) farbige Eigenart in das Mosaik der österreichischen Literatur. Von Karl Beck stammt vor allem das bemerkenswerte Gedicht *Wien*[69], eine allegorische und scharf satirische Vision des österreichischen Triumphzuges auf einem Wagen, den die versklavten Völker ziehen: der stumme Böhme, der stolz einherschreitende Pole, der gedemütigte Slawe, der Mailänder und der Venezianer. Die vielen nach Rasse und Sprache unterschiedenen Völker stellen einen faszinierenden Aspekt des habsburgischen Mythos dar, ein Faszinosum, bei dem sich Geschichte und Legende verflechten und das noch in den Seiten jener alten österreichisch-ungarischen Schulatlanten zu spüren ist, aus denen ältere Triestiner lernten. Diese verschiedenfarbigen Karten des Kaiserreichs strahlen mit ihren mittelalterlichen Namen einen legendären Zauber aus: Erzbistum Salzburg, gefürstete

Grafschaft Görz und Gradisca, Banat ... dann waren da noch Länder, von denen man nicht genau wußte, wo sie lagen, wie die Lausitz oder das Großfürstentum Siebenbürgen, weit im Osten oder unten im Süden, nahe den ehemaligen Herrschaftsgebieten der Türken. Zur Zeit des Biedermeier verhinderte der Druck des Regimes, daß man in der Literatur jenen großen mitteleuropäischen Choral, jene übernationale Kultur spürte, die später so viele Schriftsteller verherrlichten. Der herrschende Ton ist die Polemik und die Klage der unterdrückten Völker. Es fehlt nicht an kraftvollen, eigenartigen Gestalten, wie dem Wojwoden oder den Zigeunern, die in Lenaus Dichtung so oft vorkommen, während die leichte Komödie, wie wir sehen werden, von ungarischen und böhmischen Figuren wimmelt. Freilich hat Österreich, der Völkerschmelztiegel, in diesen Jahren der nationalen Gärung widersprüchliche Züge. Man denke nur an das Erwachen der nationalen Kulturen und des nationalen Bewußtseins in einer Zeit, in der das ungarische Parlament anstelle des Lateinischen das Ungarische einführt (1843), Kolar, Safarik und Palacky die alten böhmischen Erinnerungen und die Liebe zur tschechischen Sprache wecken, Gaj in Zagreb seinen Landsleuten das mittelalterliche Reich von Kroatien und Slawonien ins Gedächtnis ruft. Diese Völkermischung und dieser Zusammenfluß von Sitten findet in der Literatur lebhaften Widerhall, zum Beispiel in der witzigen Beschreibung Wiens und seiner internationalen Bewohner durch den Deutschen Willibald Alexis[70]: In dieser Menschenmenge leben muntere kleine Wienerinnen, Ungarn mit enganliegenden Gamaschen und einer Bärenfellmütze, polnische Juden und schlampige Slowaken eng beieinander. Obwohl natürlich Wien die geistige Hauptstadt dieses Rassengemisches und dieses pittoresken, übernationalen literarischen Mythos ist, kommt in dieser Hinsicht doch auch Triest, dem Hafen des Reichs und dem Meereszugang für ganz Mitteleuropa, erstrangige Bedeutung zu. Viele Reisende besuchten diese Stadt, wie Grillparzer, Hamerling, Tschabuschnigg und Stifter, und beschwören nicht nur die Schönheit der Natur, eine Synthese herber nordischer Anmut und südlicher Süße, die Maximilian so sehr bezauberte, sondern auch das Bild eines bevölkerten Hafens, in dem in farbenfroher Mischung von Gebräuchen und Sprachen die Rassen des Kaiserreichs einander begegnen. Triest, die italienische Stadt der griechischen Abenteurer und deutschen Beamten, levantinischen Händler und slowenischen Bauern, sie alle kulturell italianisiert, wird in den Zeugnissen dieser reisenden Schriftsteller[71] zu einem Spiegel der zusammengewürfelten habsburgischen Welt. Dies sind im Grunde die Voraussetzungen, von denen die fruchtbare, zugleich italienische und mitteleuropäische Triestiner Literatur des 20. Jahrhunderts ihren Ausgang nimmt.

Zur Zeit des Vormärz wird die nationale Vielfalt der Habsburgermonarchie als gefährliches Auflösungsmoment angesehen. Einer der interessantesten Systemgegner seiner Zeit, Viktor Freiherr von Andrian-Werburg, faßte in einem damals sehr berühmten Büchlein, *Österreich und dessen Zukunft* (1843)[72], die dramatische, unlösbare Situation des österreichischen Kaiserreichs zusammen, jenes Völkergemischs, das sich Österreich nannte, ohne daß diese Bezeichnung tatsächlich ein Volk, ein Land oder eine Nation dargestellt hätte: »Es gibt Italiener, Deutsche, Slaven, Ungarn, welche zusammen den österreichischen Kaiserstaat konstituieren, aber ein Österreich, Österreicher, eine österreichische Nationalität gibt es nicht.«[73]

Abgesehen von den Vorschlägen, die Andrian als Lösungsversuche vorlegt und die hier nicht von Belang sind, ist dies eines der wenigen polemischen Zeugnisse gegen das Metternichsche System, das die dramatische habsburgische Situation, dieses Vaterland, worin jeder, wie Bartsch sagt, zwölfstimmig[74] geboren wird, wirklich erhellt.

Neben Andrian vermochte nur noch Charles Sealsfield die habsburgische Welt scharf und kritisch zu durchblicken, jener herumirrende Schriftsteller, der nach Amerika floh und mit die lebendigsten Beschreibungen der Neuen Welt lieferte. 1828 erschien in London in englischer Sprache sein

Buch *Austria as it is or Sketches of Continental Courts by an Eye Witness*[75], das der abenteuerlustige Verfasser, nach drei Wanderjahren in den Vereinigten Staaten, nach seiner Rückkehr nach Europa geschrieben hatte. Es ist das Buch eines aufmerksamen, mit ausgezeichneter Beobachtungsgabe ausgestatteten Reisenden und zeigt eine angelsächsische Vorliebe für die rasche, lebhafte Beschreibung. Die politische Einstellung, die hinter dieser erbarmungslosen Beschreibung des österreichischen Lebens steht, läßt sich schwer präzisieren; man könnte Sealsfield einen gemäßigt Konservativen nach englischem Muster nennen, der dem Monarchen höchsten Respekt zuerkennt, diese Autorität aber verfassungsmäßig begrenzen will und eine Art oligarischer Freiheit anstrebt, wobei die hervorragenden Eigenschaften glänzender aristokratischer Familien gepriesen werden, die die drückende Willkür des Herrschers mit Füßen getreten habe. Jedenfalls läßt seine Kritik auf dem Wege der Negation ein lebendiges Bild der habsburgischen Welt mit ihrem peinlichen Bestreben, jede Aktivität der Staatsbürger zu lähmen, entstehen. Dieses System lebt dank der Hilfe unzähliger Spione, die eine so bedeutende Rolle spielen, daß jedermann sie kennt und sie daher unnütz sind[76]. Es gründet seine *raison d'être* auf die Lethargie und die Ungerüstetheit seiner Beamten, die bigotte, jede Initiative im Keim erstickende Erziehung und eine äußerliche, oberflächliche Religion, die nur noch ein *instrumentum regni* ist. Mehr als die Polemik interessieren natürlich Passagen von wenigstens ansatzweisem dichterischem Gehalt – deren es in Sealsfields Buch einige gibt –, die über die damaligen Zustände nicht nur einfach berichten, sondern die die Atmosphäre, den unverkennbaren Geist und den genußfrohen Charme Wiens vermitteln.

Kurz, in die Polemik dringt fast wider Willen ein Ton unbewußter Hingabe an diese Welt und ironischer Zärtlichkeit für diese Menschen ein, die »das Glück der Beschaulichkeit« genießen[77]. Mit besonderem Genuß beschreibt Sealsfield aristokratische Gastmähler, das dreimalige Klingeln beim Eintreten eines Fürsten, das bunte, dichte Gedränge der bürgerlichen und der kaiserlichen Karossen auf der Prater Hauptallee, die jungen Leute mit ihren Herzallerliebsten im Gebüsch der Anlagen. Neben malerischen Details werden jedoch mit ätzender Ironie einige für die habsburgische Kultur und Lebensweise wesentliche Aspekte hervorgehoben. So erweist sich der gastronomische Liberalismus als Regierungskniff: »Wenn sie (die Regierung) auch der geistigen Entwicklung ihrer Untertanen Fesseln anlegt, so sorgt sie eifrig für ihr leibliches Wohl und gestattet, im Gegensatz zu anderen Regierungen, die Einfuhr aller fremden Weine ...«[78]

Eine Messe zu Sankt Stephan oder in der Hofkirche wird zu einem mondänen Ereignis, von den kostbaren Gewändern des zelebrierenden Priesters bis zum Geschwätz und den tötenden Blicken der schönen Damen. Es ist der heidnische österreichische Katholizismus, den Wallensteins Schwert vor der lutherischen Strenge bewahrt hat. Den Lauf der Zeit mit seiner zerstörenden Wirkung hemmt eine bürokratische Skandierung aus Worten und Gesten, ein byzantinisch geregeltes, unveränderliches Leben: »Genau wie bei Hofe spielt sich das Leben so regelmäßig ab, wie zur Zeit des Kaisers Leopold.«[79]

Bei aller herben Kritik und der Bloßstellung der verhängnisvollen Schwächen der *felix Austria* taucht auch die verwunderte Feststellung auf, wie merkwürdig solide dieses Gebilde sei, das Staunen über diese Habsburger auf dem unerschütterlichen, gleichsam eichenen Thron, die – ohne großartige Charaktereigenschaften, Genialität oder wirkliche Verbindung mit der Nation – aus jeder Niederlage nur noch mächtiger hervorgingen, errettet von der Beständigkeit ihrer Mittelmäßigkeit: »Wo das größte Genie Schiffbruch erlitt, erzielten die österreichischen Monarchen gerade durch den Mangel an Begabung ihre Erfolge.«[79a]

Jene Polemik gegen das System, die es wirklich bis auf den Grund durchschaut und die uns hier interessiert, ist kein allgemein gehaltener Protest von höchstens dokumentarischem Wert, sondern das Ergebnis eines vielschichtigen Gemisches aus Ironie, Zuneigung und Irritation, das der angegriffenen

Welt im Grunde geistig zugehört. In Lenaus *Faust* unterweist Mephistopheles einen Minister mit Hilfe ironischer Paradoxa in der Kunst des Regierens: »Nur in zwei Fällen bricht's (das Volk) das Gitter: Wenn Ihr's geplaget allzubitter, Wenn Ihr's zu plagen aufgehört ... Verkümmert stets, doch nie zu scharf, dem Volk den sinnlichen Bedarf«[80] (1834). Hier wird mit Ironie einer der charakteristischsten und lebendigsten Aspekte der reaktionären Weisheit, das Paradoxon, festgehalten. Es ist ein geistvolles Mißtrauen gegenüber der Verwandlungsfähigkeit des Lebens, eine ätzende Waffe gegen großherzige Illusionen und eine scharfsinnige Wahrnehmung der menschlichen Schwächen: Keine bessere Figur konnte Lenau für den Unterweiser in der Metternichschen Regierungskunst finden als Mephisto, den spitzfindigen, weltgewandten Teufel.

Die widersprüchlichste Verflechtung von Polemik, Liebe und Reserviertheit finden wir bei Grillparzer, dessen widerstreitende Einstellung zu den damaligen Verhältnissen eine überaus lebendige und einsichtige Erkenntnisquelle der Vormärzliteratur ist und der aufgrund seines scharfen Blicks den engen Horizont jener Kultur überschreitet. In der ironischen Reverenz gegenüber Metternich: »Wir danken dir, o Herr!«[81] und in seiner Ehrfurcht vor der Ordnung des Regimes, gefärbt von verächtlichem Sarkasmus an die Adresse der Liberalen, ist die einzig authentische Erkenntnis der komplexen habsburgischen Kultur zu sehen. Weder die lobpreisende noch die polemische Literatur gehören wirklich zur habsburgischen Mythosgeschichte, ebensowenig, wie sie in Dichtung verwandelt werden. Man muß anderswo suchen und andere geistige Momente erforschen, um dem eigentlichen Wesen der »Monarchie der Gegensätze«[82] und der dichterischen Vitalität ihres Mythos nahezukommen. Das lebendigste Bild Kakaniens[83] entsteht aus einer anderen literarischen Richtung, in der geistvolle Satire und zärtliche Zuneigung einander harmonisch begegnen.

4. Deutsche Schriftsteller in Österreich

Ehe auf diese weit lebendigere und bedeutungsvollere Richtung eingegangen werden kann, soll noch kurz die Rolle betrachtet werden, die der Mythos Wiens und der österreichischen Seele in der Phantasie und den Schriften mancher deutscher Schriftsteller spielte, für die der Kontakt mit der habsburgischen Welt ein wichtiges Erlebnis darstellte. In den ersten Jahren des 19. Jahrhunderts war Wien das Ziel der Wanderung vieler deutscher Dichter. 1803 schrieb dort Tieck den ersten Akt seines *Donauweibes*; schon der Titel deutet ein geistiges Klima und ein Leitmotiv der habsburgischen Literatur an, nämlich die heitere Verherrlichung überschäumender Liebe an den Gestaden der schönen blauen Donau, die von Henslers Komödie (*Das Donauweibchen*) bis zum gleichnamigen Operettenfilm in der anmutigen Darstellung durch Marika Rökk reicht.

Weitreichender und komplexer ist jedoch der Widerhall des habsburgischen Stils bei Goethe. Der Dichter des *Faust* war nie in Wien, doch in Karlsbad, wo er seit 1806 regelmäßig weilte, hatte er Gelegenheit, die Oberschicht der österreichischen Welt kennenzulernen und ihre heidnische, unverkennbare Atmosphäre in sich aufzunehmen. Er stand mit vielen dieser Persönlichkeiten in Kontakt, wie aus seinem Briefwechsel mit Metternich und Friedrich von Gentz hervorgeht, und besonders beeindruckten ihn die Frauen, die dieser Welt angehörten, vor allem Kaiserin Maria Ludovika, die gemeinsam mit einer anderen Österreicherin, Marianne von Willemer, in die zauberischen, gleichsam schwebenden Verse des *West-östlichen Divans* einging. Die vielgestaltigen Kontakte mit dieser Welt hinterließen bei ihm eine indirekte, aber tiefe und bedeutungsvolle Spur; sie fanden ihren Niederschlag weniger in phantasievoller Umgestaltung als in einem besonderen Ton seines Stils. In jenem Lebensstil, der jede gefühlsmäßige Unordnung mit scheuer Zurückhaltung durch

Reserviertheit, Kontrolle und unpersönliche Amtssprache eindämmte, fand Goethe eine Leidenschaft für Ordnung und Gefühlsbeherrschung, die seinem Streben nach Selbstbeherrschung, kühler Weltweisheit und olympischem Gleichgewicht durchaus entsprach. Das Metternichsche Ordnungssystem mußte einem Dichter zusagen, der jede Ungerechtigkeit der Unordnung vorzuziehen erklärte und das »Streben« besang, aber doch der Weimarer Weltmann blieb und seinem Antonio näherstand als dem unglücklichen Tasso. Aus seinem Stil, insbesondere den Briefen dieser Jahre[84], erkennt man, wie er von der habsburgischen Kultur vor allem den erhabenen, unpersönlichen Stil der Kanzleisprache aufgriff, dieser Gerichtssprache, die eifersüchtig die eigene Intimsphäre hinter dem Schild korrekter, traditioneller Formen und »höfischer Graduierung« verbarg.

Bei näherer Betrachtung läßt uns kein Dichter dieser Zeit so tief in das Wesen des österreichischen Menschen eindringen wie dieser mittelbare Nachklang in Goethes Schreibstil. Dieser Stil spielt auf die bürokratische Seele an, enthüllt sie, stellt zwischen den Menschen und das Leben die schützende Wand einer Tradition und einer Sprache, die das Chaos der Existenz, Shakespeares Märchen von der Wildheit des Lebens, in geordnete und maßvolle Bahnen lenkt; dieser Stil enthüllt eine der unverfälschten Eigenschaften des habsburgischen Mythos, die Werfel in der unpersönlichen Sprache Franz Josephs preist.

In diesen Jahren beschreibt Brentano auf seinen ruhelosen Wanderungen in einem Brief den genußfrohen Zauber Wiens, dem jedoch die echte Geistigkeit fehle[85]. Das seiner Sehnsucht innewohnende romantische Empfinden merkt trotz aller verführerischen Reize die erbarmungslose Begrenztheit dieser rein irdischen Welt mit der glühenden Phantasie, die zu keinem Höhenflug ansetzt. In Wien studiert auch Eichendorff, der in seinem Roman *Ahnung und Gegenwart* (1815) den Duft der österreichischen Barockgärten einfängt[86]. Doch handelt es sich hier nur um Andeutungen und gelegentliche Stichworte. Weit wichtiger sind die Zeilen aus der Feder von Heinrich Laube, des schlesischen Schriftstellers, der von 1849 bis 1867 Direktor des Hofburgtheaters und von 1872 bis 1880, mit kurzen Unterbrechungen, des Stadttheaters war. Laube betrat 1832 in Karlsbad, in dem bedeutenden Kurort und Treffpunkt der Wiener Gesellschaft, zum erstenmal österreichischen Boden. Damals hatte er schon die demokratischen und liberalen Ideen in sich aufgenommen, die ihm später den Kerker und das Amt eines Abgeordneten zur Frankfurter Nationalversammlung einbrachten, war also mehr auf Kritik als auf Sympathie eingestellt, als er das Land des guten Kaisers Franz betrat. Doch schon sein erster Kontakt erweckte in ihm, neben der Sorge über die kulturelle Isolierung Österreichs, lebhafte Sympathie für die Gemütsart der Österreicher und, was noch wichtiger ist, Anteilnahme an den kleineren Nationalitäten des Kaiserstaates, die er durch die fortschreitende Schwächung der Habsburger eher gefährdet als begünstigt sah. Doch erst die Reise nach Frankreich, Italien und Österreich im Jahre 1833 gab ihm die eindringlichen, in seinen *Reisenovellen* (1834, 1836/37) wiedergegebenen Eindrücke ein. Er wanderte durch die anmutigen Landschaften, ebenso geschichtsträchtig wie von Menschen frommer Denkungsart bevölkert, und erfaßte dabei die Sinnenfreudigkeit, die stets mit dem habsburgischen Katholizismus einherging: »Alle Bildsäulen deuteten auf die Sinnlichkeit des Krummstabes in Salzburg ... Der Protestantismus ist für die Ehe, der Katholizismus für die Liebe. Katholische Mädchen gehören dem Liebhaber und dem Herrgott zur gleichen Zeit einträchtig nebeneinander.«[87] Es ist interessant festzustellen, wie der Demokrat Laube, der nur ein Jahr später wegen seiner Tätigkeit als liberaler Publizist und wegen seiner Kontakte mit einer Studentenverbindung aus Halle in Berlin eingekerkert wurde, allmählich der genußfrohen, gedankenlosen Anziehungskraft dieses Schlaraffenlands unterliegt. Von der genüßlichen Beschreibung des orientalischen Charakters des Kaiserreichs – die Rassenmischung, der sinnliche, von den Türkenzelten in die Wiener Kaffeehäuser verpflanzte Materialismus, der kleine Grazer

Provinzadel und sein Kartenspiel – gelangt er unmerklich zur Kapitulation vor diesem Phäakenleben: »Wie wunderlich, wie töricht kam mir mein bisheriges Leben vor, mit seinen Wissenschaften, seinen Theorien, seinen rastlosen Gedanken und Freiheitsbestrebungen. Mein Gott, dachte ich damals, wozu all diese verworrenen Dinge ... Hier ist das echte Erdenglück ... geh hinaus auf die Straße, küsse die Mädchen und iß Backhendl – was geht dich denn der Weltlauf an ...[88] Es ist in keiner Stadt so leicht nichts zu tun und nichts zu denken als hier ...[89] diese Stadt eines Paradieses ohne Feigenblatt, Schlange und Baum der Erkenntnis[90]. Man wundert sich, daß in Wien ... nicht Manna vom Himmel fällt und süßer Wein aus den Dachrinnen sprudelt.«[91]

Großen Anteil an dieser Welt haben natürlich die schönen Wienerinnen, in deren Augen man nicht zu lange blicken darf, die zu leichtherzig und lebenshungrig sind, um romantisch lieben zu können, und die in der Liebe fröhliche Lustspiele aufführen: So wird man später in der *Lustigen Witwe* lieben, so vergänglich und trügerisch wird die erotische Laune in den bitteren Dramen Schnitzlers sein. Ähnlich beschreibt Justinus Kerner in einem Brief an Uhland die rauschenden Bälle im Apollosaal[92], für den Beethovens Freund Johann Nepomuk Hummel seine zehn Konzertwalzer schrieb. Die leichtsinnige Verlockung, mit der das vormärzliche Wien, ein wahres Capua des Geistes, auch die strengsten protestantischen Besucher umgarnt, ist zweifellos bemerkenswert. Es sind die Jahre des Kongresses »qui ne marche pas – il danse«, der Feuerwerke des berühmten Kunstfeuerwerkers Stuwer, die 1809 die Trauer um die Opfer des Kriegs vergessen ließen. Die Wiener Kaffeehäuser, wie das Jünglingskaffeehaus und der Rote Hahn, beginnen den *Schönbrunnerwalzer* von Lanner und Johann Strauß' (Vater) *Das Leben ein Tanz* nachzuspielen. Diese Lebenstrunkenheit findet bei den deutschen Reisenden erstaunten, verzauberten Widerhall, vom Journalisten Kurländer, der einen Kirchtag der heiligen Brigitta in den dreißiger Jahren als Indianerorgie beschreibt, bis zu Wagner, der 1832 während des Wütens der

Cholera in Wien weilt und verblüfft feststellt, daß die Epidemie an der bacchantischen Lebensfreude nichts ändert. Hatte nicht schon Napoleon gesagt, daß das Wasser der Donau die geheimnisvolle Kraft des Lethe, des Vergessenmachens, besitze?[93] Was bei den einheimischen Schriftstellern fast unbewußte Zugehörigkeit zu dieser Welt ist, verwandelt sich in den Zeugnissen der Ausländer zu einem intensiven Gefühl des Staunens, der Abwehr und Preisgabe, zu einem zweifellos übertriebenen und mythisierten Bild des österreichischen Heidentums. Diese oberflächliche, rückständige, sorglos hinter der Zeit zurückgebliebene Welt mußte Menschen von größerem Ernst und Engagement, von größerer Lebendigkeit und Aufgeschlossenheit besonders frappieren, und vielleicht berührte sie das heitere Bild dieser ihnen fremden Welt, an der sie als Zuschauer, nicht als Beteiligte Anteil hatten, mit dem Zauber der Ferien, mit der alten Verlockung der glückseligen Weisheit des Fleisches, dem sich der Geist in Augenblicken der Ermüdung unterlegen fühlt. Und doch beschattete ein Hauch von Alter das Lächeln dieses Lebens: »Es ist … jenes Lächeln älterer Personen, die sich noch gerne amüsieren.«[94]

5. Die Wiener Komödie zwischen Satire und Hingabe

Am treffendsten wird die damalige österreichische Welt in der Theaterliteratur, den Zeitungsfeuilletons und den wehmütigen Memoiren wiedergegeben – und am lebendigsten in einen lächelnden Mythos verwandelt –, in denen sich Dichter und Lustspielautoren nach Jahren an ihre Jugend erinnern. In dieser Literatur berühren und vermengen sich Satire und Verherrlichung, sie begegnen einander im Wiener Humor, der Selbstzweck und fröhliches, vergängliches Lachen ist. Aus dieser Einstellung heraus, die das gerührte Lob

Wiens mit Ironie und die Bannstrahlen gegen das System mit Zärtlichkeit verschleiert, erwächst die lebendigste Literatur jener Jahre mit ihren beiden größten Persönlichkeiten, Raimund und Nestroy.

Eine farbenfrohe Schar oberflächlicher, fröhlicher Schriftsteller besingt und verhöhnt das Wiener Herz, das sie mehr im Leben zu verkörpern als in der Dichtung zu verwandeln scheinen. Zu ihnen gehört Ignaz Franz Castelli (1781–1862), der ewige Jüngling, der seine Bildung mehr aus Bierstuben als aus Büchern bezieht und das Leben – Krieg, Liebe, Revolution – wie einen Walzer nimmt. Die Produktivität dieses Mannes, der seine Zeit mit Trinken und Flirten verbringt, bezeugt seine wendige Leichtfertigkeit: über zweihundert Lustspiele, Kriegs- und Liebeslieder, Mundartgedichte und Memoiren. Diese Werke sind halb Zeitdokumente, halb literarische Übungen, und gerade diese Schwäche macht sie für die Geschichte unseres Mythos typisch, macht sie zu einer unpersönlichen Stimme und zum Ausdruck der Sehnsüchte einer ganzen Gesellschaft. Die Stellen, in denen Castelli auf die lächerliche Zensur anspielt, sind an sich schon eine äußerst lebendige Satire auf das Obskurantentum und die Prüderie des Regimes, wenn beispielsweise das Wort »Gott« nur in den Hoftheaterstücken ausgesprochen werden darf, während es in den Lustspielen der Vorstadttheater auf Wunsch der eifrigen Zensoren »Himmel« zu heißen hat[95]; oder sagt der Originaltext von einem Mädchen: »Sie besitzt einen weißen, üppigen Busen«, so hat die korrekte Version zu lauten: »Sie ist vorne sehr schön gebaut.«[96]

Dieser wachsamen Zensur fällt natürlich auch Schillers Werk zum Opfer. Sein *Don Carlos* wird am Hofburgtheater aufgeführt, wobei die Geschichte der Liebe des Infanten zur Stiefmutter selbstverständlich gestrichen ist. In den *Räubern* wird der alte Vater Moor in einen Oheim verwandelt, zur größten Belustigung der braven Wiener, die die tragischen Worte Karls über den ruchlosen »Oheimmord«[97] vernehmen. Es ist, wie man sieht, ein köstliches Bild der österreichischen Zensur, die mehr von ihrer komischen und gutmütigen als von ihrer repressiven Seite her gezeichnet wird und die bis zum Zusammenbruch der Monarchie Ordnung und Ehrbarkeit zu verteidigen hat. Castellis Satire ist sanft und freundlich, trauert eher der ruhigen, guten alten Zeit nach, statt polemisch zu sein. Schon im Vormärz zeigt die habsburgische Welt, obgleich sie damals tatsächlich außerordentlich repressiv und mit der formalen Korrektheit der letzten österreichisch-ungarischen Jahre nicht zu vergleichen ist, eine außerordentliche Fähigkeit der gefühlsmäßigen Beeinflussung und Fesselung. Mit demselben unbekümmerten Ton erinnert Castelli an die Auflösung der Ludlamshöhle, der fröhlichen Bande Wiener Literaten und lustigen Brüder, die von einem »Kalifen« regiert wurde, der nach der Vorschrift der Dümmste der Gruppe sein mußte, in die man erst nach einer strengen Prüfung in frivolen Wissenschaften[98] aufgenommen wurde. Eine verzehrende Melancholie durchzieht die Erinnerung an fröhliche Gesellschaften mit berühmten Wiener Schriftstellern, darunter Grillparzer, an die Scherze und die komischen Gesetze der Bande und an die Trinklieder. Diese Melancholie kennzeichnet stets die Liebe zum Leben und die Freude an lustiger Gesellschaft; es ist eine sinnbildliche Note der habsburgischen Seele, die in den Grenzen eines unerbittlich irdischen Lebens eingeschlossen bleibt und die Transzendenz des Glaubens, der Geschichte und des politischen Handelns nicht kennt.

Auch als die Polizei im Jahre 1826 die heitere Rotte unter dem Verdacht verbotener politischer Aktivität auflöst, überwiegt in Castellis Erzählung die anmutige Unterhaltung und eine von Traurigkeit kaum gestreifte Fröhlichkeit, die im Grunde genommen die verhöhnten Gestalten liebt und als verwandt anerkennt. Der heitere, oberflächliche Castelli ist die Verkörperung des leichten Wiener Humors ohne wahren moralischen Gehalt, aber auch der epikureischen Liebe zu den irdischen Freuden, die ihn als Achtzigjährigen ausrufen läßt: »Nur leben! ... Leiden! Aber nur leben! ... Doch lieber ist mir's, wenn du mich auf Erden willst lassen einen Ahasverus werden!«[99]

Eine Unterscheidung der Theaterautoren der damaligen Zeit und ihrer verschiedenen genußfrohen oder pessimistischen, zustimmenden oder satirischen Einstellung nach politischen Kriterien, indem man also in ihnen – wie dies manchmal geschehen ist – den Ausdruck reaktionärer Fügsamkeit gegenüber dem Regime oder oppositionellen freien Geistes sehen will, wäre willkürlich. In Wirklichkeit handelt es sich von Bäuerle bis Gleich und Bauernfeld um Männer, die völlig im literarischen Strom untergehen und die Augen nicht von der Bühne erheben, um die Kultur, die sie umgibt, zu durchdringen. (Dies gilt selbst für Bauernfeld, der immerhin einen gewissen Ruhm als politischer Schriftsteller genießt.) Ihre einzigen Probleme gelten ihrem Beruf als Autor, der Bühne und dem Applaus. Die Geschichte beeinflußt und bedingt sie folglich nur indirekt; auch das soziale Moment berührt sie nur insoweit, als es mit dem Klatschen oder Pfeifen des Publikums zu tun hat. Dieses Theaterschaffen stellt sich also nicht den brennenden Problemen des Augenblicks, sondern sieht sie nur durch die noch barocken Schemata der literarischen Genre, der Mode und des Geschmacks des Publikums hindurch. Höchstens ist es das eigene Theater, für das man schreibt, und das Publikum, dem man die eigenen Stücke vorspielt, die manche Seiten des Wiener Mythos beeinflussen und bedingen. Die Komödien von Bäuerle, Gleich, Meisl und anderen sind die spritzige Verherrlichung der glücklichen und sorglosen Wiener Heimat, des Heidentums im Schatten des Stephansdoms. Sie alle schreiben ihre Stücke für das Theater in der Leopoldstadt, die 1781 von Marinelli gegründete »Humorapotheke«. Dieses ruhmreiche Vorstadttheater wird vor allem von den unteren und mittleren Wiener Volksschichten besucht. Diese Komödie, deren lebendigster und begabtester Vertreter Bäuerle (1786–1859) ist, überträgt Mythos und Idee eines glücklichen Wiens, eines frohen, sorglosen Lebens an den Donauufern, in leicht faßliche und reizvolle populäre Motive. In leichtester Form verkörpert sie die Daseinsgründe und die Fundamente des habsburgischen Systems, nämlich das Vergessen, das anstelle der verweigerten politischen Teilhabe gewährt wird. Die bevorzugte Theaterform ist das alte Zauberspiel der barocken Tradition: Feen- und Prinzengeschichten, magische Metamorphosen der Wirklichkeit und verzauberte Allegorien verwandeln das Leben, um damit auf seine tiefere Bedeutung hinzuweisen. Ein großes, phantasievolles Spiel nimmt das Publikum gefangen, das ebendiese Träume, diese Fluchtmöglichkeit, ersehnt. In diesen Theatern, die den Zuschauern die wirksame Medizin, die Möglichkeit zur Flucht bieten, wenngleich in ironischer und lächelnder Form, entsprechend der Unfähigkeit der österreichischen Seele, sich dem Träumen rückhaltlos hinzugeben, ist kein Raum für das bürgerliche Schauspiel und eine realistische Darstellung der Gesellschaft. Wenn überhaupt Personen und Figuren des Wiener Gesellschaftslebens in manchen Stücken vorkommen, so geschieht dies in Form der Karikatur, mit der Freude an der komischen Typisierung.

So halten Vertreter der verschiedenen sozialen Schichten ihren Einzug in den Schatz der Wiener Literatur, denen in der österreichischen Erzählung und Komödie ein langes Leben beschieden ist, doch handelt es sich eben um oberflächlich und komisch skizzierte Typen. Meist sind es Kutscher[100] oder Bediente[101], als Sinnbild und Personifizierung des Phäakentums; ähnlichen skizzenhaften Gehalt haben auch die Verkörperungen der verschiedenen Völker innerhalb der Monarchie, die nun auf den Volksbühnen in Gestalt komischer Originale auftauchen[102]. Die Struktur des Vielvölkerstaates tritt in der Literatur also nicht als Problem, sondern als Folklore auf; dies ist der erste Akt der habsburgischen Flucht aus der politischen Wirklichkeit. Später wird das Problem nämlich mit einer religiösen Idealität bemäntelt. In diesen Vorstadttheatern flieht man folglich jede geschichtlich-soziale konkrete Gegebenheit. Nur das von den höheren Schichten besuchte Hofburgtheater räumt den bürgerlichen Stücken von Bauernfeld Platz ein.

Vor allem Bäuerle ist es, der diese volkstümliche Form des Mythos verkörpert und dessen oberflächliches, fröhliches Epikureertum besingt. In dem Lustspiel *Die Bürger von*

Wien erfindet er die überaus volkstümliche Gestalt des Staberl, der später zum Symbol des Wiener Spießbürgers wird. Freilich steckt hinter dieser liebenswerten Figur – die Wache steht, das Gewehr von einer Seite auf die andere schultert, auf und ab patrouilliert und dann bei der Ankunft seiner Angebeteten und seiner Freunde alles liegen- und stehenläßt und ins Wirtshaus geht – eine genüßliche Satire auf das Wiener Gemüt mit seiner genäschigen Gutmütigkeit und den von leidiger Eifersucht ungetrübten Liebeleien. Aber wieder handelt es sich um eine Satire, die dem oberflächlichen, genußfrohen Zauber unterliegt und diese Oberflächlichkeit im Grunde zu einem Mythos der Lebenskunst verwandelt. Bäuerle ist einer der ersten unverfälschten Sänger der Wiener Faszination: Es sind nicht mehr allgemein gehaltene Lobpreisungen, sondern es ist eine subtile Stimmung, die alle seine Lustspiele durchdringt.

Deren Schauplätze sind meist unwirklich und phantastisch, ganz nach dem Geschmack des Publikums des Theaters in der Leopoldstadt, das nach Illusionen giert: Feenpaläste in imaginären Ländern[103], die märchenhafte indische Gegend Golkonda[104], die Städte London und Konstantinopel[105]: unstete Landschaften erstehen, entschweben, verwandeln sich ineinander, entsprechend der hintergründigen barocken Intuition von der Labilität aller menschlichen Erscheinungen. Dieses Märchenland aber, sei es indisch, türkisch oder himmlisch, ist stets Wien; in Indien zaubert Aline das Bild des Praters hervor, wenn ihre reizende Dienerin Zilli vor Heimweh vergeht:

Noch einmal die schöne Gegend
Meiner Heimat möcht ich seh'n,
Noch einmal am heitern Ufer
Unsrer Donau möcht' ich steh'n!
. . .
Noch einmal nach Währing, Dornbach,
Döbling, Hietzing möcht ich zieh'n,
. . .
Östreich Vivat und juhe![106]

Immer findet sich »ein kleiner Gastwirth im Feenreich«[107]. Wimpel, eine der typischen komischen Figuren, bereist die ganze Welt und sieht Paris, London und Konstantinopel, wiederholt aber allerorts: »Nein, in Wien das Leben – 's kann nichts Schöneres geben.«[108]

Diesem endlosen leichten Gesang verleihen die Melodien von Wenzel Müller einen Zauber, der ins Ohr geht; es ist eine unerschöpfliche Liebe zur Begrenztheit des eigenen Zuhause, worin schon Ton und Bewegungen der späteren Operetten anklingen. Die Liebesgeschichte zwischen Karl und Aline spielt sich im Walzerrhythmus ab. Ein reizender Schatz, ein Glas Wein und ein lustiges Herz sind die höchsten Güter dieser Erde. In der Welt, in die man flieht, sind die Frauen Meisterinnen in der Kunst des Gefallens, und die Untreue ist hier nicht so schlimm, obgleich der häufige Schwur ewiger Liebe etwas so Angenehmes ist. Stets findet sich ein Wirtshaus »bey der Verschwiegenheit«[109], das kleine Seitensprünge begünstigt, ja, selbst die Fee Lindane bedauert bei ihrer Zeitungslektüre im Himmel, daß die Ehemänner zu treu seien. Keinem Mädchen teilt man so gerne Nasenstüber aus wie den maliziösen, rundlichen kleinen Wienerinnen, den großmütigen Spenderinnen kurzen Glücks. Die ganze Operettenwelt ist hier bereits enthalten, in diesem heidnischen Lustspiel, das nur eine Weisheit kennt:

Jüngling, laß sie nicht entrinnen,
deine schöne Blütezeit![110]

Und auf Erden gibt es nur ein Paradies: »Ja, nur ein' Kaiserstadt, ja nur ein Wien!«[111]

Diese Art von Ausweichung und Flucht vor der Wirklichkeit gehört zum österreichischen Lebensstil als dessen typischer, notwendiger Reflex. Es ist keine Flucht in eine andere, schöpferische Phantasiewelt, die das Leben nachzugestalten vermöchte, sondern eine fröhliche und zugleich sehnsuchtsvolle Vorstellungskraft, deren Wehmut dem Bewußtsein entspringt, daß sie nur Fiktion und Illusion ist. Bäuerle und die anderen Lustspielautoren wie Gleich und Meisl besingen die volkstümlichste und manchmal auch die derbste Seite dieses Mythos, der im Grunde die Idealisierung einer Welt ist, worin Oberflächlichkeit und Sinnenfreude herrschen und worin »der Magen der größte König auf Erden«[112] ist. Diese Komödie stellt, wie später die Operette, die höchste einem an menschlichem Engagement armen Leben erreichbare dichterische Aura dar, nämlich die Verklärung der Sinne oder gar des Magens: In Meisls *Die Arbeiten des Herkules* (1819) hängen von den Ästen im Wald dicke Würste herab, und von einem Makkaroniberg ergießt sich ein Strom von Butter. Und doch hat diese leichte Dichtung wegen der unverfälschten Liebe zum Leben, der Ironie, die ihre Sentimentalität mildert, und der typischen deutschen Sehnsucht nach der Genossenschaft, nach Freundschaft und einhelliger Fröhlichkeit, etwas Echtes. Diese Flucht könnte der Mittelmäßigkeit ihrer Träumerei nach bürgerlich sein, in Wirklichkeit aber ersehnt diese volkstümliche Wirklichkeitsabwehr aristokratischen Glanz oder lautes, plebejisches Gelächter; kurz, sie ist der Ausdruck einer feudalen Empfindungswelt zwischen den beiden Polen der aristokratischen Eleganz und der deftigen Naivität des Volkes, die jedem Paternalismus teuer ist. In diesen Komödien schwebt der Zauber fürstlicher Salons und einfacher Kneipen; der gelegentlich auftretende Bürger wirkt wie ein reich gewordener Mann aus dem Volke, besitzt nicht die Prägung einer eigenen sozialen Kategorie. Vielleicht ist der Grund dafür darin zu suchen, daß in der repressiven Vormärzzeit die Gestalt des österreichischen Bürgers par excellence, des Bürokraten, nicht vorkommt, oder wenn, wird er verspottet wie in Meisls Lustspiel *Orpheus und Eurydike* (1813), das eine langweilige Götterkanzlei im Olymp darstellt, wo mit bürokratischer Pedanterie den verschiedenen Gottheiten Aufgaben zugeteilt werden.

Freilich könnte man dieses Empfinden und diese Inspiration bürgerlich nennen, wenn nämlich die »goldnen Mittelwege«[113] und der gutmütige Quietismus dieser Lustspiele tatsächlich die österreichische Mittelschicht und ihren gesunden Hausverstand repräsentieren. Bürgerliche Achtbarkeit und Gewissenhaftigkeit kennzeichnen die Habsburger bis zuletzt, und diese Eigenschaft macht sich schon in jenen Jahren bemerkbar, da »ein sparsamer Kleinbürger auf dem Throne Karls des Fünften«[114] regiert. Sogar die damaligen Bohemiens sind Bürger oder achtbare Leute aus dem Volk, wie Ferdinand Sauter (1804–1854), jener ruhelose Dichter, der auf allen Straßen Wiens zu Hause ist, sich mit seinen »guaten Freunderln«[115] amüsiert und am Ende seines Vagabundenlebens singt:

> Viel genossen, viel gelitten,
> Und das Glück lag in der Mitten.[116]

Sauter verkörpert geradezu die alte Barockgestalt des berühmten lieben Augustin und erklärt die Freuden des goldnen Mittelwegs, also der habsburgischen Mittelmäßigkeit.

Freilich trifft man bei den Theaterautoren der Leopoldstadt und der übrigen Theater[117] politischen Witz und lebendige Satire an, wie beispielsweise in der Gestalt des Bürgermeisters in einer Komödie von Bäuerle, der einen Laternenanzünder wegen seiner subversiven, aufklärerischen Tätigkeit verdächtigt[118]; der vorherrschende Ton bleibt aber das fröhliche Sichfügen in die gegebenen Tatsachen. Aline preist ihre Regierungskunst, die auf der Liebe des Volkes, dem Kult sorgenvertreibender Freude und der Abneigung gegen jeden ernsten Rigorismus beruht. Durch das Wissen um diese in ihren Versen erträumte heitere, glückliche Menschheit kennen diese Lustspieldichter – wenn auch nur in ihrem spontanen Überschwang – bereits den komplexen Mythos, den die habsburgische Welt zum Weiterexistieren als Stütze braucht. Rommel, einer der besten Kenner des Wiener Theaters, sieht mit Recht in Bäuerle den Prototyp, die Verkörperung der österreichischen Leichtblütigkeit samt ihren Tugenden und Fehlern[119], während Bauernfeld, sein Zeitgenosse und Gegner, ihn geradezu für einen Sklaven des Regimes hielt, ja sogar für den Schöpfer der patriotischen habsburgischen Idealbegriffe Weisheit, Ordnung und Gedankenlosigkeit[120]: In diesen Eigenschaften lag das Glück, österreichischer Untertan zu sein.

Es wäre sicherlich problematisch und verwirrend, wollte man diesen Autoren das Werk Eduard von Bauernfelds an die Seite stellen, der als einer der schärfsten Systemgegner galt. Tatsächlich ist er wegen seines josephinischen Antiklerikalismus, seiner herben Kritik an der Zensur und dem Obskurantentum einer der bemerkenswertesten Gegner des Metternichschen Regimes. Seine Polemik bleibt kein von außen kommender, allgemein gehaltener Protest, sondern durchschaut, wenn auch nicht sehr tiefdringend, die Daseinsgründe des habsburgischen Systems. In seinen völlig mittelmäßigen Versen, die zwischen idyllischen Tönen und politischen Angriffen schwanken, blüht der Mythos Wiens, der »Hauptstadt der Phäaken... Ei du altes, dickes Wien. Falstaff du der deutschen Städte ...«, wo der Satz gilt: »Ja, das Leben ist ein Tanz!«[121] Bisweilen erhellen die Polemik und die oft blasse und banale Satire irgendeine typisch habsburgische Seite dieser legitimistischen Jahre, beispielsweise die starre Bürokratie: »Zittre, du großes Österreich, vor deinen kleinen Beamten!«[122]

In dieser Zeit entsteht der Beamtenapparat nach dem Ideal Franz' I.: »Ich brauche keine Gelehrten, nur gute Beamte.«[123] Natürlich zeichnet auch Bauernfeld die Gestalt des Beamten, wie der Großteil der zeitgenössischen Schriftsteller, in negativem Licht:

Es war in der guten alten Zeit
Der Akten und Tintenströme,
Da herrschte die Mittelmäßigkeit,
Der Mann war auch ein Böhme.[124]

Tintenströme und Tölpelhaftigkeit kennzeichnen also bei Bauernfeld die Schlüsselfigur der habsburgischen Welt, und nicht heroisches Maß; auch die Animosität gegen die Böhmen, die er ein andermal »Satrapen« nennt[125], ist bezeichnend, versorgen sie doch die Bürokratie bis zum Zusammenbruch des Kaiserreichs mit Beamten. Es war dies ein Versuch zur Slawisierung des Staates, der bei den Deutschen große Beunruhigung auslösen sollte. In Bauernfelds Versen begegnen einander zahlreiche lokale Gestalten, wohlmeinende Bürger und berühmte Schriftsteller, die ein regelrechtes Album der Empfindungswelt der damaligen Intellektuellen darstellen. (Interessant ist zum Beispiel ein vielfach auftretender, gemäßigter Antisemitismus, der sich in der österreichischen Gesellschaft bemerkbar macht und sich zunehmend verstärkt, bis hin zu dem berühmten Bürgermeister Lueger, der deshalb bei Franz Joseph unbeliebt war, bis hin zu einer Vielzahl von Witzen und Geschichtchen, die den jüdischen Geiz und das Jiddische zum Gegenstand haben. Eine derartige Einstellung stößt zwar ab, erscheint aber in ihrer Mäßigung heutzutage, nach den entsetzlichen Verbrechen der Nazis, geradezu als Idylle, auch wenn sie teilweise zur Vorbereitung dieser Verbrechen beigetragen hat. Im übrigen sollten gerade die jüdischen Dichter, von Werfel bis Roth und Zweig, mit besonderer Liebe am Kaiserreich als ihrem idealen Vaterland hängen.) Bauernfelds Lyrik beleuchtet die Haltung eines altliberalen Anhängers des Zentralismus, der zwar die Unterdrücker scharf angreift, aber übertrieben radikale Hoffnungen verlacht[126]. Kurz, es ist die Haltung eines gutmütigen, gemäßigten Revolutionärs, der keiner wirklichen politischen Überlegung fähig ist und sich im Grunde unter den verspotteten, wohlmeinenden Bürgern recht wohl fühlt.

Am interessantesten sind zweifellos Bauernfelds Erinnerungen, eine Sammlung von Aufsätzen, die viele Jahre später, um das Jahr 1875, geschrieben wurden. Obwohl aus diesen Erinnerungen deutlich eine aufklärerische Verachtung für die Stumpfheit des Systems zutage tritt, die sich auf jeder Seite bemerkbar macht, sind das, was am Ende der Lektüre im Gedächtnis haftenbleibt, Stellen wie die Beschreibung der fröhlichen Zusammenkünfte und ein lebhafter Sinn für Freundschaft. Die Freundschaft ist ein häufiges Motiv in der österreichischen Literatur und nimmt auch in Bauernfelds

Erinnerungen eine wesentliche Rolle ein, besonders in den Abschnitten, die er Schubert und dessen Verlangen nach herzlicher Zuneigung widmet. Zarte Sehnsucht umgibt die Erinnerung an die Schubertiaden, jene Abende, da sich die Freunde um Schubert versammelten, der seine Lieder spielte, da der junge Wein in Strömen floß und die Stimmen einträchtig erklangen. So werden diese Zusammenkünfte unvergeßlich, wie die Literatencafés, in denen sich alle großen Vertreter der österreichischen Dichtkunst zu freundschaftlichem Verkehr einfanden; besonders das Lokal der Eheleute Adelgeist, wo man zu vorgerückter Stunde Grillparzer, Bauernfeld und manch anderen glänzenden Vertreter des kulturellen Lebens mit der Wirtin oder – mangels Damen – miteinander oder mit dem Pudel tanzen sah.

Die scharfen Attacken machen in diesen Memoiren die Physiognomie des unbeweglichen Kaiserreichs deutlich, in dem »Abwarten im Grunde das Lösungswort wurde«[127], und seiner Regierungskunst, die darin bestand, ein Volk heranzuzüchten, dessen Ideal es war: »Ins Wirtshaus gehen, nichts arbeiten, sich über alles lustig machen und in der Lotterie gewinnen.«[128] Es entsteht das Bild einer Welt, die halb aus Epikureertum, halb aus byzantinischem Formalismus besteht: »das behaglich-bequeme, ›Backhendel‹-verzehrende Phäakengeschlecht«[129], samt seinem im Ritual eingeschlossenen Kaiser: »Ein kurzes Kopfnicken – damit war die Audienz zu Ende.«[130]

In der Beschreibung der Märztage des Jahres 1848 zeigt sich unmißverständlich Bauernfelds Gesinnung, die zwischen fortschrittsfreundlichen Bestrebungen, kindlichem Enthusiasmus und mißtrauischem Ärger über die zu weit vorangetriebenen liberalen Tendenzen schwankt.

Bauernfelds Komödienwerk (er schrieb eine ganze Menge) ist typisch bürgerlich und für das Hofburgtheater, die große Bühne Joseph Schreyvogels, charakteristisch. Dort herrschen weder zauberhafte Verwandlungen noch volkstümliche Lustigkeit, sondern ein liebenswürdiger, korrekter Ton, von höflicher Ironie durchzogen. Auf der Bühne sind die mittleren und höheren Gesellschaftsklassen vertreten: Barone, Oberste, Ärzte, adelige Damen sind die bevorzugten Personen dieser Stücke, deren Handlung – fast immer Liebesgeschichten – in raffinierterer und anmutigerer Form als in der Volkskomödie dieselbe habsburgische Weisheit der Mittelmäßigkeit, der Mäßigung und des Verzichts feiert. Im Lustspiel *Zwei Familien* (1846) verzichtet der bürgerliche Franz auf die adelige Seraphine um eines friedvollen, ruhigen Lebens willen. In *Krisen* (1852) wird die Ehe des Baron Hohenberg mit Priska erst dann zum ruhigen Glück, wenn die Leidenschaften überwunden sind und der Arzt, der Priska liebt, das große Wort »verzichten« gelernt hat. Die Jugendliebe findet ihren Frieden stets in der Ehe[131] und einer Zuneigung, die keine hochtrabenden Schwüre mehr hören will: »Halt! Nichts von Ewigkeit!«[132] In *Bürgerlich und Romantisch* (1835) ist die Liebe der beiden Pärchen gleicherweise durch plattes Philistertum und stürmische Glut bedroht; erst in einem goldenen Mittelweg findet sie ihr Maß. Kurz, die geistige Struktur ist die der Volkskomödie, nur in eine wohlerzogene Gesellschaftssprache übersetzt, welche die lokalgefärbten Töne und die scherzhaften Frivolitäten über Liebe und Leichtfertigkeit verfeinert. Es sind dichterisch nichtssagende Stücke, die jedoch das Bild der eleganten österreichischen Welt, ihrer Sommerfrischen, Kurorte und ihres Gesellschaftsklatsches vermitteln. Diese Lustspiele lassen eine festgefügte und sichere, von Unzufriedenheit kaum gestreifte Welt durchscheinen. Am interessantesten und angriffslustigsten ist wohl *Großjährig* (1846) – schon der Titel spielt auf einen Protest aus Würde und Freiheitsstreben an –, wobei aber die Atmosphäre scherzhaft bleibt. Wenn die obskurantistischen Pflichtverletzungen von Blase und seiner rechten Hand, Spitz, Gegenstand von Widerwillen und Sarkasmus sind, spielen doch auch die Sprecher liberaler Bestrebungen in dem Stück nicht gerade eine vorteilhafte Rolle; die mangelhafte Vorbereitung und der Dilettantismus der österreichischen »Demokraten« scheint sich in der komischen, nutzlosen Leichtfertigkeit Schmerls (»Die Opposition hat nichts zu tun, als zu opponieren«[133]) und der Unentschlossenheit Hermanns zu verkörpern. Abgesehen vom politischen Inhalt der Komödie ist vor allem Blases Glaube an Ordnung und statisches Gleichgewicht, also an den Metternichschen Idealbegriff, bemerkenswert und nahezu lächerlich: »Die weite Schöpfung beruht auf dem Prinzip der Stabilität … Ist nicht alles so geblieben, wie's am ersten Schöpfungstage war? Ist das Firmament nicht stabil? … Spazieren die Planeten nicht beständig in ihrer vorschriftsmäßigen Bahn herum?«[134]

Es ist der müde Glaube an die Ordnung der Dinge, die stets dieselbe bleibt und nur erhalten, nicht aber durch fieberhaftes Handeln zerstört werden darf. Es ist die grandiose Statik, der Verzicht auf jegliche Dynamik, denn »das Gute kommt von selbst«[135]. Es ist der kategorische Imperativ des Nichthandelns, der bei Grillparzer und Werfel Wesen und Geschick des Habsburgerreiches und seiner Menschen ausmacht. Im übrigen bleibt Bauernfeld stets innerhalb der engsten Grenzen des österreichischen Geschmacks und Empfindens, wie seine ironische Mißachtung der Philosophie und die Verständnislosigkeit, ja Abneigung gegen Wagners Musik zeigen.

Auch wenn er die Sprecher der Reaktion des Jahres 1848[136] heftig verhöhnt, bleibt er dieser Welt doch verbunden, die durch sein frivoles, oberflächliches Werk eine bürgerliche, recht lebendige und eindringliche Dimension erhält.

6. Ferdinand Raimund

In Ferdinand Raimund, dem treuherzigen, einsamen Dichter, der die plumpe Farce in eine zarte, träumerische lyrische Fabel verwandelt, finden alle Fermente, alle Aspekte, das Erbe der Tradition und die Verspottung der Realität ihre künstlerische Loslösung und Verklärung.

Die dichterische Persönlichkeit dieses genialen Wieners liegt nach Vincenti[137] in einer Verflechtung von Komik und Dramatik, in einer Antinomie zwischen dem angeborenen und spontanen Glück des Phantasieerlebens und einer schmerzlichen Weltsicht, einer Antinomie, die sich in eine sehnsuchtsvolle Handlung überträgt, in eine kristallklare musikalische Träumerei. Raimund ist der einzige wirkliche Dichter des Wiener Theaters vor Grillparzer, und die Personen seiner Stücke sind keine allgemeinen Typen mehr, keine Marionetten, die ein weiser Puppenspieler tanzen läßt, sondern lebendige, echte, wirkliche Geschöpfe[138]. In Raimund »tritt freilich die Fortdauer der barocken Tradition klar zutage«[139], doch ist das Zauberspiel mit seinen magischen Verwandlungen und seinem Irrealismus kein abgenutztes literarisches Genre mehr, kein äußerliches Spiel zur Unterhaltung der Zuschauer, kein fertiges Schema zum Verfertigen endloser Abwandlungen. Das alte, abgegriffene Zauberspiel befreit sich hier zu echter Weltschau und zu einem authentischen Bedürfnis der Phantasie. Mit Raimund kristallisiert sich die Wirklichkeitsflucht, die Flucht in den Traum, vollendeter heraus, doch ist sie keine blinde Weltabkehr, sondern vielmehr ein Suchen nach dem wahren Gehalt des Lebens in der Vision: Es beginnt die Zufluchtnahme zu den »Mysterien«, diesem Wechselspiel von Traum, Enttäuschung und Verzicht, das in der österreichischen Literatur, von Grillparzer bis Hofmannsthal, von so großer Bedeutung ist und das geistige Abenteuer der habsburgischen Seele symbolisiert. Das unbewegte, vorsichtige Leben, mit dessen Hilfe die Habsburger versuchen, das Kaiserreich weiterbestehen zu lassen, genügt den Menschen nicht und weist ihnen kein konkretes historisches Los in Form von Kampf oder Tätigkeit zu; daraus entsteht jene unbefriedigte Unruhe und musikalische Rastlosigkeit, die das österreichische Herz heimlich quälen und es zur Suche nach sich selbst, nach dem Sinn seines Lebens treiben. Der echteste Vormärz-Mensch ist weder der liberalismusfreundliche Literat noch der genießende Epikureer, sondern jener Wurzel aus dem Märchenstück *Das*

Mädchen aus der Feenwelt oder Der Bauer als Millionär (1826)[140], der zwischen Traum und Wachen den Faden seines Lebens sucht und am letzten Geheimnis der Dinge vorbeigeht. Am Ende der Illusion steht das Aschenlied als das einzige, was bleibt. Die politischen Gegensätzlichkeiten, das unruhige Völkergemisch, das nicht einmal die Gewähr einer eindeutigen Muttersprache bietet, mangelnde religiöse Tiefe und das Fehlen dynamischer politischer Ideale, das Wissen um die prekäre Situation in einer Welt, die von der Zeit überrannt wird und dazu bestimmt ist, sich wie ein Zauberschloß in Luft aufzulösen: diese ganze komplexe menschliche wie historische Lage sollte den Verfall des Reichs, also die Zeit Bahrs, Hofmannsthals und Schnitzlers, kennzeichnen und diese unbestimmte Dämmeratmosphäre und musikalische Unrast erzeugen, die Hofmannsthal dazu führen wird, das Geheimnis und den Sinn des eigenen Lebens im Märchen, in der Allegorie und in einer unbestimmten Religiosität zu suchen. Das barocke Erbe der Vergangenheit, die beunruhigende und obsessive Verehrung der Tradition, das stolze, unbewegliche Bewußtsein einer jahrhundertealten verfeinerten Kultur lasten auf dem damaligen Österreicher wie eine kostbare, allzugroße Erbschaft. Und da bietet sich nun die Möglichkeit der Flucht aus der Geschichte in das Märchen, in das subtile Spiel mit der Wirklichkeit und in die illusorische Metamorphose, mit deren Hilfe man die eigene veraltete Kultur zu verjüngen sucht. Das Leben zerfällt in unstete Bilder, flüchtig und vergänglich wie Gesichter in einem Spiegel; die Grenzen zwischen Wirklichkeit und Erinnerung, Wachen und Träumen, Fiktion und Wahrheit verfließen. Im 19. Jahrhundert läßt sich in Österreich eine eigenartige Wiederbelebung des Barock feststellen: Das 17. Jahrhundert, das mit Avancini und den anderen Hofdichtern den Mythos des unsterblichen Österreich erlebt hatte, das nach einem berühmten Wahlspruch bis ans Ende der Zeiten dauern sollte, ersteht in seinen innersten Kennzeichen wieder. Was bei Avancini und den anderen beifälliges, höfisches gegenreformatorisches Lob und ein Rühmen des Glanzes gewesen war, wird nun zu einem dramatischen Vergleichsbegriff und zu einem wirklichkeitsentleerten Ruhmesmythos. Alle Dichter, von Raimund bis Grillparzer, empfinden diesen Unterschied, bemerken also den Verfall, weigern sich aber auf erschütternde Weise, dies zuzugeben, und mühen sich, eine letzte Illusion des Glanzes auf Sand zu bauen. Raimund ist der Dichter dieses verträumten, religiösen Vergessens der Wirklichkeit. In seiner Dichtung greift er die ganze wienerische Tradition wieder auf und verleiht ihr neue Anmut, ohne jedoch diese Tradition in einer neuen menschlichen Dimension zu überwinden. Sein Schaffen ist im Gegenteil sogar der Versuch, einen dichterischen Wert zu bieten und die traditionellen folkloristischen Eigenschaften der österreichischen Seele zu etwas Ganzem zu vereinen: Leichtblütigkeit und Mittelmaß, sentimentales Epikureertum und leichte Selbstpreisgabe. Bei Raimund lösen sich die Typen und Figuren der Wiener Tradition von der Starre der Maske und des Klischees und werden Personen; diese Personen aber gehören einer anderen Zeit an, sie sind metahistorisch. Seine Dichtungen sind daher der Vergangenheit zugewandt und leben von absolut vorbürgerlichen Gefühlen und Gedanken, die der modernen Kultur und europäischen Geistigkeit jener Jahre, da Goethe seinen *Faust* schrieb, gänzlich fremd sind. Auch die dem Rationalismus und der Aufklärung des 18. Jahrhunderts entstammenden Themen, die Raimund verwendet, werden in barocker Perspektive abgewandelt. Er ist der Dichter eines zeitlosen Wien, »der wienerische Volksgeist«[141], das mehrstimmige Sprachrohr eines idealen und irrealen österreichischen Volkes[142]; diese Idealität und Irrealität hat als Mythisierung eine bestimmte historische Bedeutung, einen präzisen Ursprung und eine präzise kulturelle Funktion im Metternichschen Österreich.

In seinen Stücken ist die Liebe zum Leben kein oberflächlicher Hedonismus mehr, sondern ein komplexes, von Freude und Melancholie durchdrungenes Gefühl, ein tiefes Empfinden der Distanz zu allen genossenen Dingen und des unaufhaltsamen Entschwindens der Zeit: »Die Menschheit sitzt um billgen Preis auf Erd an einer Tafel nur, Das Leben ist die erste Speis … Da springt das Glück als Kellner um, bringt öfters ganze Flaschen Rum.«[143] Und die Jugend entflieht mit leisem Lebewohl:

Brüderlein fein,
Brüderlein fein,
Mußt mir ja nicht böse sein,
Scheint die Sonne noch so schön
Einmal muß sie untergehn.[144]

Das im Wiener Theater so häufig vorkommende Motiv der Vergänglichkeit, das so unverhüllt auf den Untergang der habsburgischen Kultur anspielt, wird bei Raimund lautere Dichtung. Valentin, der treue Diener im *Verschwender* (1833), besingt die wehmütige und doch heitere Resignation: »Auf der Welt ist alles eitel, denn kaum trinkt man 14 Seitel, hat man schon kein Geld im Beutel, … Alles eitel. Noch ein Seitel!«[145]

Kein anderer Dichter vor Grillparzer verleiht der Mittelmäßigkeit und dem goldenen Mittelweg so tiefen Ausdruck. Die Zufriedenheit mahnt zur Mäßigung: »Viele Tausende wandern nach mir aus und finden mich nicht … Siehst du dort oben die bunten Augen, wo des Glückes Blumen farbig winken? Dort wollen sie mich finden, und je reizender der Pfad sie aufwärts lockt, desto tiefer entschwindet meine niedere Hütte aus ihrem getäuschten Auge.«[146]

Zufriedenheit, Ruhe, dann und wann ein wenig Freude, das sind die wahren Lebensgüter, die dem trügerischen, verderblichen Glück entgegengesetzt werden; wie Rappelkopf[147] muß man entdecken, daß die Freude in den kleinen Dingen des Alltags liegt: dies ist die typisch »antifaustische Neigung« der Österreicher, von der Farinelli spricht[148]. Bei Raimund wird die habsburgische Mittelmäßigkeit in echte Dichtung übertragen und enthüllt sich als überaus menschliche, lebendige Seelenschwingung. Freilich kann man viele Aspekte des fröhlichen Wiener Humors, Wortspiele und saftige Sprüche entnehmen, doch überwiegt der empfindsame Ton, der brüderliche Freuden im Freundeskreis verherrlicht: »Doch wenn voll der Becher blinket, Bacchus' Geist den Saal durchrauscht, Euch die Freundschaft zu sich winket und Gefühle mit euch tauscht«[149]... »Doch kommt's mir allein nicht zu, glücklich zu sein. Wir nehmen s' in d' Mitten (die Zufriedenheit) und schließen sie ein.«[150] Trotz aller Melancholie behauptet sich die sinnliche Liebe zum Leben und die heitere Hinnahme des gegenwärtigen Augenblicks: »Wir lebn doch wahrhaftig in herrlichen Zeiten, jetzt kommt die Zufriedenheit von allen Seiten!«[151] Und die geglückteste und sinnbildlichste aller Gestalten ist der Verschwender Flottwell, der sein Vermögen verschwendet und sein Leben vergeudet, bis er alles los ist. Verschwender: das ist der habsburgische Mensch in seiner Unfähigkeit zu tätiger Zukunftsvoraussicht und Kräftekonzentration für kommende Zeiten und in seiner Neigung zur Verausgabung seines Lebens und seines Geldes in der kurzen Spanne Zeit, die ihm gegeben ist, so daß am Ende nur noch die Anhänglichkeit des treuen Valentin bleibt, des Dieners, der nicht vergessen hat, und der Friede seines schlichten heimischen Herds.

Das Gleichnis vom verlorenen Sohn, Traum und Erwachen, unwandelbare Treue: barocke Themen, die im Werk des empfindsamen Raimund zu neuem dichterischem Leben erweckt und zum Sinnbild des komplexen habsburgischen Daseins werden.

7. Johann Nestroy

Der ungezügelte, bizarre Genius Nestroys[152] zeigt eine ganz unverkennbare eigene Prägung, die sich dem Rahmen des Biedermeier entzieht. Seine zahlreichen Komödien (mehr als sechzig) sind das Ergebnis einer überaus lebhaften Phantasie und vor allem einer ungewöhnlich realistischen Beobachtungsgabe. Die unerschöpfliche Komik entsteht nicht mehr aus heiterer Herzlichkeit oder bewegter Anteilnahme der Phantasie, sondern aus einer kritischen Erfassung der menschlichen Schwächen und einer sarkastischen Sicht des Menschen, die – wie Nestroy selbst sagt – instinktiv dazu neigt, in ihm die schlechtesten Eigenschaften zu sehen und sie mit beißender Ironie zu geißeln. Ein statischer Pessimismus und die Auffassung von einer in ihrer Kläglichkeit unverbesserlichen Menschheit, die keiner positiven Veränderung oder Entwicklung fähig ist, liegen der Nestroyschen Komödie zugrunde, die jedoch durch die allzeit rege Einbildungskraft eine unerschöpfliche Vitalität erhält, so daß sie niemals in der Formel und im Schema erstarrt. Der zur optimistischen Lebensfreude nur scheinbar in Widerspruch stehende österreichische Pessimismus hinsichtlich der historischen und moralischen Befähigung des Menschen erreicht in Nestroys Schaffen den Höhepunkt des Biedermeierlustspiels, das das plebejische Salz und den Gärstoff der Plautinschen Posse zugleich enthält. Das Biedermeiertheater hatte es in der ausgelassenen Komik Bäuerles oder im musikalischen Märchen Raimunds stets vermieden, der menschlichen Kleinlichkeit auf den Grund zu gehen; es hatte sich davor zurückgezogen und sie in der scherzhaften Pointe zu mildern oder im Traum zu vergessen versucht – zwei verschiedene Arten, die Wirklichkeit zu mildern oder zu idealisieren.

Nestroys Satire ist schonungslos und enthüllt mit frohlockender Ungezügeltheit die ewig menschliche Mittelmäßigkeit, doch wird die Bitterkeit am Ende stets von festlicher Bizarrerie und dem verhexten Karussell der Situationen, Überraschungen, Menschentypen und Gefühlspirouetten überwunden, denen eine überaus lebendige sprachliche Erfindungsgabe entspricht. Man braucht nur an die spielerischen Wortkombinationen mit dem trockenen, mechanischen Beigeschmack erinnern, womit Nestroy die Möglichkeiten seiner Sprache bis zum äußersten ausnützt: *Der Zauberer Sulphurelektromagnetikophosphoratus und die Fee Walburgiblocksbergiseptemtrionalis*[153], *Hochverratsvor-*

schubsleistungsteilnahme[154], *Modewarenverlagsniederlagsverschleißhändlerin*[155] . Bitter ist auch Nestroys Definition des Menschen: In der Posse *Einen Jux will er sich machen* sieht Melchior zwei Männer das Haus betreten und erschrickt, weil er sie für Gespenster hält, doch als er sie vom Diebsgut sprechen hört, beruhigt er sich: »Sie gehn aufs Geld, es sind Menschen.«[156]

Nestroys Theater ist ein Spiegel der gesamten habsburgischen Gesellschaft, von der er manche Aspekte und Gestalten aufs Korn nimmt und damit dem Mythos einverleibt. Das Wiener Volksgemüt, diese Welt »wo's geduldige Weiber, wo's Kaffeehäuser und Bierhäuser gibt«[157], findet samt ihrem zahlreichen, lustig lebenden Lumpen in vielen Komödien eine lebendige Verkörperung; besonders wird in der Posse *Der böse Geist Lumpazivagabundus oder Das liederliche Kleeblatt* (1833) die alte Wiener Volkstradition, nämlich die Verherrlichung des armen, saufenden, glücklichen Faulenzers, mit einem Wort, des lieben Augustin[158], der von Trunk und Schabernack lebt, zu künstlerischer Würde erhoben.

Die leichtsinnigen Streiche der drei Freunde Leim, Zwirn und Knieriem, für die jeder Tag ein blauer Montag ist und die ihr Leben in den Wirtshäusern zubringen, die Liebe besingen und in den Sternen nach dem Weltuntergang forschen, um ihn trinkend abzuwarten, sind von Nestroy mit glücklicher Hand gezeichnet und vermitteln unverfälschte Lebensfreude. Die Gestalt Knieriems verewigt eine der Schlüsselfiguren der österreichischen Literatur, den versoffenen Schuster, Spaßvogel und oft politisierenden Philosophen, der, mit scharfem Verstand begabt, stets unter dem Schutz des Geistes Lumpazivagabundus lebt: »Beherrscher des Lustigen Elends, Beschützer der Spieler, Protektor der Trinker etc. etc.«[159] Angesichts des gedeckten Tisches bei seinem Freund Leim und dessen Gattin bittet der gute Knieriem, arm wie eine Kirchenmaus, um zwei Kreuzer, um ins Wirtshaus auf einen Trunk zu gehen, und auf die Vorhaltung der Hausfrau, er könne doch zu Hause trinken, antwortet er:

»Im Haus schmeckt einem der beste Trunk nicht; im Wirtshaus muß man sein, das ist der Genuß, da ist das schlechteste G'säuf ein Hautgout.«[160]

Nestroys Komödie wimmelt von Gestalten, die vom Lokalkolorit durchdrungen sind und die habsburgisches Traditionsgut und literarischer Kulturschatz bleiben. Frische Weiblichkeit, wie die reizenden, geschwätzigen Vorstadtnäherinnen[161] oder das Stubenmädchen Lisette: »Denn wenn es herzlose Väter, Mütter, Tanten, sogar herzlose Liebhaber in Menge gibt, von herzlosen Stubenmädln, glaub' ich, kommt kein Beispiel vor.«[162] Nestroys scheinbar nur witzige Schlagfertigkeit stellt in Wirklichkeit stets irgendeine konkrete Seite der österreichischen Sozialstruktur heraus, wie im Beispiel der treuherzigen, scharfzüngigen Lisette, die Verkörperung der frischen jungen Stubenmädchen, die mit der Aufgabe in anständige Familien aufgenommen wurden, die jungen Herren bei ihren ersten Liebeserfahrungen zu unterweisen; der junge Prinz konnte sie mit feudaler Unbekümmertheit vergessen, während es geradezu ihre Pflicht war, ihm eine sentimentale Zärtlichkeit zu bewahren. Im Lauf der Jahre verwandelt sich das Stubenmädchen in die verschmitzte kleine Zofe der Operette und in Schnitzlers süßes Mädel, ein Geschöpf zwischen den beiden Polen des Herzens und der Sinne und jedenfalls eine mythologische Gestalt der habsburgischen Gesellschaft. Bei Nestroy wird sie zum erstenmal schärfer hervorgehoben, doch die Satire des Dichters, die im Begriff zu stehen scheint, die gesellschaftliche Scheinheiligkeit hinter dieser liebenswürdigen Idealisierung zu enthüllen, macht auf einmal halt und verharrt ihrerseits zwischen spöttischer Schärfe und gefühlsbedingter Hingebung. Dies ist bei allen Nestroy-Gestalten der Fall, die die damalige österreichische Gesellschaft abbilden und stets nahe daran sind, die nackte Wirklichkeit zu entschleiern, sich aber am Ende zu bunten Farbtupfern und kräftigen Karikaturen verflüchtigen: pedantische Bürokraten, listige Diener, betrogene Ehemänner und achtbare, bärbeißige Väter von jener sentenziösen Strenge, die mit ihrem

Autoritätskult und der Unterwerfung unter die Konventionen die Grundnote der traditionellen Erziehung der wohlmeinenden österreichischen Familien verkörpert. So wiederholt Herr Gundelhaber, ein typisches Familienoberhaupt, seiner Tochter: »Du bist aufgewachsen unter den Flügeln der Mutter, unter der Obhut des Vaters und zu jeglichem Guten angeeifert durch das täglich vor Augen habende Beispiel der Eltern.«[163] Im allgemeinen gilt Nestroys Liebe den Demütigen, den Personen niederen Stands; an den Problemen und Schwierigkeiten würdevoller Armut zeigt er eine liebevolle Anteilnahme, wie in der wunderschönen, ganz modernen Komödie *Zu ebener Erde und erster Stock oder Die Launen des Glückes* (1835), doch gibt es keine echte soziale Problematik, wie Rommel richtig bemerkt.[164] Auch manche Milieus seiner Possen gewinnen besondere Bedeutung, da sie in der literarischen Tradition zu feststehenden, charakteristischen Orten werden: darunter der Restaurationsgarten, in dem sich die idyllischen und komischen Abenteuer des *Jux* abspielen. Der luftige, heitere Garten wird zu einem regelrechten *locus amoenus* der österreichischen Literatur.

Bisweilen stellt Nestroy die grundlegenden Merkmale des Kaiserreichs heraus, um sie satirisch anzugreifen, wie die Unbeweglichkeit jenes »Nur Ruhe!« des armen Schafgeist[165] (man beachte den Namen) oder die schon im Titel ausgedrückte Mittelmäßigkeit *Weder Lorbeerbaum noch Bettelstab* (1835), also das Streben nach dem friedvollen Mittelweg, oder die konventionelle, stickige Atmosphäre einer Schule, wo nur Respekt und Pedanterie herrschen[166].

Besonders interessant sind einige Lustspiele, die ausdrücklich die Revolution des Jahres 1848 zum Inhalt haben und eine charakteristische politische Haltung zeigen. Das bemerkenswerteste darunter ist *Die Freiheit in Krähwinkel* (1848), eine Allegorie auf die stürmischen Unruhen und die Reaktion und zugleich eine scharfe Satire auf das Zopfsystem. Dieses Stück ist voll beißenden Spotts über den reaktionären Paternalismus, das »bureaukratische Regiment«, die Unterdrückung der Freiheit im imaginären Ort Krähwinkel und über Metternich, dessen Machtbereich stets die Nacht war; die liberalen Bestrebungen werden glühend-enthusiastisch betont. Für unseren Blickwinkel sind jedoch andere, humoristische und scherzhafte Nuancen von größerem Interesse, die in die liberalismusfreundliche Begeisterung einen Windstoß skeptischer Mäßigung bringen: alles erhält zusammengeschrumpfte, verkleinerte Dimensionen; der Absolutismus tritt als »Tyrannerl« auf, die Erhebung als »Revolutionerl ... und Freiheiterl«[167]. Die braven Leute reut es bald, und der weinende Chor der vertriebenen Liguorianer erinnert an den lustigen Takt der Straußschen *Spottpolka gegen die Liguorianer* und versetzt uns mitten in ein Operettenklima. Kurz, es scheint ein echt kleinbürgerliches, revolutionären Exzessen feindliches und um die Erhaltung der Eigentumsrechte besorgtes Empfinden durch.

Freilich gibt es in dem Stück aufrichtige Freiheitsliebe und Haß gegen polizeiliche Unterdrückung, so wie in anderen Nestroyschen Lustspielen, und es ist richtig, daß Nestroy »mit ganzem Herzen auf Seiten der Freiheit steht«[168], doch nimmt er auch die lächerliche Seite der Revolution, die Unordnung der Extremisten und das närrische Freudengeschrei aufs Korn, so daß er von Bauernfeld beschuldigt wird, die liberale Bewegung lächerlich gemacht zu haben. Auch in den *Unverwandten* (1848) verspottet er die lächerlichen Aspekte der Revolution, die possenhafte Volksbewaffnung und die rhetorische Demagogie der Radikalen, während er in *Höllenangst* (1849) gleichermaßen beide Seiten verhöhnt, diejenigen, die nach der Reaktion wieder vernünftig-konservativ werden, aber auch jene patriotischen Wienerinnen, die zuerst auf den Barrikaden der Studenten Würste kochen und dann mit den Soldaten von Windischgrätz kokettieren. Selbst die Revolution wird folglich auf ein Mittelmaß reduziert. Vielleicht kann man auch von einem Beobachter der Achtundvierziger-Unruhen nicht mehr verlangen, die mehr als von Liberalismus und Demokratie von kindischem Dilettantismus und, schlimmer, von rückständigen, letztlich konservativen und reaktionären nationalistischen Leidenschaften beherrscht wurden.

In *Lady und Schneider* (1849) gewinnen weiser Verzicht und vernünftige Beschränkung im eigenen Familienkreis die Oberhand über jede politische Begeisterung; über den Kommunismus heißt es: »Ah, wenn d' Freiheit Kommunismus wird, nein, da hört es auf, ein Vergnügen zu sein«[169], und die Posse des Dichters, der die Freiheit besungen hatte, endet mit der Klage über die Barrikaden und fliegenden Granaten an Orten, wo einst Damen geflirtet hatten und Equipagen mit goldenen Livreen vorübergefahren waren. Am Ende steht die witzige Verherrlichung Wiens:

Es gibt eine Stadt, die heißt Wien,
Da war all's was nur ang'nehm is, drin;
. . .
Da war alles ganz vollpappt mit Tanzunterhaltung,
Kein Ernst auf den G'sichtern, es war alles froh,
. . .
D' Schusterbub'n radikal, d'Fiaker konservativ,
Es sitzt keiner in ein'm Wirtshaus, der nicht in sein'm Hirn
Sich denkt, wie das schön wär' wann er tät regieren.[170]

Vielleicht war Nestroy gar nicht der erbarmungslose, bissige Beobachter der Wirklichkeit, den man in ihm hat sehen wollen; auch er hat auf seine Weise teil an jener halb ironischen, halb zärtlich-liebevollen Menschheit, die so typisch österreichisch ist. Die süße habsburgische Lotosblume, das Betäubungsmittel der Sorglosigkeit bewies, wie wir gesehen haben, auch bei ihm die Anziehungskraft und die Konsistenz des Wiener Mythos und versetzte den Dichter an einen ganz bestimmten Punkt der Parabel der literarischen habsburgischen Kultur.

8. Epilog

Die Zeit des Biedermeier kann also als Periode der Entstehung des habsburgischen Mythos bezeichnet werden. Als ungeordnete Masse drängen sich Themen und Motive, oft noch unausgeprägt und nur selten dichterisch überhöht, zusammen und bilden gewissermaßen das Material, den Ausgangspunkt und Stützpunkt für Grillparzers Schaffen. Die ganze spätere österreichische Literatur und ihre Welt, das ganze komplexe Gleichnis der habsburgischen literarischen Kultur, gehen, wenngleich diese Ansätze verworren sind, auf diese Zeit zurück, und ihre menschlichen und stilistischen Fundamente stammen aus diesen Jahren, so wie die Möbel in manchen alten österreichisch-ungarischen Häusern. Und aus der müden Idylle dieser Epoche geht Grillparzers habsburgische Tragödie hervor.

III.

Franz Grillparzer, die Ordnung und die Zeit

1. Das Jahr 1848 und die österreichischen Schriftsteller

Fast wäre man versucht, die Wiener Revolution des Jahres 1848/49 – oder, wie Macartney den Mangel einer einheitlichen Entwicklungslinie charakterisiert: die Wiener Revolutionen[1] – mit dem schönen Shakespearetitel zu bedenken: »Viel Lärm um nichts«. In Wahrheit hat das wirre Achtundvierziger-Jahr in Österreich eine ganz eigene komplexe Bedeutung, insbesondere in ethisch-politischer Hinsicht. Wenn man aber zunächst die Folgen und Auswirkungen jener Ereignisse auf die spätere Zeit unberücksichtigt läßt und nur die krampfartigen Zuckungen dieser Monate und den Eifer und die politische Anteilnahme der Menschen, besonders der Schriftsteller, betrachtet, die jene Ereignisse zugleich als Zuschauer und Akteure erlebten, so gewinnt man den Eindruck, als habe es sich um Studentenunruhen, und nichts weiter, gehandelt. Zweifellos barg die widerspruchsvolle habsburgische Staatsstruktur überaus schwierige Probleme und fast unheilbare Gegensätze, die jene Gleichung von liberaler Bewegung und nationaler Bestrebung, das Banner des europäischen Achtundvierziger-Jahres, nicht aufgehen ließen. Eine verhängnisvolle Notwendigkeit zwang die deutsch-österreichischen Liberalen, sich den Forderungen der übrigen Völker der Monarchie zu widersetzen, die durch ein liberales parlamentarisches System ein erdrückendes zahlenmäßiges und politisches Übergewicht erlangt hätten. Daraus erklärt sich auch das ambivalente Handeln an zwei Fronten, das die deutsch-österreichischen Liberalen damals oft reaktionärer erscheinen ließ als die alten Aristokraten. Indessen knirschte das alte Kaiserreich unter all diesen zentrifugalen Unruhen der ihm zugehörigen Völker, die durch das Treueverhältnis zur Dynastie gebunden waren, aber heftig nach Autonomie verlangten, wie die Böhmen und noch mehr die Ungarn. Andere lehnten sich gegen die Oberhand der vorherrschenden Rassen auf (so die Slowaken und Kroaten gegen die Magyaren) oder empfanden gegenüber ihren Landsleuten jenseits der habsburgischen Grenzen die brüderliche Anziehungskraft derselben Abstammung: so die Polen, Ruthenen, Serben und Italiener. Diese gewissermaßen separatistischen Bestrebungen verbanden sich oft mit tiefempfundener dynastischer Treue und der festen Überzeugung, daß nur der Habsburgerstaat – nach Beseitigung mancher Unzulänglichkeiten der gegebenen Struktur – die Erfüllung ihrer Forderungen garantieren könne. Typisch für diese Einstellung sind die Tschechen, die eine slawische Verbrüderung anstreben (man denke an den Prager Slawenkongreß vom Juni 1848), sich jeglicher deutschen Vorherrschaft entziehen wollen und ebendarum ihre Sicherheit im habsburgischen Staat suchen. So konnte ihr geistiger Führer, Palacky, schreiben: »Es ist gewiß, daß, wenn nicht seit langer Zeit der österreichische Staat bestünde, wir im Interesse Europas und sogar der Menschheit verpflichtet wären, uns so schnell wie möglich um seine Gründung zu bemühen.«[2] Ein habsburgischer Staat, der freilich auf österreichisch-slawischer Basis verstanden wurde.

Blickt man angesichts dieser Problematik aber auf die politischen Wirren in Wien und deren Niederschlag in der Literatur, so kann man nicht umhin, von ihrer unglaublichen Oberflächlichkeit und Banalität enttäuscht zu sein. Namier nennt das Regime dieser Monate »Paidokratie«[3] und spielt damit auf die vielen Krawalle und die dilettantische Begeisterung der Studenten an, doch könnte man auch hinsichtlich der historischen und politischen Urteilsfähigkeit der österreichischen Schriftsteller von Kinderei sprechen. Ihre Zeugnisse weisen alle dieselbe Bewegung auf: anfangs leicht entflammter Enthusiasmus, dann Abscheu und Furcht vor der Anarchie und Anrufung der Ordnung. Aber noch mehr verbindet sie eine heitere Oberflächlichkeit und leichte Frivolität, die ihnen eine Bewußtwerdung der Geschehnisse, zumindest in politischem Sinn, verwehrt. Darin erweisen sie sich als wahre Kinder der habsburgischen Kultur. Sobald die ersten Unruhen losbrechen, erklingen sogleich Gassenhauer. Frankl singt Hymnen an die Studenten[4], ein Unbekannter schreibt einen freisinnigen Text zu der Melodie des *Gott erhalte*[5], kurz, es gibt keinen Dichter, der nicht ein Lied auf den konstitutionellen Frühling oder auf die Person, der die allgemeinen Hoffnungen gelten, Erzherzog Johann[6], angestimmt hätte. Selbst Grillparzer stimmt in diesen Chor ein[7]. Doch sind es meist farblose Werke, die über jugendliche Begeisterung nicht hinausgelangen und in denen kein rechter Pulsschlag der Freiheit zu finden ist. Ist dies Revolution? Es ist nicht einmal Aufruhr, möchte man in Abwandlung eines bekannten Ausdrucks sagen. Robert Hamerling, der Autor des *Ahasver in Rom* und einstiges Mitglied der akademischen Legion, erzählt in seinen Erinnerungen[8] später von seinen Erlebnissen: wie er gleich die vorschriftsmäßige Flinte verloren habe, die ihm übrigens nicht viel genützt habe, da er sich nicht mehr erinnerte, ob er schießen gelernt habe oder nicht; die großen Versammlungen und langen Ferien an der Universität; die gewaltige Arbeit der Schneider, die den Studenten Uniformen anfertigten. Ehrliche Freiheitsbegeisterung und geschichtlich bedeutende Namen nehmen die bescheidene Dimension kleiner, lustiger Begebenheiten an. Schließlich ging der gute Hamerling im Juni zu den Seinen aufs Land, in eine »idyllische Stille … da war die Welt so schön, daß es an ihr schlechterdings nichts zu verbessern gab«[9]. In dieser Zurückgezogenheit skizzierte er die Umrisse einer politischen Komödie, *Des Teufels Glück und Ende.*

Hamerling verschweigt auch nicht seine Teilnahme an der Verteidigung Wiens gegen Windischgrätz: Er hatte den Auftrag, vom Fenster aus kochendes Wasser über die Häupter der Feinde zu gießen, begnügte sich aber damit, auf dem Klavier die *Marseillaise* zu spielen, während jene auf der Straße vorbeigingen. Die Selbstironie, mit der sich Hamerling über sich lustig macht, entschuldigt freilich nicht die Frivolität des Ganzen.

Auf ganz anderem Gebiet zeigt sich dieselbe Oberflächlichkeit im Zeugnis eines der glühendsten Anhänger der liberalen Bewegung, Hermann von Gilms. In ein paar feurigen Briefen an den Freund Anton Petzer, an die Mutter und die Schwester – die gerade in den Tagen der ausbrechenden Revolution geschrieben wurden – schildert Gilm die Geschehnisse, die er erlebt, und gibt sich der leidenschaftlichen Lobpreisung der Freiheit und des Wiener Heldentums hin. Er verkündet das Ende der alten Knechtschaft und spielt sogar mit demokratisch-republikanischen Idealen[10]. Aber diese radikale Begeisterung, der eine Art imperialer Pietät nicht fremd bleibt, ist nicht weniger verworren und folglich oberflächlich als andere Zeugnisse: es bleibt bei der gefühlsmäßigen Herzensergießung und gelangt weder zur Reflexion noch echten Lyrik. Nach beendeter Lektüre seiner Briefe bleiben ein paar ästhetische Eindrücke, wie die glänzenden Säbel der Kürassiere beim Angriff, oder bestimmte lebendige Bilder von typisch wienerischer Färbung, wie die reizende Grisette, die sich die roten Streifen von der Haube reißt und sie einem »Bürgersoldaten« reicht, um ihn damit auszuzeichnen; oder jene schöne Dame, die vom Balkon einen Korb voller Kokarden über die festlich gestimmten Studenten ergießt.

In der Beschreibung Eduard von Bauernfelds werden die Märztage als kindische Unordnung und ziellose Opposition gekennzeichnet[11]. Alle bewegen sich richtungslos und ohne Vorstellung dessen, was sie tun, erreichen oder vermeiden wollen. Bei Hof, wohin sich der Dichter begibt, drängen sich Beamte, Bedienstete und Generäle, es schwirrt von Neuigkeiten und Dementis, Ängsten und stolzen Vorsätzen. Auf die dringenden Anfragen der Abordnungen erhält man die Antwort, der Ministerrat werde sich versammeln, »sobald

Seine Kaiserliche Hoheit Erzherzog Ludwig abgespeist haben«[12]. Die verantwortlichen Stellen drücken sich. Auf den Straßen herrscht jubelndes Durcheinander, lärmende Verbrüderung, »utopische« Vorträge kommunistischer Redner hetzen den »politisch-jungfräulichen Wiener Boden« auf[13]. In all dieser Konfusion bleibt nur die angeborene Wiener Gutmütigkeit erhalten, die die Leute während der sieben Monate währenden Anarchie wundersamerweise von allen Gewalttaten zurückhält (Bauernfeld legt die Ermordung des Ministers Latour ausländischen Geheimagenten zur Last). An die Stelle der Begeisterung des Dichters tritt bald nationalistische Feindseligkeit gegen die Ungarn, Ärger darüber, daß den »stolzen Magyaren« die Initiative zu danken ist, und Angst vor Anarchie und Kommunismus. Obwohl er Windischgrätz' Reaktion und besonders die Hinrichtung des Publizisten Jellinek verurteilt – den man als jüdischen Sündenbock brauchte, da gerade kein anderer zur Hand war –, preist Bauernfeld gleich Grillparzer die Siege Vater Radetzkys, des Wiederherstellers der Ordnung. Diese Erinnerungen an das Achtundvierziger-Jahr sind als Ausdruck eines sehr verbreiteten und von Bauernfeld stark empfundenen deutsch-österreichischen Liberalismus von Interesse, der gegen die Ungarn und den Dualismus gerichtet ist und ein liberales, doch von Deutsch-Österreichern sicher geführtes Gesamtösterreich befürwortet. Jedenfalls sind auch diese Abschnitte nicht mehr als eine oberflächliche Chronik und zeigen mehr schalkhaftes Ästhetentum als politische Überlegungsfähigkeit, wie der Autor selbst bekennt: »Ich nahm jedoch mehr ein dramatisches als ein politisches Interesse an der Bewegung.«[14] Und wie es in Wien mit allen Dingen geschieht, wird es zu einem leichten, munteren politischen Stück verarbeitet: *Ein neuer Mensch*. Unterdessen komponiert der junge Johann Strauß seine fröhlichen Märsche zum Ruhm der Liberalen, während sein Vater Stücke für Jellacich und die typischste österreichische Melodie, den *Radetzkymarsch*, schreibt.

Es wurde schon gezeigt, wie selbst bei Nestroy die politisch engagierte Satire durch das lebenslustige Wiener Gemüt gemildert, wenn nicht ganz und gar in den Schatten gestellt wird. So gibt auch der Großteil der österreichischen Schriftsteller schon im Sommer 1848, aus Angst vor der Anarchie und aus Sorge um die Einheit des Vaterlands, die Fortschrittsbegeisterung auf und predigt Rückkehr zur Ordnung, zur alten Sicherheit und zur Autorität des Staates. Betty Paoli beschwört die »Einigung« aller, die nach so vielen Wirren der »ernsten Stille« bedürfen[15]. Sauter ermahnt die Proletarier: »Gibt die Freiheit euch kein Brot«.[16] Stifter und Feuchtersleben werden der Unordnung überdrüssig, Zedlitz arbeitet an den Gesängen zum siegreichen Italienfeldzug, und Grillparzer verspottet die Schwäche der Regierung, die dem allzu guten Hirten gleicht, der die Schafe auseinanderlaufen läßt, weil er ihnen nicht widersprechen will, und aus respektvollem Feingefühl dem räuberischen Wolf nicht entgegentritt[17]. Kurz, die alte konservative Idee gewinnt wieder die Gunst der Schriftsteller, und das bedeutendste Dokument dieser Haltung sind Grillparzers Erinnerungen an das Jahr 1848, die er vom September bis zum Oktober 1850 schreibt[18]. Es sind einfache, persönliche Ergießungen, eine verärgerte, angeekelte Reaktion auf etwas Ungeordnet-Absurdes. So wird die Erinnerung an eine europäische Revolution laut Vincenti »zu einem Rechenschaftsbericht über ein seltsames Abenteuer«[19]. Es war also eine Demonstration »alberner Jungen«[20], verbunden mit der Eitelkeit der Literaten, ein Lärm, der so nichtssagend beginnt, daß sich der Dichter für die Dürftigkeit seiner Mitbürger schämt: Kurz, es war »die lustigste Revolution, die man sich denken kann«[21], die der Dichter von seinen Amtsfenstern aus zerstreut und geistesabwesend beobachtet und die nur durch eine Reihe von Zufällen in etwas Bedeutendes und Tragisches verwandelt wird. Vincenti stellt fest, daß die Erinnerungen kein Wort über die Rechte des Volkes enthalten, »das nur als malerisch unruhige Masse aufscheint« und im »Ton belustigter Neugier und wienerischer Gutmütigkeit« beschrieben wird[22].

Über diese kurzsichtige Oberflächlichkeit erhebt sich Grillparzer nur dort, wo er – um seine Unbeteiligtheit zu rechtfertigen, die mit seinem früheren Gegensatz zum Metternich-Regime augenscheinlich in Widerspruch steht – die Auflösung des Kaiserreichs ahnen läßt, die sich als drohende Möglichkeit abgezeichnet hatte: »Die lächerliche Nationalitätsfrage hatte allen Volksstämmen der österreichischen Monarchie eine zentrifugale Bewegung eingedrückt.«[23] Und er, der sein so wenig kompaktes, so wenig homogenes Vaterland »bis zum Kindischen« liebte[24], sah sich »zur Passivität verdammt«[25], da jede Erschütterung Auflösung bedeuten konnte, so daß er schließlich sogar dem geschmähten Metternich als dem einzigen nachtrauerte, der das Geschehen hätte eindämmen können[26].

In kultureller Hinsicht ist eine der bemerkenswertesten Folgen des Wiener Revolutionsjahres die Aussöhnung der Schriftsteller und Dichter, der einstigen Gegner, mit dem Regime und dem starren System. Treu scharen sie sich nun um die grandiose Statik und die habsburgische Ordnung, die für sie Abwehr von Zusammenbruch und Auflösung bedeutet. Das österreichische Bürgertum spielt seine politische Karte schwächlich aus und verliert die Partie gegen das habsburgische Mittelalter. Die Oberflächlichkeit der Schriftsteller angesichts der historischen Ereignisse ist einer der augenfälligsten Beweise für die politische Entfremdung, die sie in Bann geschlagen hatte, und für die geheime Überzeugungskraft des Mythos, des Systems. Das Jahr 1848 begräbt mit Metternich und dem Vormärzregime alles, was noch an Gedankengut des 18. Jahrhunderts und, wenngleich unmerkbar, an Josephinischem im österreichischen Leben zu finden war. Franz Joseph besteigt nun den Thron, und damit beginnt die wahre und eigentliche Ära des habsburgischen Paternalismus und der dynastischen Loyalität. Mancherlei gegensätzliche Bemühungen versuchen, der Donaumonarchie Stabilität und Gleichgewicht zu sichern, und von der bedrückenden Luft des Vormärz geht man zu einer zwar gleichfalls statischen, doch von ehrfürchtigem Respekt des Bürgers, bürokratischer Tüchtigkeit und vornehmer Korrektheit erfüllten Atmosphäre über. Nach der kurzen Diktatur des Schwarzenbergschen Säbels befrieden die Bachschen Reformen die ländliche Welt zumindest zum Teil. Schon scheint der Vormärz weit entfernt. Grillparzers Werk verkörpert den habsburgischen Mythos in seiner ganzen Vollendung und Tragik. Wenngleich auch ein großer Teil, chronologisch gesehen, während der Biedermeierperiode entstanden ist, kann man doch Grillparzers Tragödie, die selbst noch in der Bitterkeit der Opposition stets die leidenschaftlichste Bindung an das große habsburgische Thema beweist, aufgrund der komplexen Bedeutung, der tiefen Intuition und der starken Beeinflussung der Nachwelt geistig nach 1848 ansetzen: Sein Werk symbolisiert gleichsam seine geistige Zugehörigkeit zu einer moderneren Zeit, der wir nahestehen. Während andere Werke derselben Periode hoffnungslos in den Grenzen ihrer Zeit gefangen bleiben, schaffen Grillparzers Dramen, trotz ihrer natürlichen Beeinflussung durch die Entstehung in einem ganz bestimmten geschichtlichen Moment, die Transfiguration und das Bild der habsburgischen Welt, das bis zum Ausbruch des Weltkriegs als Mythos gültig bleibt.

2. Grillparzer

Hast du vom Kahlenberg das Land dir rings besehn
So wirst du, was ich schrieb und wer ich bin, verstehn.[27]

Wenn jemals Dichter mit ihrer Heimat und Gesellschaft geistig bis zur Bedingtheit und Besessenheit verbunden waren, so zweifellos die Österreicher, die ihre dramatische historische Situation nicht nur seelisch, sondern geradezu in ihrer geistigen Struktur erlebten. Zu ihnen gehört sicherlich der bekümmerte, einsame Dichter, der diese Zeilen in ein Album schrieb. Ihre Bedeutung ist weit größer als die einer Liebeserklärung an das Vaterland. Nach Baumann verkörpert Grillparzer, der durch die Tradition zum klassischsten österreichischen Dichter, zum vorgeschriebenen Schul-, Burgtheater- und Hausdichter aller ordentlichen bürgerlichen Familien geworden ist, das Wesen der österreichischen Seele schlechthin und verleiht einer ganzen menschlichen wie kulturellen Stimmung persönlichen Ausdruck[28]. Außer dieser Formulierung interessiert hier aber gerade die Verwandlung und die Physiognomie, die in Grillparzers Dichtung die habsburgische Kultur angenommen hat, weit um den Kahlenberg, der den Sieg über die Türken gesehen hat. In seinem Werk, seiner Empfindungswelt und seiner Schöpfung spiegelt sich ganz Österreich samt seiner widerspruchsvollen, bis zum Zusammenbruch des Jahres 1918 ungelösten Problematik. Seine Dichtung ist der erste vollendete künstlerische Ausdruck des habsburgischen Mythos und entwirft dessen einheitliches, großartiges Bild zugleich als Zusammenfassung früherer Motive und Ausgangspunkt späterer Gleichnisse.

Freilich hat man es nicht verabsäumt, Grillparzer von diesem »österreichischen« Standpunkt aus zu untersuchen, zunächst in rhetorisch-patriotischer Richtung[29] und in neuerer Zeit auch unter Hervorhebung der musikalischen, introvertierten Aspekte seiner leidenschaftlichen Bindung an den Doppeladler; so beispielsweise – um nur einige anzuführen – Auernheimer, Kosch[30] und das faszinierende Buch von Baumann, das eine Fülle wertvoller Anregungen und Intuitionen enthält. Einen wichtigen Beitrag zum Verständnis Grillparzers geben zahlreiche Untersuchungen, die den eigentlich politischen Aspekt seines Werks zum Gegenstand haben, ohne ihn aber allzusehr mit seinem Gesamtwerk in Zusammenhang zu bringen, von dem er doch nicht zu trennen ist[31]. Eine einheitlichere Untersuchung über das politische Gedankengut bei Grillparzer gibt Leonello Vincenti[32], der wegen seiner Interpretation der beiden Dramen der Reifezeit, *Libussa* und *Bruderzwist*, im Lichte des Grillparzerschen nichtliberalen Freiheitsbegriffs hier von Interesse ist. In diesen beiden Dramen treten die typisch habsburgischen Aspekte, die von verschiedenen Kritikern hervorgehoben werden, besonders augenfällig zutage.

Doch läßt sich der »habsburgische Mythos« bei Grillparzer nicht auf irgendein Thema oder Gefühl oder auf bestimmte Stellen in seinen Gedichten oder Dramen reduzieren; er ist vielmehr ein wirkliches Ganzes, nämlich das Menschheitsbild und der Stil des Schöpfers *Ottokars*, Hintergrund und Wesen seines Werks. Die scheinbar patriotischsten und rühmendsten Töne sind, im Gegenteil, durchaus nebensächlich, da sie in ihrer Rhetorik äußerliche, oberflächliche Elemente des Mythos bleiben. Dies ist der Dichter der beiden Umarbeitungen der *Volkshymne* zur Krönung Ferdinands und Franz Josephs, der Dichter der *Vision*, einer erhabenen Huldigung an den Kaiser, dem »die Pflicht zu leben ... ein Recht dazu« gibt (1826)[33] und den sein Volk zu sehr liebt, als daß der Tod ihn ereilen könnte. Kurz, dies ist der amtliche Grillparzer, der mit dem Leopoldsorden ausgezeichnet wird, Trinksprüche auf Franz Joseph, Verse über das mißglückte Attentat von 1853 und Gedichte zur Verlobung des Herrschers schreibt, den Radetzky umarmt und der den Pokal des Italienfeldzugs erhält, der alte Hofrat mit dem Franz-Joseph-Orden und dem Denkmal im Volksgarten. Der Höhepunkt dieser patriotischen Richtung ist die Lobpreisung österreichischer Erde im dritten Akt des *Ottokar*: freundliches, blühendes, von frommen und freien Menschen bewohntes Land. Es braucht nicht betont werden, daß diese Seite Grillparzers unbedeutend ist, ja seiner eigentlichen, spröden, scheuen und verbitterten Persönlichkeit widerspricht. Diese Stellen dürfen auch nicht mit anderen Passagen gleichen Inhalts, aber grundlegend anderer Inspiration, über die noch zu sprechen sein wird, verwechselt werden, die nämlich unter der Schicht patriotischer Verherrlichung einen starken, eindrucksvollen Ton habsburgischer Kultur wahrnehmen lassen. Man denke an Gedichte wie jenes auf Radetzky oder *Als ich noch ein Knabe war*[34], die etwas völlig anderes darstellen. Weit wichtiger ist das Josephinische in seinem Menschenbild, das ihn zu heftiger Polemik gegen das Metternich-Regime und den Klerikalismus treibt und ihm die so charakteristische moralische Strenge verleiht. Noch interessanter aber ist hier die Feststellung, daß die habsburgische Treue zu seinem mühsam ausbalancierten Vaterland seine josephinische und rationalistische Bildung schließlich zum Schweigen bringt und ihn den gründlichen, ganz gewiß nicht josephinischen Angriff gegen Fortschritt und Recht, wie wir ihn in *Libussa* finden, führen läßt.

Grillparzers gesamtes Werk durchziehen ein paar zwar endlos abgewandelte, doch im wesentlichen einheitlich getönte Mythosworte und Grundthemen, um die herum sich die tragischen Geschehnisse entwickeln: Selbstbewahrung, Entsagung, Treue, Beharren, Besitzen und Verlieren, Entpersönlichung, Selbstentfremdung. Es ist dies ein typisch österreichischer, eindeutig aus dem Barock herrührender Komplex aus Täuschung und Enttäuschung, ein tragisches Spiel um die trügerische Selbstbehauptung und das Erkennen höherer Gesetze, um das Sichverlieren in der Egozentrik entfesselter Leidenschaften und das Sichfinden in der Unterwerfung unter eine überindividuelle Ordnung. Es ist die alte Geschichte vom Titanen, der seine Schwäche und Vergänglichkeit entdeckt. Vielgestaltig sind die Wege der menschlichen Verlorenheit und des Heils, das aus dem Verzicht kommt: der entfesselte Sturm und Drang der unglücklichen Sappho, das persönliche Wollen des Räubers Jaromir, die *libido gubernandi* Ottokars, die alte, heftige Liebesbegierde, zugleich Besitz und Versklavung, die Alfons von Kastilien an die verzehrende Leidenschaft zur schönen Jüdin von Toledo kettet. Es ist das bittere Erlebnis des trügerischen, bald entschwindenden Besitzes: »Weh! Besitzen und verlieren!«[35] Das Heil liegt in Sapphos Lehre: »Ich hab' gelernt verlieren und entbehren«[36] und in Bancbanus' und Rudolfs I. Unterordnung unter ein Gesetz und eine zu verteidigende Ordnung, die der blinden Selbstbehauptung entgegengestellt wird. Es liegt in der Eindämmung der bedrohlichen Unordnung und des Einzelegoismus und im Wahlspruch des stillen Kaisers: »Nicht ich, nur Gott«[37]. Sogar Faust wird, in einem unvollendeten Entwurf aus den Jahren 1812/1813, zu einem bescheidenen, müden Helden von mittelmäßiger und idyllischer Wesensart.

Nun ist in dieser Weltanschauung der Einfluß der literarischen Barocktradition gewiß klar erkennbar, doch ist sie in ihrer pessimistischen Passivität und ihrer ewigen »Reue der Tat«[38] zutiefst auch von der habsburgischen Kultur bedingt. Der sehnliche Wunsch nach skrupelhaftem Maß und das Pathos der *mediocritas*, die Grillparzers tragischem Denken zugrunde liegen, sind nur die Verwandlung der menschlichen Eigenschaften, die allein dem Dichter, der sein Vaterland liebt, als verzweifelter Lebensstil dessen Erhaltung zu ermöglichen scheinen, war es doch in seinem labilen Gleichgewicht auf Schritt und Tritt, in jeder Richtung bedroht und bedurfte nur eines, der soliden Unbeweglichkeit. Grillparzers dichterisches Werk ist der höchste, erlittene Ausdruck jener religiösen Verfremdung, mit deren Hilfe das Habsburgerreich die vordrängenden auflösenden Tendenzen seiner Glieder eindämmt. Moderne Kultur, Liberalismus, nationale Bestrebungen und der Lauf der Geschichte selbst zersplittern den bisherigen mittelalterlichen Universalismus und machen Tausende individuelle, partikularistische Kräfte frei. Vom habsburgischen Untertanen ist daher, wie Werfel sagt, »Selbstaufopferung« zu verlangen, also Aufopferung jeglichen dynamischen Individualismus, wofür er als Gegengabe sicheren Frieden und das Empfinden religiöser Harmonie empfängt; seine Individualität darf sich ausschließlich im Bereich der Phantasie und des Vergnügens ausdrücken, kurz, in der musikalischen Sphäre seiner Seele, während er auf ethisch-politischem Gebiet nur ein vertrauensvolles Kind, ein Stein in der großen Pyramide ist. All dies verkörpert nun und verwandelt Grillparzer auf vielfacher, nicht nur geschichtlich-politischer Ebene; alle seine Personen erstreben sehnsüchtig die kaiserliche Tugend des Nichthandelns und der statischen Weisheit. Im Werk des Dramatikers liegt ein konstant einheitlicher Ton, so daß man eigentlich von keiner geistigen Revolution Grillparzers sprechen kann, sondern vom ständigen Bezug auf ein einziges Grundthema, das vertieft und analysiert wird. Freilich gibt es große ästhetische Fortschritte von den ersten, noch schwachen Dramen bis zu den Meisterwerken der Reifezeit, doch bleiben sie stets im Bereich eines ganz bestimmten Menschenbilds. Natürlich ist Grillparzers Tragödie in ihrer Fülle an verschiedenartigen Personen und Situationen alles andere als monoton und in ihrer innersten Inspiration vielmehr von einem einzigen Ton getragen. Der habsburgische Mythos erweist sich hier als Thema, das sich für eine erhabene dichterische Verklärung anbietet, und wird verkörpert von einer profunden, sehnsuchtsvollen Menschlichkeit. Im übrigen kann das habsburgische System, obgleich alles andere als liberal, nicht mit dem repressiven Autoritarismus der übrigen deutschen Staaten verglichen werden. Daher gelingt es seiner Glorifizierung, an echt menschliche, dichterische Saiten zu rühren, wie das bei Grillparzer der Fall ist. Eine typisch österreichische, schwermutsvolle Würde liegt in seinem ganzen Werk, und schon auf den ersten Seiten seiner Selbstbiographie tritt uns »ein streng rechtlicher, in sich gezogener Mann der natürlichen Verschlossenheit«[39] in Gestalt des Vaters entgegen, der sein Handeln gesetzten, ernsten Kräften unterstellt, die es ihm verwehren, seine Gefühle zur Schau zu tragen. Der alte, schweigsame Advokat Grillparzer, der mit pedantischer Gewohnheit die ganze Familie auf lange, methodische Wanderungen führt, ist der erste unter den Stillen der habsburgischen Literatur, jener Beamten der kaiserlichen und seelischen Verwaltung, die mit würdevoller Zurückhaltung jede Milderung des eigenen Kummers, jeden offenen, befreienden Elan des Herzens verschmähen. Man erinnert sich sogleich an die großartige, einsame Gestalt des Herrn von Trotta in Roths Roman und an den schwermütigen Stil voll stummem Ernst und skrupelhafter Würde, der die führende und die mittlere Schicht der Donaumonarchie – oder zumindest Teile von ihnen – bis zuletzt kennzeichnet.

Grillparzer sieht und fühlt den nahenden Untergang dieser Welt, die von der »Torheit« des Strebens verfolgt wird. Er fühlt, daß die maßvolle *mediocritas* und die große und kleine Liebe zum harmonischen schönen Leben von einem dynamischen Aktions- und Abenteuerfieber und von Sprüngen ins

Dunkle bedroht werden. So entsteht Rustans Märchen, das Echo auf Calderóns Traum, *Der Traum ein Leben* (1834). Rustan lebt in seiner begrenzten, glücklichen Welt, umgeben vom Frieden seiner Waldhütte und der treuen, festen Liebe seiner Mirza. Doch die wahren Güter sind so schwer zu erkennen, und hinterlistig spricht die Zeit aus dem Mund des Verführers Zanga; so erwacht in Rustan der Wunsch »sich hinabzustürzen dann in das rege, wirre Leben, an die volle Brust es drücken, an sich und doch unter sich«[40]. Die Frohbotschaft der modernen, aktiven Kultur wird auf den Lippen des Helden zur illusorischen Verlockung der Torheit, zum leeren Schall der Täuschung, zur müden, mißtrauischen Weisheit. In diesem Jahr 1834 kann Grillparzer noch glauben, daß das Gleichnis von den scheinbaren Abenteuern einer unruhigen Traumnacht den getäuschten, in Versuchung geführten Menschen noch heilen kann: Rustan träumt von großen Taten, von Schuld, Prunk und Ruin, beim Erwachen aber ist er ein von allen titanischen Phantastereien geheilter Mensch, der begriffen hat, was das Leben bedeutet und lehrt.

> Schatten sind des Lebens Güter,
> Schatten Worte, Wünsche, Taten,
> . . .
> Und die Größe ist gefährlich
> Und der Ruhm ein leeres Spiel,
> Was er gibt, sind nichtge Schatten,
> Was er nimmt, es ist so viel.[41]

Später aber wird das Verderben zur harten Wirklichkeit, und Torheit reißt die sehende Weisheit Rudolfs, des stillen Kaisers, mit sich fort. Mit dieser lyrischen Parabel, Erbe der Wiener Barocktradition, Calderóns, Lope de Vegas, Abraham a Sancta Claras und Raimunds, erneuert, ja erschafft Grillparzer ein richtiges Genre, das österreichische »Mysterienspiel«, die allegorische Fabel, welche von der geistigen Odyssee des Dichters wie auch des Menschen dieser niedergehenden Epoche erzählt; man denke nur an Hofmannsthals Mysterienspiele.

Dieser Komplex aus Wirklichkeit, Illusion und Reue, dieser Konflikt zwischen drängender egozentrischer Begierde und tragischem Bewußtsein kehrt in Grillparzers ganzem Werk wieder. Trotz des einheitlichen Grundtons lassen sich darin verschiedene Momente unterscheiden, die hier von besonderem Interesse sind, verschiedene Etappen der Verwandlung des habsburgischen Mythos entlang einer Parabel, die von noch äußerlichen Motiven und einer noch heiteren Vision zu einer tiefschürfenden, totalen Interpretation und tragischen Weltschau reicht. Das habsburgische Thema soll nun am Beispiel einiger Werke verfolgt werden, denen es nicht nur als Hintergrund dient, sondern in welchen es ein wichtiges Eigenleben führt: von *König Ottokars Glück und Ende* bis zum *Bruderzwist in Habsburg*.

3. *König Ottokars Glück und Ende*

Wie schon erwähnt, liegt dem *Ottokar* (1825) die aus Anziehung und Abscheu gemischte starke Wirkung des napoleonischen Epos auf den jungen Grillparzer zugrunde. Diesem Titanen der europäischen Geschichte, den Grillparzer als faszinierenden Abenteurer und illegitimen Despoten sieht, entlehnt er viele Charakterzüge seines heftigen, gesetzesübertretenden Helden, den das Glücksrad emporhebt und dann die frommen Hände Rudolfs, des Begründers der Habsburgerdynastie, stürzen. Es ist also – wie bei Napoleon, dessen Bedeutung als Verbreiter der Revolutionsprinzipien der Dichter sicherlich nicht erkennt – die Geschichte eines egozentrischen, in seinem Titanentum und Ehrgeiz einsamen Helden, der dem Untergang geweiht ist, weil er sich keiner Ordnung und keinem höheren harmonischen Gesetz einfügt. Hier wird sofort das wichtigste Moment dieses Dramas und seiner Tragweite ersichtlich: die Verherrlichung des überindividuellen legitimen Prinzips, einer höheren harmonischen Ordnung, der Macht als Ausübung eines Amtes. Man kann freilich von keinem engen Zusammenhang zwischen der Grundhaltung dieses Dramas und der damals in Europa herrschenden legitimistischen Ideologie sprechen. Das hieße sowohl Grillparzers unabhängiges Denken herabsetzen, das die absolutistischen Systeme, gegen die es heftig polemisierte und die es als tyrannisch erklärte, durchaus nicht sanft behandelte, als auch seiner Phantasie unrecht tun, die den verschiedenen Personen und ihren Leidenschaften höchst individuelles Pathos einzugeben verstand. Wenn manche Themen oder eine bestimmte Atmosphäre herausgegriffen werden, so soll dies weder das ganze vielschichtige Menschenbild der Grillparzerschen Tragödie zu einem einzigen Charakterzug nivellieren noch eine Abhängigkeitsbeziehung zwischen Gesellschaft und Dichter herstellen, die der »Vulgärsoziologie« und des »Pseudomarxismus« würdig wäre, die Lukács so sehr verabscheut. Grillparzer und Musil sind zumindest ebensosehr Schöpfer des habsburgischen Mythos als von dieser Welt und ihrer Kultur beeinflußt.

Freilich liegt in der Geschichte von Ottokar und Rudolf I. viel von der habsburgischen Pietas in ihren offenkundigsten Werten. Schon das Thema selbst vom Begründer der Dynastie ist, wie gezeigt wurde, für den paternalistischen Patriotismus, von dem Grillparzer in diesem Drama nicht immer loskommt, sinnbildlich. Es gibt darin viele hymnische Elemente, die auf etwas banaler und konventioneller Ebene bleiben, so zum Beispiel die Lobpreisung der österreichischen Erde und ihres Volks und einige der sittlichen, ritterlichen Eigenschaften, die Rudolf zugeschrieben werden: Verteidigung der Schwachen, stolze Unabhängigkeit und Ritterlichkeit. Symptomatisch ist schließlich das »choreographische, patriotische, religiöse«[42] Finale, das von Hochrufen und Segenswünschen für das Haus Österreich widerhallt. In der Tat spürt man in diesem Stück so recht die Bürde der Tradition, und es ist von den Habsburger-Tragödien, von denen Grillparzer zu dieser Zeit einen ganzen Zyklus geplant hat, die beschränkteste und oberflächlichste. Der Mythos erscheint darin noch als manchmal emphatische Verherrlichung, noch fehlt also die tiefe Erkenntnis des Mythos, die der komplexen, dunklen Poesie der späteren Dramen Leben einhaucht. Auch fehlt die echte historische Dimension: nicht nur, weil das Szenarium des großen übernationalen Kaiserreichs mit seiner ganzen Problematik fehlt, sondern weil es mehr ein individuelles als kollektives Drama ist, dem, abgesehen von manchen polemischen Spitzen, ein wirkliches Empfinden für das böhmische Volk und seine Geschichte abgeht, obwohl das Schicksal des Böhmenkönigs Ottokar einen fruchtbaren Ausgangspunkt dazu geboten hätte[43].

Es gibt in diesem Werk ein paar volkstümliche Motive, die für den habsburgischen Paternalismus typisch sind. Rudolf, »ein gar stiller Mann«[44], wie sein Nachfahre Rudolf II. und der arme Spielmann, tritt als gütiger Vater des Volkes auf, der mit seinen Leuten durch Bande der Schlichtheit und Vertrautheit verbunden ist: Im Feldlager bringt er ohne Hilfe seinen verbeulten Helm in Ordnung, wohlwollend hört er den einfachen Leuten zu und mit offener Einfachheit spricht er mit der Wienerin aus dem Volk. Alle diese Elemente sind in der Tradition verankert, wie man es beispielsweise schon in Pyrkers Poem gesehen hat. Im übrigen wollte Grillparzer wohl, wie Emil Staiger sagt, in Rudolfs Tugenden das Bild und die Leutseligkeit[45] Franz' I. darstellen. Die tatsächliche Volksnähe ist eines der wiederkehrenden Motive, die die gerechte Sache Rudolfs gegenüber den partikularistischen Anmaßungen seines Gegners bezeugen. So berichtet Ottokars Kanzler seinem Herrn von dem Werk der Ordnung und Befriedung, das Rudolf nach seiner Krönung zum Heiligen Römischen Kaiser vollbracht hat, ein Werk, das die allgemeine Zustimmung des Volkes erntet: »Die Ruhe ist hergestellt … Die Räuber sind bestraft, die Fehden ruhn. Durch kluge Heirat und durch kräft'ges Wort die Fürsten einig und ihm eng verbunden … Im Land nur eine Stimme, ihn preisend, benedeiend als den Retter.«[46] (Man beachte den Hinweis auf die »kluge Heirat«, worin der alte Spruch von der habsburgischen Regierungskunst, »Bella gerant alii, tu felix Austria nube«, anklingt.) Ruhe, Ordnung, Ehrfurcht kommen im ganzen Drama immer wieder vor, um das fromme Wirken Rudolfs zu unterstreichen.

Die wahre Bedeutung des *Ottokar* liegt aber in der religiösen, rechtlichen Weihe, die Rudolfs Herrschaft rechtfertigt. Die unpersönliche Majestät als Werkzeug der göttlichen Gerechtigkeit spricht aus dem Munde des Ahnherrn Franz Josephs:

> . . . Ich hab's geschworen;
> Geschworen meinem großen, gnäd'gen Gott,
> Daß Recht soll herrschen und Gerechtigkeit im deutschen Land.[47]
> . . .
> Ich bin nicht der, den Ihr voreinst gekannt
> . . .
> Was sterblich war, ich hab' es ausgezogen
> Und bin der Kaiser nur, der niemals stirbt.[48]

Dieses Recht, ein Wort, vor dem Libussa und Rudolf II. so zurückschrecken, ist im Grunde vor allem eine Gnade, und zwar eine göttliche Gnade, deren Ausübung nur dem Kaiser zukommt. Eine typisch habsburgische Komponente dieser mittelalterlichen Auffassung von der Kaiserwürde ist der gewissermaßen bürokratische Aspekt der Bürde; die Krone wird zur Verpflichtung, der man sich nicht entziehen kann, zum Amt, das mit tapferem Fleiß ausgeübt werden muß. Ruhm und Autorität sind nur Nebenerscheinungen, worauf es wirklich ankommt, ist die pedantische, emsige Pflege des eigenen Grades innerhalb der sozialen Pyramide, auch dessen an der Spitze. Benno von Wiese nennt dies die »Entpersönlichung des Menschen, eine Selbstentäußerung, für die das Kaisertum zu einem verliehenen Amt wird«[49]. Das Verantwortungsbewußtsein, das den Kaiser von Österreich erfüllt, hat zu einem Teil stets religiöse, zum anderen bürokratische Grundlagen, der Mythos Franz Josephs ist der Mythos des Herrschers als Vertreter Gottes auf Erden und des ersten Beamten im Reich, der schlaflos an seinem Arbeitstisch wirkt. Die Staatspyramide gipfelt also in einem selbst nicht mehr verantwortlichen Scheitelpunkt, woraus sich die bekannte Hexenjagd, das heißt, die Suche nach Verantwortlichen bei jeder politischen Katastrophe erklärt[50]. So idealisiert Grillparzer einen noch mittelalterlichen Staatsbegriff, den zwischen eitler Macht und Verkörperung der göttlichen Ordnung schwankenden Staat, und dies dreißig Jahre nachdem die Französische Revolution die Grundfesten des modernen Staates gelegt hat, zu einer Zeit, in der Hegel die Theorie des Staates als Träger der absoluten Idee formuliert.

Mittelpunkt der Tragödie ist der Dialog zwischen Rudolf und Ottokar im dritten Akt, in dem sich der Böhmenkönig vor dem Rivalen beugt, um sich dann gegen ihn zu erheben. Das Gespräch zwischen dem legitimen Herrscher und dem ehrgeizigen Titanen nimmt das gesamte Thema des habsburgischen Machtbegriffs auf. Er enthält drei grundlegende Aspekte, zumindest in der inspirierten Ermahnung Rudolfs: Verwerfung des Zuviel-Wollens, des Mehr-Forderns, als einem gegeben wurde, die Ursache für Ottokars Sturz. Es ist dies eine Vorwegnahme der Aufforderung zum Nichthandeln, die später im *Bruderzwist* wieder anklingt, in der grandiosen Statik Werfels. Weiterhin die Bestätigung der Grenzen des Vasallen als gottgewollt, also die soziale Pyramide, auf der das Kaiserreich ruht, der typisch österreichische Sinn für das Heilige, das sich im Herrscher verkörpert. Staiger formuliert dies: »Jeder … soll eine höhere Macht über sich erkennen und so dem Wahn … entgehen.«[51] Die hierarchische Wesensgemeinschaft wird zu einem der charakteristischsten und augenfälligsten Kennzeichen der habsburgischen Welt. Drittens schließlich die ein wenig unklare Prophezeiung des neuen Zeitalters, das nun anheben soll, einer Ära des Friedens und der ruhigen Arbeit, eine Weissagung, die etwas vage erscheinen mag, aber doch von Wichtigkeit ist, sowohl als Lobpreisung der bescheidenen, arbeitsamen *mediocritas*, die der heroischen Zeit der Riesen und Titanen folgen muß, als auch als Hinführung zur tragischen Zukunftsvision der *Libussa*, wo der Dichter den Machtbegriff bereits besorgter und pessimistischer definiert.

Nach Vincenti hat Ottokar etwas vom »modernen Parvenu«[52] an sich: diese Beobachtung erlaubt, in den eigentlichen Grillparzerschen Begriff der Königswürde einzudringen. Es ist dies eine Polemik gegen den modernen, ungesetzlichen und herrischen Typ der Monarchie, der auf Säbelgewalt und nationalistischem Hochmut und nicht auf den Rechten der Überlieferung und der Legalität beruht, eine Macht also, die nicht durch die Vornehmheit einer säkularen Mission und das Wissen um eine höhere Ordnung gestützt und geläutert wird. Nichts läge der byzantinischen Würde der Hofburg ferner als persönliche, ruhelose, ehrgeizige, parvenuhafte Diktatur. Von diesem Standpunkt aus begreift man die den österreichisch-ungarischen Schriftstellern so am Herzen liegende antipreußische Polemik, die einen gewissen Neid und tiefe Verachtung mit mystischen Erklärungen verhüllt und bemäntelt. Vor allem wird die habsburgische Niederlage in bezug auf Österreichs jahrhundertealte Sendung, die deutsche Einigung, gegenüber dem »neuen« Preußen pietätvoll verschleiert.

Schon im ersten Habsburger-Drama wendet sich also Grillparzer der Macht der Tradition zu, indem er die Gegenwart in eine harmonische Vergangenheit verwandelt, ja geradezu auflöst. Es ist der tiefe »österreichische Sinn für überliefertes Gut«[53], der hier aber deutlich und ein wenig vordergründig geprägt ist und noch nicht zu jenem quälenden Bewußtsein der Vergangenheit, zu jener Spannung zwischen Erinnerung und Gegenwart, zu jener Doppelhaltung zwischen Tradition und zerstörerischem Zeitablauf vordringt, der die großartige Dichtung der letzten Dramen ihre Entstehung verdankt. Es hieße wohl diesem Werk eine gar nicht vorhandene Bedeutung unterschieben, wollte man in ihm, wie es Staiger tut, jene Duplizität von Ebenen und Andeutungen sehen oder die unlösbare »Problematik der Tat«[54] suchen, die den eigentlichen Kern der späteren Werke darstellt. Noch ist ja die Monarchie zu dieser Zeit nicht so sehr bedroht und von ihren inneren Gegensätzen gleichsam gelähmt, noch liegen ja Heil und Sieg im gerechten, starken, mit Gott und dem Volk übereinstimmenden Handeln: »Und Habsburgs Name glänze bei den Sternen!«[55] Schon 1822 hatte der Dichter eine Skizze über den Gegensatz zwischen Scipio und Hannibal, also zwischen dem einem höheren Gesetz untergeordneten Willen und dem egozentrischen Individualismus, »der ewigen Staatsidee gegenüber dem Übergangsindividuum«[56] entworfen. Denn nichts liegt der geordneten Welt der Donaumonarchie ferner als selbstherrlicher Heroismus.

4. *Ein treuer Diener seines Herrn* (1828)

Schon der Titel gemahnt sogleich, wie er das auch damals tat, an den großen Diener und Kanzler des Reichs, an Metternich. Es ist die Tragödie der heldenhaften, fast unbegreiflichen Treue und der Aufopferung aller eigenen Impulse zugunsten des Amtes. Die Geschichte vom betagten ungarischen Ratgeber Bancbanus, dem der König vor seiner Reise das Reich mit der Auflage anvertraut, Frieden und Ordnung aufrechtzuerhalten, und der in Erfüllung seiner Pflicht auf die Herausforderung des Bruders der Königin, Otto von Meran, der Bancbanus' junger Frau nachstellt, nicht eingeht, ist die ergreifendste dichterische Verherrlichung, die je der Gestalt und dem Ideal des Bürokraten, dem Angelpunkt des österreichischen Staates, zuteil wurde. Als antiheroische Gestalt par excellence und doch von unerschütterlichem, stillem Heroismus erfüllt, hat Bancbanus nur eine einzige Aufgabe, nur einen glühenden Wunsch: das Land vor Zwist und Unordnung zu bewahren, die Alltagsroutine der Kanzlei wie des Staates mit gewohnter Regelmäßigkeit abwickeln zu lassen, ganz so, als wäre der König anwesend. Freilich kann Bancbanus den König nicht ersetzen und nicht statt seiner regieren: Er kann nur verwalten, lesen und unterschreiben, in stummer Pflichterfüllung und ohne alle Rhetorik. Nicht einmal das Ungewöhnliche und Dramatische der Tragödie, die sich über ihm entlädt, die Umgarnung und schließlich die Ermordung seiner jungen Gemahlin, kann die Ordnung und den amtlichen Stundenplan, den rührenden byzantinischen Rhythmus des treuen Dieners stören. Die leidenschaftliche Treue ist in Bancbanus stärker als jeder persönliche Antrieb, und sie äußert sich in anscheinend kühler, distanzierter Form: Präzision und bürokratische Kleinlichkeit, pedantische Einhaltung regelmäßiger Gewohnheiten, Lösung von allen persönlichen Begierden. Die Zärtlichkeit und die innige Liebe, die er für seine junge Frau Erny empfindet, hindern den liebevollen Vorwurf nicht, den eine kleine Verletzung alltäglicher Gewohnheiten verdient: »Ich bin ein Feind von Neuerungen, Kind! Mach mir nichts Neues, bitt ich dich gar sehr!«[57] Dieses Eindämmen des stürmischen Lebens und des zerstörenden Laufs von Werden und Verändern wird in der Gestalt des Bancbanus beispielhaft charakterisiert und geht als Erbe in die gesamte spätere habsburgische Literatur ein. Viele Jahrzehnte später preist Hofmannsthal diesen Lebensstil, dieses Beharren[58]: »Verwandlung ist Leben des Lebens ... Beharren ist Erstarren und Tod ... Und dennoch ist ans Beharren, ans Nichtvergessen, an die Treue alle menschliche Würde geknüpft.« Hält man sich nicht die stille Leidenschaft des österreichischen Beamten vor Augen, kann Bancbanus' Handeln absurd und lächerlich erscheinen. Während am Königshof gefeiert wird, des Königs Schwager der jungen Frau nachstellt und von der Straße Hohnlieder auf den alten Ehemann herauftönen, setzt er unbeirrt, voll rührender Genauigkeit, seine Amtsgeschäfte fort: »Rückt mir den Tisch ein wenig seitwärts! So! Du läßt die Leute vor! Du übernimmst die Schriften, die sie reichen, legst sie hieher! Die Feder ist wohl stumpf? Nu, nu, sie geht! Nur Ordnung, sag ich euch!«[59] So wird die Ordnung, im *Ottokar* Rechtmäßigkeit und Ruhe, hier wahrhaft zur inneren Dimension und zu einem höchst menschlichen Lebensstil. Nichts wäre unrichtiger, als Bancbanus' peinlich genaue Pedanterie mit Herzenskälte oder Gleichgültigkeit zu deuten. Seine Sensibilität und den inneren Reichtum mögen schon die überaus zarte Liebe zur teuren, unschuldigen Gattin und der tragische Schmerz über ihren Tod beweisen. Doch ist auch der methodische, unbeirrbare Stil nur Ausdruck einer Leidenschaft, einer fast religiösen Treue. Bancbanus ist der Stammvater einer Reihe von Gestalten der österreichischen Literatur. Der Bezug auf Metternich, der dem Dichter zahlreiche ungerechte Anschuldigungen des Servilismus eintrug, drängt sich aus mancherlei Gründen auf, und sicherlich könnte des Kanzlers Definition seines Systems: »Erhaltung des Friedens, der Ruhe und Ordnung in Europa, die Politik des Beharrens«[60] von Bancbanus stammen.

Die Hingabe des Grillparzerschen Helden an seine Obliegenheiten erinnert an eine bekannte Stelle bei Srbik, worin der unermüdliche, peinlich genaue Fleiß des Beamten Clemens von Metternich beschrieben wird[61].

Bancbanus' Tugenden werden in dem Augenblick zu echtem Heldentum, als er sich weigert, an Otto von Meran, dem Mörder seiner Frau, Rache zu nehmen, da eine Verurteilung nur dem König zusteht. Um keinen Bürgerkrieg zu entfesseln, beschützt er vielmehr den Mörder vor der Wut und der Rache seiner eigenen Anhänger. Und im bestürzten Zorn angesichts des Rates seines Bruders, das Verbrechen zu rächen, folglich die Autorität des abwesenden Königs zu verletzen, liegt eine tiefe Poesie: »Aufrührer! ich mit euch? Ich bin der Mann des Friedens, der Hüter ich der Ruh ... Ich in den Bürgerkrieg mit euch? Fluch, Bürgerkrieg! Fluch dir vor allen Flüchen! Aufrührer, sieh, und so verhaft ich dich. Im Namen meines Königs, deines Herrn!«[62] Selten hat der Sinn für Rechtmäßigkeit und Ordnung einen so erhabenen Ausdruck gefunden wie in der Menschlichkeit dieses Bürokraten.

Wenn wir an Max Webers[63] eindrucksvolle Beschreibung des »Typs« des Bürokraten denken, der in der protokollarischen Kunst und den formellen Feinheiten der Stilisierung exakter, formvollendeter Rundschreiben aufgeht, so erscheint sie zur Erklärung der österreichischen Beamtengestalt nicht ganz ausreichend. Auch dieser schreibt zwar dem Protokoll und der notariellen Genauigkeit eine Wirklichkeit zu, die fast unabhängig von Inhalt und Zusammenhang mit dem eigentlichen Verwaltungsakt gesehen wird, doch verleiht er dieser formalistischen Leidenschaft eine beinahe sakrale Note, nämlich die mitgedachte, ein starkes religiöses Moment enthaltende Hingabe an eine hierarchische Ordnung. In einem wichtigen Essay definiert Lukács die Spontaneität als Wesensmerkmal des Bürokraten, wobei er darunter jene Einstellung versteht, »wo der Gegenstand des Interesses und der Tätigkeit unmittelbar, und zwar bloß unmittelbar ist«[64]. Natürlich bedeutet dies für den marxistischen Kritiker einen Verzicht auf Überwindung der bürokratischen Unmittelbarkeit und des einzelnen Aktes, der soeben vollzogen wird und dessen mannigfache Beziehungen zur gesamten Gesellschaftsstruktur und zur Vielschichtigkeit des Lebens überhaupt außer acht gelassen werden. Diese Spontaneität ist für Lukács nichts anderes als ein Instrument der bürgerlichen Macht, um die Menschen an ihre unmittelbare Arbeit zu fesseln, sie von der übrigen Gesellschaft abzusondern und sie den komplexen Gesetzen des sozialen Lebens gegenüber blind zu machen. Mutatis mutandis – Lukács spricht ja von der kapitalistischen, nicht von der zugleich bürgerlichen und feudalen habsburgischen Bürokratie – war der österreichische Beamte ein grundlegender Angelpunkt des sozialkonservativen Systems der Monarchie, des von Metternich ersonnenen und verteidigten Sozialbeharrens[65]. Auch war in Österreich der Byzantinismus der Verfahrensweise ganz besonders akzentuiert, so wie auch dessen religiöse, pharaonische Mythisierung. Bancbanus verkörpert aber – wenn für einen Augenblick von seiner komplexen Persönlichkeit abgesehen und nur der soziologische Aspekt herausgegriffen werden soll – vor allem die positive, legendär gewordene Seite der österreichischen Bürokratie mit ihrer unparteiischen, skrupelhaften Korrektheit. Noch bis kurz vor dem Ende lebt Österreich vom Mythos Bancbanus', dem Mythos solcher Beamter wie des Gouverneurs von Triest, Baron Friskene, der Silvio Benco, ehe er ihn in die Verbannung schickte, »sein persönliches Bedauern ausdrückte, diese Maßnahme gegen ihn ergreifen zu müssen«[66]. Dieser Mythos einer untadeligen Vornehmheit und würdigen Erziehung, dem zumindest großenteils auch wirklich ein hohes kulturelles Niveau der österreichisch-ungarischen bürokratischen Schicht entsprach, erfaßt auch das Bewußtsein der Feinde und weckt auch bei den Gegnern Österreichs, besonders den Triestiner Schriftstellern von Slataper bis Saba und Marin, faszinierte Bewunderung. So betrachtet, hat die Gestalt Bancbanus' überaus große Bedeutung und erscheint ein wenig als Mandarin dieses byzantinischen, schwerfälligen, ehrwürdigen und höflichen Österreich, das ein heftiger Gegner des Systems, der Publizist Börne, das China Europas nannte – ein Land, in dem, so wie im Reich der Mitte, nach Srbiks eindrucksvollem Wort die »Gerontokratie« [67] herrscht.

Natürlich sind dies nur einige Aspekte dieses Dramas, das man in seiner Fülle an mannigfaltigen menschlichen und dichterischen Charakteristika gar nicht versuchen darf, auf eine bequeme Formel zu bringen oder zu schematisieren.

Wichtig ist aber, hervorzuheben, daß die spezifisch habsburgischen Themen nicht nur Hintergrund oder Inhalt der Tragödie sind, sondern eine vollendete Verkörperung in der ergreifenden menschlichen Dichtung vom treuen Bancbanus finden, der mit größerem Recht Metternichs Worte hätte sprechen dürfen: »Ich war ein Fels der Ordnung.«[68]

5. *Der arme Spielmann*

Mit den Jahren wird Grillparzers Weltanschauung bitterer, und das ewige Ideal der Ordnung nimmt daher mehr den Aspekt religiösen Sehens nach Übereinstimmung mit dem Ganzen als den bürgerlicher Organisation an. Das Ideal wird im höchsten Grad irreal und utopisch, und aus dem quälenden Wissen um diese Irrealität nimmt die Tugend des Verzichts und der Resignation, als einzige Zuflucht in der Traurigkeit, deutlichere Umrisse und größere Bedeutung an.

Die schöne Erzählung *Der arme Spielmann*, die 1847 vollendet wurde und ein Jahr darauf im Almanach »Iris« erschien, ist eine der harmonischsten und geglücktesten Spiegelungen des Grillparzerschen Seelenzustands.

Der arme Spielmann, ein geistiger Bruder des »stillen Kaisers«, lebt sein einfaches, in sich gekehrtes, würdevolles und geordnetes Leben in äußerster Armut und hütet die einzige Liebeserinnerung seiner Jugendzeit. Weder die Verständnislosigkeit der Angehörigen noch das Verwehen des Liebestraums oder die tägliche Mühsal haben seine kindliche, scheue Liebe zum Leben zerstören können. Immer erklingt sein verstimmtes, aber rührendes Spiel; stets fiedelt er auf seiner armseligen Geige nicht irgendwelche Noten, sondern »den lieben Gott«[69]. Dieses stille, obskure Leben, das gleichsam am Rand der Gesellschaft und der Welt blüht, birgt eine konfuse, unbewußte Harmonie: die resignierte Unterordnung unter das Gesetz des Lebens und den gegebenen Stand der Dinge, die Zufriedenheit mit dem verborgenen Glück, das stets aus dem Verzicht erwächst.

Schon der Beginn der Novelle liefert ein unvergeßliches Bild des Kirchtags in der Brigittenau, eine zarte, ausgelassene Beschreibung der Lebensfreude: »An diesem Tage feiert die mit dem Augarten, der Leopoldstadt, dem Prater in ununterbrochener Lustreihe zusammenhängende Brigittenau ihre Kirchweihe ... Da entsteht Aufruhr in der gutmütig ruhigen

Stadt ...[70] Die ersten Bäume des Augartens und der Brigittenau werden sichtbar ... Alle Leiden sind vergessen. Die zu Wagen Gekommenen steigen aus und mischen sich unter die Fußgänger, Töne entfernter Tanzmusik schallen herüber, vom Jubel der neu Ankommenden beantwortet. Und so fort und immer weiter, bis endlich der breite Hafen der Lust sich auftut und Wald und Wiese, Musik und Tanz, Wein und Schmaus, Schattenspiel und Seiltänzer, Erleuchtung und Feuerwerk sich zu einem pays de cocagne, einem Eldorado, einem eigentlichen Schlaraffenlande vereinigen, das leider, oder glücklicherweise, wie man es nimmt, nur einen und den nächst darauffolgenden Tag dauert, dann aber verschwindet, wie der Traum einer Sommernacht, und nur in der Erinnerung zurückbleibt und allenfalls in der Hoffnung.«[71] Hier hat der wienerische Mythos der Lebensfreude wahrlich jedes Kennzeichen eines oberflächlichen Hedonismus verloren und wird zum Sehnen nach gemeinsamem Glück und nach Melancholie, worin ein nicht unterdrückbares Gespür für das Vergängliche lebt. Auch in dieser Hinsicht ist Grillparzer Schöpfer eines Mythos in seiner ganzen Komplexität, nämlich der betrübten und freudigen Poesie des Wiener Phäakentums und der flüchtigen Freude. Viele Stellen bei Hofmannsthal wären ohne Grillparzer sicherlich nicht denkbar[72].

Das Fest gewinnt aber auch noch eine ganz andere Bedeutung, die einer großen Harmonie, eines mystischen Ganzen, in dem soziale und persönliche Unterschiede verschwinden, absorbiert von der großen Einheit eines mythischen Volkes. »Das Volk besucht es ... und wenn Vornehmere dabei erscheinen, so können sie es nur in ihrer Eigenschaft als Glieder des Volks. Da ist keine Möglichkeit der Absonderung; wenigstens vor einigen Jahren noch war keine ... Der Unterschied der Stände ist verschwunden ...[73] – Als ein Liebhaber der Menschen sage ich, besonders wenn sie in Massen für einige Zeit der einzelnen Zwecke vergessen und sich als Teile des Ganzen fühlen, in dem denn doch zuletzt das Göttliche liegt – als einem solchen ist mir jedes Volksfest ein eigentliches Seelenfest, eine Wallfahrt, eine Andacht … man kann die Berühmten nicht verstehen, wenn man die Obskuren nicht durchgefühlt hat.«[74]

Auf diesem »Volke« ruht die Donaumonarchie, die weise ihren Paternalismus mit Religiosität umhüllt. An diese Ideale glaubt Grillparzer, oder vielmehr, er möchte leidenschaftlich daran glauben, da sein wacher kritischer Verstand ihm letztlich zu verstehen gibt, daß unter dieser Schutzschicht der Verfall gärt. Darin besteht die Doppelhaltung des Dichters, die Qual seines Lebens und der Urgrund seiner tragischen Lebensauffassung.

Aus dieser Masse nun ragt der arme Spielmann heraus, dessen Wesen gerade darin liegt, daß er dieser Masse ohne alle selbstsüchtige Begierde zugehört und sein Schicksal wie seinen Platz innerhalb des Ganzen akzeptiert. Zum vollkommenen Menschen fehlt ihm freilich das Streben, doch wird er durch seine entwaffnende Güte und die ihn umgebende, unerforschliche höhere Gnade zu einem überaus menschlichen Geschöpf. Seine ärmliche Geschichte vollzieht sich zwischen zartesten Empfindungen – sehnsüchtige Liebe zu seiner Barbara und jener einzige Kuß, wehrlose Naivität und mangelnder Stolz – und einer rührenden, kleinlich-bürokratischen Würde – fleißige kalligraphische Übungen, schmucke Ordnung in seinem ärmlichen Zimmer, rührende Skrupel, ob er seiner Angebeteten einen Bogen Amtspapier schenken darf – bis zum Tod, als er bei einer Überschwemmung Sohn und Gut seiner einstigen Geliebten rettet, die längst schon Ehefrau und Mutter ist.

Die Gestalt des armen Spielmanns hat verschiedene Beurteilungen erfahren, von den Lobpreisungen Kellers und Stifters, die ihn zum Heiligen machten, bis zur Analyse bei Benno von Wiese, der im *Armen Spielmann* teils eine heiligmäßige, grundmenschliche Persönlichkeit, teils die Verkörperung morbider Lebensunfähigkeit und nutzloser, ekstatischer Güte sieht, die sich in leeren, eher kindischen als kindlichen Gesten verschwendet.

Wiese spricht sogar von einer Lust zur »Selbsterniedrigung«[75], und Reckzeh gibt ihr eine rassistische Deutung, indem er darin eine typisch slawische Neigung[76] sieht.

Die Novelle schneidet das Nationalitätenproblem zwar nicht an, doch drückt sich in ihr der übernationale Charakter der österreichischen Hauptstadt aus, des musikalischen Schnittpunkts von Rassen und Sprachen, der eine unruhige und subtile Kultur und Sensibilität und eine außergewöhnliche Fähigkeit des »Durchfühlens« schafft. Vielleicht liegt in diesem Mosaik, wie Nadler zu der Novelle bemerkt hat, auch eine orientalische, statisch-fatalistische Note. Dies ist es wohl, was Hofmannsthal meint, wenn er Grillparzer einen deutschen Orientalen[77] und alten Jüngling nennt, um damit ein träumerisches, doch gleichzeitig bewußtes erwachsenes Kindsein auszudrücken.

Doch was vom *Spielmann* bleibt, ist die unvergeßliche, lebendige Menschlichkeit, bestehend aus Maß und Verzicht, aus stiller Resignation. Auch hier erweist sich Grillparzer als Vater des habsburgischen Mythos, und der arme Spielmann wird zum Stammvater all jener scheuen, in sich zurückgezogenen, etwas spröden und stillen Persönlichkeiten, die das gesamte österreichische Erzählwerk von Stifter bis Ebner-Eschenbach und Saar bevölkern.

6. »In deinem Lager ist Österreich«

»In deinem Lager ist Österreich«[78], so besingt Grillparzer Radetzky im Juni 1848, der die Hoffnungen des italienischen Risorgimento zu zerbrechen scheint. Anscheinend stimmt er damit in die vielen kriegerischen Lieder ein, die zahlreiche damalige Dichter dem alten Feldmarschall weihen, in Wirklichkeit jedoch verfaßt er ein von ganz innerlicher Empfindung der österreichischen Einheit vibrierendes Gedicht.

Schon seit dem Siebenjährigen Krieg und den Türkenkämpfen sind Kriegslieder in großer Zahl in Österreich entstanden, so die verschiedenen Prinz-Eugen-Lieder, das berühmte »Laudon rückt an« mit seiner inzwischen klassisch gewordenen, vielen späteren Hymnen angepaßten Melodie, und unzählige Volkslieder, die beinahe wie von selbst auf den Napoleonischen Schlachtfeldern und in den Tiroler Partisanenkämpfen entstehen. Der siegreiche Italienfeldzug ruft nun eine ganze Reihe weiterer Kompositionen, nämlich die Radetzky-Lieder, ins Leben, die Papa Radetzky besingen, den alten Soldaten mit seinem nach Talg riechenden Schnurrbart und der rauhen, väterlichen Grobheit[79], welcher der Prototyp des österreichischen Militärs geblieben ist. Dem weißhaarigen Feldmarschall weihen Zedlitz[80], viele Tiroler Verseschreiber, wie Baumann[81], und manche andere ihre äußerst mittelmäßigen patriotischen Verse. Kurz, es handelt sich um jenen speziellen militärischen und didaktischen Patriotismus, der von den Brüdern Adam mit Vignetten vom Feldzug 1848 illustriert wird[82]: Biwaks, geschniegelte Uniformen und hängende Schnauzbärte. Unzählige Regimentsgeschichten entstehen, die meist von Berufssoldaten, wie dem Hauptmann von Treuenfest, verfaßt werden – eine Tradition, die bis zum Ersten Weltkrieg lebendig bleibt und recht gut den plurinationalen Charakter des habsburgischen Staates veranschaulicht. Manchmal glaubt man in dieser gutgemeinten Erbauungsliteratur eine deutlich slawische, vor allem kroatische Note wahrnehmen zu können, abgesehen natürlich von den Tirolerliedern, die in gewisser Hinsicht ihre eigene Geschichte haben und zweifellos zu den merkwürdigsten gehören, insofern als in ihnen eine anmaßende Rhetorik vorherrscht anstatt, wie in den anderen, muffige Kasernenluft. Der profilierteste unter ihnen ist vielleicht der Mähre Rudolf Hirsch, der in seinem *Soldatenspiegel* (Triest 1849) gleichfalls den Italienfeldzug verherrlicht. Es sind dies eine ganze Reihe von Kompositionen, welche die üblichen Themen aufgreifen: militärische Brüderlichkeit, der Mut des weißhaarigen Radetzky, das Heer als Völkerschmelztiegel, also in der wichtigsten Funktion, die ihm im Kaiserreich zukommt. Stets wartet im fernen Dorf ein Mädchen auf seinen Soldaten:

Es sind ihre Backen wie Äpfel so rund,
und rosiger glänzet im Dorfe kein Mund.[83]

Wegen ihres Muts und ihrer Treue gleich den »basaltnen Felsen im Meeresgebrause«[84] haben die Kroaten als Bollwerk des Reiches in der Krise des Achtundvierziger-Jahres besondere Bedeutung. Es ist auch interessant, eine geringschätzige Verachtung gegenüber dem »seligen Parlament«[85] und seinem Zaudern festzustellen. Hirsch hat sich stets als patriotischer Verherrlicher des Kriegerischen erwiesen, und anläßlich des mißglückten Attentats auf Franz Joseph im Jahre 1854 schreibt er eine Reihe von Gedichten, die *Stimmen des Volkes* (Wien 1854), die in deutscher, tschechischer, italienischer und ungarischer Sprache erscheinen. Auch Gilm und Grün schließen sich dieser Strömung der Lobesliteratur mit ihren Liedern auf den Feldzug von 1859 und mit Huldigungen an die Erzherzöge an. Im Mittelpunkt dieses militaristischen Patriotismus mit seinen sonntäglichen Musikkapellen und Regimentsfanfaren bleibt jedoch die mythische Gestalt Radetzkys, dem Johann Strauß (Vater) 1848 seinen *Radetzkymarsch* widmet, jene nach Bajonetten und Feldküchen klingende Musik, die mit ihrem mitreißenden Rhythmus fast die Seele des Kaiserreichs verkörpert.

Grillparzers Gedichte sind aber etwas ganz anderes als diese seichten Lieder. Seinem Charakter und seiner tiefen religiösen, wenngleich deutlich laizistischen (sogar antiklerikalen) Anschauung entsprechend, sieht er im Heer, das inmitten der Wirren unerschüttert bleibt, den einzigen Halt des Vaterlands, und der Gehorsam dieser Scharen erscheint ihm als etwas Religiöses, als eine religiöse Einheit und als das Ganze, das er anstrebt und das im Grunde das harmonische Ganze des Reiches ist. »In deinem Lager ist Österreich.« Dort lebt noch der Staat, die alte Pyramide des Kaiserreichs.

Aus Torheit und aus Eitelkeit
Sind wir in uns zerfallen,
In denen, die du führst zum Streit,

Lebt noch Ein Geist in Allen.
. . .
Der Bürger deiner wandernden Stadt,
Er weiß, diese Stadt ist sein Alles.[86]

Gerade in der Kriegswut bewährt sich die alte, hierarchische österreichische Tugend, das erste Gebot im habsburgischen Dekalog: der Gehorsam. »Gehorsam ist Frieden im Streite.«[87]

Vor allem aber ist in das Heer noch nicht jenes auflösende Element des nationalen Partikularismus eingedrungen, das Grillparzer als treuer Untertan des Kaiserreichs aus ganzem Herzen haßt: »Die Gott als Slaw' und Magyaren schuf, sie streiten um Worte nicht hämisch, sie folgen, ob deutsch auch der Feldherrnruf, denn: Vorwärts! ist ung'risch und böhmisch.«[88] Auch Gilm sieht später in Radetzky das Symbol der Einheit des Vaterlands, und auch Grün verherrlicht den Feldmarschall[89], doch nur Grillparzers Dichtung enthält das religiös geprägte habsburgische Prinzip von der Überwindung der Nationalitäten in einer Einheit. Das Heer, eine Mischung aus den Völkern des Reichs, wird zum wichtigsten Instrument dieser Politik, die die zentrifugalen Kräfte beisammenzuhalten versucht, und die patriotische Literatur ist nichts anderes als die Spiegelung dieser Politik. Bei Grillparzer geht es um einen spontanen Herzenserguß, um den Ausdruck seines eigenen widerspruchsvollen Konservativismus. Zweifellos beweist er eine tiefe Empfindung für die besondere Einheit seines Vaterlands, und innige Liebe erfüllt ihn.

Als ich noch ein Knabe war,
Rein und ohne Falte,
Klang das Lied mir wunderbar,
Jenes »Gott erhalte«.
. . .
Und nun müd und wegeskrank,
Alt, doch auch der alte,
Sprech' ich Hoffnung aus und Dank
Durch das: »Gott erhalte!«[90]

Diese fast kindliche Liebe zu seinem Vaterland bewahrt er sich für immer, doch sie hindert ihn nicht, dessen Fehler aufzuzeigen und dessen innere Widersprüche zu sehen. So grüßt er Wien mit einem zwiespältigen Gefühl von Faszination und Ablehnung:

Schön bist du, doch gefährlich auch,
Dem Schüler wie dem Meister,
Entnervend weht dein Sommerhauch,
Du Kapua der Geister.
Auf deinen Fluren geht sich's weich,
Und Berg' und Wälder breiten
Rings um dich her ein Zauberreich,
Durch das die Ströme gleiten
. . .
Man spricht nicht, denkt wohl etwa kaum
Und fühlt das Halb-Gedachte,
Dazu dein Volk, ein wackres Herz,
Verstand, und vom gesunden,
Das sich mit Märchen und mit dem Scherz
Der Wahrheit Bild umwunden.[91]

Der Mythos der leichtsinnigen, frohen Wienerstadt verliert hier alles konventionell Klischeehafte und wird mit seinem zwiefachen, sorglos heiteren und sanft verderblichen Gesicht gezeigt: als Kapua der Geister. Viel tragischer sollte aber die Weltsicht sein, die der Dichter in seinen beiden größten Dramen zeigt, in *Libussa* und im *Bruderzwist.*

7. *Libussa*

Libussa[92], das tragische Märchen voll bitteren Pessimismus und allzu ferner Hoffnung, ist vielleicht das religiöseste Drama der österreichischen Literatur, allerdings von einer besonderen, kosmischen und mythologischen Religiosität, der es an polemischen Ausfällen gegen das Christentum nicht fehlt. Es ist ein Märchen über die Ursprünge – es geht um die Gründung Prags –, das sich zu einer trostlosen eschatologischen Vision ausweitet. Die Ursprünge der böhmischen Hauptstadt haben schon Zacharias Werner und Brentano inspiriert, und auch Grillparzer selbst hat zu dem Thema ein Jugenddrama, *Drahomira*, entworfen. Die alte tschechische Stadt bildet ja überhaupt, auch in der späteren österreichischen Literatur, ein besonders eindrucksvolles Thema. Die Legende von der einsamen Seherin, die aus Liebe zu den Menschen und aus Pflichtgefühl ihrem kontemplativen Leben entsagt und ein matriarchalisches, auf Liebe und kosmischer Harmonie gegründetes Reich errichten will, um am Ende die trostlose Zukunft der Menschheit prophezeien zu müssen, ist eine der leidenschaftlichsten Elegien aus Grillparzers Feder. Dieses Werk ist in der Tat mehr Elegie als Tragödie, da es durchdrungen ist vom Ton schmerzlicher Sehnsucht nach dem Frieden und dem goldenen Zeitalter, es gibt keinen wirklich tragischen Konflikt, sondern vielmehr ein glühendes, stilles Sehnen und die stumme Kapitulation vor dem Leben und der Geschichte. Man könnte es wegen des ruhigen Zaubers der stillen Wälder und der ursprünglichen Menschen vielleicht ein tragisches Idyll nennen.

Hier versagt nicht nur das Gebot, das Libussa zum Handeln drängt, weil Handeln Begierde und egozentrischen Partikularismus mit sich bringt – folglich hat man das alte Grillparzersche Thema vom Verzicht auf Aktivität vor sich –, sondern es entsteht fast der Eindruck, als habe das Drama keine eigentliche Handlung, sondern bestehe nur aus innerem Sehnen. Auch der Schauplatz der späteren österreichischen Literatur ist oft eine Seelenlandschaft, in der sich alles mehr im Inneren vollzieht, als sich nach außen in stürmische Aktivität zu ergießen.

Im *Bruderzwist* wird man einen kategorischen Imperativ des Nichthandelns finden; hier aber gibt es noch den Gegensatz zwischen Verpflichtung zum Handeln – so rechtfertigt sich Libussa vor den Schwestern, die ihr weltliche Befleckung vorwerfen – und wahrem Seelenfrieden. Libussa will nach dem Gesetz mütterlicher Einsicht über die Menschen herrschen: »In Zukunft herrscht nur eines hier im Land: Das kindliche Vertraun.«[93] Eingeschlossen in die Legende von den Ursprüngen kehrt hier die typisch habsburgische Idealisierung der Regierungskunst, die vertrauensvolle, liebevolle Bindung wieder, die jedoch in der Tragödie einen mystischen, matriarchalischen Aspekt – den Aspekt einer kosmischen Einheit gleich der im Mutterschoße – annimmt. Libussas Drama, das zwischen religiösen, beinah pantheistischen Gedanken, Herderschem Ideengut von der ursprünglichen Einmütigkeit des Volks und einer grundsätzlich pessimistischen, mißtrauischen Haltung gegenüber dem Fortschritt schwankt – worin eine zutiefst österreichische Note erkennbar ist –, entzieht sich jeder eindeutigen Charakterisierung.

Das Los Libussas und ihrer Regierung kann nur das Schicksal einer Ruferin in der Wüste sein, auf die man nicht hören will. Die Menschen wollen diese unbestimmte, universale Liebe gar nicht, vielmehr wünscht jeder einzelne sein Recht. Und gegen dieses gottlose, egoistische Wort richtet sich Libussas schmerzlicher Zorn: »Von allen Worten, die die Sprache nennet, ist keins mir so verhaßt als das von Recht. Ist es dein Recht, wenn Frucht dein Acker trägt? Wenn du nicht hinfällst tot zu dieser Frist, ist es dein Recht auf Leben und auf Atem? Ich sehe üb'rall Gnade, Wohltat nur ... Und diese Würmer sprechen mir von Recht? Daß du dem Dürft'gen hilfst, den Bruder liebst, das ist dein Recht, vielmehr ist deine Pflicht, und Recht ist nur der ausgeschmückte Name für alles Unrecht, das die Erde hegt.«

Nun spricht hier, wie Vincenti aufzeigt, nicht nur die mythische böhmische Seherin, sondern Grillparzer selbst, »dem die Forderung nach Rechten, unter Außerachtlassung und vielleicht sogar Mißachtung der menschlichen Pflichten, verhaßt war«[94]. Es spricht daraus aber auch die hierarchische Religion der habsburgischen Idee, die Demokratie »von oben«, und die alte Welt, die sich gegen die neuen, nicht mehr zurückdrängbaren, von der Französischen Revolution und der modernen Kultur siegreich durchgesetzten Prinzipien zu verteidigen sucht. Und entgegen dem Gesetz und dem unveräußerlichen Recht, wonach jeder Untertan Staatsbürger ist, ruft man die süße Flucht in die religiöse Harmonie und die Gnade an.

Angesichts solcher Stellen sollte die allzuoft gebrauchte Definition vom josephinischen Grillparzer vielleicht revidiert werden – es ist eine Charakterisierung, die viel Richtiges enthält, die man aber wohl neu dimensionieren muß.

Den jungfräulichen Schwestern Libussas bedeutet Freiheit freilich nicht verantwortungsvolles Wirken und Teilnahme am Leben, sondern die alte habsburgische Weisheit von der Unterordnung unter etwas Höheres und antititanisches Maß: »Wer seine Schranken kennt, der ist der Freie … Ein einz'ges ist, was Meinungen verbindet: die Ehrfurcht … Daß einer herrsche, ist des Himmels Ruf, weil zum Gehorchen er die Menschen schuf.«[95]

Als Libussas Gemahl Primislaus die künftige Stadt Prag gründen will, sieht sie in den Mauern Vorboten des Hasses und Streits und eine Loslösung von der ursprünglichen, unterschiedslosen Gesamtharmonie. Aus der durchscheinenden Allegorie geht leicht hervor, daß es im Grunde die neue, individualistische Zeit ist, die das einheitliche mittelalterliche Gebäude, die harmonische Kathedrale, zerstört. Vor allem aber ist diese Einstellung typisch für die verfallende feudalistische Kultur, die angesichts der neuen, städtisch-bürgerlichen Wirklichkeit in die Phantasie und das ländliche Idyll flieht, in eine unveränderliche, zeitlos-bäuerliche Welt. In prophetischer Ekstase sieht Libussa die Zukunft der Stadt und der Welt voraus. Diese Stelle ist nach Vincenti[96] fast losgelöst vom übrigen Text und drückt unmittelbar Grillparzers Ideen aus. Verschiedene Elemente des Gedankenguts des 18. Jahrhunderts treffen in der Prophezeiung der böhmischen Königin zusammen, von besonderem Interesse ist hier aber die Entwertung, ja generelle Ablehnung der Geschichte. Diese erscheint als radikaler, totaler Verfall des ursprünglichen Glücks, als fortschreitende, von illusorischen materiellen Errungenschaften maskierte Barbarisierung und als Entfesselung zerstörerischen partikularistischen Ehrgeizes.

> Gehütet hab' ich euch, dem Hirten gleich,
> Der seine Lämmer treibt auf frische Weide.
> Ihr aber wollt nicht mehr gehütet sein,
> Wollt selbst euch hüten, Hirt zugleich und Herde.[97]
> . . .
> Nicht Ganze mehr, nur Teile wollt ihr sein ...[98]

Diese Barbarisierung der Menschheit heißt demnach Streben nach Autonomie und Unabhängigkeit, ist also nichts anderes als der Lauf der Geschichte selbst.

Eine solche antihistorische Haltung konnte damals nur auf österreichischem Boden und durch den Mund des größten österreichischen Dichters verkündet werden. Grillparzer verabscheut den historischen Idealismus Hegels zutiefst, den er 1832 zu studieren begonnen hatte, und hegt zeit seines Lebens für diese Philosophie, die zur Religion des 19. Jahrhunderts wird, eine verächtliche Abneigung.

An diesem Groll hat eine säkulare antiphilosophische und antiintellektuelle österreichische Tradition und der ganze Animus eines bewußt habsburgischen Untertanen bestimmenden Anteil. In der Donaumonarchie bedeutet Geschichte Erinnerung und Tradition, rückblickendes, wehmütiges Wissen um die Vergangenheit, welche die Gegenwart nicht als natürliches Erbe, sondern als Obsession, als erstarrtes Modell determiniert. Geschichte ist der Altersgeruch in den barocken Palais, das sind die Heldentaten der Türkenkriege, die Kaiserkrönungen von einst, eventuell sogar das Hofritual oder die stets lebendigen Volkstraditionen. Der Historismus, eine Geschichtsphilosophie, die mehr der Zukunft als der Vergangenheit zuneigt und die in ihrer Dialektik keine der alten kristallisierten Erinnerungen unangetastet läßt, stellt sich dem habsburgischen Untertanen, und noch mehr dem Dichter, gleichsam als Kodifizierung des zerstörerischen Rhythmus dar, als Gesetz, das unerbittlich die Überwindung und somit Vernichtung dieser habsburgischen Welt besiegelt.

Als individualismusfreundliche, moderne Philosophie bringt der Historismus die Labilität der vergötterten statischen Werte und das Erwachen der geschichtlichen Individualitäten und liberalen Kräfte mit sich, die viele Jahre später die habsburgische Welt schließlich vernichten wird. »Es lösen sich der Wesen alte Bande, zum Ungemeßnen wird, was hold begrenzt«[99], klagt Libussa und betrauert damit den zusammengebrochenen alten Universalismus. Und manche ihrer Worte zielen besonders auf den Ursprung oder besser, Kulminationspunkt des Verfalls, nämlich das Fieber der Revolution: »Und Freiheit wird sich nennen die Gemeinheit, als Gleichheit brüsten sich der dunkle Neid.«[100] Schließlich wird noch die Herrschaft des rauhen Slawenvolks mit den meergrünen Augen prophezeit, das am Ende auf der Bühne der Geschichte stehen wird: »Die lang gedient, sie werden endlich herrschen, zwar breit und weit, allein nicht hoch, noch tief.«[101]

Diese pessimistische Prophezeiung der slawischen Herrschaft ist ganz besonders interessant, da sie zum Grillparzerschen Nationalitätenbegriff überleitet. Der Grundsatz, daß »ein Volksstamm kein Volk, so wie ein Idiom oder Dialekt keine Sprache ist, und wer nicht allein stehen kann, sich anschließen muß«[102], ist die typische Anschauungsweise eines Österreichers, der den nationalen Bewegungen nicht anders als feindlich gegenüberstehen kann. Die Völker sind in seinen Augen also nur Volksstämme, und als solche, und in diesem Sinne, können sie Gegenstand von Sympathie und liebevollem Interesse sein, sobald sie aber, von den nationalistischen Verlockungen der Romantik verführt, das Haupt erheben, ziehen sie sich Verachtung und Ablehnung zu. Es ist bekannt, wie feindlich Grillparzer Ungarn, dem separatistischsten der Reichsvölker, gesinnt war und wie sehr er es in seiner Eigenschaft als Herrenhausmitglied angriff. Seine Allgemeinkenntnis der europäischen Nationalitäten war oberflächlich und sein Urteil über sie einer mißverstandenen Wertung ihrer »Literatur« unterworfen. Und verächtlich meinte er, würde man noch weitere Konzessionen machen, so würden es sich selbst Kroaten und Slowaken in den Kopf setzen, eine Weltliteratur zu begründen. Die Deutschen hätten als Kulturvolk die Aufgabe, jenes Vielvölkerreich zu führen, nicht zu versklaven. Ebendies war Metternichs Prinzip. Freilich stand Grillparzer, so deutsch er sich fühlte, dem preußischen Partikularismus und seinem Expansionsdrang, ebenso der ganzen philosophischen und kulturellen germanischen Tradition, stark polemisch gegenüber. Kurz, es ist ein, wie man sieht, widersprüchlicher Gedankengang, der sich später angesichts der unermeßlichen, formlosen Welt der Slawen mit bestürztem Unbehagen färbt, ein als typische Konsequenz aus der habsburgischen Situation heraus entstandener Gedanke. Doch wiederum vermag sich Grillparzer vom Widersprüchlichen zum erhabenen menschlichen Gedanken durchzuringen, und so schrieb er 1849 jene Verse, die heute wie die Vorhersage der furchtbaren, blutigen, triebhaften Barbarei klingen, in der das liberale Zeitalter endet, wie eine Ermahnung zu vornehmer, wahrlich anderen Zeiten angehörender vernunftgeleiteter Distanz: »Der Weg der neuern Bildung geht von Humanität durch Nationalität zur Bestialität.«[103]

Im Drama klingt noch manch anderes Wort an, das in der habsburgischen Tradition verbleibt. »Das Schwerste dieser Welt ist der Entschluß«[104]: so spricht Primislaus, der Mann der Tat, der – wenngleich in seiner Preisung der Entschlußkraft von gewissermaßen tätigen Absichten ausgehend – die verstörte österreichische Warnung vor der Schwierigkeit des Handelns wiederholt. Und Libussa, der kontemplative Mensch, der in der Zeit wirken wollte, wird schließlich machtlos und kann nur noch segnen: »Kann ich nicht wirken in der Zeit, die neu, so will ich segnen – euch, das Volk und mich.«[105] Diese von klarsichtiger religiöser Liebe getönte Machtlosigkeit wird von Rudolf bis Franz Joseph zu einer der wichtigsten Komponenten der österreichischen Kaiserlegende.

Grillparzers »bittere Weisheit des pessimistischen Konservativen«[106] klingt in der ganzen Tragödie nach. Die eschatologische Hoffnung in Libussas Vision auf eine Wiederkehr des goldenen Zeitalters und der Ursprungsharmonie ist sicherlich kein aktiver Glaube an die Zukunft, sondern eine aus trostlosem Pessimismus erwachsene Illusion.

> Dann kommt die Zeit, die jetzt vorübergeht,
> Die Zeit der Seher wieder und der Begabten.[107]

Seher und Begabte können aber, schon zu Beginn des Franz-Joseph-Zeitalters, nur noch Propheten des Untergangs sein. Und so ist Grillparzer auch in seinem bedeutendsten Drama, im *Bruderzwist*, Dichter des Endes, der Letzten Dinge.

7. *Ein Bruderzwist in Habsburg*

Ein Bruderzwist in Habsburg[108], die Tragödie um das vergebliche Bemühen Rudolfs II., den Ausbruch des Dreißigjährigen Krieges zu verhindern, ist zweifellos Grillparzers größtes Werk. Ein schwerer, dunkler Zauber, eine Atmosphäre stagnierender Reglosigkeit und unheilschwangere Zeichen von Verderben und unmittelbar bevorstehendem Zusammenbruch gehen von dieser »habsburgischsten« Tragödie des Wiener Dichters aus. Man hat darin mit Recht den starken kaiserlich-spanischen Einfluß, den stummen, von der Zeit in Mitleidenschaft gezogenen Prunk Karls V. festgestellt, und in der Tat umgeben schwere Müdigkeit, düsterer Schein und Sehnen nach Vergessen, die an die Reglosigkeit und tödliche Traurigkeit des Escorial erinnern, die schweigsame Gestalt des ewig in seiner Prager Burg und seiner Einsamkeit eingeschlossenen Kaisers. Nie zuvor war Grillparzers Dichtung so tiefgründig und eindringlich wie in der Heraufbeschwörung des nicht wiedergutzumachenden Werks der Zeit, wie im Aufzeigen von der Ohnmacht sehender Weisheit, wie im Spürbarmachen des dünnen Fadens der Geschichte, der sich den Menschenhänden entzieht, hoch über ihnen verläuft und sie erbarmungslos mitreißt. Es ist der Schwanengesang des österreichischen imperialen Pathos, des Bollwerks klarsichtiger Ordnung gegen den blinden, heftigen Andrang. Um Rudolf II., dessen Unentschlossenheit Grillparzer mit höherer Einsicht entschuldigt, schwirrt es von Ereignissen und Menschen, blinde Werkzeuge des großen Rads der Begierde und der Unordnung: die Sinnlichkeit des Sohnes Don Cäsar, der Kampf gegen die Türken, der Freiheitsdrang der Protestanten, der Fanatismus der Katholiken, die Bestrebungen des Volks, das Aktionsfieber des Bruders Matthias, der drohende Bruderkrieg und die Hofintrigen. Der einzige Weise ist der Kaiser in seinem einsamen Turm, dessen hartnäckiges Zaudern das einzige Mittel zur Verhinderung oder zumindest Verzögerung des Religionskrieges ist.

Dieses gewissermaßen unmittelbare Einzelmotiv ist aber nur Symbol für einen ganz anderen Kampf, der zugleich auch der Kampf der Habsburger zur Zeit Grillparzers ist: gegen die feindliche, andersgeartete Zeit. »So dringt die Zeit, die wildverworrne, neue …«[109] Sie zerstört die Ehrfurcht vor den Sitten der Väter, für alles Erhabene und Frohe, zerstört die göttliche Zeit, um dafür ein Goldenes Kalb zur Anbetung aufzustellen.

> Das Neue drängt,
> Die alternden Geschlechter sterben aus,
> . . .
> Siehst du? So lohnt die Welt für unsre Sorge.
> Sie saugt uns aus und findet uns dann welk,
> Indes sie prangt mit unsern besten Kräften.[110]

Auch die Zeit Grillparzers und die ganze letzte Phase des österreichischen Kaiserreichs zeigen einen Kampf gegen die Zeit, und der Dichter enthüllt mit unvergleichlicher Eindringlichkeit die verderbliche Bedeutung der Geschichte und des Zusammenbruchs festgefügter, sicherer Traditionen, kurz, einen Aspekt des habsburgischen Dramas.

Es war hier schon wiederholt von Grundthemen, sinnbildhaften Worten und Gefühlen wie Ordnung, Reglosigkeit, grandiose Statik die Rede. All dies gewinnt aber erst im *Bruderzwist* besondere Bedeutung und Intensität. Die ewige, seit jeher feststehende Ordnung findet nur auf Erden keine Heimat mehr: »Gott aber hat die Ordnung eingesetzt.«[111] Das ewige hierarchische System, das den schwachen Menschen Kraft im Ganzen finden läßt, in dem, was die Väter geglaubt haben und die Söhne weiterhin glauben werden. Die feierliche Ehrfurcht, die es auf Erden bald nicht mehr gibt. Dies sind die geliebten, versinkenden Ideale, der Anfang vom Ende. In diesem Lichte sind auch die protestantischen Bestrebungen nach Gewissensfreiheit und die verworrenen Wünsche des Volkes von Übel. Die individuelle Religiosität ist in Wirklichkeit nur Eigendünkel, Eigensucht und der wahnwitzige Ehrgeiz, göttliche Dinge zu beurteilen: »Maßt euch nicht an, zu deuteln Gottes Wahrheit.«[112] Dieser Traditionsglaube gewinnt um so größere Bedeutung, als der Kaiser durchaus kein fanatischer Katholik ist, wie zum Beispiel Erzherzog Ferdinand, sondern im Gegenteil tolerant wäre, wenn er sich nicht gezwungenermaßen jeder individualistischen Bestrebung widersetzen müßte. So wird der Mensch in der Masse für ihn zum bloßen Lebewesen, das Volk ist eine haltlose Gesamtheit von Nullen, die Freiheit bedeutet Auflösung heiliger Bande, Unordnung und Anarchie, das Recht wird zum Fluch wider die Gnade, die gleißnerische Gleich heit führt zur Barbarei: »Bis alle gleich, ei ja, weil alles niedrig.«[113] Selten findet man bei einem Dichter des 19. Jahrhunderts ein so tiefverwurzeltes Mißtrauen gegen die Freiheit und ihre Möglichkeiten, sich selbst zu verbessern und sich selbst zu lenken, und vielleicht konnte eine solche Stimme auch nur in Österreich laut werden. Freilich muß hervorgehoben werden, daß diese Anschauung keinen bloßen Inhalt, keine ideologische, von der ästhetischen Inspiration losgelöste Gedankenrichtung darstellt, sondern vielmehr Quelle und Ausgangspunkt der Dichtung selbst ist, mit ihr ein Ganzes bildet und somit zum trostlosen, finsteren und faszinierenden Klima der Tragödie beiträgt. Das dichterische Hauptthema ist identisch mit der »Sendung«, der moralischen Ermahnung und folglich mit der habsburgischen Unbeweglichkeit.

Von Anfang an erscheint die Gestalt des Kaisers starr und unbeweglich, gleichsam in geistiges Halbdunkel gehüllt und von der unantastbaren Etikette gelähmt. Dem großen, dynamischen Wahnwitz stellt der »stille Kaiser« sein unfehlbares Allheilmittel entgegen, das Wissen, daß jeder Schritt – wie Werfel später sagt – zum Abgrund führt. »Zudem gibt's Lagen, wo ein Schritt voraus und einer rückwärts gleicherweis verderblich. Da hält man sich denn ruhig und erwartet.«[114]

Viele Jahre später preisen die österreichischen Schriftsteller die prophetische Einsicht Franz Josephs, sein Widerstreben, die Unterschrift zu leisten, die den Weltkrieg auslösen sollte. Dies ist es, was Grillparzer seinem Kaiser zuschreibt, das Bewußtsein, »daß im Handeln, ob so nun oder so, der Zündstoff liegt, der diese Mine donnernd sprengt gen Himmel«[115]. Um jedem liberalen Einspruch gegen den unbeweglichen Quietismus zuvorzukommen, der jede Energie des Landes lähmt, entsteht die religiöse Verherrlichung hypothetischer höherer Tugenden, der Mythos, wonach entschlossene Bereitschaft zu Regierungsakten nur Verantwortungslosigkeit, hochmütige Leichtfertigkeit und unvernünftiger Aktivismus ist. Damit entsteht das Lob der bedächtigen Vorsicht. Es ist das Thema des chinesischen Österreich und des byzantinischen Lebensstils, »im weisen Zögern sehnd die einz'ge Rettung«[116]. Kein einziges Dichterwerk hat mit solchem Pathos und mit soviel Poesie zum habsburgischen Mythos beigetragen. Der *Bruderzwist* steht wahrlich im Mittelpunkt dieser ganzen Tradition. Das Drama von der zersplitterten Einheit – das hier gerade in dem Augenblick festgehalten wird, da sich diese Zersplitterung vollzieht – kehrt, zwar mit großen Unterschiedlichkeiten, doch mit obsessiver Beharrlichkeit, in der ganzen österreichischen Literatur, bis hin zu Karl Kraus und der richtungslos gewordenen Welt des *Mannes ohne Eigenschaften* immer wieder.

Ein Seufzer bewußter Machtlosigkeit, die Worte Rudolfs: »Ich darf nicht, will nicht«[117], besiegeln den Sinn des *Bruderzwists*. So lebt der Kaiser außerhalb der Welt, um in seinem Turm zu wachen und die Sterne zu betrachten, denn unter die Menschen gehen, wirken, in der Zeit leben, würde den Tod für ihn bedeuten. Nadler nennt dieses Werk eine »Kassandra-Tragödie«[118], die Tragödie einer ungehörten Stimme. So wird auch Franz Joseph im ganzen Mythos zu einer Kassandragestalt samt ihrem nutzlosen Wissen, ihrem klarsichtigen, aber nicht mitteilbaren Schmerz, den man nur in Würde ertragen kann, einer Würde, die den Habsburgern teurer als Macht und Fortschritt ist.

Wie Metternich hätte Rudolf sprechen dürfen: »Ich stehe in dem was war«[119], erfüllt von der trügerischen Hoffnung zu überleben, doch die Zeit verschluckt ihn und wandelt sich rascher als er, gerade wie es beim großen Kanzler der Fall war[120].

Das Drama Rudolfs II. ist das Drama der großen österreichischen Illusion, das erschütternde Bemühen, königliche Schwächen als höhere Weisheit zu mythisieren. Die Prophezeiung vom unvergänglichen Ruhm des Hauses Österreich klingt wie die Zusammenfassung der ganzen mittelmäßig-weisen, vorsichtig-unauffälligen habsburgischen Regierungskunst:

Mein Haus wird bleiben immerdar, ich weiß,
Weil es mit eitler Menschenklugheit nicht
Dem Neuen vorgeht oder es hervorruft,
Nein, weil es, einig mit dem Geist des All,
Durch Klug und scheinbar Unklug, rasch und zögernd,
Den Gang nachahmt der ewigen Natur.[121]

So wird jenes pathetische »Unklug«, der Verzicht auf jede Genialität, zum Ruhmestitel, mit dem sich das verfallende Reich schmückt. In diesem Wort steckt aber auch verschwiegenes Leid, der Begriff von der Macht als schmerzlichem Kreuz, die Vorstellung von einem vom Schicksal geschlagenen Herrscher: auch dies wird zum Kennzeichen des Franz-Joseph-Mythos und zur wichtigsten Verschleierung der traurigen geschichtlichen Wirklichkeit seiner Regierungszeit.

So umgibt sich der Mythos mit dem Streben nach Unpersönlichkeit, nach der Verborgenheit in Gott und der Königswürde. Darin liegt das Pathos Rudolfs II., als er sich jenen phantastischen Ritterorden unter dem Motto erträumt: »Nicht ich, nur Gott.«[122]

Wenn Zeit und Volk, wie gesagt worden ist, den ideellen Raum für Grillparzers Dichtung darstellen[123], so sind sie nunmehr zum unaufhaltbaren, zerstörenden Element beziehungsweise zur zersplitterten, nie wieder erreichbaren Harmonie geworden. Dieser qualvollen Liebe zur Vergangenheit kann keine bestimmte politische Einstellung entnommen werden. Sicher kommt darin aber nochmals Grillparzers Ablehnung der liberalen Ideologie zum Ausdruck. In der Tat liegt ihm nichts ferner als der Glaube an die Freiheit als sittliches Leitideal der Geschichte; nicht einmal die radikaldemokratischen Ideen sind ihm so zuwider. Den von Srbik für Metternich eingeführten Begriff des Hochkonservativismus[124] könnte man auch auf Grillparzer anwenden. Dieser bewußt mehr religiös als politisch gehaltene Ausdruck wird in seinem würdevollen, voreingenommenen, seichten Inhalt von Srbik dem englischen konservativen Gedankengut gegenübergestellt, das nicht auf veralteten Idealen, sondern auf einer konkreten politisch-ökonomischen Grundlage ruht.

Die Versuchung der Aktivität stürzt auch Rudolf ins Verderben, als er, um sich zu verteidigen, dem Eingreifen der Truppen seines Lieblingsneffen Leopold zustimmt. Die Tragödie schließt mit der verspäteten Einsicht des Bruders Matthias, der Einkehr zur stillen Weisheit, während der

Dreißigjährige Krieg eben ausbricht. Drohend steht die Vernichtung bevor, die mit dem Tod des Kaisers rasch um sich greift, der von sich sagen konnte (Nadler bezieht die Worte auf Österreichs Funktion in Mitteleuropa):

> Ich bin das Band, das diese Garbe hält,
> Unfruchtbar selbst, doch nötig, weil es bindet.[125]

9. Die letzten Jahre

Trotz aller Anerkennung waren Grillparzers letzte Jahre solche der Bitterkeit und Einsamkeit. In dieser Zeit verstärkt sich der mürrische Pessimismus des Dichters, der sich in seiner hypochondrischen Isolierung und schließlich der Taubheit abkapselt. Die große schöpferische Ader scheint versiegt, nur Neuerungen und Korrekturen früherer Dramen und bittere, scharfe Epigramme zeugen vom alten Genie. Und doch sind diese Jahre gedrängt voll von Leben und Ereignissen, ja, der Dichter nimmt sogar aktiver am Schicksal des Staates und des Kaiserhauses teil. 1861 wird er schließlich Mitglied des Herrenhauses, wo er insbesondere gegen die ungarischen Forderungen zentralistische und gegen das Konkordat von 1855 antiklerikale Fehden ausficht.

Diese unruhigen Jahre sehen nach und nach den Zusammenbruch der verschiedenen Ordnungsversuche, die einander jeweils aufheben: der deutschgesinnte, doch für die Bachschen Sozialfragen aufgeschlossene absolutistische Zentralismus, der auf feudaler, konservativer Grundlage beruhende, mit dem Oktoberdiplom 1860 lancierte Föderalismus, der mit dem Februarpatent 1861 eingeführte liberale, deutschfreundliche Zentralismus Schmerlings. 1857 verändert ein neuer Bauplan das Gesicht des alten Wien, und Strauß schreibt dazu seine *Demoliererpolka*, nachdem er schon vorher seine Kaisertreue durch den Marsch für Franz Joseph,

Viribus unitis, bewiesen hat. Es entstehen neue Ballsäle wie der Sofiensaal, der Amorsaal, der Harmoniensaal, die auf ganz Europa ihren genußfrohen Zauber ausüben. Am 1. Mai 1865 wird die Ringstraße eröffnet, die einer ganzen Gesellschaftsschicht, der rege Kredittätigkeit entfaltenden Ringstraßenbourgeoisie, den Namen gibt. Begüterte Bankiers wie die Schnapper, Biedermann und Wertheimstein öffnen den Künstlern ihre Salons in Gold und Dunkelrot, an den Wänden hängen Gemälde von Carl Rahl, während Makart seine Blumensträuße zu malen beginnt, die einer ganzen Epoche den Namen verleihen. Ein sorgloser Ästhetizismus bemächtigt sich einer Gesellschaft auf schwankender Grundlage. Strauß schreibt seine schönsten Walzer, wie: *Morgenblätter, An der schönen blauen Donau, Geschichten aus dem Wienerwald* und *Wienerblut*[126]. Das alte Wiener musikalische Märchen eines Wenzel Müller, Raimund – auch Grillparzers *Melusine* ist ein Beispiel dafür – verwandelt sich in die spritzige Operette und das walzerselige Vergessen: Dieses Indiz einer dekadenten, weichlichen Sorglosigkeit einer ganzen Gesellschaft wird im letzten Stadium des habsburgischen Mythos, wie man noch sehen wird, zum grundlegenden Merkmal. Und unter der Idylle schwelt die politische und soziale Unruhe, die von verlorenen Kriegen und innerstaatlichen Gegensätzen skandiert wird. Nur die Befreiung der Bauern von den Feudallasten ist ein festes, dauerhaftes Werk, das dem Reich eine gewisse Stabilität der Provinz gewährleistet.

Ein in mehrfacher Hinsicht interessanter Schriftsteller ist Ludwig August Frankl, ein Freund Grillparzers. Mit leidenschaftlicher Hingabe beschreibt er die jüdische Gemeinde Wiens, ihre Traditionen und Nöte, ihren Anteil am Leben der Donaumonarchie. Eindrucksvoller als seine hebräischen Gedichte[127] mit ihren mit ihren zahlreichen biblischen Anspielungen ist seine Geschichte der Wiener Juden[128]. Es ist dies eine minuziöse, liebevolle Untersuchung voll tiefer Zuneigung zum eigenen Volk und aufrichtigem habsburgischem Patriotismus, worin Frankl an die Verfolgungen seiner Glaubensgenossen und an ihre Loyalität gegenüber Österreich erinnert und die Donaumonarchie preist, »wo den Juden ... eine leichtere Gegenwart umgibt«[129]. Besonders eindrucksvoll ist die Beschreibung mancher Schichten und Figuren, die in der späteren österreichischen Literatur wiederkehren und eine typische Welt für sich bilden. So etwa der jüdische Greis, Patriarch seiner Gemeinde, der mit seinem weißen Haar, dem zweispitzigen Hut und dem dunklen Mantel, die Bibel unter dem Arm, durch die Straßen wandelt: »er kannte sie ja alle, die zur Gemeinde gehörten, die Neugeborenen segnete er ... für ihre Väter und Mütter, wenn sie schwer darniederlagen, hat er Psalmen gesprochen ... wenn sie sterbend dalagen, das letzte Gebet gesagt. Er war die wandelnde Genealogie der Gemeinde«[130]. Das stille, dunkle jüdische Milieu ist ein besonders faszinierender Aspekt der habsburgischen Welt und ihrer Literatur und verkörpert sozusagen ihre orientalisch-europäische Seite samt ihren müden, traurigen Menschen. Besonders die galizischen Schriftsteller, von Sacher-Masoch bis Roth, fangen die Atmosphäre dieser Welt in ihren Werken ein.

So gesehen ist ein anderes Werk von Frankl, *Der Primator* (Prag–Wien 1861), noch bemerkenswerter, ein Gedicht in sechs Gesängen, das in Prag spielt. Die Poesie des alten Böhmen vermischt sich hier mit einer nächtlichen, rein slawisch-orientalischen Stimmung, mit der des jüdischen Volkes. Prag mit seinen hundert Türmen und dem ständig angsterfüllten Ghetto, »Libussa's Stadt mit hundert Thürmen, liegt finster hingestreckt im Schlaf«[131]. Es liegt darin der wirkungsvolle Kontrast zwischen den betrunkenen, wilden Wladiken, die den Primator, das Oberhaupt der israelitischen Gemeinde, zur Taufe zwingen, und dem schmuddeligen, schwerreichen jüdischen Milieu mit seinen silberbärtigen Rabbinern, die auf die Thora schwören und betend die bräutliche Sabbatruhe begrüßen – ein Milieu, in dem sich religiöser Fanatismus und weise Toleranz begegnen, das Bet-Din[132] und der alte, schlafende Golem.

Frankl, der in seinen emphatischen Werken für eine freie,

aufgeschlossene, tolerante und humane Religion eintritt, erkennt trotz der Erinnerung an frühere Verfolgungen im Kaiserreich eine gute Heimat für seine Glaubensgenossen. Letztlich sind es blasse Dichtungen, die nicht über eine folkloristische Beschreibung hinausgelangen. Später dringen aus den ruthenischen Gebieten, aus den östlichen Kronländern, Stimmen unruhigerer Schriftsteller und begründen die große österreichisch-jüdische Erzählkunst.

Unterdessen hat ein bezwungener Bruderzwist in der kaiserlichen Familie Auswirkungen auf das Geschick eines Mannes, der Grillparzer besonders nahesteht: Maximilian von Mexiko. Das tragische Los des träumerischen, feinsinnigen Erzherzogs, der in Ereignisse verwickelt wird, die er nicht überblickt, geschweige denn zu zügeln vermag, ist zu einem der bekanntesten Themen der Habsburger-Legende geworden. Werfel und Friedrich Schreyvogel, Choreographen und Regisseure haben sich daran inspiriert, bis das Gesicht des Menschen Maximilian in der Geschichte vom Herrscher verlorengegangen ist.

Maximilian, ein romantischer Reaktionär und aufgeklärter Liberaler, ein Freund des weltvergessenen Reizes von Miramare, der sich zugleich nach fernen Abenteuern sehnt, ist ein überaus interessanter, lebhafter Mann voll widersprüchlicher Wünsche und ohne festen Willen. Dieser Mann, der als Reisender in Bahia 1860 überaus menschliche, leidenschaftliche Sätze gegen die Negersklaverei schreibt und auf Gibraltar unglaublich modern anmutende kritische Gedanken gegen das unmenschliche Gefängnissystem äußert, ist derselbe, der sich in Granada am Grabe Ferdinands und Isabellas visionären Träumen über irreale Reiche hingibt. Dieser menschliche, aufgeschlossene Kaisersproß ermangelt gerade der großen Tugend seiner Familie, der unverrückbaren Festigkeit und Stetigkeit, ebenjener Fähigkeit, innerhalb seiner Grenzen den eigenen Platz zu finden, die seinem mittelmäßigen Bruder Franz Joseph eine gewisse Größe verleiht. So lebt er als feinfühliger und ruheloser, kultivierter und moderner Fürst und als Walzerkönig zugleich. In seinen Tagebüchern und seinen Versen, die eine heinesche Spannung zwischen der Sehnsucht nach Frieden und der Liebe zur Ferne, eine schmerzliche, melancholiedurchdrungene Rastlosigkeit zeigen, erweist er sich auch als eleganter Schriftsteller[133]. Und er vergleicht sich gern mit dem flügellahmen Vogel, der vergeblich zu fliegen trachtet[134].

Mehr noch als seine Verse – besonders interessant darunter ein Gedicht auf das Vaterland, worin dessen übernationales Gefüge gepriesen wird – verdienen seine Aphorismen Beachtung, rasch zu Papier gebrachte Aufzeichnungen, in denen er ein mitunter sehr klares Verständnis für die neue Zeit an den Tag legt und eine für einen Erzherzog aus dem alten Österreich und einen Bruder Franz Josephs erstaunliche Distanzierung von der Tradition.

»Starrheit ist nie Kraft«[135], bemerkte er einmal sinnend, und im Gedanken an sein Land schrieb er einen Satz, der die ganze schwere Müdigkeit des habsburgischen Kaiserreichs enthält: »Veraltete Staaten kranken an Erinnerungen.«[136] Wenig später begannen die österreichischen Dichter, von Hofmannsthal bis Trakl, diesen Herbst, diesen allzu erinnerungsträchtigen Verfall zu spüren.

Maximilian starb als tragischer, gewaltloser Usurpator. Vor seinem Tod hatte er sich geweigert, seinen schönen habsburgischen Backenbart abrasieren zu lassen, und seinem Freund Grillparzer, mit dem er in Briefwechsel gestanden hatte, das Großkreuz des Guadalupe-Ordens verliehen.

Der alte Dichter litt unter Maximilians Tod, so wie unter all den anderen Schicksalsschlägen, die über das Kaiserreich hereinbrachen: 1859, 1866 – das Jahr, das er als Anfang vom Ende empfand –, 1867, das Entstehungsjahr der österreichisch-ungarischen Monarchie, die er mit Bitterkeit begrüßte. Er war, und empfand es auch, Dichter einer untergehenden Welt: »Ich bin ein Dichter der letzten Dinge.«[137]

Er stirbt als österreichisch-ungarischer Untertan. Die letzte Phase der Monarchie hat begonnen, die typischste und widersprüchlichste, reglose und in Zuckungen liegende k.u.k. Welt.

Die Vorherrschaft Ungarns vergrößert die nationalen Gegensätze und die verworrene Unruhe der Slawen. Die Gesellschaft nimmt immer operettenhaftere Züge an. Als Grillparzer stirbt, ist das Ende noch weit; er stirbt als wahrer Herr aus dem alten Europa, der das rechte Maß über alles liebte, aber schon voll trauriger Vorahnungen war. In ihm hatte sich eine ganze Welt gespiegelt.

Hast du vom Kahlenberg das Land dir rings besehn
So wirst du, was ich schrieb und wer ich bin, verstehn.

IV.

Habsburgische Heimatliteratur

1. Adalbert Stifter

Mit Adalbert Stifter eröffnet sich der habsburgischen Welt eine neue dichterische Dimension, wird die politisch-soziale Wirklichkeit auf andere Art verwandelt und mythisiert. Es entsteht ein häusliches und gemütliches Bild vom Kaiserreich, das dargestellt wird in der philisterhaften Atmosphäre seiner Provinzen, seiner steirischen oder mährischen Dörfer, in denen ländliche Traditionen voll gesunder Frische und gutmütiger Einfachheit das Leben der Menschen prägen. Der »Antiheld«, der Protagonist in der österreichischen Literatur, trägt das Gewand des frommen, arbeitsamen Bauern, des Jägers, der seine Wälder liebt, des Edelmannes, der sich inmitten des Friedens der Wälder auf ein ruhiges Landschloß zurückgezogen hat. Jene Begrenzung des eigenen Tätigkeitsfelds, die für die Situation des habsburgischen Untertanen charakteristisch ist, wird in das kitschige Idyll eines »Buen retiro« fernab von den verderbten, ruhelosen Städten und den ungeordneten, auflösenden Fermenten überführt. Mit dem Scheitern der Versuche, den Staat seiner europäischen Umwelt lebensfähig einzugliedern, scheinen die Schriftsteller den konkreten Blick für das Reich in seiner ganzen Ausdehnung zu verlieren und sich an friedliche, sichere Orte zurückziehen zu wollen, wohin kein Echo der Kämpfe dringen kann. Land und Provinz: dies ist die Dimension, auf die sich die Donaumonarchie in der Phantasie vieler Schriftsteller reduziert; kleine, geborgene Winkel, die von einer lokalen Perspektive aus gesehen werden, ohne Zusammenhang mit dem Staatsgefüge. Stille Täler und friedliche Weiler mit kleinen Kirchen, in deren Schatten alle Tugenden der Tradition erblühen.

Das Bürgertum vermag keine eigene dynamische Kultur zu schaffen, im Gegenteil, mit zunehmender wirtschaftlicher Entwicklung beginnt der Mittelstand der verschiedenen Völker des Reiches sich der eigenen Nationalität bewußt zu werden und gerät in lebhaften Gegensatz zu den anderen. Besondere Bedeutung erlangt später der Zwiespalt zwischen dem tschechischen und deutschen Bürgertum. Städte, Handel und Industrie werden zu Symbolen einer Welt, in der die statischen habsburgischen Werte zu wanken beginnen und autonome, zentrifugale Kräfte erwachen. All diesen Problemen gegenüber empfindet man das Bedürfnis zu reagieren, indem man die Ermahnung zum Mittelmaß, zur disziplinierten Resignation und zur Mäßigung erneuert. So wendet die österreichische Literatur den Blick von der Wirklichkeit ab und flieht in die heitere Geborgenheit einer genrehaften ländlichen Welt, deren reines, frohes Leben gepriesen wird, in gesundheitsbringende Wälder und einsame Ebenen. Die folkloristische Fröhlichkeit, die dörflichen Gebräuche, die einfachen, sittsamen Mädchen des Heimatdorfes vermitteln den Eindruck eines zurückgezogenen, harmonischen Lebens. Es ist eine Heimatliteratur, die Verherrlichung eines Lebens zwischen Äckern, Kirche und Wirtshaus, das niemals über den schneebedeckten Berg, der das Dorf beherrscht, hinausgelangt. Der Habsburgermonarchie war eine der wichtigsten Aufgaben des modernen Staates, nämlich die Beseitigung und Entmachtung der feudalen Oligarchie, mißlungen. Ebendieses Versagen wird von der heimatlichen Idylle, der Dorfgeschichte, verschleiert und trügerisch verhüllt. Jeder Teil der Monarchie, von Tirol bis Böhmen, entfaltet nun eine eigene, reichhaltige Literatur, eine Blüte lieblicher Erzählungen, deren Rhythmus den jahreszeitlichen Veränderungen angepaßt ist. Von Stifter bis Rosegger sollte so eine Fülle an Erzählungen »für ländliche Wohlfahrts- und Heimatpflege«[1] ihren starken pädagogischen Beitrag zum habsburgischen System leisten und das Antititanentum, die schlichte Begrenzung des Alltags, das antifaustische Philistertum, auf dem die Kultur der Franz-Joseph-Zeit beruht, bekräftigen. Diese Literatur füllte die Familien- und Volksbibliotheken mit Bänden mit Schwarzweißzeichnungen: kleine Kirchlein vor schneebedeckten Bergen, bärtige Jäger mit der Flinte auf der Schulter und federgeschmücktem Hut, anmutige Waldtiere. Diese Bücher waren nicht ohne den lieblichen Reiz der Kindheitslektüre. Die Anfangsbuchstaben wiesen große, gotische Schnörkel auf und strahlten eine innige, weihnachtliche Stimmung aus.

Flucht in die Idylle und didaktischer Moralismus sind Hintergrund und Ursprung dieser Literatur. Die Verherrlichung eines zurückgezogenen Lebens im Familienkreis, der Fröhlichkeit zum Klang von Jagdliedern und vor gefüllten Schüsseln, bemäntelt mit der freundlichen Farbe der Freundschaft die tiefe, allem zugrundeliegende Entfremdung und den Verzicht des Menschen, aktiv am Leben des Staates teilzunehmen und das Leben in seiner Fülle zu erleben. Der Mythos der gesunden, heiteren Alpenwelt – einer der Aspekte der österreichischen Kultur – nimmt hier seinen Ausgang, von dieser unmöglichen Flucht auf das Land. Ein schmackhaftes Wildbretgericht, eine gemütliche Stube, knisternde Holzscheite und ein Christbaum sind das Gegengift für die »städtische« Unrast. Das Bild des Kaisers scheint gleichsam von der Hofburg zu den Wänden eines schmucken Gasthauses, unter das ausladende Geweih einer Jagdtrophäe, herabgestiegen zu sein.

Das Genre der Dorfgeschichte ist im 19. Jahrhundert in Deutschland weit verbreitet und läßt eine mitunter sehr bemerkenswerte Dichtkunst entstehen mit einer eigenen, rauhen und schlichten Note. Erich Auerbach[2] hat allerdings festgestellt, daß diese Erzählweise, als Ganzes gesehen, Ausdruck einer menschlichen wie politisch-sozialen Engstirnigkeit und der Ausdruck einer Kultur ist, die geringe Möglichkeiten hatte, der Realität ins Auge zu sehen und sie folglich dichterisch zu verwandeln.

Daher kommt auch der kleinbürgerliche Ton und diese gewisse mittelmäßige Wohlanständigkeit, die dieses Genre charakterisieren, und vor allem aber der beschränkte Einflußbereich, das Fehlen eines europäischen Horizonts, etwa im Vergleich mit der französischen Literatur[3]. Im übrigen gelingt es im Rahmen dieses Genres einer Reihe von bemerkenswerten Schriftstellern, lebendige, frische, unverfälschte Werke à la Hans Sachs zu schaffen, unter deren Patina von Gutmütigkeit und Zurückgezogenheit sich echte Unverbrauchtheit verbirgt. Der sogenannte »poetische Realismus« von Raabe bis Meyer, von Storm bis Keller sollte die deutsche Literatur um einige sehr schöne Erzählungen bereichern, die die liebevolle und herzliche Seite eines nachsichtigen, dämonischen Versuchungen abgeneigten Deutschland von typisch protestantischer Spontaneität zeigen. Auch Österreich hat an dieser menschlich-stilistischen Strömung in großem Maße teil, doch hinter der scheinbaren Analogie von Themen und Ausdrucksweisen läßt sich ein unverwechselbar anderer Ton und eine eigene Charakteristik feststellen. Die Beziehung zu einem in politisch-sozialer Hinsicht beengten und von einer geschickten Entfremdungsarbeit geradezu betäubten Leben scheint bei der österreichischen erzählenden Literatur viel unmittelbarer zu sein als bei der deutschen, die dem Einfluß geschichtlicher Lebensbedingungen nicht so direkt unterliegt und mehr realistische Robustheit sowie eine größere Fähigkeit zur Deutung des Lebens bewahrt. Die habsburgische Heimatkunst tendiert zur Stilisierung in einer genrehaften Landschaft und zur Nivellierung jedes allzu heftigen Ausdrucks von Individualität. Herbstliche Resignation tritt an die Stelle scharfsinniger Betriebsamkeit, und eine kitschige, oft bigotte salbungsvolle Haltung ersetzt die lutherische Nüchternheit. Dies ist ein neues, ein idyllisches und heimatverbundenes Gesicht des Mythos. Zweifellos ist es sein oberflächlichster und äußerlichster Aspekt, wenngleich nicht ohne poetische Möglichkeiten.

Die große Stimme dieser Idealisierung ist Stifter, der Dichter, der dieser Flucht und diesem Traum vom Landleben vollendet Ausdruck verliehen hat. Zwar haben wir schon vorher gesehen, wie Joseph Schreyvogel die stillen Wege zu den ländlichen Wohnstätten beschritten hat, und Stifters

Zeitgenosse, der Mundartdichter Franz Stelzhamer, schreibt stark lokalgefärbte Erzählungen, die im Obderennsischen spielen: in einer Welt katholischer Frömmigkeit und halb heidnischen Aberglaubens, fröhlicher Trinkgelage und ländlicher Tänze, in der man »ruhig und gottergeben«[4] lebt und stirbt. Doch erst mit Stifter steht man einer Welt in ihrer Gesamtheit, einer unbewußten Mythisierung des Ländlichen, der habsburgischen »Heimatliteratur« gegenüber.

Wahrscheinlich ist Stifter als derjenige zu sehen, der diese Verfremdung beschreibt, als der Dichter einer ländlichen Idylle, die im wesentlichen eine Fiktion ist, ein starkes Gegengift gegen das Erwachen vitaler feindlicher Kräfte. Die kritische Fortüne dieses sanften Dichters der böhmischen Wälder ist recht eigenartig und weist irritierende Schwankungen und unüberlegte, mehr auf Leidenschaft als auf objektivem Verständnis begründete extreme Urteile auf. Von den einen geliebt, die stilistische Feinheiten goutieren und sich für die »sakrale« Note, die von Hölderlin bis George die gesamte deutsche Literatur durchzieht, begeistern, wurde Stifter voller Ironie und Irritation von den Realisten der Wilhelminischen Zeit und aller späterer Epochen rezipiert: Von Nietzsches religiös-enthusiastischem Urteil bis zu Hebbels vernichtender Kritik weist die Sekundärliteratur über Stifter zahlreiche oft nebelhaft-unbestimmte Produkte auf. Wer die Schwingung und zarte Musikalität einer raffinierten Prosa liebt, mag sich an der Verschwiegenheit von Schönheit und Harmonie entzücken; wer die warme Anteilnahme des Menschen am Abenteuer des Lebens befürwortet, wird seine Lektüre nicht fortsetzen. In Wahrheit aber darf man von Stifter nicht verlangen, was er nicht geben konnte, und man muß in seinen Werken zwischen den Zeilen lesen und das zu erfassen suchen, was hinter dem »sanften Gesetz«[5] steht, das der Dichter nicht müde wurde, mit verschämter Leidenschaft und beharrlichem Moralismus zu verkünden. Der Schulinspektor Adalbert Stifter, ein »unzeitgemäßer« Mann[6] angesichts der Ziele der Geschichte, war ein Mensch reich an beherrschten Leidenschaften und zarten Regungen, isoliert in einer Welt, die sich immer ruheloser und dynamischer gestaltete. Sein eigenes ergreifendes Maß konnte er nur in der Flucht und in einem idealisierten, herben Leben in Wald und Flur, fern den städtischen Gärstoffen, finden. Der schmerzliche Reichtum und die tragische Intuition mancher seiner Werke veranlaßten viele Kritiker, darin eine nichtvorhandene intellektuelle Tiefe und geistige Beziehungen zu fernliegenden, verworrenen philosophischen Systemen zu suchen. Schon Bertram spricht von einem »philosophischen« Stifter[7], was gänzlich unangebracht ist. Günther Müller[8] und Hermann Kunisch[9] sprechen vom Einfluß der mittelalterlichen Scholastik und von Berührungspunkten mit der thomistischen Ethik. Dies sind mögliche Analogien und manchmal evidente Gedankenverbindungen, die sich jedoch in einem metahistorischen Limbus auflösen, während die Ideologie, die Stifter konkret beeinflußte – wie Müller selbst anerkennt[10] –, jene der österreichischen Restauration, jene Baaders und Adam Müllers ist. Ungeachtet seiner persönlichen Freiheitsliebe (die ihm auch Zensurschwierigkeiten eintrug) und mancher sozial aufgeklärter Forderungen entspringen Stifters Menschenbild und Stil der konservativen Kultur des reaktionären Österreich. Sein Leben und Werk spiegeln die innere Widersprüchlichkeit der habsburgischen Welt und ihrer Allheilmittel beispielhaft wider. Es ist bezeichnend, daß Männer wie Bahr[11] und Schaukal[12] – die beständig versuchten, das Wesen der k.k. Seelenhaltung zu definieren, um Antwort auf ihre eigene, unsichere geistige Lebenskondition zu finden – Stifter als den »spezifischen Österreicher« und Bahnbrecher einer neuen »habsburgischen« Menschheit in den Himmel hoben, die Jahre später die Donaumonarchie von den zersetzenden Einflüssen der unruhigen westlichen Kultur befreit habe. Eine derartig törichte Aussage, die durch die bestürzte Verwirrung entschuldbar ist, die selbst einen feinsinnigen Mann wie Bahr, den erstaunten Beobachter des Zerfalls seiner Welt, ergriff, macht verständlich, wie sehr ein bestimmtes Moment der habsburgischen Kultur in Stifter Verkörperung findet und wie sehr er dazu beitrug, ein neues Kapitel in der Geschichte des Mythos aufzuschlagen, nämlich die gesunde, provinzielle Verteidigung aller bildenden sozialen wie individuellen Werte.

Der Lebensweg des Dichters ist die Geschichte einer einsamen, melancholischen, zurückgezogenen und durch den Unverstand der Menschen oft verletzten Person. Stifter lebt ganz im Bereich der Empfindung und der Phantasie, in der gefühlsmäßigen und ästhetischen Sphäre, die alle Seelenregungen und Reibungen mit der Außenwelt mit empfindlicher Unmittelbarkeit vermerkt. Stifters intellektuelle wie historische Vorbildung ist von naiver Oberflächlichkeit, mangelnder Logik und Kultur gekennzeichnet, durchzogen von einer vagen, tiefen Religiosität. Man denke nur an das kindliche Diagramm seiner Begeisterung, dann seiner Ablehnung der Märzrevolution. Stifter, dessen ruhelose, tragische Intuition immer wieder in seinen Schriften bemerkbar ist, kämpfte während seines ganzen Lebens darum, diese in einer philisterhaften Harmonie und in einem abstrakten Moralismus zu unterdrücken.

In der Vorrede zu seiner Sammlung *Bunte Steine* bringt er seinen Glauben an »ein ganzes Leben voll Gerechtigkeit, Einfachheit, Bezwingung seiner selbst, Verstandesgemäßheit, Wirksamkeit in seinem Kreise, Bewunderung des Schönen, verbunden mit einem heiteren, gelassenen Sterben«[13] zum Ausdruck, ganz entgegengesetzt einem »entzündeten Geist, der nach Tätigkeit strebt«[14]. Das ganze deutsche 19. Jahrhundert ist von diesem bürgerlichen Rückzug gekennzeichnet, doch nehmen diese Worte in Österreich den Ton pathetischen Überzeugenwollens an. Freilich kann Stifter eine ehrliche Leidenschaft für Ordnung und sanfte geistige Harmonie nicht abgesprochen werden. Betrübte Leidenschaftlichkeit spricht aus den Worten: »Untergehenden Völkern verschwindet zuerst das Maß.«[15] Sein ganzes Werk wird durch eine ihm innewohnende Dialektik lebendig, die zwischen einer glücklichen Erfindungsgabe und einer didaktischen Sorge liegt, die bekämpfen möchte, daß sich der

Mensch »unbedingt der Innigkeit seiner Freuden und Schmerzen hingibt, den Halt verliert«[16]. Doch das rechte Maß, das dergestalt im Schatten der Waldheimat erblüht, hat nichts mehr von Grillparzers stiller, strenger Würde. Dieses »Körnchen Gute«[17] und »sittlich Schöne«[18], das der Dichter dem Leser in seinen Schriften geben möchte, zeigt ein leichtes Verfließen des stillen habsburgischen Maßhaltens in eine moralistische, konventionelle Bescheidenheit. Die österreichische *mediocritas* wird zu erbaulicher Beschränktheit herabgemindert.

Das große Wort der habsburgischen Lebenskunst, Resignation, atmet aus jeder Seite Stifters. So viele seiner Gestalten leiten sich vom verzichtenden *Armen Spielmann* ab: der Pfarrer in *Kalkstein*, ein Besiegter, der in der schlichten Arbeit in einem einsamen Weiler die eigene Dimension findet; der Hagestolz auf der wüsten Insel; die enttäuschte Brigitta; der Baron von Risach im *Nachsommer*, all die zahlreichen anderen, die auf die Liebe verzichten. Doch jene zehrend-zarte Leidenschaft, die des Spielmanns Schicksal menschlich und glaubhaft machte, hat sich unversehens in eine Art von Praxis des Verzichts verwandelt, in die Gewohnheit, das Schlachtfeld zu verlassen.

Der Schauplatz dieser einfachen Geschichten des Dichters ist das Land, als Gegensatz zur »Lasterhaftigkeit«[19] der Stadt. Grüne Wiesen, hohe, finstere, rauschende Wälder, in denen der Wind mit weiserer Stimme spricht als die Menschen, abgelegene, arbeitsame Dörfer, freundliche Hütten, der unveränderliche Wechsel der Jahreszeiten, die fromme Liturgie stets gleichbleibender Gesten und Gefühle: dies ist die Welt des Dichters, die Projizierung des Wunsches nach Frieden und patriarchalischer politischer Harmonie. In den langen, trägen Stunden, die er auf der Weite verbringt, lernt der Hirtenknabe im *Heidedorf* vom Heideland eine scheue Weisheit, die gültiger ist als alles Schulwissen. Ein fernes Dorf im Gebirge gibt dem Pfarrer in *Kalkstein* Seelenfrieden. In *Katzensilber* erleben die »städtischen« Kinder während der Sommerferien im Gebirge eine glückliche, an bildenden

Werten reiche Jugendzeit, wenn sie den alten Dorfgeschichten der Großmutter lauschen, und es ist bezeichnend, daß die Erzählung nur bei diesen sommerlichen Perioden auf dem Land verweilt, während der Winter in der Stadt als bedeutungslose Unterbrechung übersprungen wird. Stifters Erzählwerk ist die Geschichte der Rückwendung zum Ländlichen, und zwar einer Generation, die eines staatsbürgerlichen Engagements nicht fähig ist: so kehrt der umherschweifende Sohn aus dem *Heidedorf* nach Jahren in den Heimatort und in den Familienkreis, zur Alltagsarbeit auf den Feldern zurück. »Siehe, sagte der Großvater, ist es schon vier Uhr, und schon Feierabendläuten; siehst Du, Kind, diese Zunge sagt uns beinahe mit vernehmlichen Worten, wie gut und wie glücklich und wie befriedigt wieder alles in dieser Gegend ist.«[20] Dies ist der sicherste Friede, den das Kaiserreich als Gegengabe für viele Verzichtleistungen gibt, ein Schluck Lethewasser, um die politische wie soziale Lethargie, die bürgerliche Verpflichtung als schöpferische Tätigkeit – und nicht als bloßen Gehorsam – vergessen zu lassen. Der tiefe Wald ist der Garten des lieben Gottes, und wer ihn durchschreitet, fühlt sein Gewissen rein und leicht[21]; der stille Frost beschützt die Mädchen vor den Greueln des Krieges[22], und auf einsamen Waldsteigen findet Tiburtius Liebe und Glück in Gestalt eines schlichten Mädchens mit rosigen Wangen[23]. Die ländliche Einsamkeit in der ungarischen Ebene und die Gutsarbeit lindern das Leid der verlassenen Brigitta. »Die Arbeit und Freude des Landmanns, durch Jahrtausende einförmig und durch Jahrtausende noch unerschöpft«[24] verleiht den Trost eines Lebens ohne Veränderungen und ohne Zukunft, erfüllt von unsterblichem Seelenfrieden, als das ländliche Antlitz der grandiosen Statik. Die Tugend scheint zu dieser Welt von Rechts wegen zu gehören, so daß es in Staunen versetzt, wenn eine Städterin so schlicht und gut ist wie eine Frau vom Land[25]. Das Land wird darum so sehr gepriesen, weil es die natürliche Heimat der großen Kraft ist, die das knarrende Gefährt des Reiches in Gang hält, nämlich der Tradition. »Es ist dies die Dichtung des

Plunders, jene traurig sanfte Dichtung, welche blaß die Spuren der Alltäglichkeit und Gewöhnlichkeit prägt, aber in diesen Spuren unser Herz oft mehr erschüttert als in anderen, weil wir auf ihnen am deutlichsten den Schatten der Verblichenen fortgehen sehen und unsern eigenen mit, der jenem folgt. Darum hat der Großstädter, der stets erneuert, keine Heimat, und der Bauerssohn, selbst wenn er Großstädter geworden ist, hegt die heimliche, sanft schmerzende Rückliebe an ein altes, schlechtes Haus, wo die Bretter, Pfähle und Truhen seiner Voreltern standen und stehen.«[26]

Dieser Wunsch nach Flucht in die Tradition wird bisweilen von wehmütigem Heimweh belebt: »In den hohen Gebirgen unseres Vaterlandes steht ein Dörfchen mit einem kleinen, aber sehr spitzigen Kirchturme, der mit seiner roten Farbe, mit welcher die Schindeln bemalt sind, aus dem Grün vieler Obstbäume hervorragt …«[27]

Hin und wieder findet sich bei Stifter die Poesie, sobald sie unversehens unter so vielen irregeleiteten Ambitionen ihr Maß zu finden scheint. Einer vom kraftvollen Elan des Lebens und dem totalen Engagement des Menschen ausgeklammerten Kunst kann keine wahre epische Kraft innewohnen, kein mitreißender Erzählrhythmus, und einer menschlich wie sozial begrenzten Lebenskondition entspricht eine notwendigerweise beschränkte Sicht der Wirklichkeit, die sich entweder in subtiler Empfindsamkeit oder in bürokratischer Pedanterie erschöpft. So kann man das Leben nicht erzählen, das heißt, sein Pathos erleben und neu erschaffen, sondern nur beschreiben und die sinnenhafte Liebe zu den Dingen damit vergrößern, die ein Kennzeichen untergehender Epochen ist, von Kulturen ohne wahrhafte Freiheit: man denke nur an das Barock. Bei Stifter zieht der Beistrich einen Frack an, meint Hebbel; tatsächlich stehen dem habsburgischen Untertanen nur die raffinierte Betrachtung, die ausführliche Beschreibung aller Details zu Gebote. Diese Kunst sündigt, trotz der behaupteten Hingabe an das »Ganze«, an das universale Gesetz, durch ihren götzenhaften Fetischismus und erhebt das Detail zu einem vom Ganzen losgelösten Gegenstand. Jede bürokratische Kultur ist eine Kultur des Details, und dies scheint nach Grillparzer das Merkmal der österreichischen Literatur geworden zu sein, nämlich ein sinnliches Haften an den Dingen, worin ein schläfriger, orientalischer Hauch weht.

Dieses idyllische, stets gleichbleibende Land, das Stifter auch gerne in verblaßten Genrebildern darstellte, kehrt mit einer in ihrer Hartnäckigkeit fast schon heroischen Wiederholung immer wieder. Gewiß gibt es viele reizvolle Passagen: die lebendige Darstellung des Waldes im *Hochwald*, die ein Bild seiner finsteren Tiefe und seines stillen Friedens vor Augen ruft, die endlose heiße Pußta in *Brigitta*, der Sonnenuntergang am See im *Hagestolz* genügen, um Stifter, einem der eindrucksvollsten Interpreten der Poesie des Waldes, einen hervorragenden Platz einzuräumen. Wenn er jedoch versucht, dieser Stimmung eine Geschichte aufzupfropfen, dann hält der poetische Atem nicht stand: Die Erzählung zerfällt dann in eine konsistenzlose magische Atmosphäre und eine pedantische Monotonie. Dies tritt ganz besonders dort zutage, wo der Dichter versucht, weiter auszugreifen und eine historische Dimension zu erreichen: man denke an Erzählungen wie *Die Mappe meines Urgroßvaters* oder den Roman *Witiko*, worin Geschichte und Lebensschicksal zerfließen und nur manche Stellen, bestimmte Einzelheiten übrigbleiben. Im begrenzten Bereich seines kongenialen Maßes ist Stifter ein echter Dichter. Dies zeigt die schöne Erzählung *Bergkristall*, ein wirklich vollkommenes Juwel an Frische und Einfachheit. Die Geschichte der beiden Kinder, die sich im Schneesturm verirren, ist mit zarter Hand geschrieben von jemandem, der sich in der kindlichen Psyche auskennt. Die Innigkeit mancher Episoden, wie die vertrauensvollen Antworten, die die kleine Schwester dem Bruder gibt, machen diese Novelle zu einer der schönsten des österreichischen 19. Jahrhunderts. Das einträchtige Leben im Dorf, das den Hintergrund der Erzählung bildet, und die stumme Schönheit des Gebirges erheben diese Dorfgeschichte zur wahren, zarten Poesie. Der Beginn mit seiner

Beschreibung des Weihnachtsfests und der zitternden Erwartung zeigt, wohin diese traditionelle Literatur in Augenblicken der Begnadung gelangen konnte: zu einer Atmosphäre von Freude, Tannenduft und verzauberter Kindheit. Die Erlösung in der zärtlichen Zuneigung der Familie, diese Sehnsucht nach dem Kindheitsglück, ist bei den österreichischen Schriftstellern stets ein Mittel der Evasion.

Es ist bezeichnend, daß die Religion unter diesen traditionellen Werten einen im Grunde zweitrangigen Platz einnimmt. Die fromme Religiosität tritt bei Stifter nur gelegentlich in Hinweisen auf, als etwas Selbstverständliches und Unentbehrliches, aber nicht allzu Bedeutendes, als integrierender Bestandteil oder Farbtupfer, nicht aber als eigener Wert. Wenn es zu Abend läutet, schicken sich Großvater und Enkel zum Gebet an[28]; man stirbt nach Empfang der Sterbesakramente[29], und Gottes Hand ruht auf den Menschen. Stifters Religiosität war Gegenstand vieler Erörterungen, von den religiös geprägten Interpretationen bis zur Preisung eines heidnischen Stifter als Dichter der Wälder während des Nazismus. In Wirklichkeit steht ein hartnäckiges Stillschweigen über die christlichen Glaubensgeheimnisse im Kontrast zu einem bestimmten frommen Ton. Eine derartige Antinomie läßt sich nur im Lichte des devoten, äußerlichen Katholizismus der Restaurationszeit verstehen, einer Religion, die sich ganz in der gottesfürchtigen Verehrung der Tradition erschöpfte und nicht in persönlicher Gläubigkeit bestand. Die ganze Pietas der heimatlichen Erzählkunst weist diesen Ton auf. Günther Müller hebt mit Recht den Einfluß des österreichischen, nachjosephinischen Katholizismus hervor[30].

Die menschlichen Beziehungen dieser ländlichen Gesellschaft sind natürlich von patriarchalischem Wohlwollen geprägt. Der Herr ermuntert die Diener, seinen guten Wein zu trinken[31], die alten Hausbediensteten antworten, wenn man ihre Arbeit lobt, daß sie nur ihre Pflicht erfüllt haben[32], der Hüter des zerfallenen Schlosses bewacht das Eigentum der Herrschaft[33]. Das weißhaarige Haupt und die Gemeinsamkeit langer Jahre verleihen dem alten Diener Gregor eine seinem Herrn ebenbürtige Würde, und mit Liebe und Autorität schützt er dessen Töchter während der Stürme des Krieges[34]. Diese auf Achtung, Treue und Respekt beruhende Gleichheit von Herr und Diener ist ein charakteristisches Merkmal der patriarchalischen Idylle und einer der beliebtesten Aspekte der sozialen Beziehungen. Man darf nicht vergessen, daß die Monarchie sich damals an einer ihrer wichtigsten Aufgaben versuchte – und sie teilweise auch verwirklichte –, nämlich die Befriedung der agrarischen Welt mit Hilfe der Bauernbefreiung, die unter Minister Bach durchgeführt wurde.

In Stifters Schriften schwingen, neben den melancholischen, auch bürgerlich-festliche Töne der Heiterkeit: gesunde, schmackhafte Speisen, fröhliche Gelage in Vater Erasmus' Wirtschaft[35], herzliche Freundschaft. Es sind die Freuden, die mit der Rückkehr auf das Land verheißen sind, ein weiterer Aspekt des Schrumpfens der Welt zu gemütlich-engen Grenzen. Die alten Häuser der Großeltern, Schränke voll alten Plunders, heitere Stunden im Familienkreis: der menschliche Horizont reicht nicht über die Umfriedung seines Hauses und seiner unmittelbaren Umgebung hinaus. Innerhalb dieser Grenzen gibt sich der Mensch zufrieden. Die Geschichte selbst wird zu einer Kette familiärer Geschehnisse – Geburten, Todesfälle, Erinnerung und Hoffnung – herabgemindert. Die andere, größere, »ist sogar nur das entfärbte Gesamtbild dieser kleinen«[36] Geschichte. Sie wird also als Tradition, als privates, individuelles Erbe aufgefaßt und erhält das Antlitz häuslicher Mittelmäßigkeit. Eine Art von Larenkult[37] tröstet den Menschen in der Enge seines sozialen Daseins, eine zarte Welt der Gefühle, auf der eine ganze Kultur ruht. Eine Krise hätte leichtes Spiel gehabt, diese zu zersprengen.

2. *Der Nachsommer* (1857)[38]

Mit dieser überaus langen Erzählung hat Stifter den wahren und eigentlichen Bildungsroman des habsburgischen Untertanen vorgelegt. Der Roman ist im Grunde nichts anderes als die Geschichte der Erziehung des jungen Heinrich am Beispiel und Schicksal des Herrn von Risach: einer Erziehung zur friedvollen Resignation und zum heiteren Verzicht in der Überwindung beunruhigender Leidenschaften. Auch die Liebe zu Natalie wird auf die ruhigen Weichen der Idylle, fern allen maßlosen Elans, umgestellt. Die farblose Gestalt Heinrichs ist daher keine konkrete, individuelle Person, sondern das Durchschnittsgesicht eines jungen Österreichers zur damaligen Zeit, des Objekts eines pedantischen Erziehungswerks. In dieser asketischen Überwindung des Individuellen und der radikalen Entpersönlichung des Helden ist Stifter wahrhaft heroisch. Die Kultur der Zeit Franz Josephs mit ihrem Kult des Unpersönlichen spiegelt sich in den eigenartigen, etwas schleppenden Seiten dieses Romans, der sich immer gleichbleibt wie der ruhige Lauf eines Flusses; in ihm wird das Leben allen Tätigkeitsdrangs und aller Besitzgier entkleidet.

Geistiger Mentor dieses Bildungsgangs ist der betagte Herr von Risach mit seiner nicht erlebten Erfahrung und der herbstlichen Weisheit dessen, der vom Rad der Dinge nicht ergriffen wurde. Risach verkörpert beispielhaft das ideale habsburgische Menschenbild: Alter und Abgeklärtheit, freundliche Pedanterie und resignierte Entsagung, Stil und Würde.

Doch hat Stifter diese Themen in seiner treuherzigen und gänzlich unironischen Verherrlichung mit einer Naivität behandelt, die fast eine ungewollt karikierende Wirkung hervorruft. Der Gesamteindruck ist der des Konventionellen, manchmal fast Grotesken. Die Liebesgeschichte zwischen Risach und Mathilde soll das Gleichnis des wahren Glücks, der liebevollen Wärme des Sonnenuntergangs sein: Nachdem der Jugendtraum verflogen ist, finden sich die Liebenden in reifem Alter wieder und erleben nochmals einen Nachsommer der Gefühle, eine warme, platonische Freundschaft. Die Geschichte der Jugendliebe, die nicht ohne zarte Poesie ist, durchdringt ein gottesfürchtiger, schließlich irritierender Moralismus. Die Mittelmäßigkeit dieser edlen Empfindungen führt zu einem Extrem, mit negativem Ergebnis; diese »Moralität«, die Stifters Welt kennzeichnet, ist dem Goetheschen »Streben«[39] diametral entgegengesetzt. Die erbauliche Absicht ist nur allzu deutlich. Man vergleiche damit, im Hinblick auf das Thema, eine Novelle wie Storms *Späte Rosen*, eine Geschichte, erfüllt von wahrer, warmer Menschlichkeit, von gezügelter Leidenschaft.

Entsagung und Melancholie, entschwundenes Glück, dies sind die wahren Freuden und die süße, harmonische Herbstseligkeit[40]. Die von Risach mit so viel Liebe gezüchteten späten Rosen sind geradezu das Symbol dieses gefühlsmäßigen Altweibersommers und des milden Sonnenuntergangs des Lebens, der als der schönste Lebensabschnitt gepriesen wird. Die ideale Frau dieser Welt gleicht einer im Verwelken begriffenen Rose, die köstlicher duftet als die Knospe: »Über die vielen feinen Fältchen war ein so sanftes und zartes Rot … Sie hatte unter der Stirne zwei sehr große, schwarze Augen, unter dem Hute sahen zwei sehr schmale Silberstreifen des Haares hervor, und der Mund war sehr lieb und schön.«[41]

Das habsburgische Antititanentum drückt in diesem Roman die radikalste pädagogische Ermahnung aus und sublimiert das eigene Unvermögen in religiöse Harmonie. Der utopische Versuch, eine Menschheit heranzubilden, die der Begrenztheit der österreichischen Lebensbedingungen entsprechen soll, muß mit der eigenen Tatenlosigkeit bezahlt werden: dies ist der *Nachsommer*. Er wird zu einem Sinnbild des niedergehenden Reiches, seines letzten, friedvollen Glanzes.

In diesem Bildungsroman scheinen sich Stifters stilistische Merkmale zu erschöpfen: Pedanterie und Wiederholung[42], ermüdende Beschreibung kleinster Einzelheiten und hartnäckige Monotonie. Seitenweise werden Risachs Liebe und seine Fürsorge für die Pflanzen beschrieben, die minuziösen Gespräche mit Heinrich. Im *Nachsommer* versucht die habsburgische Kultur, ihren Roman vorzulegen, scheitert jedoch. Der richtige Roman, kraftvolles individuelles und zugleich soziales Epos, eine kühne Schilderung menschlichen Lebens in all seiner Komplexität, konnte nicht innerhalb dieser philisterhaften Kultur entstehen und deren Mythos passiv akzeptieren. Stifter hat hier Fragmente und Beschreibungen geliefert, aber keinen Roman, bleibt auch hier der Kleinmaler seiner kurzen Erzählungen; den weitausholenden Atem eines echten Erzählwerks bringt er nicht auf[43].

Der gesamte Roman wird von einem bürokratischen Geist durchdrungen. Risach kann nichts anderes sein als ein pensionierter Beamter, der darum den Ruhestand angetreten hat, weil er in sich nicht das »Geschick zu einer tätigen Einreihung in ein Ganzes und kräftiger Arbeit für Zwecke, die außer dem Gesichtskreise liegen« spürt[44]. Bürokratisch ist auch der Kult der harmonischen Welt der Pflanzen und die kleinliche Liebe zu den Blumen, worin ganz gewiß nicht Pathos der Frühlingsblüte, sondern die statische Betrachtung der natürlichen Ordnung liegt. Es wurde bemerkt, daß Stifters nahezu heiligmäßige Ehrfurcht vor jeglicher Hierarchie, seine pyramidenhafte Vorstellung von Religion in der tiefen Bewunderung für die Ordnung der Pflanzenwelt wurzeln[45]. Der Mensch ist eine Pflanze, ein passives Lebewesen, dessen Aufgabe es ist, am eigenen Platz zu verharren, gleichsam als kleines Blatt des großen Systems, und sein Leben ist »zuerst ... ein Veilchen, dann eine Rose, ... bis (es) eine Zeitlose wird«[46]. So wird die Zeit, jene negative Kategorie, die die gesamte Ära Franz Josephs untergräbt, im Roman zu einem unveränderlichen Herbst versteinert, zur illusorischen unverweslichen Dauer eines Oktobers, der stets gleichbleibt[47].

Natürlich sind Land und Provinz das ideale Milieu für die Formung des jungen Heinrich. Die Stadt ist nur ein bedrückendes Wirrwarr von Mauern und Dächern, ein Babel einander fremder Menschen[48]. So erfüllt sich auch Risachs Geschick zwischen zwei ländlichen Ruhepolen: dem Gutshof, wo er seine abgeklärte Reifezeit erlebt, und dem herrschaftlichen Sitz der Eltern Mathildes, wo die Liebe aufkeimt. Dieser erscheint ein wenig als *locus amoenus* der habsburgischen Kultur und Literatur und strahlt eine Atmosphäre adelig-ruhigen, in seiner Müdigkeit etwas schläfrig-friedvollen Lebensstils aus.

Nachsommer: ein warmer, seinem Ende zugehender Herbst, der sich über die ganze Donauliteratur ausbreitet; eine Erzählkunst, die den Blick für die Realität verloren hat und eine erhabene, ahistorische Bildung erträumt. Der Unterschied zwischen Literatur und Realität, den Grillparzers Genius in einer dichterischen Synthese überbrückt hat, beginnt nun, unüberbrückbar zu werden.

3. *Witiko* (1867)[49]

War der *Nachsommer* die Geschichte der Bildung eines Individuums, so ist *Witiko*, wie Josef Nadler richtig bemerkt, die Geschichte einer politisch-sozialen, kollektiven Bildung[50] und das Epos einer Landschaft, die Staat wird. Dieser Staat ist im Grunde nichts anderes als eine patriarchalische Gemeinschaft, eine ursprüngliche, harmonische Gesellschaft. Mit diesem Roman hat Stifter eine Art habsburgische *Ilias* oder, noch eher, *Aeneis* geschrieben. Dieses Epos vereint sämtliche Werte der österreichischen Kultur und ist zugleich naivste Evasion, nämlich der utopische Traum einer befriedeten, von Gerechtigkeit, Brüderlichkeit und gesittetem Anstand geleiteten Welt.

Das Kernthema dieser epischen Dichtung ist freilich kein nationales Ideal (der Autor nimmt vielmehr diesbezüglich eine treuherzige oder raffinierte Doppelhaltung ein), sondern ein geheiligtes, frommes Prinzip der Gerechtigkeit und Eintracht. Das »sanfte Gesetz« – bisher nur in bescheidenen Einzelschicksalen verkörpert – wird nun in der Geschichte verankert. Anstatt aber deren mächtigen Geist zu erfassen, gelingt Stifter nur die trockene, unorganische Struktur einer Chronik, eine endlose Reihe von Episoden, aber kein Roman, die Schilderung abenteuerlicher Geschehnisse, aber kein Epos. Selbst die Sprache hat etwas von dem Fluß der Tatsachenbeschreibung und erlangt durch die häufigen Adjektive zwar eine eigene Farbe, aber keine Tiefe[51]. Hätte sich Stifter in die habsburgische Vergangenheit, insbesondere in die komplexen böhmischen Geschehnisse versenkt, so hätte er sich seiner eigenen Lebensbedingungen besser bewußt werden können und Anlaß gefunden, die selbsterlebte Wirklichkeit zu verstehen; statt dessen fand er darin aber nur erbauliche legendäre Episoden. Stifters kitschiger und fragmentarischer Geschichtsbegriff, der die Beziehungen und Zusammenhänge zwischen den einzelnen Geschehnissen nicht zu erfassen vermag, ist deutlich von der reaktionären Geschichtsschreibung, insbesondere der konservativ-föderalistischen Johannes von Müllers[52] geprägt, der in den Patrizierprivilegien und Lokalautonomien seiner Schweizer Heimat den sichersten Garanten der Freiheit gegenüber einem autoritären Zentralismus jakobinischer Prägung sieht. Die Freiheit im *Witiko* schrumpft zu einer Art von ruhiger, stolzer Autonomie innerhalb der Waldgemeinschaft zusammen.

So fehlt Stifter völlig das Verständnis für Völker und nationale Gemeinschaften in ihrer konkreten, dynamischen geschichtlichen Einbettung; vielmehr erscheinen sie als »Naturprodukte aus der Hand des Schöpfers hervorgegangen«[53].

Der ganze Roman ist wie ein Gedicht angelegt, vollgestopft mit ritterlichen, erbaulichen Kriegsepisoden und belastet mit einem konventionellen Moralismus. Das Wort »Recht« scheint auf jeder Seite auf: Im Namen dieses Ideals bekämpft Witiko, der Protagonist, die falsche Wahl der böhmischen Fürsten, verteidigt er den Herzog Sobeslaw und vermeidet den Bruderkrieg. Es handelt sich offensichtlich um ein fast metaphysisches, unbestimmtes und nebulöses Ideal ohne irgendeine rechtliche Grundlage, um eine mystische Hierarchie, die in Österreich so oft gegen moderne, liberale Bestrebungen gepredigt wurde. Der Romanheld ist deren vollkommene Verkörperung: bescheiden und ohne persönliche Reaktion, bereit zur Selbstbegrenzung und nur im Notfall aktiv, Feind aller Usurpatoren. Es wurde bemerkt, Stifter habe damit das Ideal des verantwortungsbewußten, gottesfürchtigen – im Gegensatz zum machiavellischen – Politikers schaffen wollen[54]. Kurz, die Autonomie im politischen Bereich wird im *Witiko* wie in einer mittelalterlichen Enzyklika verworfen, und zwar gerade in jener Welt, in der alles, von der Religion bis zum Vergnügen, Instrument einer weitsichtigen Politik wird. Der Roman ist ein subtiles, weises Werk der Entfremdung, und der Romanheld ist der Prototyp dieses engen, patriarchalischen Empfindens, das Keller dazu bewogen hat, Stifter als Sophisten und Philister zu bezeichnen[55].

Das verzopfte Schulhandbuch des Ritters von Heufler[56], das für die Schulen eine Autorität darstellte, von Stifter jedoch – der persönlich offen und lauter war – abgelehnt wurde, scheint den Idealen des *Witiko* in Wahrheit gar nicht so fern zu liegen, fehlt unter ihnen ja nicht einmal die Anerkennung der Religion als Erziehungsmittel und nicht als selbständiger Wert. Gewiß stehen Stifters Loyalität und persönliche Unabhängigkeit außer Zweifel, doch war er in seinen letzten Romanwerken unbewußt Registrator jeglichen ideologischen Überbaus und aller »geheimen Verführer« seiner Zeit. Es fehlte nicht an Interpreten, die, vom guten Glauben des Dichters geblendet, im *Witiko* eine deutlich demokratische Botschaft finden wollten. Der Roman ist aber vielmehr das Epos der grandiosen Statik und eines zur Veränderung unfähigen Lebens, wie auch die Hauptgestalt zu keiner Entwicklung fähig, sondern von Anfang an fertig[57] und gleichbleibend ist. Mehr noch als die Schlachten und tapferen Taten prägt sich dem Gedächtnis das stille, friedliche Leben Witikos und seiner Waldgefährten ein: Tom der Geigenspieler, Peter Laurenz der Schmied, David der Zimmermann, Christ Severin der Weber, Sebastian der Schuhflicker, Stephan der Wagenmacher, der Pfarrer. Dies ist die Sehnsucht nach einer patriarchalischen Gemeinschaft Gleichgestellter, wie Witiko selbst bestätigt. Der Roman endet mit der Gründung der Waldgemeinschaft, dem konservativen Heimattraum des habsburgischen Friedens.

Franz Hüller hat festgestellt, daß Stifter der nationalen Frage, der Frage »deutsch oder slawisch«, ausweicht, die sich doch angesichts des böhmischen Schauplatzes der Handlung von selbst stellt[58]. Der Dichter läßt die Dinge im ungewissen, selbst die Gestalt des Protagonisten, einer Mischung aus den Attributen zweier Völker, der deutsche Haartracht und böhmische Kopfbedeckung trägt. Dies ist ein Aspekt der übernationalen Ethik, der in diesem Fall eine besondere örtliche Situation, nämlich die des Deutsch sprechenden und »habsburgisch« fühlenden[59] böhmischen Hochadels widerspiegelt. Die Existenz des Böhmerwaldes[60] beeinflußt Stifters gesamtes Erzählwerk, fühlt sich der Dichter doch der väterlichen Scholle überaus verbunden; und unter der Schicht patriarchalischen, volkstümlichen Biedersinns liegt die Realität einer aristokratischen, feudalen Gesellschaft: Witiko lebt wie ein Bauer im Wald, doch er ist von hoher Geburt und wird später der Stammvater der Rosenbergs. Das »Volk« wird in der österreichischen Literatur oft nur zu einem koketten, ein wenig snobistischen Gewand des Adels.

Stifters dichterisches Schicksal scheint wie eine Anspielung auf die gesamte dramatische Lebensbedingung der österreichischen Literatur. Der Roman, die breitangelegte Darstellung der Wirklichkeit, scheitert und bleibt im Grunde bis zum Zusammenbruch der Monarchie undurchführbar. Die Nuance und das Detail sind das Tätigkeitsfeld auch großer Dichter, wie Hofmannsthal. Unterdessen aber steht die Heimatliteratur noch in voller Blüte.

4. Marie von Ebner-Eschenbach

Hat Stifter den Böhmerwald der Kunst erschlossen, so tritt nun mit dem Werk dieser aufgeklärten und intelligenten Adeligen die mährische Ebene mit ihren melancholischen Weiten und den Dörfern und Schlössern einer trägen Aristokratie in die österreichische Literatur ein. Der heimatliche Hintergrund von Zdislawitz[61] bleibt die Seelenlandschaft dieser Schriftstellerin von europäischem Format und ist der Ausgangspunkt des menschlichen und künstlerischen Gehalts ihrer Erzählkunst. Wien und der ruhige Sitz in Mähren sind die beiden Pole, zwischen denen sich Marie von Ebner-Eschenbachs Leben abspielt, und zugleich auch die beiden Angelpunkte ihrer Dichtung. Das Erlebnis der literarischen Salons und des Bürgertums von Wien einerseits und der feudalen Welt andererseits bildet für sie den Blickwinkel, unter dem sie das Leben und die Grundlagen ihrer Welt betrachtet. Es ist ihr gelungen, fundamentale Aspekte und überaus typische Gestalten dieser Welt zu erfassen und in aller Feinheit darzustellen.

Marie von Ebner-Eschenbach war freilich weder eine parteiische Anhängerin der Aristokratie noch die Verherrlicherin nichtssagender traditioneller Tugenden. Begabt mit tiefem seelischem Reichtum und warmer, mitfühlender Menschlichkeit, verstand sie es, die Leere der feudalen aristokratischen Welt, in der sie lebte, zu durchschauen, und ihr ganzes Werk ist von christlichem Mitleid zu den Erniedrigten und Beleidigten dieser Gesellschaft durchdrungen. So bezeichnete sie etwa den Stil der Aristokratie als »die Fertigkeit, dieselben Albernheiten in verschiedenen Sprachen zu sagen«[62]. Und ohne allzu großes Bedauern stellte sie fest, daß diese führende Schicht dem Untergang geweiht war[63]. Oft wird in ihren Werken das Leben des Provinzadels, auch mit seinen schlimmsten Eigenschaften, Oberflächlichkeit und Härte, beschrieben. In der Erzählung *Der Kreisphysikus* werden die harten Lebensbedingungen der galizischen Bauern unter dem Joch der polnischen Grundherren in aller Schonungslosigkeit dargestellt[64]. Leidenschaftlich nimmt sie am Schicksal des armen Leibeigenen Mischka Anteil, der seiner Schloßherrin die Hand küßt, die ihn, während sie sich an der Abfassung eleganter Verse für das Fest verlustiert, zu Tode prügeln läßt[65]. Komtesse Muschi verbringt inmitten des Formalismus und der Langeweile einer Gesellschaft, die sich mit nichtigen Unterhaltungen zerstreut, eine nichtssagende, bedeutungslose Jugend[66]. Selten ist die habsburgische Aristokratie so scharf analysiert und deren ganze innere Leere enthüllt worden. Man denke nur an den Grafen Rondsperg im Roman *Božena* (1876)[67], der nicht ohne menschliche Qualitäten ist, aber in seiner engen Mentalität eingesperrt bleibt und außerstande ist, die ihn umgebende Wirklichkeit zu verstehen und zu beurteilen. Die Dichterin bemerkt auch, daß die bürokratische Zurückhaltung und das würdevolle Dekorum die Gefahr enthalten, das Leben zu verknöchern und seinen Elan zu brechen. Dies gilt insbesondere für das Verhältnis in der Familie, in der die despotische Autorität des Vaters herrscht: so droht die gebieterische Härte des alten, pensionierten Offiziers das Leben seiner jungen Töchter zu zerstören[68], die Kälte eines allzusehr auf seine Würde bedachten Gatten vernichtet beinahe das Glück seiner Ehe[69], und die pedantische Strenge des k.k. Bahnbeamten Pfanner treibt seinen sensiblen Sohn in den Selbstmord[70].

Dessenungeachtet geht aber, was stolze Gesellschaftskritik hätte sein können, in resignierte Güte und in ein im Grunde friedliches Bild des Provinz- und Landlebens über. Von den Ungerechtigkeiten ihrer Welt verletzt, reagiert Marie von Ebner-Eschenbach nicht darauf, sondern sucht Zuflucht in der Harmonie und im inneren Frieden, in einer bekümmerten Ermahnung zu Liebe und Güte. Und am Ende ist auch ihr Werk, trotz polemischer Ansätze und melancholischer Tönung, eine Idylle oder wenigstens der Versuch dazu, ein friedliches Bild habsburgischer Zivilisation, die im wesentlichen in ihren provinziellen, hier wieder den mährischen Aspekten erfaßt wird. *Dorf- und Schloßgeschichten* nannte die Dichterin ihre berühmteste Novellensammlung. In der Tat sind Dorf und Schloß der Schauplatz der Geschehnisse, die sie gewissermaßen in einem langsamen, gemäßigten, altväterischen und ordnungsliebenden Lebensrhythmus skandieren. Die Sehnsucht nach einem patriarchalischen, aristokratisch-aufgeklärten Leben macht sich in ihren Werken bemerkbar; Harmonie und Frieden werden innerhalb dieses Lebensstils gesucht: Die Welt der einzelnen Menschen weist Makel auf, die beseitigt werden müssen, doch im Grunde ist sie die einzige Welt, in der man leben kann. Ideen, ob fortschrittlich oder konservativ, haben geringe Bedeutung, und so ist der reaktionäre Freiherr Friedrich von Gemperlein in seinem Verhältnis zu den Untergebenen nicht weniger menschlich als sein liberal gesinnter Bruder: »Weil ich höher stehe als der arme Teufel, mein Nächster, und in ihm einen Schutzbefohlenen respektieren muß.«[71] Das Schloß der Gemperlein in seiner melancholischen Einsamkeit wird so zur Heimat eines aristokratischen und menschlichen, von freundlich-hierarchischen Beziehungen getragenen Lebens[72]. Marie von Ebner-Eschenbachs Erzählungen sind von typischen, sympathischen ländlichen Gestalten wie Waldhütern und Jägern bevölkert, Sinnbildern einer kraftvollen, natürlichen Gesundheit, wie sie nur im Freien, in der grünen Landschaft Mährens möglich ist.

Im übrigen werden auch die negativen Seiten der habsburgischen Welt liebevoll betrachtet und so dargestellt, daß auch deren positive Eigenschaften hervortreten. Trotz all seiner Beschränktheit erweist sich Graf Rondsperg in *Božena* als gutmütiger, eigentlich sehr menschlich fühlender Edelmann; die karikierende Zeichnung der militärischen Anwandlungen und der konservativen Ideale Weberleins nimmt der Gestalt nichts an Sympathie, sondern verstärkt sie eher. Die starre Pedanterie des Bediensteten Pfanner, der, kaum heimgekehrt, alle überflüssigen Lichter auslöscht, ermangelt nicht einer gewissen leidvollen, rührenden Korrektheit: Mit sicherer Hand beschreibt die Dichterin die Hoffnungen auf sozialen Aufstieg, den Sinn für Würde und unbeugsame Disziplin und jene Art von Kastenstolz, der alle k.k. Bürokraten kennzeichnet.

Die Lehre, die Botschaft dieser Erzählungen ist nichts anderes als die Abwandlung des großen Themas vom Verzicht[73]. Die Güte, die liebevolle Hingabe an den Mitmenschen und die Hinnahme von Übeln und Ungerechtigkeit, die an eine bestimmte russische Frömmigkeit erinnert[74], rufen ständig die menschliche Begrenztheit vor Augen, sind eine Aufforderung, still im beschränkten Bereich der eigenen Scholle zu wirken und die Welt nur innerhalb der täglichen Empfindungen zu verändern. Der revolutionäre Prophet der Bauern, der ihnen ihre Rechte vor Augen führen möchte und in den galizischen Unruhen des Jahres 1846 eine neue soziale Ordnung einführen will, endet selbst als schlichter Bauer, überzeugt, daß es von größerem Nutzen sei, die täglichen Kümmernisse der Unterdrückten zu teilen, als die Welt zu erschüttern[75]. Božena, die demütige slawische Magd, überwindet Schwierigkeiten und Unrecht nicht in der Rebellion, sondern im schweigenden, liebenden Leid. Allgemein gesehen, scheinen sich die Kontraste eher abzuschwächen und in Harmonie aufzulösen. Die Ebner-Eschenbach trägt damit auf bemerkenswerte Weise zum Bild einer oft schmerzlichen und traurigen, aber stets von weisem Maß getragenen Welt bei. Und auch von ihren Erzählungen wie von ihren oft betagten, einsamen Gestalten, deren Aufgabe darin besteht, jegliche quälende Leidenschaft zu überwinden und die Gefühle zu zügeln, geht ein herbstlicher Duft aus. So unterdrückt Franz von Meyer seine Liebe und Eifersucht gegenüber seiner Frau[76], und die temperamentvolle Gräfin erinnert sich nur flüchtig »an Einen, den zu vergessen ihre Pflicht war«[77].

Vor allem aber bereichert die Ebner-Eschenbach die österreichische Literatur um eine ganz eigene, besondere, übernationale Note; sie verleiht einem malerischen, lokalen, deutsch-slawischen Milieu dichterischen Ausdruck und trägt damit wirksam zu einem der faszinierendsten Aspekte des habsburgischen Mythos und des farbenfrohen, interessanten

Völkermosaiks bei. Die slawischen Gebiete bildeten ja nicht nur ein dorniges, kompliziertes politisches Problem, sondern auch eines der grundlegenden Elemente der Donaumonarchie und gaben dieser jene Patina eines übernationalen Staats, die ein so wesentlicher Bestandteil ihres Mythos war. Die Geographie der Erzählungen der Ebner-Eschenbach vermittelt gewissermaßen implizit die weite Ausdehnung des Kaiserreichs: von Mähren bis Galizien und zum fernen Siebenbürgen, wo Leutnant Wilhelm von Fehse[78] den Tod findet.

So wie die habsburgische Politik ständig zwischen der liberal-zentralistisch-deutschen und der katholisch-föderalistisch-slawischen Richtung schwankte, so nimmt auch das Bild der Literatur zur Zeit Franz Josephs eine jeweils deutsche oder slawische Tönung an. Das Werk der mährischen Schriftstellerin vertritt vor allem die tschechische Komponente der Monarchie, doch in einem durchaus habsburgischen Sinne, das heißt in Gestalt fast folkloristischer, malerischer und eindrucksvoller Aspekte eines Stammes im Reich und nicht als problematisches Bild einer Nation. Diese Komponente ist vor allem im Ästhetischen gegenwärtig. Namen mit suggestiver slawischer Färbung, lokale Gebräuche, arme, aber zäh an ihrem sozialen Aufstieg arbeitende Juden, galizische Bauern. Das Echo der heftigen Kämpfe zwischen Tschechen und Deutschen erreicht die Erzählungen der Ebner-Eschenbach nicht. Damals begann der mächtige tschechische Aufstieg, der allmählich die deutschen Siedlungen in Böhmen verschluckte. Es war ein dumpfer, stiller Kampf um jeden Schulbau, um jede Installation einer Wasserleitung oder Verwaltung eines Gemeindeamts, ein Kampf, der jedem Schulverein eine Matice Skolka und jeder deutschen Sparkasse eine Zivnostenska Banka entgegenstellte. Indessen wurden sich die slawischen Intellektuellen aller Stämme rund um den Lehrstuhl des großen Professors Masaryk ihrer eigenen Nationalität bewußt. Zwar war der Zwiespalt in jenen Jahren noch latent und sollte erst in den letzten zwanzig Jahren der Monarchie größere Ausmaße annehmen[79], auch handelte es sich zumeist um Gegensätze innerhalb des Reichs, wobei es um die Übernahme der Führung ging, nicht um separatistische Tendenzen. Doch macht sich diese Unruhe in den Romanen der Ebner-Eschenbach nicht bemerkbar. Vielmehr entwerfen sie das Bild einer harmonischen deutsch-slawischen Welt, die slawisch in ihren elementaren Gefühlen und Alltagsgewohnheiten, aber deutsch nach Kultur und Lebensart ist. Die Schriftstellerin geht über die nationalen Gegensätze hinweg und vertraut, wie ihr Nathanael Rosenzweig, dem großen Staatsgefüge[80]. Wenn sie bisweilen bei derartigen Problemen verweilt, so geschieht dies mit einem Gefühl des Bedauerns über die ruhelose Narrheit der Menschen, die den Frieden stören, so wie der alte Doktor Michael Vanka betrübt diese Zwistigkeiten mit der weisen Ordnung in seinem Hühner- und Gänsestall vergleicht[81]. So erweisen sich die mährische Heimatliteratur und die resignierte Güte als eines der farbigen, mythologischen Gesichter der alten Franz-Joseph-Welt und als leidenschaftliches Bemühen, die Widersprüche der »Monarchie der Gegensätze« zu verschleiern.

5. An den östlichen Reichsgrenzen

Ein bemerkenswerter Beitrag zur Literatur, der sich durch einige charakteristische Merkmale auszeichnet, kommt aus den Ländern im äußersten Osten des Reiches, in denen die widerspruchsvolle Problematik der österreichisch-ungarischen Monarchie am deutlichsten zutage tritt. Galizien und Lodomirien, die Bukowina und Transsilvanien, all die entfernten Provinzen an der russischen und rumänischen Grenze, die an die Heldentaten und die deutsche Kolonisierung unter Maria Theresia erinnern, fügen sich dem habsburgischen Mosaik und der Heimat- und Lokalliteratur mit einer ganz bestimmten Tönung ein. In diesen nach Kultur und Rasse russischen Ländern des Ostens, die Franzos »Halb-Asien«[82] nennt, ist das Bemühen um die Erweckung eines österreichischen, allumfassenden, auch die örtlichen Gegebenheiten berücksichtigenden Patriotismus besonders intensiv. Ja, gerade der asiatische Charakter, der von der deutschen Kultur unendlich weit entfernt ist, macht diese Länder in gewissem Sinne zu typisch habsburgischen Gebieten, die also mit der Donaumonarchie durch ein ethisch-kulturelles, übernationales Ideal verbunden waren. Diese Länder bildeten einen Schmelztiegel und Begegnungspunkt der Rassen, trafen und vermischten sich in ihnen doch deutsche Kolonisten, die slawisch-russische bäuerliche Bevölkerung, der polnische Adel und jüdische Gemeinschaften, welch letztere sich nicht nur geschäftlichen Aktivitäten, sondern – fast einzig dastehend unter den Juden Europas – auch dem Kleinhandwerk widmeten. Dies war Zwischeneuropa, der Schauplatz der säkularen österreichischen Mission als militärischer und wirtschaftlicher Kolonisator der zwischen Rußland und Deutschland gelegenen Länder und somit wahrhaft das Herz der habsburgischen Tradition, die ihren eigentlichen Daseinsgrund »der gegenseitigen Unfähigkeit der Deutschen und Slawen, sich in geographischen Nationalgrenzen zu konstituieren«[83] verdankte. Der Mythos Österreichs als Mittler zwischen Ost und West findet in diesen unbestimmten, fernen Ländern seine geistige Heimat.

Die Literatur dieser Gebiete war dem Milieu und den Personen nach slawisch, der Sprache nach deutsch und dem Geiste nach »österreichisch«. So wurde die Bukowina später die »österreichischste unter den österreichischen Provinzen« genannt, und Philipp Menczel pries die weise Schulorganisation, deren Studienplan einen ruthenischen, rumänischen, polnischen und deutschen Unterricht vorsah, während der Religionsunterricht entsprechend dem römischen, griechischen und armenischen Ritus erteilt wurde. »Und aus diesem seltsamen Schmelztiegel gingen alle österreichisch geformt hervor, mit jenen kleinen farbigen Varianten, die das Leben dort unten so interessant machen. Alle trugen über dem nationalen Alltagsgewand das übernationale Festkleid an historischen österreichischen Gedenktagen mit feierlichem Stolz.«[84] Dieser Patriotismus nahm bisweilen, wie bei Menczel selbst, deutlich antideutsche Akzente an: kurz, es war der Mythos Österreichs als Vielvölkerstaat, der die konkrete Oberhoheit der beiden herrschenden Gruppen, der deutschen und ungarischen, zurücktreten ließ.

Die Literatur dieser Gebiete, die gleichfalls Äcker und Adelssitze, die melancholischen Karpaten und Schlösser zum Hintergrund hat, zeigt aber nicht die gesunde patriarchalische Prägung, die die österreichische Dorfgeschichte, von Pichler bis Rosegger, im allgemeinen kennzeichnet. Dies hängt entscheidend von den andersartigen sozialen Verhältnissen ab: Der bäuerlichen Welt der Steiermark oder Tirols, die von verhältnismäßig freien, kleinen Bauern bewohnt ist, die niemals ihr Recht auf Mitsprache im Landtag verloren haben, steht hier die harte, erbarmungslose Tatsache der Leibeigenschaft gegenüber. Die im benachbarten Rußland herrschende Leibeigenschaft war in diesen Ländern derart tief verwurzelt, daß selbst die Edikte Josephs II. sie nicht wirklich auszumerzen vermochten. Leopold von Sacher-Masoch beschreibt immer wieder die rechtswidrige Existenz einer erbarmungslosen Feudalherrschaft, die die Gesetze des großen Monarchen überlebt hat[85]. Daher ist die Welt, die aus diesen Geschichten durchscheint, nicht von Stifters oder Roseggers gottesfürchtigen, fröhlichen Bauern bewohnt, sondern von demütigen Knechten, die gewohnt sind, sich unter den Schlägen zu beugen, oder von stolzen Bergbanditen, die die Gesellschaft bekämpfen. Und doch ist auch dies keine Literatur der Rebellion, sondern im Gegenteil die Stimme eines bemerkenswerten Bemühens um Harmonisierung der Widersprüche, und vor allem fügt sie der österreichisch-ungarischen Literatur ein farbiges folkloristisches Bild hinzu.

Der Galizier Leopold von Sacher-Masoch[86], dessen Vorliebe für herrschsüchtige, grausame Frauen dem Masochismus seinen Namen gab, führte den kleinen, demütigen Ruthenen[87] in die österreichische Literatur ein. Er selbst war geradezu die Verkörperung der habsburgischen Treue und ihres übernationalen Ideals. Er war »bis in seinen letzten Blutstropfen Slawe ... – von der echtesten schwarz-gelben Färbung«[88], verherrlichte die Leiden der Bauern, glaubte leidenschaftlich an den Doppeladler und war erbitterter Gegner der Deutschen. Eine vielfarbige slawische Welt bevölkert seine Schriften und verleiht ihnen einen eindringlichen Reiz: Frauen in der anmutigen Kazabaika[89]; friedliche Ruthenen und stolze Huzulen, widerspenstige, unabhängigkeitsliebende Karpatenbauern; demütige, listige Juden in langen, abgetragenen Kaftanen, deren Leben ganz aus Hören, Schweigen, Leiden[90] besteht; Hajdamaken, Gebirgsbanditen mit arabeskenverzierten Pistolen, Pulverhörnern und geweihten Kreuzen. So wird Galizien mit all seinen grundlegenden geschichtlichen wie sozialen Aspekten von Sacher-Masoch erfaßt. Sein erster Roman[91] und viele seiner »galizischen Geschichten« behandeln den furchtbaren Aufstand des Jahres 1846 und die Ruthenengemetzel. Aus seinen Novellen wird das Bild des durch Schulden zerrütteten polnischen Adels[92] und des erbarmungslosen Wuchers, dem die Bauern unterworfen waren, ersichtlich. Aber bei ihm wird das Problem sogleich zu einem Farbtupfer, auch im Hinblick auf die Juden, wobei man nicht leicht unterscheiden kann, ob es sich um den für diese Gebiete typischen gemäßigten Antisemitismus handelt oder bloß um eine malerische Beschreibung. Doch hat der Schriftsteller trotz seiner eher bescheidenen Gaben eine bunte, suggestive Welt gezeigt, die zu einem nicht unbedeutenden Bestandteil der slawischen Dichtung innerhalb des habsburgischen Mythos wurde: glutäugige Polinnen, Dobosch, der tapfere Bandit der Tschernahora[93], der durch weihwasserbenetzte Kugeln getötet wird[94], Smaragd, der listige jüdische Heiratsvermittler[95], Bäuerinnen, die dank ihrer Schönheit Königinnen werden, all dies bietet ein Gemälde von exotischem Reiz.

Sacher-Masoch, dessen Phantasie slawisch ist und der in vielen seiner Werke alles Deutsche anschwärzt[96], empfindet das habsburgische Österreich als ein großes Vaterland, dessen Aufgabe es ist, die Zweige der verschiedenen Stämme in einer übergeordneten, liberalen politischen Einheit zu vereinen. Von der engen galizischen Heimat zum habsburgischen Kaiserreich: so erscheint das Werk dieses Schriftstellers wie die Stimme und das Zeugnis jenes *sacrificium nationis*, auf dem der Thron Franz Josephs ruhte. Und es scheint jene Harmonie der übernationalen Einheit und des Lokalcharakters zu verwirklichen, die die Grundlage der müden donaustaatlichen »Internationale« war. Balaban, der gequälte Bauer, findet im Heer Würde und Gerechtigkeit wieder: »Und da sah ich auch in der Kreisstadt, daß es eine Ordnung in der Welt gibt; man hielt uns streng, aber gerecht. Da gab es keine unverdiente Strafe und keinen unverdienten Lohn, und die Leute in der Stadt sahen den Soldaten gleichsam mit Respekt an. Und wenn ich Wache stand vor dem Kreisamte und hörte die Bauern, wie sie zusammen redeten und wie sie da Recht und Hilfe fanden gegen die Polaken, da blickte ich zu dem Adler empor, der über dem Tore hing, und dachte mir: Du bist nur ein kleiner Vogel und hast kleine Flügel, aber sie sind doch groß genug, um ein ganzes Volk zu schützen. Wenn wir später zur Parade marschierten, die gelbe Fahne mit dem schwarzen Adler über unseren Köpfen flatterte, brauchte ich nur hinsehen und war zufrieden.«[97] Folklore und übernationaler Patriotismus: das ist der Beitrag dieser eher bescheidenen Erzählungen aus dem fernen Galizien.

Eine ähnliche Sympathie für die Ruthenen ist in den Schriften von Karl Emil Franzos[98] zu finden. Franzos, ein deutscher Jude aus der Bukowina, beschrieb jene Zwischenbereiche zwischen der slawisch-byzantinischen und der lateinisch-germanischen Welt. Als sensibler und engagierter Schriftsteller stellte er die überaus harten Lebensbedingungen der Bauern und die schmachvollen Gewalttätigkeiten der herrschenden Schicht ungeschminkt dar. Vor allem aber verlieh er dem Leben der zusammengewürfelten Rassen Altösterreichs, dem faden Dasein in den podolischen Kleinstädten und insbesondere den erschütternden tragischen Odysseen der jüdischen Gemeinden Ausdruck. Sein Roman

Die Juden von Barnow (1877) ist eines der lebendigsten Bilder des jüdischen Lebens in Osteuropa. Diese Menschen, die im Herbst aus ganz Wolhynien und Podolien nach Belz kommen, um in der alten Synagoge ihre religiösen Feste zu feiern und vom fernen Jordan zu träumen[99], bleiben als schmerzlichste, eindringlichste Note dieser Ostgebiete in Erinnerung. Franzos, der kein orthodoxer Jude war, aber dennoch an seinem Glauben hing, war der Sohn eines mehr russischen als österreichischen Grenzlands und suchte Harmonie und Stabilität. Mit aller Kraft wollte er zur Entwicklung seiner Heimat beitragen und war, auch durch seine Studien in Wien und Graz, Anhänger der deutschen Kultur. So war er Mitglied deutschnationaler Studentenverbindungen, Mitarbeiter bei deutsch eingestellten Zeitschriften und Herausgeber einer Anthologie, deren Titel allein eine ganze kulturelle Strömung verrät: *Deutsches Dichterbuch aus Österreich* (1883). Doch war sein Deutschtum kein enger, nationalistischer Horizont, sondern vielmehr das Streben nach einer europäischen Kultur mit epischem Atem. So begeisterte er sich auch nicht für Bismarck, sondern für den Goetheschen Universalismus. Er träumte davon, jene Länder, die er »Halb-Asien« nannte, durch das deutsche Sprach- und Kulturgut zu europäisieren, identifizierte sich also mit der tiefinnersten Auffassung von der Sendung Österreichs. Dieses entfaltete in der Bukowina eine intensive Kulturpolitik, deren Symbol die Gründung der Universität Czernowitz im Jahre 1875 war. So ist das Werk dieses Grenzschriftstellers eine lebendige, tiefempfundene Anteilnahme am Bemühen der Habsburger und eine der charakteristischen Stimmen dieses bunten Basars, der Donaumonarchie. Selten ist eine Provinz im Reich so lebendig beschrieben worden wie in der reizenden Erzählung *Schiller in Barnow*[100], worin die Geschichte vom Schicksal des schwäbischen Dichters in die Vergegenwärtigung von Typen und Gestalten eines zurückgezogenen, melancholieerfüllten und ein wenig verschlafenen Lebens und in die Beschreibung der verrußten Häuser der slawischen Kleinstadt übergeht. Franzos ist im

Franz-Josephschen Mythos »Meiner Völker« eine lebendige und interessante Gestalt.

Damals, also ungefähr von den sechziger Jahren des 19. Jahrhunderts bis zu dessen Ende, florierte in allen Kronländern eine heimatlich-folkloristische Lokalliteratur. Von Tirol bis zum Banat und von Kärnten bis Kroatien ließ eine malerische Erzählkunst einen farbigen literarischen Atlas entstehen[101], voll der vielfältigen Schattierungen, die den verschiedenartigen Lebensbedingungen der jeweiligen Gebiete entsprachen: So ist es verständlich, daß die Dorfgeschichte in den zurückgebliebensten Gegenden entstand und sich entfaltete, da dort die Spur der Feudalherrschaft am tiefsten eingewurzelt und das Bürgertum schwächer war. Während die Literatur mit slawisch-balkanischem Hintergrund im wesentlichen folkloristisch ist, ist die aus den Alpenländern kommende von einem typischen Moralismus geprägt und verkündet ländliche, gesunde erzieherische Ideale. Dies ist der wichtigste Ausdruck der habsburgischen Heimatliteratur und der gewichtigste Beitrag zum pädagogischen Werk des österreichisch-ungarischen Systems. Zu dieser Literatur gehört noch der letzte und wichtigste Vertreter der Heimatliteratur, Peter Rosegger.

6. Peter Rosegger[102]

Nicht umsonst liest Musils Sektionschef Tuzzi, die Quintessenz der k.u.k. Monarchie, nur die »Bibel, Homer und Rosegger«[103]. In der Tat ist der steirische Erzähler der Volksschriftsteller par excellence, Wortführer erzieherischer Ideale und Verherrlicher eines reinen Moralismus, die das Brevier des biederen, einfachen k.k. Untertanen waren oder sein sollten. Die Parabel der österreichischen Bildung, die mit der unbestimmten Idealität Stifters begonnen hatte, wird nun mit Rosegger abgeschlossen und von der erhabenen Predigt zur farbigen, schlichten Alltäglichkeit geführt. War Stifter der Verkünder einer idealen menschlichen und politischen Bildung, so ist Rosegger deren Volksschullehrer, genauso wie die lebendigste seiner Gestalten, der Waldschulmeister. Die pädagogische Absicht wird zum konkreten erzieherisch-erbaulichen Zweck. Das Ländliche verliert jene mystifizierende Aura, die es im *Nachsommer* hatte, um eine robuste, georgische Patina von lokaler Folklore anzunehmen. Die Flucht in die Einsamkeit der Wälder ist für Rosegger vor allem erlebte Erfahrung und gestaltet sich daher in seinen Erzählungen zu einer wohlmeinenden, ein wenig langweiligen Ermahnung von der Art eines verständigen Großvaters. Der junge Rosegger, der selbst aus einer bäuerlichen Familie stammte, verbrachte, zuerst als Waldarbeiter, dann als Schneiderlehrling, eine karge, harte Kindheit. Die Erlebnisse dieser frühen Jahre berichtet er in dem wunderbaren Buch *Waldheimat* (1877). Das Glück der Kindheit und die ersten liebevollen Erinnerungen sind unlösbar mit den grünen steirischen Wäldern, den Holzhackerhütten und den frommen, kindlichen Kirchenfesten verbunden. Das unnatürliche Stadtleben weiß nichts von den reinen, ärmlichen Freuden des Landes, vom alten Kachelofen, hinter dem sich die Kinder verstecken, vom schlichten Holzkreuz an der Wand des Häuschens, vom primitiven Altar, den die Kinder aus armseligen Dingen errichten, als sie einmal an einem Kirchenfest allein daheim bleiben müssen, um auf das Vieh aufzupassen. Diese Einfachheit begleitet den Dichter durch alle Schwierigkeiten des Lebens hindurch: »Und wenn ich weltmüde dereinstmalen die Himmelstür suche, wo kann sie zu finden sein, als in dem dämmernden Waldwinkel über dem Tische, wo das kleine hölzerne Kruzifix gestanden. Kreuze habe ich gesehen aus Gold und an Ehren reich, Kreuze aus Elfenbein, geschmückt mit Diamanten, Kreuze, an welchen Weihe und Ablaß hing – bei keinem habe ich je Gnade gefunden. Das arme Kreuz in meinem Vaterhause wird mich erlösen.«[104] Rosegger zeichnet kein idealisiertes Bild seiner Kindheit, deren Armut und Schwere er ja betont, sondern er verwandelt diese Beengtheit und den kleinen Horizont in einen idealen Erziehungstyp. Patriarchalische Brüderlichkeit, Liebe zur eigenen Scholle, Aufrichtigkeit und Unmittelbarkeit sind in den Wäldern seiner Steiermark, im Leben auf dem Lande und in der Idylle mit einem langzöpfigen Käthele vom Walde zu finden. Diese Jugenderinnerungen sind von unverfälschter Frische durchdrungen und auch mit wehmütiger Ironie gegenüber jener Welt geschrieben, in der dem alten Onkel die erste Lokomotive als Blendwerk des Teufels erschien[105]. Doch zeigt sich darin schon die pädagogische Absicht, die Roseggers ganzes Erzählwerk kennzeichnet: Verherrlichung der wohlmeinenden patriarchalischen Beziehungen, Flucht vor der modernen dynamischen Lebensweise und deren Ablehnung, gefühlvolle Sehnsucht nach den duftenden Weihnachtstannen und Preisung der eigenen Scholle. Die erste Reise, die den jungen Rosegger durch seinen literarischen Erfolg und die darauf folgende Anstellung in einer Laibacher Buchhandlung seinen Bergen entreißt, endet mit quälendem Heimweh und der Rückkehr in die Heimat[106].

Diese Heimkehr auf das Land ist ein oft wiederkehrendes Motiv seiner Werke: Andreas, der Volksschullehrer, findet nach einem kriegerischen Leben, das ihn im Gefolge der Napoleonischen Feldzüge durch ganz Europa geführt hat, erst in den einsamen Wäldern seinen Frieden wieder, wo er eine neue Existenz aufbaut: »Ich bin in Krieg und Sturm durch die halbe Welt gerast und habe nichts gesehen, als Staub und Stein; und jetzt im Frieden der Einsamkeit geht mir ein Auge auf für die Schöpfung.«[107] In demselben Buch verwirklicht auch der Pfarrer seine Mission erst nach einem abenteuerlichen Leben, als er sich der Linderung des Loses der armen Waldleute widmet. Eine Reise ins Gebirge tut der zerrissenen Seele des jungen Freiherrn gut[108]. Der ganze Roman *Weltgift* (1903) stützt sich auf die Rückkehr eines Städters zur bäuerlichen Existenz, in der er seinen Seelenfrieden wiederfindet. In *Erdsegen* (1900) verläßt ein Journalist, der einer Wette wegen für kurze Zeit auf den Feldern arbeitet, die Stadt auf immer, um ein neues Leben auf dem Lande zu beginnen. *Das ewige Licht* (1897) schildert die Flucht eines Pfarrers und seiner Gemeinde in die Berge, um dem Einbruch der Technik und Industrialisierung zu entgehen. Die Romane *Der Gottsucher* (1883) und *Jakob der Letzte* (1888) beschreiben das ewig neue Erblühen bäuerlichen Lebens nach Verfall und Katastrophen. Das patriarchalische habsburgische Ideal mit seinem Bemühen, den Menschen mit seinen Lebensbedingungen auszusöhnen, findet in Rosegger seinen stärksten Ausdruck. Es ist übrigens bezeichnend, daß die Steiermark, die Heimat dieses Dichters, zu den Gebieten innerhalb des Reichs gehörte, in deren Verfassung das feudale Element noch am stärksten vorherrschte[109].

Roseggers Wirken selbst läßt sich als der typische Weg eines Volksdichters bezeichnen. Der ungebildete junge Mann, der auf den Verkaufsbuden der Jahrmärkte sehnsuchtsvoll mit den Volkskalendern liebäugelt, ohne sie kaufen zu können, erfindet selbst Skizzen und Kurzgeschichten, bis ihn Swoboda, Redakteur der *Grazer Tagespost*, entdeckt und ihm zur Veröffentlichung seiner ersten Schriften verhilft. Und Rosegger bleibt auch immer der Dichter des Volkskalenders, der sich einem bäuerlichen, moralischen Erziehungswerk an seinem Volke widmet. Damit soll keineswegs sein echtes schriftstellerisches Talent herabgesetzt werden, das eben in diesem lokalen Genre zur Entfaltung kommt. Rosegger schenkt den Lesern einen Schatz an steirischem Volksgut und vermittelt eine konkrete, gesunde Liebe zu den heimatlichen Traditionen und zum geistigen Heil. Aber noch weit größere Wirkung erzielt seine pädagogische Predigt, die in einem ganz besonderen Nährboden, nämlich in der heimatlichen Scholle und dem provinziellen »Blut und Boden«, wurzelt. Schon die Titel seiner Werke sind bezeichnend: *Das Volksleben in Steiermark, Neue Waldgeschichten, Hoch vom Dachstein, Spaziergänge in der Heimat, Bergpredigten, Der Schelm aus den Alpen, Alpengeschichten* usw. Er findet ein großes Echo und erlebt ein außerordentliches Glück, denn seine Schriften finden in weiten Leserkreisen Verbreitung, erziehen ganze Familien zu einem frommen Lokalpatriotismus, und er wird zum offiziellen Schriftsteller und Herausgeber pädagogisch-patriotischer Zeitschriften[110]. Man bedenke, daß die Gebirgsgegend südlich des Semmering noch heute offiziell Waldheimat heißt, wie Rosegger sie in seinen Erinnerungen nannte. Die geliebte idyllische Waldheimat faßt die ganze Botschaft des Dichters und sein ganzes erzieherisches Streben zusammen. Aufgrund seiner pädagogischen Ziele und Erfolge reiht sich sein Werk neben die populäre österreichische Geschichtsschreibung jener Jahre, jene Geschichten Österreichs »für das Volk« und »für die reifere Jugend«[111] eines Helfert, Huber, Jireček und Krones, die einen erbaulichen Patriotismus erwecken wollen. Auch Rosegger preist die heroischen, ein wenig kitschig geschilderten Kämpfe Tirols[112], und selbst wenn er in einem 1882 bis 1888 geschriebenen Romanzyklus die harte, rauhe Wirklichkeit des bäuerlichen Lebens schildert[113], so stellt er doch in späteren Werken dessen heitere, frohe Seite dar[114].

Diese Themen vereinigen sich in dem bekanntesten und typischsten Werk des Dichters, im Roman *Die Schriften des Waldschulmeisters*. Es ist die Geschichte eines armen und schlichten, vom Leben gebeutelten Mannes, der erst in der stillen Arbeit in den Bergen, als Schullehrer der Waldkinder, den Sinn seines Lebens findet, allmählich eine Gemeinschaft formt und die Holzhacker und Köhler zu Bauern macht. Allmählich erstehen Schule, Kirche, Armenhaus, während sich im Schatten der einfachen Häuser zahllose verschwiegene Schicksale verflechten und die erst bindungslosen verstreut lebenden Menschen zu einer Familie, zu einer brüderlichen und arbeitsamen Waldgemeinschaft zusammengeschweißt werden. Verschämte Gefühle und verborgene Opfer, so sehen die Leidenschaften dieses Romans aus, der als letzte Verherrlichung des habsburgischen »Buen retiro« mit der Ermahnung zu »Entsagung und Ergebung«[115] schließt. So werden bei Rosegger und seiner pädagogischen Inspiration Leben und Dichtung eins, gründet er doch nach dem Beispiel seines Lieblingshelden unweit seines Geburtshauses im Jahre 1902 eine Waldschule für die Bauernkinder, denen er eine berufliche wie zugleich moralische Bildung zuteil werden lassen will.

Rosegger starb 1918, wenige Monate vor dem endgültigen Zusammenbruch. Während er noch seine biederen, pädagogischen Erzählungen schrieb, machte sich in der Kultur der Donaumonarchie ein unaufhaltsamer Niedergang bemerkbar. Und ungefähr zur gleichen Zeit entstehen Hofmannsthals und Rilkes Verse, in denen das Ende schon beschworen wird, sucht Wien in der Operette Vergessen und rauscht ein süßes Leben an den Gestaden der schönen blauen Donau. Lebenshungrig und melancholisch erlebt das sterbende Reich seinen letzten Abschnitt.

V.

Finis Austriae

1. An der schönen blauen Donau

Von einem alten Wiener Hofbeamten wird das Bonmot berichtet: »Genaugenommen regierte Kaiser Franz Joseph bis zum Tode von Johann Strauß.«[1] Und in der Tat scheint der letzte Abschnitt der habsburgischen Kultur zwischen zwei entgegengesetzten Polen zu liegen, nämlich zwischen dem wehmütigen Bewußtsein des Untergehens, das mit stummer Würde ertragen wird, und einem gedankenlosen, operettenhaften Leichtsinn. Diese beiden Pole sind die zwei Seiten der Medaille und die zwei Gesichter der letzten mitteleuropäischen Illusion. Durch das Greisenalter des wortkargen, pünktlichen Kaisers erhält der österreichisch-ungarische Verfall eine legendäre Note; er verkörpert sich in der vergeblichen, tragikomischen Festigkeit gegenüber allen Schicksalsschlägen, die die Donaumonarchie nacheinander zerbröckeln lassen. »Mir bleibt doch nichts erspart«: dieser von Franz Joseph bei Familientragödien und politischen Schicksalsschlägen so oft ausgesprochene Satz faßt das ganze passive Drama des *finis Austriae* zusammen und verweist zugleich auf die mythische Verwandlung dieses Verfalls, indem ihm ein Mantel würdevollen, bürokratischen Pflichtbewußtseins umgelegt wird. Gleichzeitig maskiert sich diese Welt und verhüllt den eigenen Untergang mit überschäumender Lebensfreude, um in eine oberflächliche, sorglose Sinnlichkeit zu flüchten. So wird aus der schlammiggelben Donau die blaue Donau, und aus der historisch-politischen Auflösung entflieht man in ein flüchtiges, sentimentales, genußsüchtiges irdisches Paradies. Suggeriert die fleißige Pedanterie des Kaisers den Mythos bürokratischer, schweigsamer Zurückhaltung, so stehen seine tressenverzierte Uniform und die steife Etikette stellvertretend für Hofbälle, Prunkkarossen und elegante Offiziere. Literatur und Theater, Lyrik und Musik lassen das unverwechselbare Gesicht eines Wiens der Walzer, der Liebeleien und der Lebensfreude entstehen, einer Belle Époque, die zwar weniger hemmungslos, dafür aber um so tanzlustiger ist als die Pariser.

Die Idylle dieser Dämmung der Monarchie ist die Operette, und viele unterirdische Fäden verbinden die frivole Banalität der Libretti und die fröhlichen beziehungsweise wehmütigen Melodien mit den Werken der reifsten Dichter dieser Literaturperiode, wie Schnitzler und Hofmannsthal. Das Ende kommt allmählich näher, die Probleme des Reichs wachsen ins Unermeßliche, und so wird auch die Flucht aus der Wirklichkeit in einen leichtsinnigen Hedonismus immer deutlicher. In dieser Hinsicht ist der »Nervendämon« Johann Strauß die typischste Stimme der Ära Franz Josephs und eine der wirksamsten Stützen für das musikalische Vergessen der habsburgischen Untertanen. Die Musik war, als unpolitischste Kunst, schon immer der Weg der Befreiung und die Katharsis der österreichischen Seele gewesen. »Österreich ist zuerst Geist geworden in seiner Musik«[2], schrieb Hofmannsthal später, als schon der Erste Weltkrieg tobte. In den letzten Jahren der k. u. k. Monarchie wird nun dieser Versuch der Entfremdung, der Befriedigung immer intensiver und drängender, er nimmt breitere und populärere Proportionen an, und die süße Medizin wird oberflächlicher und leichter zugänglich. Von Mozarts Heiterkeit und Schuberts Idylle gelangt man zu Strauß und Lehár. Wien, die Metropole des Vergnügens, wird auch zur Metropole der Musik, und durch die Verbundenheit und Vertrautheit zwischen Kunst und Publikum entsteht ein beachtliches kulturelles Klima. Auch die großen Musiker, wie Gustav Mahler und Richard Strauss, tragen auf ihre Weise zum raffinierten Glanz der Ära Franz Josephs bei. Die Jahre, in denen Mahler die Leitung der

Hofoper innehat (1897–1907), bilden einen Höhepunkt dieser kulturellen Blüte.

Die Operette bildet die am unmittelbarsten und klarsten erkennbare Schicht dieses dekadenten Glanzes, sie ist die fröhliche und zugleich wehmutserfüllte Fabel der habsburgischen Kultur. Die Völker der Monarchie geraten in immer größere Zwistigkeiten, und Johann Strauß komponiert farbenfrohe, folkloristische Idyllen, um den Frieden des habsburgischen Publikums nicht zu stören: im *Zigeunerbaron* (1885) preist er den Ausgleich und die pittoresken Eigenheiten der extrovertierten, verschwenderischen magyarischen Seele, in *Jabuka, oder das Apfelfest* den Zauber der slawischen Welt. Die Operette ist die frivole, heitere Antwort auf jede Wolke, die den habsburgischen Himmel verdüstert: so komponiert Anton Fahrbach zum großen Wiener Börsenkrach im Jahre 1873, der finanzielle Zusammenbrüche und Selbstmorde hervorruft, seine *Krachpolka* gegen die Spekulanten, und Strauß läßt in der Champagnerarie der *Fledermaus* die Sorgen des Augenblicks versinken.

In der *Fledermaus* (1873) verdichtet sich der sorglose, heitere Mythos des habsburgischen Niedergangs in seiner oberflächlichsten Form und kommt in spritzigen Melodien und in Gestalten zum Ausdruck, die mit den Figuren der zeitgenössischen österreichischen Literatur viele Berührungspunkte aufweisen. »Es lebe Champagner der Erste!« ertönt es am Höhepunkt des Fests. Die Muse dieser leichten, fröhlichen Ekstase ist Seine Majestät der Schwips. In fast allen Operetten erklingt am Schluß eines Aktes der fröhliche Ruf, gleichsam das Motto dieser Gesellschaft: Champagner her! Diese Schwärmerei für stutzerhafte Uniformen, schöne, etwas leichtfertige Frauen und unwiderstehliche Leutnants bildet als Apotheose des Fleisches und der Laune den Höhe- und Schlußpunkt des österreichischen epikureischen, katholischen und apolitischen Heidentums, die Entfremdung wird immer kitschiger und konventioneller. Doch selbst in der übertriebenen Stilisierung und komischen Entstellung enthüllen die Operettengestalten in ihrer Banalität und Sentimentalität die Bestrebungen und das Philistertum einer ganzen Kultur, die nur im Bereich des Vergnügens lebendig und dynamisch, der Empfindungs- und Denkweise nach aber feudal ist. Zu dieser Zeit, da die deutsch-liberale Partei vorherrscht, die großbürgerlichen Familien Bestätigung finden und der Geldmensch in den Salons an die Stelle der Adeligen tritt, die sich nunmehr auf das Land zurückgezogen haben, hat auch das Bürgertum eine aristokratische, feudale Art, die Wirklichkeit zu sehen und zu genießen. Die strenge protestantische Ethik des Profits findet in Österreich keine Anhänger, an ihrer Stelle herrscht vielmehr stets ein aristokratischer Prunk, der – anachronistisch geworden und jeglicher Funktion beraubt – nur mehr die festliche, genießerische Seite bewahrt. Adelige und Beamte werden als fröhliche, geldlose und lächerliche Marionetten, als Frauenhelden wie Graf Danilo in der *Lustigen Witwe* gezeichnet oder als Beschwipste, wie der Gefängnisdirektor in der *Fledermaus*. Es sind die Jahre, »da Operettenfiguren die Tragödie der Menschheit spielten«[3], wie einer der schärfsten Beobachter der habsburgischen Welt, Karl Kraus, später sagt.

In der *Fledermaus* wird das Opium des Leichtsinns mit vollen Händen verteilt: »Glücklich ist, wer vergißt, was nicht mehr zu ändern ist«[4]. Im Klischee der banalen Handlung belebt eine aufrichtige, verzehrende Wehmut diese Sehnsucht nach Freude, denn im Grunde stirbt mit den Operettenwalzern ein Stück altes Europa, die Illusion von Achtbarkeit und Harmonie des 19. Jahrhunderts. Nicht an das Unvermeidliche denken: mit diesem Wahlspruch nähert sich die Donaumonarchie dem Ende. Die Traurigkeit dieses Verdämmerns muß selbst in die Operettenfröhlichkeit einsickern und wird zum zarten Gespür für die Vergänglichkeit. »Flieht auch manche Illusion, die dir einst dein Herz erfreut, gibt der Wein dir Tröstung schon durch Vergessenheit!«[5] Das Empfinden der flüchtigen Freude und die lächelnde Entsagung dieser Flüchtigkeit kennzeichnen das Zeitalter der Walzer und die österreichische Dichtung bis

Hofmannsthal, der leise unter der unaufhaltsamen Vergänglichkeit[6] und dem unmerklichen Verblühen seiner Marschallin[7] leidet.

Diese Wehmut ist das Spiegelbild einer wesentlich sinnlichen Auffassung vom Leben, das völlig im kurzen Bogen der Begierden und Empfindungen eingeschlossen und unerlösbare Gefangene der Zeit ist. Keinerlei höhere Verpflichtung, weder religiöser noch geschichtlicher Art, erlöst das kurze irdische Abenteuer: es flieht im Gegenteil vor dieser Verpflichtung, und die Liebe wird zum rein sinnlichen Spiel der Laune und der Illusion. Die beiden Heldinnen in der *Fledermaus* sind der weibliche Prototyp des habsburgischen Fin de siècle. Adele und Rosalinde, das verführerische Stubenmädchen und die maliziöse Herrin: diese beiden Leitfiguren der österreichischen Literatur spiegeln deren eigene prickelnde, sinnliche Eitelkeit wider. Das spöttische, scharfzüngige Stubenmädchen Adele ist gewissermaßen die Synthese aller Stubenmädchen, die die österreichische Literatur erheitern. Eine Spur kapriziöser Flatterhaftigkeit und eine liebevolle Sentimentalität, die die Liebeskomödie veredelt: die Circe der k.k. Welt ist ein liebenswertes, gutmütiges und munteres Geschöpf, das niemanden ins Unheil stürzt, sondern kurzes Vergessen schenkt. In gutsituierten Häusern führen reizende Stubenmädchen die jungen Herren in die Liebeskunst ein, so wie bei Hof eine Lehrerin in Liebesdingen die offizielle Aufgabe hatte, die Begierden der unerfahrenen jungen Prinzen zu wecken und zu stillen. Diese mißbrauchten jungen Geschöpfe werden von einer Art Sühnekomplex idealisiert und zum Symbol einer begehrlichen, flüchtigen Freude gemacht. Das *panem et circenses*, womit die habsburgischen Cäsaren ihre Völker besänftigen, beruht zum großen Teil auf dieser Sinnenfreude. Diese halb sklavische, halb ästhetische Beziehung zu einer niedrigeren sozialen Stufe erhellt die Struktur des ganzen Systems. Auf den ersten Blick steht diese Zeit völlig im Zeichen der Lust und der Flucht in das Vergnügen; Makarts Blumenbouquets und seine dekorative, sinnenfreudige Malerei sind das Spiegelbild dieser hedonistischen Wirklichkeitssicht, der es nicht an einem leidenschaftlichen Streben nach Schönheit fehlt.

Auf scheinbar höherer Ebene steht Rosalinde: die treu-untreue Frau, die eine Winzigkeit vom Ehebruch abhält und eine Winzigkeit straucheln lassen könnte und deren Leben nach dem Rhythmus einer veredelten, von leiser Wehmut durchzogenen *pochade* abläuft. Rosalinde liebt ihren Mann, ist aus einem Gemisch aus Laune und fast mütterlicher Zärtlichkeit nahe daran, den Wünschen ihres Anbeters nachzugeben, und stellt den Betrug des Gatten mit maliziöser Berechnung bloß. Das Thema Ehebruch ist der Niederschlag eines weitverbreiteten sozialen Faktums und das Ergebnis einer äußerlichen, formalistischen Art, menschliche und familiäre Beziehungen einzuordnen. Es umgibt die Frau des alten Österreich – soweit man in ihr, nach der Logik allen konservativen Empfindens, nur eine Akteurin im erotischen Spiel und keine freie, vollausgebildete Persönlichkeit sieht – mit einer sinnlichen Note und dem Hauch der Vergänglichkeit. Im Grunde ist die Frau nur ein faszinierendes Ornament dieser Welt, wofür sie sich mit boshafter Launenhaftigkeit, unvorhersehbaren Ausbrüchen und boccacciesker List rächt. Den Höhenflug der Liebe hindert eine Schranke aus Frivolität und Skepsis. Operetten und banale kleine Lustspiele spiegeln bloß den vordergründigen und genußfrohen Aspekt dieser Situation, die Liebende sagen läßt:

Hab' ich nur deine Liebe,
die Treue brauch' ich nicht.[8]

Doch bestimmt dieses Spiel aus Laune und Untreue, zärtlichem Nachgeben, ohne daß man sich Illusionen machte über die Tiefe des Begehrens, und vornehmer Hinnahme der Mittelmäßigkeit der Gefühle ein unverwechselbares stilistisches Klima im Schaffen der bedeutendsten österreichischen Schriftsteller und läßt dort leichte, ruhelose und wehmutsvolle Frauengestalten entstehen, die die etwas müde Atmosphäre ihrer Kultur in sich tragen: Schnitzlers betrogene und untreue Frauen, Hofmannsthals Marschallin in ihrer Sinnlichkeit und Traurigkeit oder Arabella mit ihrer unberechenbaren Anziehungskraft. Das Problem der Treue ist eines der Kernthemen bei Hofmannsthal und bildet seine ausweichendste, fluchtgeneigteste, typisch österreichische Seite.

Es ist kein Zufall, daß sich die Handlung der *Fledermaus* um ein Maskenfest rankt, worin Knoten geknüpft und gelöst werden, Mißverständnisse entstehen und alles gut ausgeht. Die Freude an der Maske ist für diese Literatur bezeichnend; bedeutet sie einerseits einen spielerischen Kunstgriff und gewissermaßen das Faschingsmotto der Wirklichkeitsflucht, so erinnert sie doch andererseits an die barocke Sehnsucht, sich zu verbergen, an eine Konzeption der Realität als veränderlicher, ungreifbarer Schein und unstetes, in ständiger Verwandlung begriffenes Spiegelspiel. Die Maskerade ist die operettenhafte Dimension des österreichischen, durch die etwas gezierte Anmut des Wiener Rokoko gemilderten barocken Erbes, ist die simple Reduzierung der Auffassung vom Leben als großem Theater. Schnitzlers Personen haben später das mechanische, trockene Los von Marionetten, während bei Hofmannsthal die Maske als symbolische Anspielung auf sein Bemühen, in das Innere der vielfältigen Erscheinungen einzudringen und mit aristokratischer Zurückhaltung das eigene Antlitz zu verbergen, zu einem seiner vielschichtigsten Themen wird[9]. Das Motiv der Verkleidung kommt charakteristischerweise bei Hofmannsthal immer wieder vor: in *Lucidor, Arabella* und im *Rosenkavalier*, hier sogar in zweifacher Form, das Mädchen in Männerkleidung und umgekehrt. Johann Strauß' Operette *Karneval in Rom* scheint, neben den Themen der Treue (Maries Liebe zum Maler Arthur) und der Untreue (Arthur und die Gräfin Falconi), auch das der Verkleidung vorwegzunehmen. (Marie lebt an der Seite des Geliebten als Page Beppino verkleidet.) Das österreichische Barock war von viel italienischem Phantasiegut durchdrungen worden, und Hofmannsthal sollte sich von der orientalischen und italienischen Welt inspirieren lassen. Eine der Hauptstädte seiner Dichtung ist Venedig, der

Treffpunkt verfeinerter Anmut, verhüllter Weisheit und drohender Dekadenz. Auch in der Operette scheint Venedig, und überhaupt der mediterrane Himmel, immer wieder auf, fast als wäre Strauß in seiner feurigen Begabung auf die Suche nach einer melodisch-phantastischen südlichen Komponente gegangen, um daraus eine Wirkung sanfter Anmut herzuleiten[10].

Das fröhliche Operettenklima läßt übersehen, wieviel Antiquiertes dieses Erbe birgt und wieviel Dekadenz der Leichtsinn verhüllt. Dieselbe stilisierte Welt wiederholt sich von Strauß bis Lehár, von Kálmán bis Leo Fall und Oskar Straus, und im polka- oder Csárdásschritt nähert man sich dem endgültigen Zusammenbruch[11]. Die launenhafte, geistreiche Frau, sei es als lustige Witwe oder als Besitzerin des Weißen Rößl; der gutmütige, genußfrohe Erzherzog; der gigerlhafte, herausgeputzte Leutnant: dies sind die Hauptdarsteller des letzten habsburgischen Akts. In Solferino und in Königgrätz besiegt, befindet sich das österreichische Heer ständig in Parade. Eine reichhaltige Literatur folgt diesen Spuren und wiederholt die Verwandlung einer sich immer schwieriger gestaltenden Realität. Die Stücke heißen alle mehr oder minder wie die von Franz Molnár: *Der Gardeoffizier, Spiel im Schloß, Olympia*. Dieser wienerische Mythos erweist sich als überaus vital und überlebt seine konkrete geschichtliche Funktion, die Ära Franz Josephs; er wird zur beispielhaften Projizierung einer Volkssehnsucht à la Dreigroschenhefte nach gekrönten Häuptern und Hofbällen und reicht bis zu den *Sissi*-Filmen der zweiten Nachkriegszeit.

1888 ertönt der *Kaiserwalzer* zu Ehren des vierzigjährigen Regierungsjubiläums Kaiser Franz Josephs. Im hinreißenden Vergessen des Tanzes nistet die Melancholie, und in einem anderen, dem *Rosenkavalierwalzer*, läßt Richard Strauss das sterbende Österreich fühlbar werden.

2. Agonie einer Kultur

Der Mythos versucht, »Österreichs lächelnde Agonie mit dem Erstehen eines neuen, verzückten Frühlings«[12] zu verwechseln. Nicht nur die Operette, alle Literaten des Café Griensteidl, und an ihrer Spitze Hermann Bahr, scheinen gar nicht zu bemerken, wieviel herbstlicher Verfall in ihrer Kultur und Dichtung atmet. Der habsburgische Niedergang vollzieht sich im Zeichen des Barock: Hofmannsthal versucht, Calderóns Mysterienspiele wiederzuerwecken, weil er glaubt, dem Menschen seiner Zeit damit einen allgemeingültigen Anhaltspunkt zurückgeben zu können. In Wirklichkeit bedeutet jedoch Barock die Last einer erstarrten Vergangenheit, von der man nicht loskommt, die Last einer schon zur Besessenheit gewordenen Tradition. War die Angst vor dem Tod der Grundton der gegenreformatorischen Zeit[13], so lebt sie im verrosteten Erbe dieses Jahrhunderts, das sich in den Parkanlagen, Denkmälern und der österreichischen Atmosphäre bemerkbar macht, noch viel stärker und verzweiflungsvoller fort. Erben, auf denen eine tote, schwere Erbschaft lastet, die sie weder abschütteln noch mit neuer Kraft erfüllen können: dies ist die bedrückende Situation eines Rilke oder Trakl, in deren Worten, besonders bei Trakl, Verfall und drohender Tod mitschwingen. Das Klima der österreichischen Dekadenz wurde von Ladislav Mittner überaus prägnant erfaßt und beschrieben: »In den prachtvollen österreichischen Parkanlagen, in denen das sinnenfrohe Rokoko auch ohne den Ausweg der Kontinuität überlebte, wandelt Hofmannsthal in der Haltung des Schauspielers, der mustergültig die Rolle des letzten und vornehmsten Aristokraten spielt; ein paar Jahre später öffnet Rilke angstvoll die knarrenden Pforten zu diesen inzwischen verödeten Gärten und verirrt sich mit Wollust im Labyrinth der verwilderten Pfade; nach ihm bewegt sich Trakl in denselben Parks, ein Gespenst inmitten der Gespenster – die vielleicht lebendiger sind als er – der eigenen Vergangenheit und der Vergangenheit des eigenen Geschlechts.«[14]

Trakls Stimme ist trostloser und vom Empfinden modernder Auflösung, das von seiner expressionistischen Sprache noch hervorgehoben wird, stärker durchdrungen.

> Verwestes gleitend durch die morsche Stube;
> Schatten an gelben Tapeten; in dunklen Spiegeln wölbt
> sich unsrer Hände elfenbeinerne Traurigkeit.
> Braune Perlen rinnen durch die erstorbenen Finger.[15]

Die unbewegliche österreichisch-ungarische Welt wird in die verzweifelten Bilder dieser Dichtung übertragen: modrige Frucht, die von den Ästen fällt, Tod, der mit Fäulnisschritten in verpestete Räume dringt, Gehölz, das an rissigen Mauern stirbt, Schatten verstorbener Kirchenfürsten und Edeldamen, ein Jahrhundert, das sich kalt und bösartig verzehrt[16]. Alter bedeutet nun nicht mehr Weisheit und Würde, sondern Auflösung:[17]

> O, wie alt ist unser Geschlecht...
> . . .
> Auf der Kommode duften Äpfel. Großmutter zündet
> goldene Kerzen an.
> . . .
> Leise klingen unsere Schritte im alten Park,
> unter hohen Bäumen.[18]

Und der Mensch dieser Welt, der Sproß so vieler alter Ahnen, ist ein Wanderer ohne Ziel, eine windgetriebene Wolke, eine Blume, die auf die Sense wartet.[19]

Erst unlängst wurde wieder auf die religiöse Komponente in Trakls Werk und sein tiefes Christentum hingewiesen[20]. Doch scheint diese Religion der christlichsten aller Tugenden, der Hoffnung, keinen Platz einzuräumen, oder wenn sie in Trakls lyrischer Welt auftaucht, so nimmt sie feine Töne und zarte, unerreichbare Farben an[21], doch ganz gewiß nicht den Anstrich vertrauensvoller Erwartung. Es ist dies eine Hoffnung, die sich in sich selbst erschöpft und kein menschliches oder religiöses Objekt hat, gewissermaßen eine ekstatische Pause zwischen Phasen nagender Angst. Trakl, ein bresthafter Sproß, ist der Erbe des barocken und gegenreformatorischen, erstarrten und kristallisierten Katholizismus; da er einer Religion verhaftet ist, die hier zu bigotter Unbeweglichkeit und Formenverehrung verkommen ist, findet er nicht den Elan eines lebenspendenden Glaubens und die Freude über das Evangelium. Bei Trakl offenbart sich vielmehr die Äußerlichkeit des habsburgischen Katholizismus. Seine Vaterstadt Salzburg war eine der wichtigsten Städte des deutschen Barock gewesen, und sie ist auch ein Zentrum des Wiederauflebens der barocken Kultur, wie man es besonders bei Bahr und Hofmannsthal in der österreichischen Dekadenz beobachten kann. Dieses von Musik und italienischer Anmut gemilderte Salzburger Barock, das in Hofmannsthals Mysterienspielen verklärt wird, findet in Trakls Dichtung seine düsterste und dekadenteste Tönung und drückt das Gefühl eines unaufhaltsamen Untergangs aus:

> Ihr großen Städte
> steinern aufgebaut
> in der Ebene!
> . . .
> Ihr sterbenden Völker!
> Bleiche Woge
> zerschellend am Strande der Nacht,
> fallende Sterne.[22]

Das andere Zentrum der österreichischen *décadence* ist Prag, Stätte der ersten deutschen Universität und die erste Stadt mit zwei Universitäten, einer deutschen und einer slawischen. Prag ist die Geburtsstadt Rilkes, Kafkas und Werfels, die Stadt »mit ihrer eindrucksvollen und verwirrenden slawisch-deutsch-jüdischen Atmosphäre« [23], die in besonders unruhiger und subtiler Weise die Krise der habsburgischen Kultur offenbart. Die alten Türme und die baumbestandenen Gärten stellen die süße, obsessive Präsenz einer unvergessenen und unbewältigten Vergangenheit dar. Das kulturelle Bewußtsein der tschechischen Stadt schürt immer heftigere nationale Gegensätze, die ihren Nährboden in der hussitischen Vergangenheit finden und von einer Vergeltung der Schlacht am Weißen Berge träumen; gleichzeitig ersehnt der Überrest des alten böhmisch-deutschen Humanismus, der sich auf die europäisch ausgerichtete Kultur des starken jüdischen Kerns stützt, ein letztes Mal den versöhnenden, übernationalen Traum eines geeinten, harmonischen Europa. Das kulturelle Kosmopolitentum ist eine der Ausdrucksformen der übernationalen, nun schon verdämmernden habsburgischen Idee und einer der Versuche der Kultur des 19. Jahrhunderts, sich vor dem Ausbruch des Nationalismus zu retten. Die hervorragendsten Vertreter dieser humanitären und kosmopolitischen Kultur sind, von Zweig bis Werfel, alles Juden, während ein anderer Teil der jüdischen Bevölkerung mit Theodor Herzl vom künftigen Staat Israel träumt[24]. Dieses ausschließlich auf unbestimmten kulturellen Voraussetzungen und nicht auf konkreten politischen Kräften beruhende Kosmopolitentum erweist sich als illusorisch und sollte vom Weltkrieg weggefegt werden.

Die Labilität dieser Situation bedingt bei den österreichischen Schriftstellern eine Existenzkrise, da in ihren Augen der Mensch ohne festen Stützpunkt dasteht. Diese Krise ist sowohl eine geistige wie eine sprachliche, wie Mittner feststellt: »Aus den Tagebüchern, Briefen und Jugendwerken[25] dieser drei Autoren geht eine einzigartige, überaus wichtige Gemeinsamkeit hervor: da sie um sich stets eine Sprache vernahmen, die nicht deutsch, sondern böhmisch oder jiddisch war, verloren sie den Glauben an die Gültigkeit, oder geradezu an die Wirklichkeit der deutschen Sprache.«[26] Die germanische Sendung des Habsburgerreichs, die Menschen slawischen Geblüts in deutsche Schriftsteller verwandelte, wird nun zu einer dramatischen Orientierungslosigkeit, aus der die ironische Philosophie der Musilschen Sprache ebenso hervorgeht wie Rilkes orphisches Wort.

Es gibt einen Brief Rilkes an August Sauer, worin der

Dichter Stifters Stil preist und daran das sprachliche Drama der österreichisch-ungarischen Länder, nämlich ihr Unvermögen, sich in der Sprache zu verwandeln, aufzeigt[27].

Der frühe Rilke, der seinen Ursprungspunkt noch nicht überwunden hat, registriert getreulich die zitternde Hilflosigkeit seiner Umwelt und die Unruhe der austroslawischen Welt. Eine seiner ersten Gedichtsammlungen, *Larenopfer* (1896)[28], hat Prag zum Thema. Die Jugenderzählungen[29], die vom Dichter später von seiner Gesamtausgabe ausgenommen wurden, beschwören ein schattenhaftes und sprödes, von slawischer Melancholie und ungesunder Treibhausluft erfülltes Klima. Sie sind ein Vorspiel zu seinem ganzen späteren Werk, in dem Motive und skizzenhafte Gestalten, in weitaus vollendeterer Form, wiederkehren: die abendliche Verwirrung, das geheime Leben der Dinge, die Alten in den Gärten, böhmische Weisen »wie vor dem Weinen«[30], zigeunerhafte Schwermut, Alter und Reglosigkeit, verträumte, kränkliche junge Mädchen. Es sind dies alles Aspekte des großen Rilke-Themas, des Todes. Noch hat dieses Motiv in seinen Jugenderzählungen nicht jene metaphysische Bedeutung erlangt, die es später haben sollte; noch ist es dem Umfeld verhaftet, dem es entstammt, so daß der Dämmerton dieser Erzählungen die mit fast greifbarer Sensibilität erfaßte Verlagerung des österreichisch-ungarischen Zerfalls in seine geistige Wetterwarte ist, die Prag zu seiner Zeit war.

In einer Aufzeichnung der *Ersten Gedichte*[31] spricht Rilke von den slawischen Volksweisen, die ihm ans Herz gehen, und Schwermut erfüllt auch, nicht ohne ästhetisierendes Wohlgefallen, die Atmosphäre seiner ersten Erzählungen. In den alten Gärten weht ein *Heiliger Frühling*[32] als trügerische Blüte für die todgeweihte blonde Helene; eine fast makabre Feierlichkeit scheint zu bestätigen, daß die Zeit mehr den Toten als den Lebenden gehört. Alljährlich versammelt sich die Familie, um des Todestags des kaiserlichen Rats Anton von Wick zu gedenken[33], die Lehnstühle, auf denen die Seelen derer von Wick ausgehaucht wurden, erwarten die kommenden Toten, und der uralte Diener Johann, dessen Gedächtnis um

Jahrzehnte zurückgeblieben ist, wendet sich an das alte Familienoberhaupt und spricht es als dessen Urgroßvater an. In Rilkes Erzählung ist die Welt der Monarchie mit ihren Ehrenbezeigungen und ihrer behäbigen, würdevollen Etikette fast zu einer muffigen Aufbahrungshalle, zum Symbol der zerstörerischen Macht der Zeit geworden. Die Zeit, nicht die Geschichte ist es, die in diesen Jugenderzählungen Rilkes aufscheint, eine Zeit, die als schwere Bürde unzählbarer Jahre aufgefaßt wird, so daß Ereignisse und Geschlechter in einer Art Zeitgenossenschaft alle gleich alt erscheinen. Wie der Diener Johann verwechselt auch Joseph Roths Franz Joseph Großväter und Enkel, Ereignisse und Jahreszahlen: Allegorie eines seit unvordenklichen Zeiten versunkenen Lebens.

In den *Zwei Prager Geschichten* heben sich die tschechische Atmosphäre und die nationalen Gegensätze deutlicher ab. Auch hier herrscht eine ganz slawische Vorliebe für traurige, düstere Legenden und ein morbides Gefallen an allem, was auf den Tod anspielt, vor: in *König Bohusch* schlafen die in Klausur lebenden Barnabitennonnen in Särgen, die sie einst für immer aufnehmen werden; in der nächtlichen wilden Jagd im Schloß Krumau steigen Gestalten in kostbaren Gewändern von den Fresken herunter, wie von unsichtbarem Wunsche getrieben, und der Prinz verfolgt das Fräulein, das sich vom Fenster in die gähnende Finsternis stürzt (*Die Geschwister*)[34]. Selbst wenn das Thema reichlich Anlaß gibt, weicht Rilke den Problemen des tschechischen Irredentismus aus; so bleiben die Literaten des Nationalcafés, der fanatisch patriotische Student Rezek und die Kellerverschwörung in Dämmerlicht gehüllte Motive, deren historische Bedeutung verwischt wird.

Die politische und soziale Situation dieses von nationalen Kämpfen zerrissenen Prag wird vielmehr an einigen glänzend beschriebenen Einzelheiten deutlich, so zum Beispiel an der Beziehung zwischen der wohlhabenden, nobilitierten deutschen Bourgeoisie und dem bescheidenen tschechischen Bürgertum, die den latenten Antagonismus in sehr milder Form zusammenzufassen scheint. Auf der einen Seite die hochmütigen, steifen Deutschen von Meering, auf der anderen Seite die ehrbare und vergrämte Witwe Wanka mit der zarten Luisa, einem furchtsamen jungen Mädchen, das die ungreifbaren Rilkeschen Frauengestalten vorwegnimmt und ein wenig der Prototyp des österreichisch-ungarischen Mädchens ist[35]. Zwischen den Gestalten des kecken Stubenmädchens und der faszinierenden gnädigen Frau besitzt das junge Mädchen eine ganz eigenartige, undefinierbare Schwermut, eine traurige und vergängliche, zerbrechliche und empfindsame Anmut. An der Schwelle zwischen Selbstaufgabe in der Ehe oder einsamem Verblühen wird es geradezu zum lyrischen Symbol einer unsteten Conditio humana, zum Produkt der Kreuzung der verschiedenen habsburgischen Rassen. So werden Zweig und Werfel später an die Verwirrung und Zartheit ihrer Jugendgefährtinnen erinnern.

Diese Werke sind noch Vorgeschichte der Rilkeschen Dichtung, doch sind schon die ersten bedeutungsvollen Gedichtsammlungen[36] Barometer der österreichischen Krise, die sich in den Bildern und dem Ton der dichterischen Inspiration niederschlägt. Verwelkende Rosen, ersterbend flackernde Kerzen, hinsinkende Blumen in ihren Beeten, stille Linden[37], all dies sind Bilder eines ermattenden, entkräfteten Lebens. Der Abend ist das häufigste Motiv dieser Gedichte: er preßt seine kalten Wangen an die Fenster, während drinnen im Haus plötzlich reglose Stille eintritt; er taucht die baufälligen Mauern eines alten Klosterhofs in Flammen; er gießt Ströme Goldes auf die Straße[38]. Dieser duftgeschwängerte Abend wird, obgleich er ein gemeinsames Thema der ganzen europäischen Dekadenzdichtung ist, zum sinnbildhaften Zeichen dieser geschichtlichen Dämmerung. Der Abend ist es, der am liebsten auf duftende, bleiche Gärten niedersinkt, in denen die Welt sich in eine ungewisse Unendlichkeit auszuweiten und aufzulösen scheint, die die Spiele der Kinder mit unauslöschbarem Schrecken erfüllt[39]. In diesem Dämmerlicht entschwindet jegliche Gewißheit und Gefügtheit. Die Dinge verfließen ineinander und fragen: »Wer von uns beiden bist jetzt du?« [40] Der Mensch ist nur eine resonanzschwingende Saite, die sich jeder Brise überläßt und sich im Fluß der Dinge verirrt.

Selbst auf der Kindheit lastet das Gewicht eines schon gealterten Lebens und einer Vergangenheit, von der man sich nicht befreien kann. Alle schon erlebten Frühlinge ruhen im innersten Laubwerk einer Linde, entschwundene Jahrhunderte beben im Tannenwald[41]. Wie Hofmannsthal empfindet sich auch Rilke als Erbe einer bereits aufgelösten Kultur:

> Und bin doch manch eines Erbe
> Mit drei Zweigen hat mein Geschlecht geblüht
> auf sieben Schlössern im Wald,
> und wurde seines Wappens müd
> und war schon viel zu alt;
> und was sie mir ließen und was ich erwerbe
> zum alten Besitze,
> ist heimatlos
> . . .
> Denn was ich fortstelle
> hinein in die Welt,
> fällt,
> ist wie auf eine Welle
> gestellt.[42]

Nun darf man freilich weder dieses noch andere Gedichte dergestalt interpretieren, als enthielten sie ipso facto einen direkten Hinweis auf die habsburgische Krise: streng individuelle Elemente und europäische Kultureinflüsse stehen hinter der frühen Rilkeschen Dekadenz. Später entfernt er sich von seiner Heimat körperlich wie geistig. Dies ändert aber nichts an der Tatsache, daß sich der junge Dichter gerade zum Zeitpunkt der Auflösung zum Wortführer einer Kultur machte, deren letzte Hoffnung das Überleben war. »Wer spricht von Siegen? … Überstehn ist alles.«[43]

Jede Krise wird nicht nur von einem schwermütigen Gefühl für Verfall, sondern auch von einem unbestimmten Aufwallen irrationaler Fermente begleitet. Der Untergang des alten Europa des 19. Jahrhunderts leitete in Faschismus und Nationalsozialismus zu einem Zeitalter der Gewalt über. Diesen Prozeß, den Lukács »Zerstörung der Vernunft«[44] nennt, kann man auch beim Absterben des habsburgischen Österreich feststellen. Musils Erzählung *Die Verwirrungen des Zöglings Törleß* (1906) ist die unerbittliche Vorahnung des Endes der österreichisch-ungarischen Welt und die erstaunlichste Prophezeiung der rassistischen und mystizierenden Irrationalismen, die, insbesondere im deutschsprachigen Europa, entfesselt werden sollten.

Die böhmische Kadettenschule, Schauplatz des sadistischen Geschehens von Grausamkeit und Perversität, spiegelt die ganze österreichisch-ungarische Welt samt ihrer Systeme im kleinen wider. Es entströmen ihr eine geistige Schwüle und ein abgestandener Modergeruch, wie sie nur von einer versinkenden, verbrauchten Gesellschaft ausgehen können. Die Schuloberen erweisen sich als muffige Lehrerklasse, die außerstande ist, ihre Schüler zu verstehen, geschweige denn zu führen, und der – im schlechtesten Sinne des Wortes – etwas Klerikales anhaftet. Der Formalismus und die Blindheit der Schulvorgesetzten gegenüber den gravierenden Vorfällen in ihrer Anstalt (die Grausamkeiten und perversen Mißhandlungen, die dem jungen Basini zugefügt werden) werden zum Symbol der hilflosen Naivität der liberalen Pädagogik angesichts des Hereinbrechens einer rohen, irrationalistischen Barbarei, die die friedliche, vertrauensvolle Welt von gestern wegspülen wird. Diesen jungen verwirrten Menschen scheint die alte traditionelle Bildung keinerlei vitale Nahrung mehr zu geben, und das Entgleiten jeglicher Sicherheit kann nur mit dem heftigen und zornigen Ausbruch des Triebs kompensiert werden. Jene Mathematikstunde über imaginäre Zahlen, die in Törleß und seinen Kameraden zum ersten Mal das Vertrauen in eine rationale Weltordnung, ja in die Wirklichkeit selbst erschüttert, ist ein zermalmender Hieb gegen den idealistischen Optimismus und den festen Rationalismus, die dem Leben des Menschen des 19. Jahrhunderts Sinn und Wert gegeben hatten. Die Harmonie und die hochherzigen idealistischen Vorstellungen des *grand siècle* mit seinem Glauben an eine einheitliche, klassische Weltsicht enden in der Verdorbenheit der schmutzigen Perversionen der Kadetten.

Die Gestalten der alten österreichisch-ungarischen Welt sind blutlose, gespensterhafte Larven, wie Fürst H., an dem noch »das Schweigen eines alten Landedelschlosses und frommer Übungen« zu haften schien. »Wenn er ging, so geschah es ... mit diesem etwas schüchternen Sichzusammenziehen und Schmalmachen, das der Gewohnheit eigen ist, aufrecht durch die Flucht leerer Säle zu schreiten«[45]; die Zukunft scheint Reiting und Beineberg, den jungen Leuten der neuen Zeit, zu gehören. Wie die beiden Seiten einer Medaille sind diese zwei Gestalten eine erstaunliche Vorwegnahme des Nazismus: reine, zum System erhobene Gewalt bei Reiting und mystizierende, psychopathische Grausamkeit bei Beineberg. Alle Motive der bestialischen Pseudokultur des Nazismus sind hier vereinigt: Sadismus als asketisches Streben nach Abtötung des Mitleids; die Halbkultur mit Elementen aus hinduistischer Philosophie, Yogaaskese und einer von triebhaftem Erotismus genährten Religiosität; hysterische Libido, die es nach Macht und perverser Grausamkeit verlangt. Zwischen diesen beiden Komponenten einer rein auf Sexualität und Gewalt ausgerichteten Menschheit steht die mitschuldige Gleichgültigkeit des Durchschnittsmenschen einer kranken Gesellschaft, Törleß.

Sicherlich schwelte die Zerstörung der Vernunft in Deutschland in weit größerem Maße als in Österreich, von einer bestimmten Romantik bis hin zu Nietzsche und George, doch trug Österreich stark dazu bei. Es braucht hier nicht an die österreichische Abstammung vieler der höchsten Vertreter des Rassismus, darunter Hitler selbst, noch an die Verbreitung nazistischer oder paranazistischer Ideen erinnert zu werden, die in Österreich besonders stark Wurzel faßten. Übrigens sind die letzten Jahre der Monarchie, wie aus Hohn auf die vorsichtige habsburgische *mediocritas*, von einem wachsenden militärischen und nationalistischen Aktivismus und von einer fast futuristischen Aktions- und Kriegsmanie gekennzeichnet. Der Ruhm militärischer Kreise um Feldmarschall Conrad von Hötzendorf, der Kaiser Franz Joseph zum Balkan- und Italienkrieg drängte, beweist den Zerfall der alten österreichisch-ungarischen Welt von innen her. Ein bis dahin in Österreich unbekanntes Schlachtenfieber drängte zu einem Krieg, der sich als Katastrophe erweisen sollte. Die alte Hand des Kaisers, die die Kriegserklärung nicht unterzeichnen will, ist nicht mehr das Kennzeichen der habsburgischen Welt. Der auf der Tatsache der Herrschaft einiger Völker über andere gegründete Mythos des habsburgischen Mitteleuropa zerbröckelt in einzelne Nationalismen. Der Durchschnittsmensch schweigt und schließt sich der Strömung des Augenblicks an; erschüttert und verwirrt durch die Geschehnisse, hat er nicht den geringsten Willen noch die geringste Fähigkeit, sich zu widersetzen. Die Verwirrungen der vielen Zöglinge Törleß sind für Mitteleuropa tödlich.

Die ganze Kultur dieser Jahre ist wie ein Seismograph der erschöpften europäischen Agonie, deren Erschütterungen und Schwankungen sie alle verzeichnet. Als menschliche und folglich auch sprachliche Krise untergräbt sie das Vertrauen zu den Dingen und Worten, ja zur ganzen Wirklichkeit. Jedes menschliche Geschehen wird zum beängstigenden, nicht entzifferbaren Rätsel, wie das Spinnengewebe, das den Prokuristen K. im *Prozeß* umgibt. Die k.u.k. Bürokratie gibt der düster-strengen Atmosphäre der Kafkaschen Welt mehr als einen Anhaltspunkt: im *Prozeß*, vor allem aber im *Schloß* erreichen Formalismus und Verwaltungsautomatismus in einer halluzinatorischen, grotesken Entstellung der Phantasie den Grad eines unmenschlichen und wahnsinnigen Mechanismus, vor dem es keine Rettung gibt[46].

Kafkas ganzes Werk ist ein Bild dieser hoffnungslosen Lage, in der der Mensch zum Käfer werden kann[47], die Dinge nicht mehr an ihrem Platz stehen und die Zunge sie nicht mehr nennt[48]. Dies ist der geistige »Bankrott«, Musils Kernmotiv. Die scharfen Aphorismen Karl Kraus' und Freuds

Entdeckungen sind die geißelnde Stimme der Wahrheit, die sich aus dieser Welt erhebt. Rilke und Kafka erleben die Krise in ihrem europäischen Ausmaß, Hofmannsthal unter ihrem österreichischen, habsburgischen Aspekt. Bei Hofmannsthal liegt die Frage jedoch anders; anstatt die zerrüttete Wirklichkeit hinzunehmen, verwandelt er sie in einen letzten Traum von Kultur und Harmonie, so daß er zur letzten großen, getäuschten Stimme des habsburgischen Mythos wird.

3. Kultur des Fragments

Zwischen den beiden Polen des operettenhaften Hedonismus und der unaufhaltsamen Auflösung hinterläßt die habsburgische Dekadenz ihre charakteristische Spur in vielen anderen Aspekten und Motiven der Literatur dieser Jahrzehnte. Inmitten der Wiener Kaffeehäuser und Wirtshäuser erblüht ein lebendiges, sonderbares literarisches Genre: das Feuilleton, der rasch hingeworfene, gehaltvolle Text voller Lokalkolorit, die Milieuskizze, das ironisch-liebevolle, autobiographische Bekenntnis. Die Verfasser sind Kaffeehausliteraten, die ihre Existenz zwischen den Tischen der Cafés und den Straßen Wiens verbringen, geldlose Sonderlinge und zornig-sentimentale Humoristen. Sie verkörpern die Boheme der österreichischen Hauptstadt und das Tag für Tag mit wechselnder Heiterkeit ertragene Leben, das sich gänzlich in den kleinen Ereignissen des Augenblicks, in einem Gespräch oder dem Anblick einer schönen Frau erschöpft. All diese Literaten sind die zärtlichen, respektlosen Sänger der Wiener Seele, der Straßen und jungen Mädchen, der Indolenz und Gutmütigkeit der Hauptstadt der Phäaken und des Capua der Geister. Einer von ihnen, Friedrich Schlögl, nennt eine seiner Sammlungen *Wiener Blut* (1873), und kein einziger Text dieser Schriftsteller von Speidel bis Altenberg, von Friedell bis Polgar, läßt sich dem Wiener Boden entrissen vorstellen. Ihre literarischen Produkte sind eine farbenfrohe, heitere Geographie: von Grinzing bis Döbling und vom Café Central bis zum Wienerwald tauchen Wiener Orte und Winkel im Lichte fröhlicher Freundschaft und Geselligkeit auf und sind alle ebenso heimelig und gemütlich wie das Kinderzimmer im elterlichen Haus. So nimmt Wien nicht nur als Metropole des Vergnügens, sondern auch als Paradies lieber kleiner Dinge in den Skizzen seiner verliebten Darsteller das Antlitz einer heiteren, humorvollen und ungetrübten Familienidylle an[49]. Diese impressionistische und fragmentarische Literatur ist charakterisiert durch Sentimentalität und Ironie, durch eine unkritische Liebe zu allem Wienerischen, vom Kaiser bis zum Heurigen, und eine beißende Satire auf dieselben lieben Dinge. Das Maß dieses literarischen Genres kann nur die einzelne Seite, das Fragment sein. Es ist dies eine richtige Flucht ins Fragment, ins Detail, eine Abwendung von den Problemen und eine Hinwendung zur Unbeschwertheit einer Stunde, einer Geste oder eines Lächelns. Die Wirklichkeit wird sozusagen zersplittert, und was bleibt, sind reizende, aus dem Zusammenhang herausgerissene Stücke und zarte, wie Seifenblasen jäh entschwindende Bilder. Die habsburgische Kultur war seit jeher einer einheitlichen Lebensauffassung und einer Wahrnehmung der konkreten geschichtlichen Zusammenhänge zwischen den Ereignissen ausgewichen, so daß die einzelnen Aspekte des Realen sich als viele einzelne Parallelen darstellten. In dieser Zeit, die Broch als »Wert-Vakuum«[50] definierte, das sich hinter dem dekorativen, üppigen »Un-Stil«[51] verbirgt, wird diese fragmentarische Sicht auf die Spitze getrieben, wird zur kurzsichtigen Befriedigung aus dem Ornament oder der Laune einer Stimmung. Es handelt sich um eine ästhetische, sentimentale Entfremdung; darum flüchtet man sich auch in die Sphäre der persönlichen Empfindung und bemäntelt die Wirklichkeit mit einem launischen, herben Reiz.

Im engen Rahmen eines verfeinerten geistigen Dilettantismus verzeichnet diese Literatur geglückte Momente und Stellen, die von einer heiteren und anmutigen Lebensweisheit erfüllt sind. So besitzen die verschiedenen Ljubas und Mitzis[52], die einander auf der Welle zärtlicher Erinnerung oder lächelnden Begehrens begegnen, einen undefinierbaren, lebendigen Zauber, der den Hedonismus des Wiener Fin de siècle durch eine freundliche Note mildert. In der Tat wohnt dem genußfrohen epikureischen Mythos dieser untergehenden Kultur etwas inne, was ihn von allen anderen Schlaraffenland-Schwärmereien unterscheidet und ihm einen besonderen Reiz, eine besondere Vitalität verleiht, und zwar einen Ton leichter Melancholie und eine spontane, volkstümliche Lebensfreude. Von Raimund bis zu den Liedern der Brüder Schrammel durchzieht eine lebendige, volkstümliche Ader die gesamte österreichische Kunst, parallel zu deren aristokratischer Verfeinerung. Vielleicht läßt sich hier die Durchdringungskraft des habsburgischen Mythos am besten ermessen, nämlich an der Schaffung eines echten Volksgemüts, das vielleicht die authentischste Stütze und die einzige ideologische Substanz der Donaumonarchie darstellte.

Die Schriftsteller, die dieser Wiener Seele Stimme und Antlitz verleihen, sind kaum voneinander zu unterscheiden: Die Landschaftsbeschreibungen von Ludwig Speidel, die witzigen Balladen von Daniel Spitzer und die farbigen Lokalfiguren von Schlögl sind alles Schattierungen einer Stimmung, eher ein beinahe anonymer Chor als Einzelpersönlichkeiten. Die beiden besonderen Kennzeichen sind Bedauern und Humor. Die Klage um das alte Wien, das verschwindet, um einen Brunnen, den man abgetragen hat und wo einst eine blühende Köchin Wasser geschöpft hatte[53], um die Spaziergänge der guten alten Zeit. Der Humor ist hitzig und kindlich, mürrisch und gutmütig. Er belächelt das engstirnige Philistertum der braven Bürger, erhebt sich aber selbst nicht darüber hinaus, sondern nimmt im Gegenteil liebevoll an dieser kleinbürgerlichen Menschheit teil. Er ist bisweilen absurd und gewollt dumm und verspottet mit gleichzeitiger Selbstgefälligkeit diese Art von liebenswürdigem Unsinn. Von den Anekdoten über den Kaiser bis zu den noch heute lebendigen Geschichtchen über Frau Pollack oder den Grafen Bobby hat sich der österreichische Humor seit jeher gern in einer sorglosen und sympathischen Nichtigkeit wiedergefunden und aus ihr geradezu eine Waffe gegen die Härte des Lebens gemacht. Die Idealisierung eines trägen und gutmütigen Charakters von kindlicher Durchtriebenheit spiegelt auf humorvolle Art das Trachten der braven Untertanen Franz Josephs nach seliger Sorglosigkeit wider. Dieser österreichische Humor wird von respektloser Selbstverstümmelung gekennzeichnet, von einer gewollten Betonung der Widersprüche und Gegensätzlichkeiten in der österreichischen Kultur durch deren Verlagerung auf die Ebene des Einzelmenschen und des Alltags. In dieser Welt geschieht alles nicht »weil«, sondern »trotzdem«[54], wie Weigel später sagen wird. Es ist eine gegen sich selbst gerichtete Ironie, der es aber völlig an der Absicht der Besserung und auch an jener Art von Doppelbödigkeit, auf der der englische Humor beruht, mangelt. Die Satire geht unmerklich in eine selbstgefällige Lobpreisung dieser »so dummen« Menschen über. Das Bewußtsein der eigenen Mittelmäßigkeit hemmt die dichterische Hingabe und gibt ihr einen kraftvollen ironischen Unterton, doch mildert die sentimentale Bindung an das Wienertum jede allzu scharfe Spitze. Karl Kraus ist mit seinem tragischen Animus der einzige wahre Humorist dieser Gesellschaft, und sein bitterer Spott verdichtet sich brennpunktgleich im apokalyptischen Phantasiegebilde der *Letzten Tage der Menschheit*. Der offizielle Spaßvogel jener Jahre, der geistreiche Roda Roda, bevölkert seine Texte mit wunderbaren Dummköpfen, vertrottelten Soldaten und schwerfälligen, hohlköpfigen Offizieren, doch gelangt er über die Farbnuance nicht hinaus. Damit soll freilich nicht gesagt sein, daß es sich um einen gänzlich harmlosen Humor handelt: man braucht nur an die geistreichen Skizzen von Friedell, insbesondere an *Die Österreichische Seele*[55] zu denken, um dessen Eleganz und Feinheit zu bewundern. Worum es hier jedoch geht, ist, den Beitrag dieses Humors zum habsburgischen Mythos hervorzuheben. Das Feuilleton dieser Jahre greift, ohne es auszuschöpfen, das Erbe Bäuerles und Nestroys auf und bietet damit zwischen Scherz und Ernst eine eigene Dimension des Kaiserreichs. Es ist dies eine mythologische Dimension, das heißt, eine ständige leichte Vorspiegelung der Wirklichkeit anstatt einer echten, aufklärerischen Satire.

Der *locus amoenus* dieses Genres ist das Kaffeehaus. Als fester Wohnsitz und ständige Adresse der Literaten, als Treffpunkt und Unterhaltungsstätte, als literarische Tischgemeinschaft und traulicher Zufluchtsort, ist das Kaffeehaus eine der typischsten Wiener Einrichtungen und eines der charakteristischsten Milieus des alten Mitteleuropa, von dessen Kultur es den langsamen, raffinierten und ein wenig indolenten Rhythmus, den eleganten Lebensstil und vor allem das ruhige, vornehme Maß zu vereinen scheint. Das Kaffeehaus ist der ideale Hintergrund einer geselligen und doch zurückgezogenen Lebensweise, die Stätte methodischer und liebevoller Alltagsgewohnheiten und der Ort, wo herzliche und doch distanzierte Beziehungen geknüpft werden. »Das Café Central liegt unterm wienerischen Breitengrad am Meridian der Einsamkeit. Seine Bewohner sind größtenteils Leute, deren Menschenfeindschaft so heftig ist wie ihr Verlangen nach Menschen, die allein sein wollen, aber dazu Gesellschaft brauchen.« [56] So wird das Kaffeehaus zum Symbol eines heiteren, achtbaren Lebens, dessen Intimität von keiner Zudringlichkeit oder Hemmungslosigkeit getrübt wird, kurz, zum Symbol der Menschheit der Welt von gestern in ihrer wohltemperierten Vornehmheit. Dieser Ton des mitteleuropäischen Mythos überlebt vielleicht am längsten: die Verherrlichung der entspannten, klassisch-ruhigen Stunden an bequemen Tischen, beim Lesen der Zeitungen und dem Knüpfen friedlicher menschlicher Beziehungen. So entsteht das Loblied auf die hübschen Kellnerinnen und den feinen Stil der diskreten Ober, die so vornehm sind wie ein Erzherzog, auf die Gedichte, die mit Bleistift auf die Tischplatte gekritzelt werden, auf die unvorhergesehenen amourösen Gelegenheiten, auf sonderbare, extravagante Habitués oder pensionierte Hofräte, die täglich zur gleichen Stunde und am gleichen Platz die veralteten Nummern eines Journals lesen.

Welchen Kummer man auch haben mag, ob Liebesschmerz oder Schulden, ob zerrissene Schuhe oder Selbstmordabsichten, das Losungswort heißt immer: »Ins Kaffeehaus« [57].

Auf der anderen Seite wird diese Stätte bequemer Flucht oft zu einem fruchtbaren literarischen Thema und zu einer beachtlichen Quelle dichterischer Inspiration, was wieder einmal die einzigartige Fähigkeit der Mythen des 19. Jahrhunderts, echt menschliche Inhalte anzunehmen, beweist. Aus den flüchtig hingeworfenen, vom Lokalkolorit gefärbten Zeilen dieser Schilderer wienerischen Lebens ist bisweilen eine leise Wehmut und der unterdrückte, oft enttäuschte Wunsch nach einem andersgearteten und glücklichen Leben herauszulesen[58].

So blüht zwischen den Bonmots manchmal auch die Poesie. An den Tischen des Café Central entstehen die lyrischen Impressionen des geistreichsten und schwermütigsten dieser Dichter, Peter Altenberg (1859–1919). Sobald die Taschen seines weiten Mantels mit den improvisiert beschriebenen, wirr hineingestopften Blättern gefüllt sind, werden diese fliegenden Blätter an den Verleger Fischer geschickt. Alle seine Bücher entstehen so, und schon die Titel verraten ihren höchst persönlichen, stimmungsgebundenen Charakter: *Wie ich es sehe, Was der Tag mir zuträgt, Mein Lebensabend* (1896, 1901, 1919)[59]. Diese kleinen Dinge erheben keinen Anspruch darauf, für Dichtung gehalten zu werden; sie wollen vielmehr etwas Echtes, Unmittelbares vermitteln. »... sind meine kleinen Sachen Dichtungen?! Keineswegs. Es sind Extrakte! Extrakte des Lebens.«[60] Das Fragmentarische und Impressionistische der Wiener Kultur findet in Altenberg, dem bärtigen, wunderlichen Freund der Kinder und Prostituierten, dem Mann, der von verhängnisvollen Frauen träumt, die ihn prompt enttäuschen, und dem Verfasser von Aphorismen, die unerschöpfliche Paradoxa thematisieren, seinen radikalsten Vertreter. Er besingt Liebespaare, nichtssagendes Frauengeschwätz, traurige kleine Mädchen im Pensionat und den Pudel einer Dame. Wenn die Kehrseite des habsburgischen Pyramidensystems in einem oberflächlichen

Impressionismus bestand, der das Verständnis für die Beziehungen der Dinge zerstörte, um sich mit ihrem fragmentarischen, isolierten Erscheinungsbild zufriedenzugeben, so ist Altenberg einer der Dichter des wienerischen Mythos, der die Lotosblume des Vergessens im persönlichen Empfinden mit vollen Händen verteilt. Und doch entzieht sich dem Enthusiasmus dieses sonderbaren Dichters das so sehr geliebte Leben, da er sich auf das Betrachten und Schauen beschränkt. »Auge, Auge, Rothschild-Besitz des Menschen!«[61] Für Altenberg wird die Lebenserfahrung zu einer Reihe schwankender Erscheinungen in quälender Flucht, zum ungreifbaren Glück, von dem man nur einen Schatten, einen Duft erhascht. Die Auflösung der Wirklichkeit, der für die österreichische Krise vielleicht wichtigste Aspekt, erreicht bei Altenberg seinen Höhepunkt und bildet gleichzeitig einen Fluchtweg. Wenn die geliebten Frauen nur das sind, was der Dichter von ihnen träumt[62], wenn sie die Liebe niemals erwidern, wenn das Leben folglich keinerlei Raum für tätige, wirkende Erfahrung bietet, nimmt Altenberg zum Reiz des Augenblicks und zur Verzauberung durch das Fragment Zuflucht.

Anstelle der Wirklichkeit werden also Traum und Möglichkeit gesetzt (man denke, welche Bedeutung letztere bei Musil erlangt, der damit die ganze Unsicherheit der österreichischen Welt kennzeichnet): eine dunkelblonde Frau mit schmalen Füßen oder ein blasses kleines Mädchen mit großen Augen, die er auf der Straße erblickt und wieder aus der Sicht verloren hat, bleiben in seinem Gedächtnis haften, während das Bild der Geliebten sich verflüchtigt. »Beisammensein ist stumpfes, totes Glück, lebendiges Glück jedoch ist nur mein Sehnen!«[63] Berührt man nur Ljubas Fingerspitzen, so verliert der Bogen eines ganzen Lebens sein konkretes Maß und verdichtet sich in den beiden Extremen des ersten Balls und des Todes[64].

Altenberg reagiert also auf die enge Begrenzung seines Lebens mit einer zärtlichen, kindlichen, unerotischen Liebe zum Leben und mit einem gereizten, bissigen Humor. Im

Rahmen seiner impressionistischen Weltanschauung, die gänzlich von seinen lyrischen Launen abhängt, erreicht er ein Maximum an Unverbrauchtheit. In all seinen Gedankensplittern vibriert eine tiefe Schwermut und der Ton eines unerfüllten, quälenden Bedürfnisses nach Liebe, das wohl im Mangel an mütterlicher Wärme wurzelt, die er bis ins Alter vermißt: »Nichts hat sich verändert. Nur meine Mama ist nicht mehr«[65], sinnt er später, als er der Spaziergänge der Kindheit in duftenden Parks gedenkt. Innerhalb der Begrenzung einer unvollkommenen Erfahrung bringt die Kultur des Fragments köstliche Momente der Poesie hervor, wie in jenen zärtlichen Erinnerungen an Altenbergs erste Liebe als Zwölfjähriger zur gleichaltrigen Rosie Mischischek, mit der er Verstecken spielte und der zuliebe er an ihrem Versteck vorbeiging und so tat, als sähe er sie nicht.[66]

Altenberg starb 1919, siech und elend. Alfred Polgar übernahm das Erbe an Geschick und geistreicher Anmut und führte diesen ironischen, kapriziösen Lebens- und Schreibstil gemeinsam mit anderen, wie Torberg und Friedell, fort. Auch hier sollte der Wiener Mythos seine eigentliche Periode und Funktion überleben. Der Sturm des Nazismus zerstörte des Leben dieser Kaffeehäuser, die das Gestern bewahrten[67], und die Gestapo klopfte an die Tür des Juden Egon Friedell, eines der letzten Geister des alten Wien. Doch das alte Gemüt überlebt mit Josef Weinheber in einer überaus raffinierten, ultramodernen Lyrik.

Hofmannsthals Dichtung aber ist zu Altenbergs Zeit nichts anderes als der Versuch, das Fragment zu universalisieren und den Impressionismus einer ganzen Kultur in einer entkräfteten Ordnung zu überwinden.

4. Ferdinand von Saar und die Würde des Untergangs

Mit Ferdinand von Saar (1833–1906) steht man einem erzählerischen Werk gegenüber, das bis in die feinsten Schattierungen von einem wehmütigen Wissen um den habsburgischen Untergang durchdrungen ist[68]. Wohl kein anderer Schriftsteller der damaligen Zeit erlebte das *finis Austriae* so intensiv wie er, obgleich er starb, ehe das Ende dieses Prozesses eintrat. Dieses Motiv des Untergangs ist nicht nur das spezifische Thema seines Schaffens, sondern auch der Ausgangspunkt seiner menschlichen wie künstlerischen Persönlichkeit; es dringt in jede Zeile ein und drückt ihr den Stempel eines müden Rhythmus und hoffnungsloser Sehnsucht auf. Die Fähigkeit des »Durchfühlens«, die der ganzen österreichischen Dichtung der zweiten Hälfte des 19. Jahrhunderts eigen ist, wird in Saars Erzählungen besonders deutlich; der habsburgische Verfall zeigt sich nicht so sehr in bestimmten Inhalten, dargestellten Ereignissen oder geschichtlichen Fakten, auf die häufig angespielt wird, als im leichten, bekümmerten Spiel der Gefühle und der Art zu empfinden, die alle Novellen gestaltet. Die sterbende Monarchie[69], zu deren feinfühlendsten Dichtern Saar gehört, spiegelt sich vor allem in der Weltanschauung und in der Sensibilität des Erzählers wider. Daher sind seine Erzählungen, die in ihrer Gesamtheit eines der lebendigsten Gemälde der Ära Franz Josephs bilden, noch bedeutungsvoller als seine *Wiener Elegien* (1893), der Abschiedsgesang auf das alte Wien und die schöne Zeit von ehedem. Die *Novellen aus Österreich*[70] sind das Bild einer Welt im Augenblick ihres Zusammenbruchs, keine sentimentale Laudatio vergangener Zeiten und auch keine sterile Polemik gegen das neue Zeitalter, sondern die genaue Zeichnung eines allmählichen Verfalls, der mit analytischer Klarsicht und leidenschaftlicher Anteilnahme beobachtet wird[71]. Dies ist das Österreich von Solferino und Königgrätz, der Versuche eines Ministers Taaffe, die Grundlagen des Staates zu erweitern, das Österreich des aufkommenden Geldadels, das in diesen Erzählungen mit seiner unverwechselbaren, getragenen Atmosphäre lebendig wird. »Jede meiner Novellen ist ein Stück österreichischer Zeitgeschichte.«[72]

Die Welt Saars ist eine Welt der besiegten und einsamen, vom Leben geschlagenen Menschen. Der späte Liebestraum des Musikers Bruchfeld wird enttäuscht und verraten, das Gewebe aus Maruschkas ursprünglicher Zärtlichkeit und wildem Stolz löst sich im Tod auf, die schöne und untreue Elsa verblüht in Trauer, die sanfte Ginevra sieht ihre erste Liebe entschwinden, und Baron Günthersheim verliert die geliebte Gattin[73]. Das Los der Saarschen Figuren ist Verlieren und langsames Entschwinden; das menschliche Abenteuer dieser Gestalten der habsburgischen Dämmerung erinnert an einen Zyklus der Besiegten in der Art Giovanni Vergas. Sicherlich hatte die ständige Schopenhauer-Lektüre[74] großen Einfluß auf diese pessimistische Weltsicht, doch mehr noch als von philosophischen Motiven scheint sie von der geschichtlichen Atmosphäre jener Jahre geprägt. Die Erzählungen Saars sind fast immer Chroniken verschwindender Geschlechter. Einzelschicksal und historische Parabel fallen also im Geschick der Person zusammen, die ihrem Los nicht ohne starkes Pathos unterliegt. Es ist kein Zufall, daß die Hauptfiguren sehr oft in vorgeschrittenem, wenn nicht hohem Alter sind: Innocens' graue Jahre, das starre Alter des Staatsrats Reichegg, der allzu große Altersunterschied zwischen Baron Günthersheim und seiner jungen Frau, Bruchfelds graue Schläfen[75]. Die Darstellung der Jugend gelingt dem Dichter beinahe nie: Die zahlreichen Gestalten, die in der Blüte ihrer Jahre dargestellt werden, lösen sich entweder in einer leeren oder stereotypen Skizzenhaftigkeit auf oder finden nur als Kontrapunkt zum reifen Alter der Hauptfiguren eine eigene Funktion. Jedenfalls handelt es sich dabei fast nie um eine heitere, unerschrockene, sondern um eine verdämmernde, verblühende Jugend, die einer Enttäuschung entgegengeht.

Im Zusammenhang mit dieser morbiden Leidenschaft für

den alten Rhythmus eines unerbittlich verlöschenden Lebens steht auch Saars ausschließliches Verständnis für Lebensart und Stil jener vornehmen, ein wenig engstirnigen Menschheit, deren Symbol und Muster Franz Joseph war; daraus ergibt sich der Dichter der Zurückhaltung und Distanz und der soldatischen, bürokratischen Scheu vor Gefühlsbezeigungen. Saar wurde einmal der Dichter der Entsagung[76] genannt; zweifellos ist die berühmteste seiner Gestalten, der Pfarrer Innocens, ein unmittelbarer Nachfahre des *Armen Spielmanns* und Stifters entsagender, verzichtender Menschen, und in der wunderschönen Novelle *Marianne* meint der unbekannte junge Dichter, er habe gelernt, »entsagend zu genießen«[77]. Anstatt aber, wie viele zeitgenössische Schriftsteller, auf der Ebene einer frommen Moral zu bleiben, enthüllt Saar die ganze Dramatik, die sich hinter dem maßvollen bürokratischen Stil verbergen kann. So wird er zum Dichter der Festigkeit und des verachtungsvollen, stolzen Widerstands gegenüber dem wirren, ungeordneten Drängen des Lebens. Er konnte nicht mehr, wie der arme Spielmann oder Rudolf II., glauben, daß sich das Leben nach den Gesetzen einer geordneten Harmonie vollzieht und daß nur die rebellische, individualistische Egozentrik den gesetzmäßigen Lauf der Dinge stört. In seiner Vorstellung zeigen sich Leben und Geschichte als launisches, unvorhersehbares, unlogisches und sich jenseits von Gut und Böse vollziehendes Spiel, gleich einem boshaften Scherz, der die Hoffnung des Menschen zunichte macht.

In seinen Erzählungen verkörpern die Frauen gleichsam jenes unerschließbare Rätsel und das ewige Überraschungsmoment des Lebens; sehr schön und unbewußt grausam, werden sie von einer fast außerhalb stehenden Gewalt, für die sie nur bis zu einem gewissen Grad verantwortlich sind, zum Ehebruch getrieben. So wird auch die Liebe zu einer aufwühlenden Verwirrung, die häufiger Verderben als Glück bedeutet; auf jeden Fall aber ist sie ein unkontrollierbarer, irrationaler Zauber und die Antithese par excellence zur bewußten sittlichen Strenge. Die Frau erscheint unerreichbar wie die Prinzessin L. in ihrer Theaterloge, gleichgültig gegenüber Leutnant Burdas Leidenschaft; raffiniert und unwiderstehlich wie die perlenhäutige Gemahlin des Grafen Reichegg, deren Untreue die Liebe der jungen Tochter zerbricht; leichtfertig und gedankenlos grausam wie die sinnliche Ninon oder kapriziös und selbstbewußt wie Paula, die mit ihrem bejahrten, treuen Anbeter ihr Spiel treibt[78]. Freilich fehlt es auch nicht an zarten, sanften Frauengestalten wie jene Marianne, die an der Seite eines ungeliebten Mannes verkümmert und vom Tod hinweggerafft wird, sobald sich ein Schimmer von Glück zeigt. Im allgemeinen aber werden die Frauen bei Saar mit den dunklen, verlockenden, dämonischen Kräften des Lebens gleichgesetzt. Und dieses zeigt sich den Menschen des sterbenden Reichs als faszinierendes, doch stets schmerzliches Abenteuer.

Angesichts der unvermeidlichen Niederlage haben Saars Personen einen einzigen Ausweg: das beharrliche, soldatische Schweigen des Menschen, der mit würdiger Festigkeit aus dem Leben zu gehen weiß. Saar ist der Dichter des erhabensten und männlichsten Tons des habsburgischen Mythos. Wenngleich man in der Operette, der Maskerade und den Wellen der blauen Donau auch zu vergessen suchte, daß die Existenz der Monarchie die eines Kadavers war, so entging den weniger oberflächlichen Geistern doch nicht die Wahrnehmung des unausweichlichen Endes. Auch darauf versuchte man zu reagieren, indem man das heroische Pathos einer ruhigen, fast automatischen Erfüllung der eigenen Pflicht und des eigenen Schicksals mitzuteilen trachtete. Um einen trägen Pessimismus oder einen fieberhaften, zerstörerischen Aktivismus einzudämmen, predigte und verbreitete man folglich das Ideal eines würdevollen Sterbens, treuer Pflichterfüllung bis zum letzten und vor allem das Gebot, weder dem Gefühl noch der Begeisterung, weder dem Unternehmungsgeist noch der Flucht zu unterliegen, sondern an die pedantische Pünktlichkeit der Alltagspflichten zu glauben. Franz Joseph, der vornehmste Gentleman Europas, wie er von Sven Hedin bezeichnet wurde, ist die außergewöhnliche Verkörperung dieses Mythos. Spartanische Gewohnheiten (das berühmte Eisenbett) und der unabänderliche bürokratische Rhythmus der Tageseinteilung machten den Kaiser zum ersten Beamten im Reich; Unterdrückung jeder individuellen, das heißt andersgearteten und nicht konformen Eigenschaft und klaglose, selbstverleugnende Hinnahme jeder Niederlage; eherne, unbeugsame Härte gegenüber allen Schicksalsschlägen; Einsamkeit ohne Schwächen, ohne Glück: dies ist der Mythos eiserner Festigkeit und unverletzbarer Treue zum zugewiesenen Platz, mit dem das habsburgische System, das wahrer Daseinsgründe ermangelt, seine letzten Schlachten zu meistern sucht. Es ist ein Mythos der Strenge und Einsamkeit, der Stolz auf alles Fehlende erwecken möchte und gegen jedes Element polemisiert, das in irgendeinem Bereich Störung oder Unordnung bedeuten könnte: gegen die sogenannte geschwätzige Verwirrung der Demokratie und den aggressiven Imperialismus der preußischen Emporkömmlinge, gegen die romantische Standesflucht der Kaiserin Elisabeth und Johann Orths, gegen den Antisemitismus und den Nationalismus, gegen die reformatorischen und modernistischen Bestrebungen des Kronprinzen Rudolf und das Aktionsfieber militärischer Kreise, gegen die Intellektuellen und die Kapitalisten, die Pangermanisten und die Sozialisten. So wird der vom Schicksal hart getroffene Kaiser zu einem überaus wirksamen Mythos, der in jenen letzten Jahren der österreichisch-ungarischen Monarchie vielleicht deren einziger Existenzgrund ist. Dieser Mythos war der Feind jeglicher Bewegung und jeder individuellen Besonderheit, ebendas, was man als grandiose Statik bezeichnet.

Saar ist der Dichter dieses unbeweglichen, würdevollen Alters, und auch seine liebsten Gestalten umgibt jene heroische Festigkeit, die von Franz Joseph und seinem Ausspruch: »Mir bleibt doch nichts erspart« ausging. Der Staatsrat Reichegg,[79] ein Politiker der Vormärzzeit, lebt mit seiner treulosen Frau und deren frivolen Liebhaber Rödern in seinem alten Schloß und beobachtet die Auflösung seiner

Metternichschen Welt, seiner Familie und seiner Vaterliebe. Machtlos muß er dem Unglück seiner Tochter zusehen, die letzteren liebt; die neue Zeit mit ihrer Beseitigung der feudalen Aristokratie geht über ihn hinweg. All dies erträgt der weißhaarige alte Graf mit stolzer Verachtung und soldatischem Schweigen, zwar in eine blinde, reaktionäre Mentalität verschlossen, doch auch von der alten, unbesiegten Gewohnheit des Herrschens beschützt. Die verhaltene, zärtliche väterliche Liebe zur Tochter Raphaela erhellt den starren Stolz des Aristokraten mit menschlicher Wärme, und derselbe feste Stolz lebt auch in der Tochter, die ihr schmerzliches Schicksal schweigend hinnimmt. Saar, der einer aristokratisch-feudalen Klasse nachtrauert, preist deren Lebensstil und deren Haltung mehr als den politischen Aspekt. Man kann bei ihm von einem geistigen Konservativismus sprechen, von einer Bindung an die alten Werte und vor allem an eine feste und kompakte menschliche Dimension, die das rechte Maß der Gesten und Gefühle kennt und ihr Leid nach außen hin nicht verrät. So entdeckt General Brandenberg in der wunderbaren Erzählung *Vae victis* (1883), daß er, nach ruhmreichem Dienst auf den Schlachtfeldern, in einer Welt neuer Menschen, inmitten von Politikern, Intellektuellen und Männern der Hochfinanz, die ihm die Liebe seiner Frau rauben, plötzlich als Fremder dasteht. Müde und bedrückt, mit Österreich alt geworden und in seinen Gefühlen verletzt, scheidet er still und stark aus dem Leben, indem er sich »mit geübter, sicherer Hand« [80] mitten ins Herz schießt. Auch Baron Günthersheim sieht dem gefährlichen Altersunterschied zwischen sich und seiner jungen Frau mit ruhiger Traurigkeit ins Auge und stirbt in einsamer, aufrechter Melancholie[81].

Der Mythos des würdevollen Endes, das letzte sittliche Ideal des habsburgischen Untergangs, findet also bei Saar eine bewegende, lebendige Darstellung. Dieser so leidenschaftlich gepriesene Stil ist von beachtlicher ethisch-politischer Bedeutung; er beleuchtet das letzte Kapitel des Habsburgerreichs mit einer besonderen menschlichen Färbung und spiegelt den verzweifelten Versuch wider, einer politischen

Klasse, die kein wirkliches Gewicht mehr besitzt, noch einmal Sinn und Funktion zu geben. Immerhin verstand es diese Klasse, den Problemen ihrer letzten Stunde mit großer Würde und vor allem starkem Pflichtbewußtsein entgegenzutreten. Die psychologische Geschichte der Saarschen Personen verflicht sich fast völlig mit der Geschichte der letzten habsburgischen Ära und wird eins mit ihr. Nach dem Jahre 1848 hört Herr von Reichegg gewissermaßen zu leben auf und beginnt allmählich abzusterben; Österreichs letzte Triumphe und Siege fallen mit General Brandenbergs Glücksstunden zusammen, und er fühlt, »daß nach dem Friedensschlusse von Villafranca etwas in seinem Inneren gebrochen und vernichtet war, wie er denn auch in diesen Tagen die ersten grauen Haare an sich wahrnahm« [82]. Die Auflösung seines Familienglücks und die Verödung seines Lebens fallen mit den rasch sich ändernden Zeiten zusammen, mit dem Aufstieg politischer und kapitalistischer Kreise und den Veränderungen im Heer, in das nun neue, ganz andere Männer eintreten. So fühlt er sich schließlich beim Kramen in Erinnerungsgegenständen aus der Jugendzeit, denen allen ein Stück altes Österreich anhaftet, als Epigone, der sich selbst überlebt hat.

Baron Günthersheim stirbt, als er die Nachricht der Niederlage von Magenta liest, bei der auch der einstige Verführer seiner Frau fällt. Und persönliches Geschick und österreichische Geschichte verflechten sich auch in Schloß Kostenitz, dem einsamen Wohnsitz im alten Stil mit dem kleinen Tiroler Pavillon, wo die sanfte Klothilde glückliche Stunden verbringt und ihre Heiterkeit jäh endet; der leerstehende herrschaftliche Sitz wird anno 1866 von Kanonenkugeln beschossen und in der liberalen Ära von einem Industriellen erworben und umgebaut, wobei der kleine Pavillon niedergerissen wird. Das verhängnisvolle Wirken der Zeit und das Verschwinden einer Generation werden mit wehmütiger Trauer am Beispiel der Zerstörung und Veränderung der Dinge, wie der altmodischen, von den Neureichen als »Wahrzeichen einer engbrüstigen und geschmacklosen Vergangenheit«[83] vernichteten Möbel, geschildert. Wiederum wird also die Geschichte in der österreichischen Literatur als unerbittlicher Tod und Bild der Vergänglichkeit gesehen; sie wird dort erfaßt, wo sie sich in ihren individuellsten und zufälligsten Reflexen zeigt, im Ende geliebter Dinge und kleiner Alltagsgewohnheiten, die dem Leben Stil und Maß verleihen. Modernität und Liberalismus bedeuten für Saar nichts anderes als erinnerungstötende Grausamkeit und dynamische Umstürzung friedvoller, gesammelter Gefühle.

Dieses Lebensgefühl steht bei Saar in unmittelbarem Zusammenhang mit seinem politisch-sozialen Empfinden. Er entstammte dem kleinen Beamtenadel[84], und seine ganze Einstellung muß unter dem Gesichtswinkel dieser treuen und loyalen Kategorie par excellence gesehen werden, die sich – sei es aus dankbarem Stolz auf das jüngst erhaltene Adelsprädikat, sei es aufgrund des Militär- oder Verwaltungsdienstes – mit dem kaiserstaatlichen System identifizierte. Von diesem zugleich kleinadeligen und bürgerlichen Standpunkt aus – eines mit »von« geschmückten Bürgertums oder eines bescheiden-bürgerlich lebenden Adels – läßt sich auch Saars Feindseligkeit gegen die kapitalistische Bourgeoisie einerseits und den frivolen, verantwortungslosen, eitlen und grundsatzlosen Aspekt einer verschuldeten und säbelrasselnden, parasitären und in Frauengeschichten verstrickten Aristokratie andererseits begreifen. Der Offizier als hohler, renommiersüchtiger und arroganter Beau erscheint bei Saar in schlechtestem Licht: Man denke nur an die scharfen Töne, in denen die Reiteroffiziere in der Novelle *Leutnant Burda* beschrieben werden, die ihre Verkörperung finden in der gewalttätigen, rücksichtslosen Gestalt des Kürassiers Schorff. Es ist dies eine Polemik gegen den leichtsinnigen und unfähigen, seines historischen Erbes wie seiner Pflichten als führende Klasse unwürdigen Adels. Die österreichische Gesellschaft endete in Operettenhaftigkeit und Leere oder verlor ihr Maß in der aktionsfiebernden Arroganz stutzerhafter, hochmütiger Offiziere; Saar aber hängt am alltäglichen und unpersönlichen, antiheroischen Ideal des Soldaten von einst. Mit Sehnsucht und respektvoller Bewunderung blickt er von seiner bescheidenen Position aus auf den Hochadel alter Prägung, den er aus den Wiener Salons kennt. Dieser verkörpert in seinen Augen die Tradition und die Vornehmheit des jahrhundertealten Reichs. Zweifellos ist diese anachronistische Verklärung einer untergegangenen Klasse eines der deutlichsten Zeichen für das Verschwimmen zwischen Realität und Mythos und zugleich auch für die Anziehungskraft der alten Formen und feudalen Ideale. Sobald die Familie Worel[85] ihr heiteres, ausgefülltes Leben im gräflichen Schloß aufgibt, um in der Stadt unabhängigere Arbeit zu suchen, endet sie in Elend und Niedrigkeit. Indem er zum städtischen Proletarier wird, gibt der Diener ein gesundes, von herzlichen Beziehungen geregeltes Leben auf zugunsten der anonymen Trostlosigkeit einer Fabrik in der Stadt. Diese Trostlosigkeit ist zugleich Fluch der industriellen Zivilisation und Strafe für die Sünde des Hochmuts des abtrünnigen Dieners, so daß die feudale Welt als einzige Möglichkeit für ein Leben erscheint, reich an menschlichen Beziehungen und Seelenadel. Saars ganzes soziales Empfinden ist dieser bewegten Verehrung unterworfen; seine Einsicht gelangt über den patriarchalischen Wunsch nach Gerechtigkeit und Harmonie nicht hinaus. Nur seine gegnerische Einstellung zum Absolutismus der fünfziger Jahre könnte ihn als lauen Fortschrittler erscheinen lassen; diese seine feindliche Haltung richtete sich aber nicht gegen den Autoritarismus als solchen, sondern nur gegen bestimmte gewalttätige und egozentrische Aspekte, gegen Schwarzenbergs Säbel, der etwas ganz anderes bedeutete als Metternichs stagnierender Despotismus. So geißelt Saar wohl manche Erscheinungen des Feudaladels, wie die rohen Späße der betrunkenen Herren auf Kosten des Dieners Fridolin[86], oder er zeigt ein gewisses Verständnis für die Beweggründe der Achtundvierziger-Unruhen, doch schließt seine Kritik das System selbst niemals ein, da er dessen Merkmale nur für gelegentliche, zufällig auftretende Fehler hält. Mehr als eine ideologische Prägung war es das Widerstreben, ja die Unfähigkeit, Gesten und Einstellungen zu ändern und Gewohnheiten oder Gefühle einer freieren, weniger zurückhaltenden, weniger würdevollen Menschheit anzunehmen, was es den österreichischen Dichtern verwehrte, sich der neuen Zeit anzuschließen. Die zentripetale Kraft der österreichisch-ungarischen Monarchie lockte mehr im Bereich der Empfindung und kleinen Alltagsgefühle als im Geistigen und warb mehr um die Phantasie und Sinne als um den Intellekt. Saars Abneigung gegen den Liberalismus ist im wesentlichen instinktiver Art, sei es nun gegen dessen intellektuelle oder gegen dessen kapitalistische Erscheinungsform. In *Schloß Kostenitz* setzt das liberale Zeitalter mit unruhigen Gärstoffen, mit trügerischen und wirren Hoffnungen ein, und der reiche Industrielle, der den Adelssitz übernimmt, zerstört mit der aufdringlichen Macht seines Geldes jedes Zeichen zarter Schönheit. Ein politisierender Jurist und späterer Abgeordneter macht General Brandenberg die Frau abspenstig, gleichsam als Symbol einer ehrgeizigen und anmaßenden, von intellektueller Eitelkeit und aggressivem Personalismus erfüllten Menschheit. Trotz der Richtigkeit seiner fortschrittlichen Ideen ist der aufbrausende demokratische Doktor dem hölzern-steifen, reaktionären Grafen Erwin menschlich unterlegen[87]. Saars grollende Feindseligkeit richtet sich gegen zwei Zielscheiben: gegen den Geldadel und, eng damit verbunden, die Intelligentzija. Es ist dies die feudale Abneigung gegen die Parvenus einerseits und die Verständnislosigkeit für die moderne Funktion des Intellektuellen andererseits. In dieser Hinsicht wird Saar zum Sprachrohr der konservativen Mentalität und ihrer Unduldsamkeit gegenüber der gegnerischen, protestierenden Elite der »Kleriker«, die sich Kritik und Opposition, Verteidigung der Freiheit und Verkündung stets neuer Rechte aufs Panier geschrieben haben. Gerade als Schriftsteller, also als Intellektueller – doch von anderer Sorte –, der sich ganz seiner skrupelhaften Sorge um das geschriebene Wort und der Betrachtung des menschlichen Herzens hingibt, konnte Saar die anderen, die engagierten Schriftsteller, die Autoren von

Pamphleten und politischen Abhandlungen, nicht ertragen. Alle österreichischen Schriftsteller sollten der von Benda aufgezeigten Versuchung der »trahison des clercs« unterliegen und, von Saar bis Werfel, Verteidiger einer festgelegten politischen wie sittlichen Ordnung, anstatt Verkünder neuer Botschaften sein. Man denke nur an die bittere Ironie mit der Saar die frauenrechtlerischen Bestrebungen der schönen Elsa und ihre unbefangenen, avantgardistischen literarischen Versuche, samt der sie begleitenden Sittenfreiheit, beschreibt[88].

Politik, Intelligenz und Kapital trafen in den Salons der reichen jüdischen Familien, die damals – man denke nur an die Rothschilds – einen gewaltigen kulturellen und wirtschaftlichen Aufschwung nahmen, zusammen. Man könnte bei Saar von einem versteckten Antisemitismus sprechen – nicht von ungefähr sind die neuen Freunde der Frau General Brandenbergs, die sie ihm abtrünnig machen und ihm sein eigenes Haus entfremden, Juden –, doch nur im antikapitalistischen Sinne. Da Saar in der reichen jüdischen Bourgeoisie die Hoffart des Geldes, den liberalen Profitkult und die zerstörerische intellektuelle Unrast erblickt, beschreibt er sie oft mit einer gewissen Abneigung. Doch liegt darin nicht die mindeste Spur von rassistischem Vorurteil. Um den Dichter von jedem Schatten eines antisemitischen Verdachts reinzuwaschen, genügt der Hinweis auf eine seiner lebendigsten und menschlichsten Gestalten, Seligmann Hirsch[89]. Dieser auf den ersten Blick zunächst aufdringlich erscheinende Jude, der von allen, selbst von seinen eigenen Kindern abgelehnt wird, mit rührender Unbeholfenheit die Freundschaften anderer erwerben möchte und darum tapfer jede Demütigung erträgt, erscheint in wärmstem menschlichen Licht und ist eine der unvergeßlichsten jüdischen Gestalten der deutschen Literatur. Im übrigen geißelt Saar mehrfach die zweideutige Wiener Gewohnheit, vor der wirtschaftlichen Macht der Juden zu buckeln und sie hinterrücks zu verlachen, wobei ihnen echte Freundschaft und tatsächliche Anerkennung der Gleichheit versagt bleibt. Immerhin ist hier der Ort, darauf hinzuweisen, welch große Rolle diese

Gleichung von Judentum und Kapitalismus im nationalsozialistischen Antisemitismus spielte; sie begünstigte die Verbreitung des Rassenhasses, der eben mit Hilfe eines vagen und zwiespältigen sozialen Ressentiments verbreitet wurde. Damit hüte man sich vor irgendeinem negativen Urteil über Saar, der als guter österreichischer Untertan, ja als beispielhafter Gestalter des Mythos von Franz Joseph, mit ehrlicher Leidenschaft an die übernationale und überrassische Ordnung glaubte. Sein ganzes Werk ist von bitteren Hinweisen auf nationalistische Haßgefühle und von wehmütigen Erinnerungen an die gute alte Zeit voller Frieden und Eintracht erfüllt.

Dies ist natürlich eines der tiefstempfundenen Themen der letzten habsburgischen Ära, da mit der wachsenden Bedrohung des Gebäudes die idealisierende Verklärung der Wirklichkeit immer deutlicher wird und sich auf allen Ebenen, selbst im sentimentalen Roman, bemerkbar macht. Rudolf Hans Bartsch ist ein wenig der Prototyp des damaligen Moderomanciers und darum auch als Barometer eines ganzen literarischen Klimas von Interesse. Sein von folkloristischer Liebe zur steirischen Heimat durchdrungener Roman *Zwölf aus der Steiermark* (1913) ist die naive, konventionelle Version der drängendsten Probleme dieses geschichtlichen Moments. Der fröhliche, der Auflösung geweihte Bund der zwölf Freunde ist die in sorgloser, oberflächlicher Tonart gehaltene Sehnsucht nach einem geordneten und harmonischen Leben und schildert die sittliche wie intellektuelle Bildung einiger junger Menschen der damaligen Generation. Das Ideal dieser Bildung ist die Liebe zur österreichischen Heimat als verständnisvoller Mutter der »Völker«; besonders interessant ist eine scharfe antideutsche Polemik. Wigram, der von Wilhelm II. und dem Deutschen Reich begeisterte Student, geht nach Berlin, wo er von der harten Strenge und Engstirnigkeit der Preußen enttäuscht und verletzt wird und seine eigene Welt lieben lernt, wo »eine freie, kecke Moral, aber eine freudige und menschliche Moral«[90] herrscht. Die Verherrlichung der Mittelmäßigkeit und des süßen, lässigen Lebens des Habsburgerreichs ist ein häufig wiederkehrendes Motiv. Noch interessanter ist jedoch die treuherzige Schilderung der rassischen und nationalen Probleme. Der Jude Bohnstock und der Slowene Selmjaritsch, zwei der zwölf Freunde, sind fanatische Hüter der eigenen Tradition und Abstammung, fühlen sich aber von der überlegenen deutschen Kultur angezogen und dominiert. Das kulturelle Deutschtum hätte sie schließlich völlig erobert, wenn nicht rassistische Unruhen der Deutschen mit Schlägen und Verfolgungen gegen sie ausgebrochen wären, eben als sie in Tagen blutiger Tumulte deutsche Bürger vor bosnischen Wachen beschützen wollten. So zerstört der germanische Rassismus das humanistische Werk Goethes und der Sprache der Dichter und Denker und verwandelt die beiden in erbitterte Gegner der teutonischen Welt. Diese kleine Geschichte kennzeichnet die typische österreichische Polemik gegen die Preußen und kleidet den habsburgischen Mythos in Worte, wonach Österreich kulturell deutscher ist als die Deutschen und folglich, als deutscher Kulturbereich, die übernationale Mutter der verschiedenen Völker darstellt. Dieser Gedanke geht im Grunde auf Goethes internationales Deutschtum, auf seine Idee eines Deutschland als ideale Weltheimat zurück. Natürlich wurde dieser Gegenstoß zu kulturellen und politischen Verteidigungszwecken weise von oben geleitet und von den Anhängern des Reichs, wie Bartsch, der seine Erzählungen für die anderen Anhänger schrieb, aufrichtig und naiv aufgenommen. Doch selbst in seinen sentimentalen Romanen kündet sich die Auflösung dieser Werte an.

Um wieviel bitterer mußte folglich die Sicht des weitaus profunderen Saar sein. Und dennoch trug er, obgleich er das Ende herannahen fühlte und beinahe noch erlebte, auf seine Weise zur Verteidigung dieser so sehr geliebten Welt bei und versuchte, sie die schwere Kunst des würdevollen Sterbens zu lehren. Kein anderer Schriftsteller verlieh dem Franz-Joseph-Mythos so sehr Ausdruck wie er, und seine Gestalten scheinen geradezu den Backenbart des alten Kaisers zu tragen. Auch Hofmannsthal wird diese Sterben empfinden und versuchen, es vor sich selbst geheimzuhalten, indem er, wie Saar, eine aristokratische Lebensweisheit verkündet, doch in einem anderen Ton. Es wäre müßig und auch unhistorisch, von Saars Dichtung mehr zu verlangen, als sie geben konnte, oder deren Begrenzungen zu kritisieren. Im Rahmen seiner Erfahrung und Möglichkeiten rührte Saar an die erschütterndsten menschlichen Saiten. Und im Grunde hatte er, wenn auch ungern, erkannt, daß »ein neues, bestimmteres, zuversichtliches Geschlecht« auftreten würde[91].

5. Arthur Schnitzler

In Schnitzlers ironischem und bitterem Werk spiegeln sich das eitle Epikureertum und die skeptische Sinnlichkeit der Wiener Belle Époque wider und enthüllen die Leere und Grausamkeit ihrer oberflächlichen Frivolität. Der Verfall der habsburgischen Kultur, der bei Saar mit Dekorum und Würde umgeben war, erschöpft sich in Schnitzlers Kunst in einem müden und skeptischen Spiel der Gefühle, in einem Reigen von Leidenschaften, die zu schwach sind, an sich selbst zu glauben. Es ist freilich, einer Anregung von Paolo Chiarini folgend, notwendig, die traditionelle Formel eines Schnitzler als Dichter einer delikaten Wiener Atmosphäre und als bitterer Dramenschöpfer, der allerdings im Kreise »eines Lebens, das die Maße und Grenzen kennt«[92] verharrt, auf ihr richtiges Maß zurückzuschrauben. In Schnitzler sah man stets den Dichter einer vom skeptischen *savoir faire* und von der erfahrenen, müden Verstellung der Gefühle gemilderten Melancholie. Der Wiener Arzt erschien demnach als typischste Stimme des damaligen Österreich, doch in einer fast passiven Bedeutung, gleichsam als dichterisches Ergebnis der maßvollen, lächelnden Mittelmäßigkeit; die tragische und trostlose Intuition des Lebens hielt man bei Schnitzler für gemildert und in einem Ton ironischen, liebenswürdigen

Salongeplauders aufgelöst. Diese Art der Deutung sollte man vielleicht umkehren und dabei entdecken, daß Schnitzler vielmehr die Tragödie und Leere dieses Lebensstils und dieser Verstellung beschrieb und daß die distanzierte Eleganz die Auflösung der Gefühle durchaus nicht abschwächt, sondern verstärkt zum Ausdruck bringt. Ein Dichter des Dämmerlichts aufgrund der Atmosphäre in manchen Geschichten und des sanften, müden erzählerischen Tons, ist Schnitzler doch weit entfernt von jeder liebevollen oder ironischen Nachsicht für die dargestellte Jämmerlichkeit. So wird das aristokratische Lächeln nicht zur zarten Verschleierung der Wirklichkeit, sondern zum schneidenden, erbarmungslosen analytischen Instrument. Von diesem Gesichtspunkt aus betrachtet, steht Schnitzler außerhalb des habsburgischen Mythos, wie er hier aufgefaßt wird, also außerhalb einer Verwandlung des Realen, die ihrerseits Eigenleben und eigenständige Entwicklung annimmt, doch lassen manche Inhalte, das Szenarium seiner Dichtung, die Darstellung der kennzeichnendsten Aspekte der Gesellschaft in der Zeit Franz Josephs, deren prägnantestes, klügstes Porträt er zweifellos in wehmütigen, herben Worten geliefert hat, ihn wiederum am Mythos teilhaben. Schnitzlers Weg verläuft längs einer geistigen Parabel, an deren Ende wiederum die subtile, liebevolle Hingabe an den Mythos des Gestrigen wahrzunehmen ist, die alle österreichisch-ungarischen Schriftsteller kennzeichnet. Diese Dialektik von zerstörender Hellsicht und durchscheinender Pietät formt Schnitzlers Dichtung und seine Sicht der habsburgischen Welt.

Die Mythen der österreichischen Gesellschaft zerbrechen also an der Kunst dieses Dichters, so wie sich die weltliche Lebensweisheit in den kurzlebigen, seichten Liebeserlebnissen *Anatols* (1890) wie in einem Tanz mit ständigem Damenwechsel verkörpert. Gleich seinem Zeitgenossen, Hofmannsthals Claudio, ist Anatol schließlich von der eigenen Unfähigkeit zur echten Liebe enttäuscht und verschwendet sein Menschentum in flüchtigen Strohfeuern und ästhetisierenden Emotionen. In diesem ersten Stück Schnitzlers löst sich die Person gleichsam auf, und die Persönlichkeit zerbröckelt in Empfindungen und zersetzender Analyse. Dieses Motiv findet bei Hofmannsthal und dann bei Musil noch vollendeteren Ausdruck; es ist eines der eigenartigsten Merkmale der mitteleuropäischen Literatur, die Italo Svevos *Zeno Cosini* hervorbringt. Momentgebundene und vereinzelte Bewußtwerdung tritt hier an die Stelle der ausgeprägten Physiognomie der klassischen Figur des 19. Jahrhunderts, so daß der Mensch zum Behältnis plötzlicher Empfindungen und eisiger Spiele des Intellekts wird. Schnitzler ist einer der hervorragendsten Vertreter dieser Literatur, vor allem in den inneren Monologen zweier wunderbarer Novellen, *Fräulein Else* (1924) und *Leutnant Gustl* (1900), die ganz aus morbider, hastiger Registrierung von Gedankengängen und Ideenverbindungen bestehen. Es ist kein Zufall, daß diese Erzählkunst, obgleich in den angelsächsischen Ländern entstanden, in der habsburgischen Welt einen so fruchtbaren Boden fand (Schnitzler, Hofmannsthal, Kafka, Musil, der italienische k.k. Untertan Svevo und andere), in jener Welt, die keine Einheit mehr war, sondern nur noch ein Durcheinander peristaltischer Bewegungen und vereinzelter, parallel verlaufender Richtungen, die weder zusammentreffen noch übereinstimmen konnten. Die desintegrierte Person versinnbildlicht also die Krise der österreichisch-ungarischen Welt und spiegelt deren Widersprüche und labile Fundamente. Nicht von ungefähr sollte Musils Ulrich zum beispielhaftesten »Mann ohne Eigenschaften« werden.

In gewisser Hinsicht erscheint Anatol als noch unscharf wahrgenommener Vorläufer Ulrichs. Als »leichtsinniger Melancholiker«[93], dessen schattenhaftes Empfindungsvermögen ihm nicht erlaubt, sich dem Leben rückhaltlos hinzugeben, ist diese Gestalt Schnitzlers nicht die kalt-intellektuelle, sondern die ästhetisierende und dekadente Version des Mangels an Eigenschaften und der Unfähigkeit, das Leben in der Fülle seiner Verpflichtungen auszukosten. »Häufig, wenn ich mit der oder jener zusammen war ... da lag es mir auf den Lippen: Du armes Kind – du armes Kind!«[94] sagt Anatol bei der traurigen Darstellung seiner müde und in einer Pose des Übermenschen erlebten Liebeserlebnisse. Schon zu Beginn einer Liebe verspürt er »dieses allmähliche, langsame, unsagbare, traurige Verglimmen«[95]; er liebt die »schmerzlichen Düfte, die so oft über meine besten Augenblicke ziehen«[96] und leidet gleichzeitig unter ihnen. Gerade im Erlebnis der Sinne, dem vergänglichen Erlebnis par excellence, scheitert das sehnsüchtige Streben nach Gegenwart und unbeschwerter Auflösung im Augenblick des Glücks. Dieses Streben war eine der größten Sehnsüchte der vergangenheitsbeladenen und zukunftslosen österreichischen Kultur. »Während ich den warmen Hauch ihres Mundes auf meiner Hand fühlte, erlebte ich das Ganze schon in der Erinnerung. Es war eigentlich schon vorüber.«[97] Schnitzler erfaßt hier das Tödliche, das im operettenhaften Leichtsinn der damaligen Zeit gerade in dessen vitalstem, dem erotischen Aspekt lag: »Deine Gegenwart schleppt immer eine ganze schwere Last von unverarbeiteter Vergangenheit mit sich«[98], und die drängende Sinnlichkeit enthüllt stumpfe Müdigkeit.

Anatol erweist sich also als getreues, in negativer Tonart gehaltenes Abbild der ganzen österreichischen Welt oder besser, jenes Teils dieser Welt, die Schnitzler zu sehen und zu verstehen gegeben war: denn auch er sah, wenngleich mit maliziösem Blick, nur den bunten Saum dieser Welt[99] und die auffallende Oberfläche, die von einer aristokratisch-bürgerlichen Kurzsichtigkeit und einer mythologischen Verwandlung für die ganze Wirklichkeit gehalten wurde. Im übrigen wirkte sich das Werk einer spontanen oder nicht spontanen Mythisierung nur in diesem begrenzten Randbereich aus. Schnitzler enthüllt wohl die undurchsichtige Natur dieses farbenfrohen sozialen Saums, dringt aber nicht in den Komplex der österreichischen historischen Wirklichkeit ein. In dieser Hinsicht bleibt er in der Enge seiner Gesellschaft gefangen und übt die eigene Beobachtungsgabe zwar nicht nach dem Diktat, doch immer und innerhalb der Grenzen des habsburgischen Mythos aus, dessen Nichtigkeit er gleichzeitig bloßstellt.

Darüber hinaus evoziert Schnitzler die ganze mozartische Anmut der österreichischen Kultur und die Grazie des Rokoko, das lächelnde Brio und die leichte Wehmut. Die Verse, die Hofmannsthal *Anatol* widmete[100], begrüßen in der Komödie gerade das Aufleben der liebenswerten Wiener Vergangenheit und erblicken in ihr ein Echo der Bilder Canalettos, der hohen Gitter und Taxussträucher, der im Grünen verborgenen Sphinxfiguren und der verrosteten Wappenschilder, eines lieblichen, verstaubten Rokoko mit galanten Abbés und schönen Damen in gepuderten Perücken.

Grüne, braune stille Teiche,
Glatt und marmorweiß umrandet,
In dem Spiegelbild der Nixen
Spielen Gold- und Silberfische …
. . .
Die Komödie unsrer Seele,
Unsres Fühlens Heut und Gestern,
Böser Dinge hübsche Formel,
Glatte Worte, bunte Bilder …[101]

Dies ist der zarte, liebliche Duft der Erinnerungen an das 18. Jahrhundert, an die Jahre Maria Theresias, womit man die habsburgische Dekadenz lächelnd zu verbergen sucht: so entlehnt Hofmannsthal dem 18. Jahrhundert Motiv und Milieu seiner »österreichischsten« Komödien, wie seines *Rosenkavaliers.*

In Schnitzler finden die liebenswürdige Anmut und der gesellschaftliche Stil Wiens ihren disponibelsten, wenn auch kritischen Darsteller. Von den jungen Mädchen bis zu den erfahrenen verheirateten Frauen im *Anatol* oder im *Reigen* (1896/97), vom eitlen jungen Offizier in *Leutnant Gustl* bis zu den Aristokraten *in Komtesse Mizzi* (1907) und zur bürgerlichen Welt in *Frau Bertha Garlan* (1900) oder *Professor Bernhardi*, wird die Wiener Gesellschaft in all ihren Formen abgewandelt und von einem kleinbürgerlichen, von jüdischen Komponenten beeinflußten Gesichtswinkel betrachtet. Die glänzendsten sozialen Kategorien, die Stützen und vor allem Ornamente des Systems, werden unbarmherzig demoliert: das Heer schrumpft zur eitlen, niedrigen Dimension des Leutnants Gustl zusammen, die Familien der gesellschaftlichen Oberschicht verdanken ihre Stellung Betrug und Scheinheiligkeit, die Welt der Aristokratie ist bevölkert von Egoisten wie Fürst Ravenstein, von stumpfen, oberflächlichen Menschen wie Graf Pazmandy und verhärteten Frauen wie seine Tochter, Komtesse Mizzi[102]. Es ist geradezu die Auflösung der sinnbildlichen Gestalten der österreichischen Literatur: Saars aufrechter Soldat wird reduziert zur aufgeputzten Galanterie eines Leutnants Gustl und Ebner-Eschenbachs Aristokraten zur leeren Abgeschmacktheit des Grafen im *Reigen*. So dreht sich die habsburgische Gesellschaft im bitteren, grausamen Reigen kurzlebiger, etwas zynischer Leidenschaften, die nichts sind als oberflächliche Erregung und angeekelter Überdruß. Dieses berühmte Stück von Schnitzler, bei dessen Premiere wegen der Gewagtheit bestimmter Szenen manche Damen in Ohnmacht fielen, konnte nur in einer Welt geschrieben werden, die im Zusammenbruch begriffen war und nur noch von einem formalen Stil der Gesten und Gefühle und von verfeinerten Manieren aufrechterhalten wurde. Das bei Schnitzler so häufige Thema Ehebruch wird niemals durch das tiefempfundene Hingerissensein von der Liebe kompensiert, sondern bleibt stets pure Laune und schmutziger Betrug. Professor Robert Pilgram verzeiht seiner Frau den Ehebruch mit seinem Assistenten, da er sie von heftiger Leidenschaft ergriffen glaubt, und entdeckt am Ende, daß es sich nur um eine zynische, gelangweilte Gewohnheit gehandelt hatte und daß die Frau durch die Verlobung des jungen Mannes durchaus nicht verletzt wurde, sondern sie noch begünstigte und förderte[103]. Die glückliche Verbindung zwischen Wegrat und Gabriele ist auf einen anfänglichen Betrug gegründet, und ihr Erstgeborener ist in Wirklichkeit das Kind des besten Freundes der Familie[104]. Im *Grünen Kakadu*[105] wird der Held im Leben wie auf der Bühne betrogen, und dieselbe grausame Oberflächlichkeit regelt den Betrug im Spiel und in der Wirklichkeit. Fast in allen Erzählungen gibt es Betrüger und Betrogene, die am Ende eine gleich traurige Niederlage erleiden. Schnitzlers Ton ist hier kein wesentlich sozialkritischer; es liegt ihm eine allgemeinere und umfassendere Lebensauffassung zugrunde, der Blick eines Arztes, für den die Reaktion der Gefühle und Leidenschaften mechanische, physiologische Impulse und chemische Elemente sind, die sich durch Zufall verbinden, lösen oder vernichten. Die Liebe ist eine hervorbrechende, plötzliche Regung, die, vom unerbittlichen Gesetz ihrer Laune getrieben, Gefühle und Dankbarkeit befleckt. Auch in der Geradheit seiner sittlichen Kraft und der Reinheit seiner Gefühle ist der Mensch nicht imstande, diese amoralische und irrationale Kraft zu bezwingen oder auch nur zu begreifen, da sie auf unterirdischen, unergründlichen Fundamenten beruht. Darum sind Schnitzlers menschlichste Gestalten oft die Besiegten im Spiel der Liebe, die Erniedrigten und Beleidigten. Nach einem Wort Dostojewskis zählen im Leben einzig die Menschen, die wir lieben, während jene, die uns lieben, gleichsam nicht sind; und zwischen Schnitzlers Personen herrscht oft die Leere eines erotischen Mißklangs, der den menschlichen Dialog ausschließt: eine Untreue, der Schatten eines Geheimnisses, eine unüberbrückbare innere Entfremdung. Was für Christine die große Liebe ist und sie in den Tod treibt, ist für ihren Fritz bloße *Liebelei*[106]; Therese opfert ihre Unberührtheit und bezahlt dies mit dem Verlassenwerden und einem traurigen Leben[107]; Bertha Garlans Liebe wird von Emil mit demütigender Kälte erwidert. Als irrationale, vom Menschen fast unabhängige und unkontrollierbare Kraft bringt die Liebe, je nach der Laune des Zufalls, Glück oder Bitterkeit: so läßt sich in Gabrieles Erinnerung das bedrückende Wissen um den verübten Betrug nicht vom Beigeschmack jubelnder Verzauberung und Freude trennen[108]. Und gerade von dieser Gleichzeitigkeit von Grausamkeit und Freude, hochherziger Hingabe und gefühllosem Verrat nimmt Schnitzlers tragische Sicht des Eros ihren Ausgang.

Diese pessimistische Sicht nimmt in konkreten, bestimmten Zuständen Gestalt an und macht sich Formen des gesellschaftlichen Lebens zu eigen. So wie der *Reigen* die traurige Laszivität des sexuellen Erlebens in wunderbar wienerischen Gestalten und Episoden durchbuchstabiert, so stellt das Lustspiel *Komtesse Mizzi* zugleich die generelle Unmöglichkeit, echte menschliche Beziehungen zu knüpfen, und die Auflösung der österreichischen Familie im besonderen dar. Betrug und Verstellung binden die Personen dieser Komödie mit vielfachen Fäden aneinander: die schöne Lolo, die als Geliebte des Grafen Pazmandy gilt, ist seine natürliche Tochter; Mizzi ist die ehemalige Geliebte des besten Freunds ihres Vaters, des Fürsten Ravenstein, und lebt neben ihrem Sohn, der seine Mutter nicht kennt. Oft sind diese Täuschungen allgemein bekannt, so daß die Fiktion eine rein formale ist. Und nicht umsonst trägt das Stück – im übrigen ein wunderbares Bild der Aristokratie mit ihrem deutsch-ungarischen Jargon, ihren Kavallerieoffizieren und dem Herrenhausabgeordneten, der nie ein Wort spricht – den Untertitel »Der Familientag«. Die Familie war einerseits der Kern der habsburgischen Kultur und die Stütze ihres Traditionalismus, der autoritären Erziehung und der häuslichen Idylle, andererseits politisch völlig indifferent. In neuerer Zeit glaubte man, in der Bedeutung, die Freud dem Vater verleiht (dem getöteten und dann als Ursprung des religiösen Kults vergöttlichten Vater; der unterdrückenden väterlichen Gewalt als Quelle von Verdrängungen bei den Kindern, wobei man gleich an Kafka denkt, und so weiter), nicht nur eine psychologische Erkenntnis von großer Tragweite, sondern auch den Einfluß der besonderen sozial-familiären österreichischen Struktur zu erkennen, die auf die beherrschende Gestalt des Vaters zugeschnitten war. Die patriarchalische Familie spiegelte die hierarchische Ordnung des habsburgischen Systems wider, wobei sie im übrigen selbst in Auflösung begriffen war. Zur selben Zeit wie Schnitzler behandelte auch Hermann Bahr in seinen Komödien diese Krise[109], insbesondere in dem Stück *Die Kinder* (1910), einem paradoxen Liebesviereck zweier befreundeter Familien, wobei jeder der beiden Ehemänner der tatsächliche Vater der Kinder der anderen Familie ist.

In *Komtesse Mizzi* lösen sich alle Irrtümer nacheinander auf, ohne daß dadurch die Harmonie der verschiedenen menschlichen Beziehungen gestört würde; die höflich-tragische Atmosphäre, die jede Gewißheit und jegliches Vertrauen zunichte macht, bringt den Wiener Schriftsteller in vieler Hinsicht in die Nähe Pirandellos und seiner verwirrenden Welt leichten Irrsinns, in der, wie hier, »alles gut« endet.

Schnitzler verspottet die verzopfte Mentalität dieser Aristokraten, die sich über die neuen Häuser, die neben ihren alten Villen entstehen, und über die Impertinenz der neuen Zeit ärgern: »Wie heut die Strömung ist, gibt's Leute, die schon deswegen auf Ihre Bilder schimpfen möchten, Mizzi, weil Sie eine Gräfin sind.«[110] Es wäre wohl irrig, darin eine unmittelbare Kritik an einer bestimmten sozialen Klasse sehen zu wollen; es handelt sich vielmehr um eine Ironie, die die ganze österreichische Welt und die »Wiener Seele« im besonderen trifft; diese wird in der dramatischen Historie *Der junge Medardus* (1909) gründlich verspottet. In diesem Stück, das zur Zeit der Napoleonischen Kriege spielt, bilden das Wiener Volk und das gutmütige, oberflächliche Volksgemüt den operettenhaften Hintergrund tragischen Geschehens. Diese Wiener, die sich kühn in die Freiwilligenliste zur Verteidigung der Stadt vor den Franzosen eintragen lassen und dann, im Augenblick des Kampfes, nur »Jesus, Maria und Josef« schreien, ohne einen Schuß abzufeuern, und schließlich sogar dem siegreichen Napoleon begeistert zurufen, sind die bittere Version der jovialen Bürger Bäuerles. Schnitzlers Humor ändert nichts am Grundton des Stücks, nämlich an der Bloßstellung eines rückgratlosen Volks. Auch hier kehrt der Dichter den Mythos um und zeigt die andere Seite der leichtsinnigen, gutmütigen Medaille, die Kehrseite des habsburgischen Capua.

Einige Gestalten, meist Bürger, Handwerker oder einfache Mädchen aus dem Volk, bleiben von der Ironie verschont. Aus der seichten, feigen Masse im *Medardus* ragt die schlichte, ehrliche Menschlichkeit des Sattlers Eschenbacher heraus, der ruhig und heldenmütig in den Tod geht; im sinnlichen Karussell des *Reigens* sind das Stubenmädchen und wohl auch die Prostituierte noch die menschlichsten Geschöpfe; inmitten der jungen Lebemänner, die nur einer »Liebelei« fähig sind, ist der alte, bescheidene Geiger Weiring mit seiner väterlichen Liebe zur freudlos gealterten Schwester der einzige, der Seelenadel und menschliche Wärme beweist. Schnitzlers Sympathie gilt vor allem den Armen und Demütigen der untersten bürgerlichen Schicht, deren Tragik eben in dem Gegensatz zwischen dem bürgerlichen Streben nach Achtbarkeit und Würde und den beengten wirtschaftlichen und moralischen Verhältnissen wurzelt.

Ein Ton der Demut und Entsagung verbindet die Gestalten der Erzieherin Therese, der Witwe Garlan und des Oboisten Eduard Jagisch[111]. Was fehlt und was dem Dichter unter den Händen zerfällt, ist, wahrscheinlich ohne daß er sich dessen bewußt ist, eine vitale bürgerliche Welt. Jenes gesammelte, tätige und helle Menschheitsbild, dem seine Sehnsucht voll skeptischen, ungläubigen Pessimismus gilt, entspricht einem liberalen, bürgerlichen Menschentyp.

Die Krise des damaligen Österreich ist auch, und vielleicht sogar wesentlich, die Krise und das Versagen des liberalen Bürgertums. Dieses war bis 1879[112] an der Macht gewesen und hatte sich insbesondere auf die Deutschen und Juden, aber auch auf die Liberalen der anderen Kronländer gestützt, war aber wegen des Widerstands gegen die Besetzung Bosnien-Herzegowinas, in der es eine Vermehrung der slawischen Bevölkerung und Schwächung des deutschen Elements und folglich eine Stärkung der slawisch-feudalen konservativen Kräfte sah, zu Fall gekommen. Mit dem Sturz der deutsch-liberalen Partei war auch die Möglichkeit einer konkreten Eingliederung Österreichs in die bürgerliche Kultur des europäischen 19. Jahrhunderts und der Schaffung eines stabilen, effizienten österreichischen Liberalismus gescheitert. Da das klassische, gemäßigt-fortschrittliche Bürgertum somit geschwächt war, konnten andere, unruhige und drängende Kräfte zum Durchbruch gelangen, die, meist selbst aus dem Mittelstand stammend, die bürgerlichen Ideale von innen her unterhöhlten. Es sind die christlich-sozialen Anhänger Luegers, Antisemiten, reaktionäre Vertreter eines typischen, rechtsgerichteten und konservativen Populismus; es sind die militantesten nationalistischen und militaristischen Gruppen, Anhänger des Erzherzogs Albert und später des Marschalls von Hötzendorf.

Während im Parlament liberale Abgeordnete wie Schmerling und Gomperz noch gemäßigte, humanistische Reden hielten, die von ein paar freundlichen, aufgeklärten Herren einer früheren Generation, von alten »Advokaten«[113] und »guten Menschen, die Ruhe brauchen«[114], angehört wurden, verbreitete die anmaßende Gestalt des antikapitalistischen und antisozialistischen »Greißlers«, des typischen Kleingewerbetreibenden, im Schatten radikaler Banner ihre antisemitischen Vulgaritäten. Der ehemalige Käsehändler Bielohlavek prägte den Ausdruck »Saujude«, und der Wiener Bürgermeister Lueger meinte anläßlich einer Dürre, es gäbe genügend Wasser, wenn die Juden keines tränken. Vergeblich weigerte sich Franz Joseph, ein anachronistischer, ohnmächtiger Verteidiger des Friedens und, auf seine Weise, der Rechte seiner Untertanen, die Ernennung Luegers zum Bürgermeister zu bestätigen: wie so vieles in der Literatur, waren auch seine Gesten nur noch ein leerer, pathetischer Mythos. Inmitten der plebejischen und faschistischen Anmaßung der Christlichsozialen und der dumpfen Hetzartikel in *Danzer's Armee Zeitung* ging der achtbare bürgerliche Stil zugrunde und hinterließ, zumindest für die Menschen dieser Generation, eine undurchschaubare Verwirrung und unüberbrückbare Leere. Ein unbewußtes und freiwilliges Echo dieses Zersplitterns und der folgenden Labilität aller Werte läßt sich in Schnitzlers Werk wahrnehmen.

Im übrigen zeichnete sich in jenen Jahren keinerlei politische Alternative ab, die zur Hoffnung auf eine Erneuerung und auf einen Ausweg aus dem stagnierenden gesellschaftlichen Pfuhl, in dem man sich abzappelte, Anlaß gegeben hätte. Nicht einmal die sozialistische Bewegung, obgleich zahlenmäßig stark und von Viktor Adlers autoritärer Energie bestens organisiert, konnte oder wollte der österreichischen Gesellschaft neues Leben einflößen. Der Sozialismus hatte in Österreich jeglichen revolutionären Schwung und vor allem jede organische Gesamtschau der Welt, die er hätte verändern sollen, verloren und war langsam vom gemächlichen, stagnierenden habsburgischen System absorbiert worden. Die Sozialisten gaben sich mit unmittelbaren, nebensächlichen Lohnerhöhungen zufrieden, unterstützten am Ende die von der Großindustrie geforderten protektionistischen Tarife und standen dem Großkapital bei seinem Kampf gegen die kleinere Konkurrenz zur Seite. Es entstand also, mutatis mutandis, eine Situation, die der in Italien ähnlich war: Dort hatte die Allianz zwischen Industrie und Proletariat im Norden, gegen den Süden gerichtet, jede soziale Erneuerung in großem Stil verhindert. Allmählich machte sich das System die Sozialisten gefügig, die zwar hin und wieder Krach schlugen, um dem Unmut des Volkes Genüge zu tun, sich aber nicht der Bereitstellung enormer Summen für die Militärausgaben widersetzten,[115] teilhatten an der nationalen Propaganda und beifällig die Zudringlichkeit des Klerus hinnahmen. Der marxistische Internationalismus, der die nationalen Gegensätze hätte überwinden sollen, verschwand hinter den überhandnehmenden rassistischen Leidenschaften, die das sozialistische Lager zerrissen und die Einheit der arbeitenden Massen vollständig auflösten. Wenn die deutschen Sozialisten das Proletariat zu germanisieren versuchten und mit ihrem Anführer Pernerstorfer glaubten, die Verteidigung des Deutschtums sei »eine nationale Pflicht, die die deutschen Sozialisten nicht als letzte anerkennen«[116] würden, so schufen die tschechischen Arbeitskräfte eine separatistische Arbeiterbewegung im Zeichen des Deutschenhasses und gingen so weit, Verträge abzuschließen, in denen sich die Unternehmer verpflichteten, keine deutschen Arbeiter einzustellen[117]. Kurzum, rassistische Ressentiments, begünstigt von der spezifischen Situation Österreichs, wo soziale Gegensätze häufig eine nationale Bedeutung hatten, spielten eine größere Rolle als der Sozialismus und fanden ausgerechnet im sozialistischen Lager ein günstiges Terrain für Auseinandersetzungen.[118] Jedenfalls verstanden die Häupter der Sozialdemokratie ihre historische Lage nicht: Sie glaubten (allen voran Renner und Bauer, die sich für Autonomie einsetzten) an die Möglichkeit einer demokratisch-föderalistischen Entwicklung des Reichs, glaubten also an eine unbegründete Hoffnung, einen Mythos. Das hinderte sie daran, der österreichischen Gesellschaft neues Leben einzuhauchen, und machte aus ihnen eine Kraft, die durch ihre Widersprüche zur Ohnmacht verurteilt war, die k.k. Sozialdemokratie, wie sie ironisch genannt wurde.

Schnitzlers Werk fügt sich diesem Prozeß der Auflösung und der wankenden Werte ein; es erleidet und reflektiert den Zusammenbruch rationaler bürgerlicher Sicherheiten, was durch des Dichters Judentum besonders stark empfunden wird, da der Untergang des Liberalismus auch den Verfall des jüdischen Bürgertums und das Ausbrechen des Antisemitismus bedeutete. Wie der amerikanische Gelehrte Schorske in einem schönen Essay[119] bemerkt, stellen die Novellen und die Dramen des Wiener Dichters das Drama der österreichischen Kultur und die Unversöhnbarkeit ihrer beiden Hauptkomponenten dar, nämlich des tätigen, geordneten, sicheren und moralischen Standpunkts des Bürgertums und des sinnlichen, plastischen, theatralischen und »katholischen« des Adels. Für die Bürgerlichen war die Dichtung zum Fluchtweg und zur Zufluchtsstätte vor der politischen Wirklichkeit geworden; die liberale und rationalistische Menschensicht war einem zugespitzten Psychologismus und einer krankhaften Introvertiertheit gewichen, und die Kunst des Wiener Fin de siècle schwankt zwischen diesem introspektiven und dem entgegengesetzten, luxusliebenden und ästhetisierenden dekorativen Pol. In *Paracelsus* und *Frau Bertha Garlan* beschreibt Schnitzler die Zerbrechlichkeit und den Zusammenbruch der Ideale und der sittlichen Schranken, denen sich die ältere Generation aus Gründen eines höheren sozialen Interesses unterworfen hatte; *Der Ruf des Lebens* schildert den Gegensatz zwischen der konventionellen, autoritären und repressiven Kultur und der vergeblichen Flucht aus dieser Kultur in den Erotismus[120]. In Schnitzlers Einstellung zur Krise der habsburgischen Kultur lassen sich vielleicht zwei Etappen unterscheiden: von einer leichten, ironischen Sicht der Auflösung (wie sie sich etwa im *Grünen Kakadu* zeigt) gelangt er, besonders als die Ausbreitung des Antisemitismus ihn zu einer ernsteren und schmerzlicheren Haltung zwingt, zu einem tragischen und tiefen Bewußtsein der Krise. Der Roman *Der Weg ins Freie* zeigt die Orientierungslosigkeit des österreichischen Menschen und den unlösbaren Widerspruch zwischen den einzig wahren, aber ohnmächtigen und undurchführbaren alten liberalen Werten und der modernen Wirklichkeit. Der Held, Georg von Wergenthin, schwankt zwischen bürgerlichem Rationalismus und aristokratischer Weisheit, zwischen Liebe und Flirt, Verpflichtung und Leere, und seine sterile Unzulänglichkeit – die am Beispiel der Trennung von der geliebten Anna versinnbildlicht wird – verkörpert das Ende der Hoffnung, Bürgertum und Aristokratie in der Kultur vereinen zu können[121]. Der Roman ist im übrigen auch ein Bild des Dramas der Juden, die roh aus ihrer Einbettung in die Gesellschaft herausgerissen und gewaltsam separatistischen Tendenzen (Zionismus) zugetrieben wurden. Auch scheitert in Schnitzlers Werk selbst die geliebteste und solideste Gestalt der österreichischen Literatur, die deren gültigstes Menschenbild verkörpert hatte, der Bürokrat (oder, im weitesten Sinn, die bürokratische Persönlichkeit); selbst sie verliert ihren Vertrauenswert. Wehmütig betrachtet der Dichter diese Figur, mit leichtem, ungläubigem Skeptizismus liebt er an ihnen die aufrechte menschliche Haltung, doch sind diese Tugenden für ihn nicht mehr aktuell, da es ihnen an Kraft und Vitalität fehlt. Bertha Garlans Mann, der pedantische Angestellte einer Versicherungsgesellschaft, ist ein langweiliger Ehegefährte und vermag seine Frau kein einziges Mal in den Taumel des Glücks zu versetzen; Wegrats Ehrlichkeit, seine Anhänglichkeit und sein Pflichtgefühl sind der anarchischen, ungeordneten Rastlosigkeit seines Freundes Julian, der ihm die Braut verführt[122], in der Liebe unterlegen. Der Zusammenbruch des bürokratischen Ideals bedeutet die Auflösung der tiefempfundenen, stärksten menschlichen Seite des habsburgischen Mythos.

Doch nicht nur in dieser erbarmungslosen Sicht der österreichischen Probleme erweist sich Schnitzler als einer der lebendigsten und eindrucksvollsten Dichter der habsburgischen Welt. Er erfaßte und verewigte deren feinste Nuancierungen, die ungreifbare Atmosphäre und einige emblematische Personen. Das »süße Mädel«, ein zärtliches, etwas trauriges, liebebereites Geschöpf, das bald verlassen wird, ist eines der Gesichter der österreichisch-ungarischen Kultur, das Schnitzler mit wahrer dichterischer Magie festgehalten und verwandelt hat und das den Geist und den Duft dieser Kultur ausstrahlt. Schnitzler beschrieb die Lebensgewohnheiten, Alltagsmythen und Aspekte dieser Welt: die Liebesgeschichten und Hochzeiten der Mädchen aus der Vorstadt, versteckte Wiener Plätze, den unverwechselbaren Tonfall der Sprache der Offiziere oder der Stubenmädchen, nette bürgerliche Familienbräuche und den genießerischen, melancholischen Erotismus. Manchmal gewinnt die Liebe und die Hingabe an diese Welt die Oberhand über die mitleidlose, klarsichtige Analyse, und dann läßt er die Wiener Welt von gestern, deren Zauber er in gewissem Maße selbst verfällt, mit warmer Sympathie und leiser Wehmut wiedererstehen. Schnitzler verdankt man das nuancierteste und lebendigste Bild des habsburgischen Österreich, und seine Härte scheint bisweilen in Mitleid und Nachsicht überzugehen. In der Tat hing er an dieser Welt mit allen Fasern: Nach ihrem Zusammenbruch konnte sich sein dichterisches Genie mit der neuen Zeit nicht befreunden, ja, es gelang ihm nicht einmal, sich das Ende zu erklären oder die habsburgische Kultur mit neuen Akzenten darzustellen, wie dies andere damalige

Schriftsteller taten; er blieb in der neuen Literatur ein Einsamer. Schnitzler lebte bis 1931, doch seine Phantasie blieb in der Zeit vor 1918 zurück, nur wurden die Bitterkeit und der versteinerte Schmerz noch betont, bis zur letzten, angstvollen *Flucht in die Finsternis*[123], die schon vom nahen Tod überschattet war.

6. Hugo von Hofmannsthal

In Hugo von Hofmannsthal vereinigen sich sämtliche Motive dieser Zeit zu subtilstem und erhabenstem Ausdruck. Stellt Schnitzler die bürgerliche Dimension des habsburgischen Untergangs dar, so verkörpert Hofmannsthal die aristokratische, und hatte sich jener damit begnügt, die Krise abzubilden, ohne einen Ausweg zu zeigen, so versucht dieser mit allen Mitteln, sie in einer höheren Harmonie und neuerrungenen Kultursynthese zu überwinden. Hofmannsthals große Dichtkunst entsteht im Zeichen dieses utopischen und illusorischen Versuchs und in dem aufrichtigen, naiven Glauben, dem Lauf der Dinge den erlösenden Zauber des Worts entgegensetzen zu können, und vor allem entwickelt sie sich später in diese Richtung weiter.

Die Krise der österreichischen Kultur macht sich in Hofmannsthals Frühwerk besonders deutlich bemerkbar. Kultur als Innenschau anstatt als tätiges Wirken in der Welt; Zersplitterung eines einheitlichen, festgefügten Menschenbilds in einen verworrenen Fluß von Empfindungen und bebendem Psychologismus; Flucht vor der Wirklichkeit nach innen und Ausweichen in einen prächtigen, sinnlichen und subtilen Ästhetizismus: dies sind die Themen und geistigen Merkmale des frühen Hofmannsthal, der schon als Siebzehnjähriger seine melodischen, vollkommenen Verse schreibt. Diese Schöpfungen stehen im Zeichen eines erschöpften Narzißmus und einer vorzeitigen entnervten Müdigkeit.

Freilich lassen sich in diesem Gemütszustand leicht die Einflüsse der europäischen Literatur feststellen, und der Grundton der ersten Hofmannsthalschen Werke gehört der Dekadenz an, zu deren charakteristischsten und wichtigsten Vertretern er gehört. Doch abgesehen von dieser allgemeinen Verwandtschaft gibt es an der Wurzel seines Narzißmus und seiner Verlorenheit eine spezifisch österreichische Komponente. Zunächst leidet er unter der Krise des österreichischen Liberalismus, um dann in den Bereich des Individuellen und in einen schwachen, lebensfremden Traum zu flüchten. Seine ersten Gestalten handeln nicht, sondern betrachten, reflektieren und seufzen; ihr Leben zerrinnt wie Wasser unter den Fingern, es enttäuscht jede Erwartung und verfehlt jedes Ziel. Trotz der Form seiner Arbeiten – *Gestern, Der Tod des Tizian, Der Tor und der Tod* (1891, 1892, 1893) – kann man beim jungen Hofmannsthal noch nicht von Theater sprechen, da sie weder Begegnung noch Dialog wirklicher Personen, noch dramatische Entwicklung oder Ablauf einer Handlung enthalten; es sind vielmehr Monologe. Man muß natürlich der Jugend des Dichters Rechnung tragen, die, wie jede Adoleszenz, zur selbstgefälligen, gehätschelten Schwärmerei und zur klagenden, manierierten Egozentrik neigt. Doch die – in vielen Gewändern – einzige Gestalt der frühen Schöpfungen Hofmannsthals ist im wesentlichen der Mensch der umgetriebenen habsburgischen Gesellschaft. In *Gestern* möchte Andreas im Heute, im glücklichen, problemlosen Augenblick untergehen:

> Vergiß das Unverständliche, das war:
> Das Gestern lügt und nur das Heut ist wahr![124]

Das Glück des Vergessens: mit weit größerer Tiefe greift Hofmannsthal das Lieblingsthema der Operette, die leichtsinnige Hingabe, auf. Ein allzu erinnerungsträchtiges Gestern und eine müde alte Kultur lasten mit ihrem erstarrten Erbe auf dem damaligen Menschen, entkräften seine Jugend und verwandeln sie in frühzeitiges Alter …

... Ganz vergessener Völker Müdigkeiten
Kann ich nicht abtun von meinen Lidern ...[125]

singt der junge Dichter, ein später, wehmutsvoller Nachfahre.

Und meine Ahnen, die im Totenhemd,
Mit mir verwandt sind wie mein eignes Haar ...[126]

Der Wunsch nach einem Erleben der Gegenwart erweist sich als eitle Illusion: Andreas, von der geliebten Arlette hintergangen, fühlt, daß nichts sich vergessen läßt, daß diese Untreue stets wie ein Schatten auf ihm lasten wird und daß das Gestern das Heute bestimmt. Und die Vergangenheit, das Gestern, hinterläßt in jedem Augenblick der Gegenwart seine unauslöschlichen Spuren: »In meine Arme müßt ich's täglich pressen, im Dufte saug ich's ein aus Deinem Haar! ... Was einmal war, das lebt auch ewig fort.«[127]

Der *Tod des Tizian* zeigt, in Versen von betörender und magischer Musikalität, die Flucht aus dieser Krise vorzeitigen Alters in den Ästhetizismus und das Reich reiner, unbefleckter Schönheit. Der Aristokrat Hofmannsthal, geboren und aufgewachsen in der feinsten Gesellschaft, gehört, besonders in seiner Frühperiode, jener Kultur an, die im eigentlichsten Sinne österreichisch ist, einer sinnlichen und phantasiebegabten, mehr der Kunst – oder vielmehr deren hedonistischen Aspekten – als den sittlichen Werten zugewandten Kultur; einer greif- und sichtbaren, zugänglichen und genießbaren Kultur, die im Theater ihren ureigensten, barocken Ausdruck findet. Diese prächtige und dekorative Kultur wird von einer besonderen katholischen Komponente geprägt, vom barocken, gegenreformatorischen Katholizismus, in dem Hofmannsthal später eine ökumenische Gemeinschaft und einen europäischen Universalismus sieht. Das vollendetste seiner frühen Dramen ist wohl *Der Tor und der Tod*; hier tritt zum erstenmal eines der Lieblingsmotive des Dichters auf, die Beziehung zwischen Mensch und Tod, der, wie in den mittelalterlichen Mysterienspielen, als Jüngstes Gericht und

Abriß eines ganzen Lebens aufgefaßt wird. Der Tod ist Hofmannsthals wichtigstes Thema, das alle seine Werke berührt und hinter jedem Lebenshauch lauert.

Wenn in der lauen Sommerabendfeier
Durch goldne Luft ein Blatt herabgeschwebt,
Hat Dich mein Wehen angeschauert,
Das traumhaft um die reifen Dinge webt[128],

spricht der Tod zu Claudio. Es ist ein Tod, der manchmal als Verirrung im Fluß der Dinge gesehen wird, dann wieder als unergründliches Rätsel oder auch als religiöser Anruf. Der Gedanke an den Tod kommt beim Betrachten des unendlichen Meeres[129], nistet in den Schatten des Abends; er bedeutet Aufgehen in einem Meer von Süße und Verlust der Individualität, Verflüchtigung beim Klang geheimnisvoller Musik und Entfernung von den geliebten Ufern des Lebens auf einem Schiff mit gelben Segeln, bis das eigene sehnsuchtsvolle Bild an den Gestaden entschwindet.[130]

Die Wirklichkeitsflucht des jungen Hofmannsthal ist die Verklärung der Realität im religiösen Sinne des Wortes. Wie Rilke, Trakl und Kafka empfand er die Auflösung und die Agonie seiner Welt, doch zum Unterschied zu jenen wollte er dies nicht zur Kenntnis nehmen und bildete mit seinem Werk eine barocke Verkleidung, ein Spiel des Scheins und der Illusion, ein Maskenfest der Sinne und Phantasie.

In den ersten lyrischen Dramen wird die österreichische Krise auf eine irreale, außergeschichtliche Ebene verlegt und mit abstrakten, religiösen Farben versehen, kurz, metaphysisch verwandelt. Hofmannsthals Dichtkunst bleibt der Geschichte fremd, die hier als krankhaft geliebte Tradition, als Besessenheit der Erinnerung und unergründbares geistiges Erbe, aber nicht als konkrete Dimension des Menschen und als Raum seines Handelns erscheint. Lieber entflieht Hofmannsthal der Geschichte, um sich Ländern und Welten zuzuwenden, die wie durch Zauber dem Werden alles Menschlichen entzogen sind: Die Reiche seiner Dichtung sind ein zauberhafter Orient aus *Tausendundeiner Nacht*, Venedig im metahistorischen Antlitz seiner Masken und Freuden, imaginäre, unterirdische Welten, ein ewiges, zeitloses Wien, unbestimmbare Schauplätze und Fabelreiche[131]. Mit Hofmannsthal unternehmen die österreichische Kultur und Literatur ihre größte Anstrengung, der Geschichte zu entfliehen, das heißt, die konkrete Wirklichkeit zu vergessen oder zu verwandeln. In ihm vereinigen sich alle Motive der Wiener Kultur: die lächelnde Leichtigkeit des Walzers, die unablässige Vorahnung des unmittelbar bevorstehenden Endes und des Todes, die Grazie des Fragments, der würdevolle aristokratische Anstand und das Maskenspiel des Intellekts. Das Wichtigste aber ist, daß all diese Themen einer gemeinsamen Sicht, einem komplexen, fast religiösen geistigen System eingeordnet werden, das sie in wechselseitige Beziehung bringt und damit ihre fragmentarische Isoliertheit überwindet.

Hofmannsthal setzt alle Formen der Dichtung und Existenz ein, ein wahrer Proteus, der sich ständig verwandelt, und dieses barocke Spiegelspiel, das alles Menschliche in hundert Spektren bricht, ist die letzte große, dichterische Entfremdung der österreichischen Kultur und die glänzendste und königlichste, musikalischste Phase des Mythos. Unter diesem Gesichtswinkel enthalten seine ersten, noch längst nicht so vielschichtigen und eindrucksvollen Personen mehr historische Wahrheit als die späteren und weisen mit ihrem haltlosen, selbstgefälligen Ästhetizismus unverhüllter auf die Situation ihrer Zeit hin. Andreas und Claudio leben nicht, handeln nicht, sie betrachten sich wie in vorübereilenden Gewässern – die unter der Brücke im *Kleinen Welttheater* (1903) die Spiegelungen des Lebens mit sich fortschwemmen – und sehen auf ihr eigenes Leben wie auf ein im Grunde fremdes Bühnenspiel. Freundschaft, Liebe, kindliche Zuneigung ziehen in Claudios letzter Stunde in seiner Erinnerung vorbei und zeigen, daß sein Leben nichts war als leerer Schatten, als Gefühlstäuschung ohne wahre Freude oder wahren Schmerz, ja, ohne warme Menschlichkeit. Die traditionelle Resignation und Untätigkeit des österreichischen Menschen, die bei Hofmannsthal von einem morbiden Ästhetizismus deformiert (und folglich von einer philisterhaften in eine dekadente Dimension versetzt) werden, zeigen in der Gestalt Claudios ihr Versagen: Claudio ist der junge Aristokrat des habsburgischen Verfalls, der Mensch ohne Funktion in der Gesellschaft und ohne Lebenselan. Darum scheint er auch an Substanz zu verlieren, in seinen Empfindungen zu zerfließen und menschlich ohne Bedeutung zu bleiben, sind ja in diesem Seelenzustand drei Dinge eins: »ein Mensch, ein Ding, ein Traum«[132]. Die todgeweihte Gesellschaft hüllt sich in schattenhaftes, faszinierendes Halbdunkel, verbirgt und enthüllt zugleich die eigene Dekadenz in doppelbödigen, schicksalhaften Bildern und in vergifteter Treibhausluft. Wie schon gesagt, sind alle Hofmannsthalschen Gestalten, die Helden der habsburgischen Dämmerung, vom Tod bedroht: Dieser Tod ist seltsam und unergründlich, er kündigt sich schon in der Blüte ihres Lebens mit leisen Andeutungen an und webt in die Dinge des täglichen Lebens und in die Gefühle des Menschen rätselhafte Muster. In der Tat ist es der Tod, der zwischen den Erscheinungen des Lebens dunkle Beziehungen und Verweise herstellt, der sie zu einem unwiderstehlichen Faden verwebt, der den Menschen an sein Endziel zieht. Der auf den wunderschönen Prinzen gerichtete Blick der vier stummen Sklaven[133] enthält eine plötzliche Ahnung, und ihre Gesichter erscheinen als Werkzeug des Schicksals: durch die Ähnlichkeit mit ihnen angezogen, wagt sich der Prinz in das verrufene Viertel der Stadt, wo ihm sein lange vorherbestimmter Tod begegnet. Eine furchterregende und verblüffende traumhafte Klarheit geht von der unerbittlichen Erfüllung des Geschicks aus, das sich langsam und unausweichlich vollzieht, so wie ein Knäuel aufgewickelt wird, und das Übermaß prunkvollen Reichtums und sagenhafter Pracht wie in *Tausendundeiner Nacht* betont noch das Beängstigende und Schicksalhafte dieser großen Erzählung. In der *Reitergeschichte* (1899) reitet der Brigadier Anton Lerch unentrinnbar seinem Geschick entgegen; ein düsterer, rätselhafter Wahnsinn verleiht der scheinbar banalen Handlung der Novelle eine sonderbare, verborgene Bedeutung. Nach einer Liebesbegegnung entschwindet dem Marschall von Bassompierre[134] die wunderschöne Frau; sie stirbt an der Pest, die hier als unüberwindbares Los erscheint. Selten hat ein Dichter die Dekadenz und das Ende einer Kultur mit solcher Magie verklärt. Unerbittlich greift der Tod auch nach Claudio, ohne ihm Zeit zu geben, sein vertanes Leben gutzumachen; ebenso zersetzte die Geschichte gnadenlos das alte, genußsüchtige Kaiserreich.

Claudios ganze Leere besteht darin, daß er keine einzige wahre Beziehung zu den Menschen hergestellt hat. Dies ist Hofmannsthals Kernproblem, das Problem der Treue und der Bindung[135].

Es wurde schon darauf hingewiesen, daß die Treue eines der Hauptmotive der österreichischen Kultur darstellte; Hofmannsthal greift nun auf dieses Thema zurück, gibt ihm eine Fülle von Bedeutungen und macht es zum Angelpunkt seines Menschenbilds. Treue bedeutet Beharren innerhalb der Änderung, Stabilität innerhalb der Verwandlung: also den Versuch, im Prozeß des Werdens die eigene Einheit und das eigene Wesen nicht zu verlieren; bedeutet doch Werden Hinauswachsen und Vergessen, Beendung des Augenblicks und Tod dessen, was ist. Diese Treue ist der Ausdruck einer zutiefst konservativen Haltung; sie ist Treue gegenüber sich selbst, gegenüber der Tradition und all dem, was Leben und Wert hatte, folglich Kampf gegen die Zeit, die Geschichte, den Tod, ja, im Grunde auch gegen das Leben selbst, das fortgesetztes Lösen und Fortschreiten ist. In der Tat versucht Hofmannsthal eine Aussöhnung zwischen der Bindung an die Vergangenheit und dem schöpferischen, innovativen Gesetz des Geistes; dies ist eine seiner typischen höheren, abstrakten und illusorischen Synthesen, doch scheitert der Versuch trotz der Intuition, die der Dichter von der Veränderung aller menschlichen Formen hat. So wird die Treue zum absurden Bemühen, Totes zu beleben, und zur Weigerung, über etwas hinauszuwachsen, was aus der Dialektik des Geistes heraus überwunden werden muß. Trotz seines Bemühens, ein Gebäude, eine Pyramide zu errichten, die die einzelnen Aspekte des Lebens beinhalten sollte, bleibt Hofmannsthals Menschenbild unweigerlich dem Fragment verhaftet. Die Treue gegen sich selbst wird zur leicht lächerlichen Immobilität. Diese Vorherrschaft des Seins über das Werden und der statischen Werte über die dynamischen ist eine typisch habsburgische Haltung; und ebenso »österreichisch« ist das Aufgehen im Fragment, die zugespitzte Vergötterung des Details und die eifersüchtige Bindung an jedes einzelne beendete Ding, die der Treue zugrunde liegt.

Und doch ist es das höchste Bemühen Hofmannsthals, dem Partikularismus zu entkommen und zwischen den Dingen und Formen der äußeren oder inneren Welt Beziehungen herzustellen. Diese Notwendigkeit ergibt sich, damit die impressionistische Verirrung überwunden wird, die sich des Dichters wie seines Lord Chandos[136] bemächtigt hat. In diesem berühmten imaginären Brief des Lords beobachtet man tatsächlich einen Prozeß völligen Scheiterns im Dinglichen. Lord Chandos gibt seine Schriftstellerberufung auf, da ihm kein Wort ausreichend scheint, die Wirklichkeit darzustellen, wie ist ist, sondern nur Trug und Täuschung bleibt. Der geheime Fluß des Lebens erfaßt und durchdringt ihn so stark, daß er sich völlig in den Dingen verliert: »Eine Gießkanne, eine auf dem Felde verlassene Egge, ein Hund in der Sonne, ein ärmlicher Kirchhof, ein Krüppel, ein kleines Bauernhaus, alles dies kann das Gefäß meiner Offenbarung werden«[137], schreibt Lord Chandos; und diese Offenbarung zerstört die Einheit der Person, macht sie zu einem Behältnis, das alle Vibrationen und Empfindungen des Lebens aufnimmt und erduldet, und läßt sie in einem zitternden Verblassen der Sinne aufgehen. Während er reitet, denkt der Lord daran, daß er im Keller Mäusegift gestreut hat, und plötzlich empfindet er schneidend scharf all das, was sich unter den Tieren abspielt, ihre Todeszuckungen und krampfhafte Flucht, ihr Winseln und das schließliche Erkalten in der muffigen Kellerluft.

Auf dieses impressionistische Zerfallen, in dem sich der

Mensch verliert, reagiert Hofmannsthal mit seinem habsburgischen Humanismus. Die königliche Sicherheit einer festen Tradition, die raffinierte Beherrschung des Worts, das aristokratische, jahrhundertealte Erbe eingeübter, beherrschter Gesten: all dies scheint dem Hofmannsthalschen Menschen ein konkretes Menschentum zurückzugeben. An erster Stelle steht hier die statische Würde der Formen, das sehnsüchtige Streben nach Unveränderlichkeit: »Verwandlung ist Leben des Lebens, ist das eigentliche Mysterium der schöpfenden Natur; Beharren ist Erstarren und Tod. Wer leben will, der muß über sich selber hinwegkommen, muß sich verwandeln: er muß vergessen. Und dennoch ist ans Beharren, ans Nichtvergessen, an die Treue alle menschliche Würde geknüpft.«[138] Ein großer Teil seiner Dichtung entwickelt sich um diesen Themenkreis.

Das Motiv der Treue und Bindung steht in engem Zusammenhang mit Hofmannsthals Theorie der »Präexistenz«[139], eine mehr ethisch-religiöse und metaphysische als ästhetische Vision. Für Hofmannsthal verläuft der Lebensweg des Menschen von der Erinnerung an ein vorgeburtliches Reich, an eine hyperuranische Welt von Archetypen, zur Verwirklichung des eigentlichen Lebens, des bestimmten und harmonischen, plastischen und sittlichen Lebens. Vielleicht hat man diesem ideologischen Gepäck des Dichters, das aus bisweilen schattenhaften Symbolismen und nicht immer klaren, jedenfalls aber abstrakten Allegorien besteht, zu große Bedeutung beigemessen. Freilich ist die Geschichte seiner Geschöpfe stets die eines Schwimmens gegen den Strom, eines wiedergefundenen Reiches der Mütter: über- oder unterirdische Welten werden dann zum idealen Raum dieses Abenteuers, wie in der *Frau ohne Schatten* oder im *Bergwerk zu Falun*, zur Reise zum unsichtbaren chthonischen Abgrund, um in ihm die ursprüngliche Reinheit – die nichtmenschliche, eisige Reinheit der seit Jahrtausenden dort ruhenden Metalle[140] – zu finden. Ohne auf diese Aspekte der Hofmannsthalschen Philosophie und Kunst weiter einzugehen, die das vorliegende Thema nicht unmittelbar berühren, ist es vielleicht angebracht, das konkrete geschichtlich-soziologische Fundament hervorzuheben, das den augenscheinlich metaphysischen Motiven, der Weltanschauung des Dichters, zugrunde liegt. Unter diesem Gesichtswinkel erscheint die Theorie der Präexistenz und der Weg von ihr zum eigentlichen Sein als religiös-philosophische, fast orphische Mythisierung einer typisch österreichischen geistigen Lebensbedingung. Der Mythos der Präexistenz stammt aus einem tiefen Wissen um die habsburgische Tradition; das goldene Zeitalter der Donaukultur lastet als prächtiger, königlicher Schatten auf dem nackten gegenwärtigen Leben und erweckt die Empfindung, als ob das Beste des Lebens, Würde und Wert, in einer früheren Zeit, in der Vergangenheit wurzele und als ob das Wirken des Geistes vor allem ein Werk der Erhaltung und Rettung sein müsse. Hofmannsthal wird zum »grand conservateur« der österreichisch-ungarischen Kultur: »Tout acte de conservation est alors, en son essence même, un acte de sauvetage. Le sauvetage de la qualité ...«[141] Und es gibt wohl, im besten Sinne des Wortes, keine konservativere Dichtung als die Hofmannsthals; der Rhythmus des Gehens und Wiederkehrens – Reise in die Welt des Menschlichen und Vergänglichen, Rückkehr zu den Müttern – ist eine Allegorie auf die Rückkehr zur Tradition und zu den bereits ausgeprägten, unveränderlichen Formen. In seinem Vortrag *Das Schrifttum als geistiger Raum der Nation*[142] sollte er, zwei Jahre vor seinem Tod, von einer titanischen und rebellischen, wie jener Hölderlins, und von einer »sozialen«, das heißt pietätvollen und konservativen, Dichtung, wie der seinen, sprechen. In demselben Vortrag verhieß er eine »konservative Revolution«, die sich der geistigen Revolution der mit der Renaissance und der Reformation entstandenen modernen Kultur entgegenstellen werde. Dies ist die ewige, sterile Polemik gegen die Geschichte, der man vor oder nach Hofmannsthal, von Grillparzer bis Joseph Roth, in der Literatur begegnet und die im Schöpfer des *Jedermann* ihren höchsten und anspruchsvollsten Ausdruck findet. Wie fast alle österreichischen Schriftsteller drückte auch Hofmannsthal, wenn er in theoretischen, geschichtlich-philosophischen Begriffen sprach, allgemeine und abstrakte Dinge (wie »konservative Revolution«) oder naive Utopien aus. Wie für alle anderen österreichischen Intellektuellen lagen auch für ihn Heil und Wert in der Sensibilität und Phantasie, in der Dichtung.[143]

Hofmannsthals Versuch, das Ästhetisierende und Dekadente zu überwinden, nimmt, neben dem streng persönlichbildenden Aspekt einerseits und dem dichterischen andererseits, auch noch eine geschichtlich-kulturelle Bedeutung an. Gleichgewicht und Harmonie werden dank der Einfügung in die österreichische Tradition, dank der Rückkehr zur habsburgischen Menschheit und Lebensweise, erreichbar. *Der Abenteurer und die Sängerin* stellt einen entscheidenden Moment im Weg des Dichters dar. Es ist die Gegenüberstellung zweier entgegengesetzter Lebensweisen; für den Abenteurer ist das Leben vergänglich, eine glänzende und eitle Verschwendung, Verlangen und Laune, erinnerungslose und folglich treulose Gegenwart. Für Viktoria, die verzaubernde Sängerin, ist es hingegen Verzicht und Befreiung vom Vergänglichen, Sinn für Bindung und Begrenzung, Gemeinsamkeit und Dauerhaftigkeit. In Hofmannsthals Dichtung ersteht der Abenteurer des 18. Jahrhunderts zu neuem Leben und verkörpert einen der beiden Pole der österreichischen Kultur, den negativen und musikalischen Pol, das sinnliche, sterbende Rokoko. Die Gestalt Casanovas ist, von Schnitzler bis Hofmannsthal, ein Sinnbild der österreichischen Dichtung und scheint das Verfeinerte und Sinnliche, das ungläubige, geistvolle Epikureertum der versinkenden habsburgischen Kultur darzustellen. Hofmannsthal spürt den ganzen Zauber diese Abenteurers und gestaltet ihn nicht als grausamen, unmoralischen Räuber, sondern als Seele, die sich großzügig in der Erfahrung verschwendet[144], den anderen Freude und Poesie bringt und die verführten Frauen glücklich macht: Florindo, der Casanova in *Christinas Heimreise*, erobert das Mädchen zwar durch Lüge, doch anstatt es zugrunde zu richten, macht er aus ihm eine wirkliche, für das Leben und die Ehe gereifte Frau. Und dennoch verglüht der

Abenteurer, der Sinnen- und Augenblicksmensch, vergeblich und findet weder Gleichgewicht noch Glück: ebendarum, weil ihm die Treue und die Bindung an das Leben fehlen, weil er der Reife und geistigen Kontinuität in der Zeit ermangelt. Der zeitliche Hintergrund dieser Stücke ist meist das 18. Jahrhundert. Und tatsächlich war es einerseits das goldene Zeitalter Österreichs, der aufgeklärte Glanz der Theresianischen Zeit gewesen, also der Höhepunkt und die Blütezeit der habsburgischen Kultur; andererseits hatten aber die etwas verspielte Raffinesse und das skeptische, lächelnde Rokoko diesen Gipfel mit einem Schatten und der leisen Vorahnung des Verfalls verdunkelt. Vielleicht war sich Hofmannsthal gar nicht bewußt, daß er die ganze heitere Melancholie des *finis Austriae* verherrlichte. Er glaubte, ein dichterischer Architekt, der Erbauer eines zukünftigen Humanismus zu sein und war doch der größte Dichter einer sterbenden Kultur.

Oft dient Venedig als Schauplatz der Bühnenwerke, das Venedig Guardis und Canalettos, der Porträts Rosalba Carrieras und der Masken, des Karnevals und Goldonis. Richard Alewyn hat sehr richtig auf die Präsenz Venedigs, »die impressionistische Stadt par excellence«[145], in Hofmannsthals Dichtung hingewiesen; in ihr scheinen die Umrisse der Dinge zu zerfließen, ist alles feinste Schattierung, dekadente, dem Verfall bestimmte Blüte und scheinbar verjüngtes Alter; vor allem ist sie die Stadt des erotischen Abenteuers und der verfeinerten Genüsse, der Verstellung und der Möglichkeit. Das Milieu im *Abenteurer* oder die Personen und die Handlung in der Herberge in *Christinas Heimreise* sind des besten Goldoni würdig und ebenso venezianisch wie dieser. Venezianisch und österreichisch zugleich ist das leicht Spielerische, die ironische Freude an Verkleidung und List.

Doch neben dem Zauber des Karnevals und der diskreten italienischen Anmutung[146] erklärt auch eine tiefgründige geschichtliche Analogie die Sympathie des Dichters für die Lagunenstadt. Wenn, wie gesagt wurde, das verfallende Venedig mehr vom Mythos als von der Wirklichkeit lebte, wenn es in seiner Dekadenz von der eigenen Vollkommenheit und

Pracht träumte und unerschütterlich den Glauben wahrte, der Zeit widerstehen zu können[147], dann versteht man Hofmannsthals Liebe zu dieser Stadt. Eine analoge Mythisierung der Wirklichkeit, ein analoger Ausgleich zwischen der tatsächlichen und der verwandelten Realität, ein analoger Mythos der Unzerstörbarkeit, Harmonie und Ordnung, der ein träges Abtreiben verbirgt, nähern die aristokratische venezianische Dämmerung der habsburgischen. Darum verschmelzen in Hofmannsthals Dichtung Venedig und Österreich in einer wehmütigen Lebensweisheit; darum ist auch die Lagunenstadt der Schauplatz des erstaunlichsten Werkes des Wiener Dichters, des Romans *Andreas oder die Vereinigten* (1907–17), des Romans der Masken und der Auflösung der Persönlichkeit, der Veränderlichkeit und zugleich der Einheit menschlicher Formen.

In seinen Lustspielen verherrlicht der Dichter die österreichische Welt am lebendigsten. In der Tat empfand er die Komödie als den Weg seiner Rettung vor dem Ästhetizismus, das heißt seiner Eingliederung in seine Tradition und Kultur, und nannte sie »das erreichte Soziale«[148]. Diesen Ausdruck sollte man vielleicht, einer Anregung Alewyns folgend, mit »das Gesellige« anstatt mit »die Gesellschaft«[149] umschreiben, um seinen festlichen und intimen anstatt politischen Gehalt anzudeuten. Oder besser noch, Hofmannsthal glaubte, eine wahrhaft »soziale« und politische Haltung einzunehmen, die ihm jedoch nur in jener bestimmten Bedeutung eigen war, die diese Begriffe in der Mentalität der österreichischen Schriftsteller annahmen.

Geselligkeit, Sinn für Tradition und Kontinuität und folglich Lobpreis der dauerhaften Werte gegenüber der vergänglichen Laune. So verkünden die Komödien die Einfügung des einzelnen in eine höhere Ordnung: in die Familie, die ihn verwirklicht und in der Zeit verewigt, in die Religion der Väter, in die Annahme der Existenzschranken. Selbst das wunderbare Abenteuer wird um der dauerhaften Werte und der fruchtbaren Lebensbindungen willen überwunden und aufgegeben: Oktavian vergißt die launenhafte und sinnliche

Leidenschaft für die Marschallin und heiratet ein junges Mädchen; der Abenteurer und Florindo entschwinden, von der Vergänglichkeit ihres Daseins gleichsam verschluckt, während Viktoria und Christina feste, klare menschliche Bindungen anknüpfen; Arabella, die rätselhafte, sich entziehende Frau, landet in der Ehe und bei einem friedlichen Leben auf den Gütern ihres Mandryka[150], während auch Zdenkas Spiel ängstlicher List und Verkleidung zum Familienglück führt[151]. Vom treuen Diener Theodor unterstützt und beinahe gezwungen, macht der frivole Baron Jaromir mit seinem ausschweifenden Leben und den pikanten Ehebruchsgeschichten Schluß, um an der Seite der liebenden Gattin Anna das wahre Maß seines Lebens zu finden[152]. Auch Hans Karl, der »Schwierige«, der zwischen nutzloser Weisheit und flüchtigem Spiel schwankt, findet in der Ehe mit der geliebten Helene Freude und Erfüllung.

Diesem Lobpreis der Familie und der geordneten Harmonie steht das Lob der Reife zur Seite. An Goethes *West-östlichem Divan*[153] rühmt Hofmannsthal mit beredten Worten die Reife der Jahre und des Geistes als idealen Lebensabschnitt, der eben zwischen der unfertigen Jugend und dem leeren Alter liege; in dieser Zeit empfinde man tiefer die Bindungen an das Leben und übe der Mensch seine scharfsinnige Kunst besser aus, »scharf zu trennen, innig zu verbinden«[154]. All diese Motive sind im Grunde eine Wiederaufnahme der typischsten habsburgischen Themen unter neuen Gesichtspunkten: Begrenzung und Maß, Resignation und Mittelmäßigkeit; diese Werte hatte bereits Bauernfeld im Motiv der Ehe gepriesen.

Hofmannsthals Komödien sind ein wenig das Brevier des goldenen österreichischen Mittelwegs und dessen vorsichtiger Klugheit. Eine neue, eindringlichere und tiefere Version der habsburgischen Entsagung stellt die Marschallin dar: in der vornehmen Art, mit der sie den Geliebten der jüngeren Rivalin überläßt, verkörpert sie die anmutige, sinnliche Melancholie des sterbenden Österreich. Hofmannsthal schuf wenige so lebendige und dichterische Gestalten wie diese warmherzige Frau, eine erfahrene und etwas müde Meisterin der Liebeskunst, die sich im Glanz ihres Zaubers vom Schatten der unerbittlichen Zeit verfolgt fühlt; wie bei vielen Figuren der österreichischen Literatur ist auch ihr Alter ein Nachsommer, jene Zeit, da die Frau in der Blüte ihrer Schönheit die leisen Vorzeichen des Abstiegs spürt. Distanziert und ergeben akzeptiert die Marschallin ihre Niederlage, und ihr Stil idealisiert die ganze Haltung der versinkenden habsburgischen Kultur. Selten wurde eine Aristokratie mit solch eindringlicher Feinheit dargestellt, die im Verfall die menschlichen Werte aufzeigt oder besser, mythisiert.

Hofmannsthals Komödien sind also die lebendigste und eindrucksvollste Darstellung der österreichischen Kultur – deren aristokratischen Aspekt sie vor allem aufgreifen. Melancholische Sinnlichkeit und anmutsvolle Entsagung spiegeln sich im Walzer des *Rosenkavaliers*. Nochmals wandelt diese Komödie, in ironisch-wehmütiger Tonart, die Figuren und Typen der österreichisch-ungarischen Welt ab: die reizvolle untreue Dame, den jungen Galan, den eitlen Baron, der ein Schürzenjäger ist, das schüchterne junge Mädchen, den ehrlichen, soliden Bürger, die reizenden Kammerzofen und den willfährigen Wirt. Der *Rosenkavalier* ist eine der letzten Ausdrucksweisen des österreichischen Menschentyps und der österreichischen Kunst: Das Drama, der Konflikt zwischen Wunsch und Wirklichkeit, der sich in eine melancholische Harmonie auflöst, und der Sinn für Maß und Anstand, Erbe der habsburgischen Kultur[155], bilden und vernichten in einer illusorischen Aussöhnung noch einmal die Begegnung zwischen Mensch und Dingen. Es wurde bemerkt, in der österreichischen Literatur sei kein Raum für jenen enthusiastischen Gegensatz zwischen Idealem und Realem, der das gesamte deutsche Drama beseele[156]; vor diesem Kontrast, also vor der konkreten Dialektik des Lebens, flieht die österreichische Dichtung ja gerade. So wird die traurige und vergängliche Wirklichkeit wie durch Zauber süß und liebenswert: und der *Rosenkavalier* verklärt die Vergänglichkeit zur lächelnden Freude, den Verfall zur anmutigen Lebenslust.

Die kapriziöse, tiefgründige Weiblichkeit *Arabellas* preist in einer ironischen, scharfsichtigen, realistischen und zugleich märchenhaft verzauberten Atmosphäre die bunte, pulsierende österreichische Welt von gestern, die Liebeslisten und boshaften Maskeraden. In dieser entzückenden Komödie scheint sich Hofmannsthal ganz dem Zauber eines Lebens hinzugeben, das nur Musik und Farbton, bebender Seelenzustand und schwärmerische Liebessehnsucht ist. Gesellschaft und Wirklichkeit verlieren Wert und Gewicht und werden zum wirkungsvollen Muster, zum musikalischen, vom Spiel der Gefühle gefärbten Hintergrund. Was zählt, ist ausschließlich der intime individuelle Bereich, der in ein konkretes historisches Gewebe eingebettet ist. Die Komödie ist nur Schilderung persönlicher Herzschläge und unmerklicher psychologischer Nuancierungen. Arabella sagt ihrer sorglosen Jugend, der Zeit der Bälle und Flirts Lebewohl, und die Umwelt, der Salon, in dem ihre Verlobung mit dem starken, feurigen Mandryka gefeiert wird, ist bloß Spiegel und Hintergrund ihres Seelenzustands. Auch diese Gestalt des naturhaften, steinreichen slawonischen Magnaten verliert jede geschichtliche Bedeutung und wird zu einer eher märchenhaften, gleichsam musikalisch wirkenden Person als zu einer theatralischen. Nicht als wäre Mandryka eine dichterisch nicht ganz geglückte Gestalt. Er ist im Gegenteil in seiner barbarischen Großartigkeit – sei es, daß er in den kroatischen Wäldern mit dem Bären kämpft, sei es, daß er den Gästen sechzig Flaschen Champagner anbietet – eine der lebendigsten im ganzen Werk Hofmannsthals. In ihm bringt der Dichter seine Sehnsucht nach der feudalen Welt zum Ausdruck, die hier in ihren glänzendsten und kühnsten, fast rohsten Seiten gesehen wird, wie etwa Mandrykas Ungehobeltheit inmitten des raffinierten Wiener Milieus. Die in phantastischer Schwärmerei verklärte feudale Welt verliert ihr konkretes Aussehen und verschmilzt mit dem Zauber der fernen Länder, der stillen Schlösser, inmitten der slawonischen Wälder, wo die breite Donau langsam dahinfließt:

Über seine Felder wird der Wagen fahren
und durch seine hohen stillen Wälder –
Ja, zu denen paßt er: hohe stille Wälder,
und dann werden seine Reiter uns entgegenkommen.
»Das ist eure Herrin« – wird er sagen,
»die ich mir geholt hab«, wird er sagen,
»aus der Kaiserstadt, jetzt aber will sie nimmermehr
zurück,
bleiben will sie nur bei mir in meinen Wäldern.«[157]

So stellt sich Arabella schon im Geiste die Reise durch ihres Mannes Besitzungen vor.

Dies ist der Schwanengesang der feudalen habsburgischen Welt und der vielgestaltigen Kronländer. Und ein Schwanengesang des wienerischen Liebreizes und des kapriziösen Phäakenlands ist auch *Ariadne auf Naxos*[158]. Hofmannsthal scheint seine ganze Dichtkunst in den Dienst der Flucht aus einer unruhigen Wirklichkeit gestellt zu haben; je leichter und nuancierter seine Komödien werden, desto weiter entfernt er sich von den konkreten geschichtlichen Tatsachen, um sich in ein musikalisches »Scherzo« und Vergessen der Wirklichkeit zu retten. Es versteht sich von selbst, daß er sich durchaus nicht für einen desengagierten Dichter hielt – der er auch nicht war – und keinerlei verfeinertes *l'art pour l'art* betreiben wollte. Es wurde ja schon gezeigt, daß er mit seinen Komödien eine moralische Funktion zu erfüllen glaubte, sich zur Wirklichkeit herabzulassen und der Gesellschaft einzufügen meinte. Das Bezeichnende daran ist aber, daß sich gerade seine »sozialen« Absichten in der Praxis in eine phantastische Flucht umsetzen. Sein schönstes Lustspiel, der aus dem Jahre 1921 stammende *Schwierige*, ist die Zusammenfassung seiner Ideale und seiner Verkündung humaner Weisheit im Rahmen der x-ten prachtvollen Darstellung der habsburgischen Aristokratie und ihrer lächelnden Sinnenfreude. Der Protagonist Hans Karl ist der Mann, der nicht handeln kann, der zwar vieles versteht, aber ständig durch ein zu tiefes Bewußtsein der Widersprüche des Lebens und von einer angeborenen Abneigung gegen das Tätigwerden daran gehindert wird. Die ganze traditionelle geistige Statik der österreichischen Persönlichkeit verdichtet sich in dieser unvergeßlichen Gestalt: Unentschlossenheit, distanzierte Bonhomie, Entsagung, Nonchalance, Zurückhaltung kennzeichnen Hans Karl; in diesen Eigenschaften wird sein tiefes Menschentum verherrlicht. Der Sinn für das Maß wird in dieser Gestalt fast übertrieben, in der das Bewußtsein der eigenen Begrenztheit derart stark wird, daß sie zum Schweigen, zur Scheu vor jeder Äußerung der eigenen Persönlichkeit und schließlich sogar des Worts gelangt, denn das Reden »basiert auf einer indezenten Selbstüberschätzung«[159]. Und ebenso gelangt Hans Karl zum Gipfel verzichtender Entsagung, zur Bereitschaft, sich zurückzuziehen und dem Spiel menschlicher Leidenschaften ringsum fernzubleiben. Er nimmt also die Funktion eines außerhalb des Lebens stehenden Mentors an, der den anderen hilft, ihr Leben echter zu verwirklichen, und der zum Verzicht auf die geliebte Helene zugunsten des einfältigen Neffen Stani bereit ist.

Sicherlich erreicht das traditionelle Maß der mittelmäßigen, entsagenden österreichischen Persönlichkeit in dieser überaus menschlichen Gestalt den Höhepunkt ihrer Möglichkeiten; die Menschlichkeit dieses melancholischen Aristokraten, der im Herrenhaus niemals den Mund auftut und mit seinem schüchternen Charme alle Frauen, die flatterhaften und die treuen, bezaubert, sprengt die Grenzen des habsburgischen Klischees und erweist sich als außerordentlich lebendige dichterische Schöpfung. Doch wenn man sich vor Augen hält, daß Hofmannsthal in den Jahren der habsburgischen Auflösung und inmitten der dringlichen Nachkriegsprobleme diesen würdevollen und resignierten Helden als Vorbild und seine statische Weisheit als Lebensideal darstellt, dann merkt man ganz deutlich die Kraft der mythologischen Entfremdung des habsburgischen Systems.

Ein anderes, mehr angedeutetes und indirektes Bild der habsburgischen Kultur findet man in Hofmannsthals »Mysterienspielen«. Vom *Kleinen Welttheater* bis zum *Jeder-*

mann und vom *Salzburger Großen Welttheater* bis zum *Turm*[160] greift der Dichter die Tradition und das Genre des Barocktheaters, der Calderónschen Dramen oder direkt des mittelalterlichen Weihespiels auf. Es ist dies die religiöse Fabel vom nichtigen irdischen Lebensweg, der sich im Tod bewahrheitet, die barocke Auffassung des Lebens als trügerischer Schein und als wechselndes Geschehen von Täuschung und Enttäuschung. Vor allem aber ist es die Sicht des Lebens als Theater und als Rolle, die auf der großen Weltbühne gut gespielt werden muß, damit man schließlich im Tod das eigentliche und wahre Sein findet. Der tiefe Theaterinstinkt, die Traditionstreue und der metahistorische Reiz des religiösen Gleichnisses drängten Hofmannsthal zu diesem Genre; aber auch seine durch und durch österreichische Liebe zum Erbe des goldenen habsburgischen Zeitalters und seine aristokratische Bewunderung für das »Königliche« trugen dazu bei, wie Curtius meinte, ihn zum Zeitgenossen der von der Tradition geadelten, von majestätischem Glanz umstrahlten Jahrhunderte zu machen[161]. Sein ewiger Wunsch, das Ganze zu erfassen und die Verantwortung des gesamten Erfahrungsguts auf sich zu nehmen, nahm schicksalhaft außergeschichtliche Töne und Farben an und verlagerte sich auf einen zeitlosen religiösen Schauplatz.

Aber abgesehen davon trieb ihn auch eine spezifisch österreichische Komponente zur Form des barocken Mysterienspiels. Da es ihm unmöglich gemacht war, mit seiner Kunst eine kraftvolle Interpretation seiner eigenen Wirklichkeit zu geben, entfloh er der Geschichte und suchte in den ausweichenden Allegorien der »Autodafés« Zuflucht; so bestimmte die Unmöglichkeit, die menschlichen Probleme in ihrer spezifischen Einbettung in den gegebenen geschichtlichen Augenblick darzustellen, jene Flucht in den Mythos und in das religiöse Symbol. Das »Mysterienspiel« erweist sich also als eine Art Surrogat und als Versuch, dem Menschen in der Wirrnis seiner Zeit Festigkeit und Sicherheit zurückzugeben, die eben nur außerhalb des konkreten Lebens, auf metaphysischer Grundlage und über der Zeit stehend gefunden werden können. So sind also Traum und Theater die Dimension der österreichischen Persönlichkeit jener Jahre, die, wie in Hofmannsthals gleichnamiger Tragödie, in einem Turm der Illusion und Vereinsamung lebt. Wie *Jedermann* näherte sich Österreich dem Augenblick, da es zum letztenmal Rechenschaft ablegen sollte, da alle Schleier und Fiktionen des Mythos jäh zerreißen sollten. In der Tat ist in all diesen Spielen der Tod die verbreitetste und gewichtigste Erscheinung: der Tod des *Jedermann*, aller Personen des *Salzburger Welttheaters* und Sigismunds, des Gefangenen im *Turm*. In gewissem Sinn versucht man, dem Tod auszuweichen und ihm eine mystische Hoffnung auf Wiedergeburt und Verklärung zu unterstellen. Es ist derselbe Tod, der in den Bildern Gustav Klimts mitschwingt, des großen Malers des österreichischen Endes. Klimts Werk spiegelt viele Themen Hofmannsthalscher Inspiration wider: die Schwermut der Herbstbilder und des *Wienerwalds* voll sanft verblassender Farben; die Anmut seiner überfeinerten, sinnlichen Wienerinnen, die vor allem in der Farbskala – vom zarten Rosa bis zum blassen Violett, vom sinnlichen Silber bis zum kalten Kobaltblau und Perlweiß – lebendig werden; die bürgerliche Traurigkeit seines *Schubert* am Klavier inmitten junger Mädchen. Wie Hofmannsthal gelangt auch Klimt zu einer religiösen Lebenssicht, zu einer gnostischen Verklärung der Existenz auf dem Weg »vom Sachlichen zum Magischen und Metaphysischen«[162]. In Bildern wie *Drei Lebensalter*, der rätselvollen Vision des Keimens des Lebens, finden sich neuplatonische Gedanken, das Bemühen um eine harmonische Vereinigung des menschlichen Woher und Wohin und das Geheimnis des Wissens und der Sexualität. Wie bei Hofmannsthal handelt es sich auch hier um das Bemühen, eine von einem impressionistischen Empfinden zersplitterte geistige Einheit wiederherzustellen.

Der metaphysische Weg war der letzte Annäherungsversuch der österreichischen Kultur. Auf ihm scheint das konkrete Bild der habsburgischen Zivilisation in die Allegorie zu zerfallen, wenn auch manche charakteristischen Züge unverkennbar bleiben: nicht zuletzt jenes aristokratisch-feudale, antikapitalistische Ressentiment, das im *Jedermann* das Lob der Armut kennzeichnet. Hier bleibt die Verurteilung des Reichtums tatsächlich nicht mehr auf einer religiös-moralischen Ebene mittelalterlicher Prägung, sondern nimmt den Ton einer Polemik gegen die kapitalistische Gesinnung und gegen die dämonische Härte einer Profitgesellschaft an.

Ein allegorisches Drama, *Der Turm*, sollte Hofmannsthals letztes Werk sein. In der Zwischenzeit war aber noch ein anderes Ereignis, der Krieg, eingetreten, das ihm Gelegenheit bot, das österreichisch-ungarische Reich ausdrücklicher zu preisen. Wie durch eine Ironie des Schicksals scheint der Krieg dem alten Staatsgefüge neues Leben einzuhauchen, und Hofmannsthal, von seinem »sozialen« Sinn, vom Patriotismus (er diente im Heer) und den Schwierigkeiten der Stunde ergriffen, stellt seinen Schriftstellerberuf in den Dienst der nationalen Verteidigung. Vorträge, Einleitungen zu patriotisch-literarischen Veröffentlichungen, Artikel und kurze Essays fließen aus der Feder des einstigen Ästheten zum Ruhme des Heldentums der Kämpfer, der sittlichen Grundfesten des Habsburgerreichs und seiner europäischen Sendung. So greift er D'Annunzio und seine Kriegslieder scharf an, ruft zur Einigkeit aller österreichischen Schichten, insbesondere zur Opferbereitschaft der höheren Klassen auf, veröffentlicht zum Zweck sittlicher Erbauung, in leicht faßbarem Stil, die Geschichte der Heldentaten des Prinzen Eugen, preist das Andenken an Maria Theresia und die Wundertaten des Heeres in den Karpaten und vergleicht das Jahr 1914 mit 1683, dem Jahr des Sieges über die Türken zur Verteidigung des Abendlands[163]. Natürlich wird dem Heer in dieser bewegten Verherrlichung eine besondere Note zuteil: in ihm hat der österreichische Staat seinen Schwerpunkt gefunden, da die Militärgewalt Geist und Politik verbindet[164]; im Krieg pulsiert die echte Lebenskraft des reinen, unverdorbenen Volks, im Gegensatz zur komplizierten, verfälschten Kultur der Intellektuellen.[165] »In deinem Lager ist Österreich«, sagte auch Hofmannsthal, doch hatten die Worte Grillparzers hier einen anderen, fast propagandistischen Ton.

Allerdings reichen diese Schriften über eine nationalistische Propagandakampagne weit hinaus; in ihnen ersteht noch einmal, und ganz besonders eindringlich, das aufrichtige Lob des habsburgischen Mitteleuropa. Hofmannsthal vermeidet jeden Ton chauvinistischen Hasses und jede Schmähung des Feindes; er hält den Krieg für die edle, fromme Verteidigung der europäischen Kultur im Interesse aller Völker Europas. Er fühlte jene mitteleuropäische *oikumene*, das harmonische Staatengefüge und Zusammenwachsen der Völker, bedroht, das das tiefstempfundene Thema des habsburgischen Mythos gewesen und die stärkste Sehnsucht all jener Schriftsteller war, die das Donaureich nach dem Zusammenbruch beschwören sollten. Der Krieg stellte sich Hofmannsthal demnach als Verteidigung einer höheren, internationalen Kultur gegen den irrationalen Machthunger der nationalistischen Bestrebungen dar. Darum pries er »die Spontaneität eines höheren Organismus«[166], die Österreich und seiner deutschen Sendung[167] als Kulturbringer Europas eigen war. Diese Kultur war in seinen Augen durch Mäßigung gekennzeichnet, und die »harte, grelle Selbstassertion«[168] war ihr fremd. »Darum ist das letzte Wort eines geistigen Austriazismus ein schwer auszusprechendes, scheues und um dieser Wesensart willen sehr deutsches.«[169] Und in einer liebevollen Gegenüberstellung der österreichischen und der deutschen Kultur[170] preist er die Musikalität und die spontane Sittlichkeit des österreichischen Volks, den regionalen Partikularismus als Verkünder geistigen Reichtums und der Freiheit, die Vielfalt der in das 20. Jahrhundert übernommenen Sozialstrukturen des Ancien régime, die harmonische Synthese von deutscher Kultur und slawisch-mitteleuropäischer Ausrichtung, die angeborene Einfachheit des Volks und die Unverbrauchtheit der Menschen. »Die österreichische Idee«[171] ist etwas zugleich Politisches wie Geistiges, das Erbe des katholischen Universalismus. Nach Hofmannsthal würde das neue, aus dem Krieg hervorgehende Europa diese Werte keineswegs entbehren können.

Zweifellos war die Idee des habsburgischen Mitteleuropa von großer Bedeutung gewesen, hatte sie doch so tiefe Spuren im Bewußtsein vieler Schriftsteller hinterlassen, selbst solcher, die den geistigen Voraussetzungen jener Welt aufgrund ihres Werdegangs und ihrer Weltanschauung fernstanden. Es ist zum Beispiel bezeichnend, daß die Triester Schriftsteller, die im Karst gegen die Monarchie gekämpft hatten, die positiven Seiten des österreichisch-ungarischen Staatsgefüges so stark empfanden und, in traurigen geschichtlichen Momenten ihrer Jugendzeit vor dem Ersten Weltkrieg gedenkend, in diesem Gefüge geradezu das Symbol einer europäischen Gemeinschaft sahen. Diese Wertschätzung, ja sogar eine gewisse Sehnsucht schwingt auch in der Atmosphäre des Romans des jugoslawischen Nobelpreisträgers Andrić, *Die Brücke über die Drina*, mit. Doch wenn Österreichs mitteleuropäischem Ideal auch eine wirklich übernationale Aufgeschlossenheit zugrunde lag, so blieb diese doch notwendigerweise vage und utopisch und drückte sich in allgemeinen, pseudopolitischen Begriffen aus, ebenso abstrakt wie Hofmannsthals Ideen. In den Kriegsjahren erträumte er »das Ineinandergreifen der Lebenskreise und Lebenskräfte, des Politischen und des Militärischen, die Verbindung des Materiellen mit dem Sittlichen … Verständigung über das Wirkliche, darüber, wo das Entscheidende wirklich zu finden ist, ob im Materiellen des Handels, der Industrie, im Geistigen des Glaubens, des Vaterlandsglaubens«[172]. Dies ist nichts anderes als die zaghafte, dilettantische Kultur, die Musil in der »Parallelaktion« – der schwärmerischen, lächerlichen Verbindung von Seele und Kapital, Gegenreform und Moderne, Sozialismus und Feudalhierarchie – geißeln sollte.

Daß Hofmannsthal ein in sich selbst verschlossener Dichter war und seine ganze Inspiration der Wirklichkeit fremd blieb, beweist die Tatsache, daß der Krieg samt seinen umwälzenden Folgen seine dichterische Welt beinahe überhaupt nicht berührte. Höchstens wurde das Metaphysische, Ahistorische noch stärker betont: Da seine Welt aus den Angeln gehoben war, floh seine Betrachtung in die religiöse Hoffnung und den zeitlosen Mythos. *Der Turm* zeugt von dieser Verschlossenheit und Zurückgezogenheit: die Vision des Sozialen wird zum Traum, zum Ideal einer neuen Ordnung der Gerechtigkeit und des Verstehens. Diese Vision geht auf Grillparzers eschatologische Utopien, auf *Libussa* und den *Bruderzwist* zurück: Das künftige Reich, das Sigismund nicht zu begründen vermag, das aber durch das Erscheinen des Kinderkönigs angekündigt wird, ist ein messianisches Ereignis, eine Harmonie, die jeden egozentrischen Partikularismus und jedes individuelle Begehren überwindet. In jenen Jahren mußte sich Österreich seiner neuen, verwirrenden Nachkriegssituation stellen, aber der Grandseigneur Hofmannsthal sieht all dies nicht. Seine Phantasie, die unter dem Schutz des Doppeladlers geformt worden und von dessen Kultur bis in die letzten Fasern durchdrungen war, erträgt die Nachkriegsprobleme nicht und erneuert sich nicht mit ihnen, sondern zieht sich zurück; wie Sigismund bleibt sie in einem anachronistischen Turm, zwischen Traum und Halbschlaf gefangen. Vom »Nein« in *Libussa* bis zum »Nein« im *Turm* schließt sich der gleichnishafte Kreis der habsburgischen Literatur in einer stets sehnsuchtsvoll und leidenschaftlich angestrebten Flucht.

7. Karl Kraus: Apokalypse und Entmythisierung

Die Stellung dieses genialen Schriftstellers, »une des figures les plus importantes de la vie intellectuelle de langue allemande au cours de ces soixante dernières années«[172a], im Rahmen der österreichisch-ungarischen Kultur ist einzigartig und einmalig. Trotz seiner Liebe zur Operette und zum Österreich Nestroys und Altenbergs, geißelte Kraus seine

Welt unerbittlich mit seinen sarkastischen Aphorismen und den beißenden Aufsätzen in seiner *Fackel*[173]. Weit davon entfernt, der Entfremdung seiner Zeit zu unterliegen, verstand er vollkommen, daß die europäische Kultur im Zerfall begriffen war, und bekämpfte mit bewundernswerter Konsequenz sämtliche Erscheinungen der Krise, mehr aber noch die fromme Scheinheiligkeit, womit man sie zu verschleiern trachtete; er kämpfte gegen den Chauvinismus, gegen nationalistische Raserei, gegen die ästhetisierende Dekadenz, den falschen Paternalismus, gegen die Bestrebungen und Idole der bürgerlichen Erziehung. In all seinen Schriften und seinen messerscharfen Aphorismen wird der verzweifelte Wunsch nach einer integren, wahren Menschheit deutlich, die von jeder trügerischen und erniedrigenden Verstellung und von jeder künstlichen Verschleierung der Wirklichkeit frei ist.

Die Ausdrucksform dieser zornigen Moral ist eine schneidende, paradoxe und grausame Ironie, die jede fromm-idealisierende Fiktion demaskiert und die Widersprüche und Falschheiten des Lebens grimmig zur Schau stellt. Kraus lehnt nicht nur die politisch-sozialen Prämissen seiner Kultur ab, sondern weist vor allem auch deren Geistesbeschaffenheit, deren Gefühls- und Sprachstil zurück; kurz, er lehnt den verschwommenen Impressionismus, den süßen Zauber der Wiener Kunst und, in weiterem Sinne, den der europäischen ab, folglich auch deren Werte, die Feinheit der psychologischen Durchdringung und den sehnlichen Wunsch nach Schönheit und Poesie. Es ist die völlige Ablehnung der Kultur und Dichtung des 19. Jahrhunderts, der Welt Hofmannsthals und Prousts, der lyrisch gestimmten, stimmungsvollen Nachromantik.

Auch Musil sollte sich von dieser menschlichen Dimension, der bürgerlichen Glätte und dem romantisch-liberalen Idealismus abwenden: Wie Kraus war auch er ein isolierter, einsamer Polemiker, nicht mehr in seiner alten Welt verwurzelt und außerstande, sich in eine neue historische Vision einzufügen. Analog ist bei den beiden Schriftstellern auch die Funktion und die Wirksamkeit der Ironie sowie deren Grenzen: ein eiskaltes Seziermesser, das menschliche Fiktionen und psychologische Zensur bloßstellt, eine glänzende Waffe der Wahrheit, die aber nur zerstört und nicht imstande ist, einen neuen Typus der Humanität zu erzeugen und aus den Trümmern des »Bankrotts der Werte« ein Gleichgewicht wiederherzustellen. Weiter darf man die Analogie zwischen Musil und Kraus allerdings nicht treiben. Zu verschieden war ihr jeweiliges Temperament, und im übrigen konnte Musil den bizarren Aphoristiker nicht ausstehen. Es handelt sich also nicht um eine psychologische Affinität, sondern um gemeinsame Charakteristika, die einer analogen sozialen Erfahrung, einem gemeinsamen historischen Hintergrund entstammen.

Mit seinem Bild des österreichischen Endes, dem gigantischen Drama *Die letzten Tage der Menschheit*[174], kehrt Kraus das vertraute Bild des Habsburgerreichs völlig um. In dieser zusammengestellten barocken »Revue«[175], wie Chiarini sie genannt hat, von achthundert Seiten ziehen die Personen und Dinge Österreichs wie in einem grotesken Ballett vorbei und nähern sich in orgiastischer Verwirrung dem Abgrund. Die stumpfsinnige nationalistische Propaganda, die scheinheiligen Vortäuschungen der Oberschicht und der brutale, sich patriotisch gebärdende Fanatismus, die Seichtheit der Intellektuellen und die Dummheit der Beamten: die ganze österreichische Gesellschaft erlebt in diesem Werk ihre letzten, trunkenen Stunden. »Die unwahrscheinlichsten Taten, die hier gemeldet werden, sind wirklich geschehen; ich habe gemalt, was sie nur taten ... die grellsten Erfindungen sind Zitate«[176], schrieb Kraus im Prolog; und in der Tat handelt es sich um ein endloses, ständiges Zitieren sämtlicher Gemeinplätze und Phrasen der Wiener Welt, die in einem sinnlosen Delirium gleich mechanisch gesprochenen Worten von Marionetten entstellt werden. Hofmannsthal schreibt als Verpflegungsoffizier elegante Briefe, der bayerische Dichter Ganghofer schlägt sich den Bauch voll und ergötzt Franz Joseph mit seinen dummen Dialektphrasen; eine Frau mit

Schnurrbärtchen wird vom Volk beinahe mißhandelt, weil sie für einen Spion in Frauenkleidung oder eine Spionin im Männergewand gehalten wird; der alte Kaiser erscheint auf der Bühne und tanzt ein groteskes Ballett, wobei er eine Litanei aus allen seinen berühmten Sätzen deklamiert und jede Strophe mit einer bajazzohaften Pirouette und dem Refrain beendet: »Es bleibt mir nichts erspart.« Am Ende bleibt nur der riesige Friedhof der Schlachtfelder, wo die Raben in einer hinreißenden Ballade brechtscher Tönung die Generale zerfleischen:

> Immer waren unsre Nahrung
> die hier, die um Ehre starben.
> Aber eine Herzenspaarung
> macht, daß Raben nimmer darben.
> . . .
> Waren Generale Raben,
> schnarrts von Phrasen dort im Saale.
> Draußen sind sie unbegraben,
> da sind Raben Generale![177]

Wie der Mythos »Meiner Völker« an der spöttischen Idiotie eines preußischen Offiziers zunichte wird, der die österreichischen Nationalitäten nicht unterscheiden kann, so zerschellt auch jede andere habsburgische Illusion am Lächerlichen und Absurden. Diese Apokalypse erfaßt nicht nur Österreich, sondern die ganze deutsche Kultur: »Die deutsche Bildung«, meint der Nörgler, durch dessen Mund Kraus spricht, »ist kein Inhalt, sondern ein Schmückedeinheim, mit dem sich das Volk der Richter und Henker seine Leere ornamentiert«[178]. In einer Vorwegnahme der Goethe-Parodien von Brecht findet er, mit grollenden Seitenhieben auf die traditionelle bürgerlich-literarische Bürde, Freude an zahlreichen ironischen, chauvinistisch gehaltenen Variationen des *Über allen Gipfeln ist Ruh*. Kraus hatte die geistige Leere, die sich in der Wilhelminischen Welt und der Welt Franz Josephs verbarg, zutiefst erkannt; er vermerkte ihre sprachlichen

Auswüchse und den Stil, den diese Welt benutzte, um sich anzupassen. Später erfaßte er, stets mit Hilfe der enthüllenden Sprachanalyse, den drohenden Wahnsinn des Nazismus[179].

Diese Verurteilung des habsburgischen Systems und der deutschen Kultur überhaupt entstand allerdings aus keiner fortschrittlichen Haltung, sondern »aus einem, ich möchte fast sagen natürlichen, ›restaurativen‹ aristokratischen Erhaltungssinn«[180]. In Wirklichkeit war Karl Kraus ein großer Reaktionär[181], dessen Polemik nicht auf der Vorstellung einer zukünftigen Gesellschaft gründete, sondern auf einem alten, klassischen menschlichen Maß und einem versunkenen Humanismus. Reaktionär ist auch sein Groll gegen die »jüdisch-kapitalistische Weltzerstörung«[182]. Es ist eine Polemik gegen den Kapitalismus, die letztlich auf konservativen Sehnsüchten basiert, auf dem Traum von einer sozialen Dimension, wie es sie früher gegeben hat, eine Polemik, die deutlich antisemitisch gefärbt ist. Auch wenn die Position des jüdischen Autors Kraus vom Rassismus zu unterscheiden ist – seine Opposition gegen das Hitlertum ist in dieser Hinsicht aufschlußreich –, kann man nicht umhin, den reaktionären Charakter seiner antikapitalistischen Polemik und seiner messianischen Erwartung eines Heils, das von Osten, von Rußland her kommen sollte, festzustellen. Auch Musils antikapitalistisches, sozialistisch angehauchtes Ressentiment wird diese abstrakte und konservative Ausrichtung haben. Diese Beschränkung erlaubt es jedoch keinesfalls, die große moralische Funktion von Kraus zu unterschätzen.

In einem geistreichen Essay, der sich vor allem mit einer Sprachanalyse des Wiener Schriftstellers befaßt, betont Cesare Cases mit Recht den Unterschied zwischen der »Rückkehr zum Ursprung« bei Kraus und den scheinbar ähnlichen Bestrebungen vieler reaktionärer deutscher Denker; »von diesen weicht Kraus zudem noch völlig ab, weil der ›Ursprung‹ für ihn nichts Irrationales ist und folglich in keiner entfernten, vorlukanischen Vergangenheit in der Art Klages' oder Heideggers liegt, sondern die Ganzheit des

Menschen in der Übereinstimmung von Vernunft und Trieb bedeutet«.[183]

Doch in gewisser Hinsicht blieb auch Kraus, trotz all seiner Klarsichtigkeit, von der aktiven Teilhabe an der Geschichte ausgeklammert, wie alle anderen. Und die Tatsache, daß er den Untergang Österreichs als Apokalypse erlebte, als die letzten Tage der Menschheit, also nur als Zusammenbruch und nicht als Beginn einer neuen Geschichte, zeigt, wie weit auch er, ohne es zu wissen, jener alten, geordneten mitteleuropäischen Kultur verhaftet war.

VI.

Eine Welt von gestern – ein Mythos von heute

1. Der habsburgische Mythos nach dem Ersten Weltkrieg

Wenn, nach einem Wort Paul Valérys, Mythos das ist, was nur im Wort existiert und folglich außerhalb des Verwandlungsvorgangs keine objektive Realität besitzt, so kann man mit Fug und Recht von einem habsburgischen Mythos in der Literatur nach dem Ersten Weltkrieg und bei jenen Schriftstellern sprechen, die die österreichisch-ungarische Welt nicht mehr entsprechend ihrem tatsächlichen Aussehen, sondern aus ihrer Erinnerung und Sehnsucht beschrieben. Wenige Staatsgebilde und Kulturen haben sich dem Gedächtnis so tief und unauslöschlich eingeprägt; und in den Augen der heutigen Generation scheint der Zauber des alten Österreich, wie er von Dichtern und Schriftstellern so überaus treffend heraufbeschworen wurde, das tatsächliche Bild dieser Welt verdrängt zu haben, so daß die Donaumonarchie nun mehr das Reich Werfels, Roths und Musils als jenes der Staatsmänner Berchtold und Tisza ist. Der habsburgische Mythos ist also nicht zugleich mit dem Reich untergegangen, sondern damit erst in seine eindrucksvollste und interessanteste Phase getreten.

Die Gründe für diese außerordentliche Vitalität und Zählebigkeit eines erhabenen, mittelalterlichen Mythos, der sich seltsamerweise mit den kühnsten Neuerungen der literarischen Technik und den bestürzendsten stilistischen Prozessen (man denke nur an Musil) verknüpft, ohne sich dabei aufzulösen, ja, der dabei noch klarer hervortritt, sind vielfache. Das augenscheinlichste und einfachste Motiv, nämlich das Heimweh nach einer Welt, die zugleich mit der eigenen Jugend versunken ist und nun in der Erinnerung idealisiert wird, ist sicher nicht die wichtigste Komponente dieser – anachronistischen und zugleich überaus aktuellen – habsburgischen Präsenz in der Literatur des 20. Jahrhunderts. Vor allem muß einem spezifisch literarischen Umstand Rechnung genug getragen werden: wie aufgezeigt, hatte sich in den vorhergehenden Jahrzehnten ein richtiges Genre, ein literarischer Topos herausgebildet, der ursprünglich unter dem Einfluß bestimmter geschichtlicher wie soziologischer Umstände entstanden war, dann aber – sei es durch das Verdienst bedeutender Schriftsteller, die diesem Genre Nahrung gaben, oder dank einer stilistischen Entwicklung, die sich von selbst ergab – ein von seinen Entstehungsgründen unabhängiges Dasein führte und eigenständig fortlebte. Diese Strömung in der Literatur, die Werke von unzweifelhaftem dichterischem Wert hervorbrachte, hatte sich konsolidiert und war zu einem überaus wichtigen kulturellen Phänomen geworden. Diese Tradition scheint von den Kriegsstürmen in keiner Weise erschüttert worden zu sein und lebt, als Thema literarischer Inspiration und als Stil zugleich, nach dem Ende der österreichisch-ungarischen Welt fast unverändert fort. Fast unverändert, aber nicht ganz: Es ist klar, daß die schwache Verbindung mit der Realität, die sie ehedem noch hatte, nun völlig wegfällt; dies beweist schon allein der Umstand, daß die Idealisierung der habsburgischen Welt ohne die geringste weitere Entwicklung und ganz so, wie man sie übernommen hatte, in eine gänzlich andere Welt übertragen wurde. Es wurde schon gesagt, daß der Mythos seine eigentliche Funktion überlebt hatte: aber nicht nur, wie es natürlich wäre, im kraftvollen Wort großer Dichter, sondern auch in einer ganzen Reihe banaler, unbedeutender Werke. Die Schriftsteller geringeren Ranges, die Autoren von Fortsetzungsromanen schreiben also auch nach dem Krieg so, wie sie erzogen worden waren, ohne Erneuerung ihrer menschlichen wie stilistischen Persönlichkeit. Hier fällt die festverankerte literarische Tradition mit einem kommerziellen Moment, den Modeströmungen der Literatur, zusammen. Die Flucht in die Sentimentalität, die den breiten Lesermassen so lieb ist, trägt gern habsburgische Züge: Wien und die Walzer, Husarenuniformen und die wunderschönen austroslawischen Frauen Osteuropas, erzherzogliche Tollheiten und der untadelige Stil der Ober werden zu Lieblingsbildern der Volksträume, sei es, weil das wienerische Gemüt die Lebensfreude durch eine gutmütig-freundliche Vertrautheit abrundet, sei es wegen der Faszination, die von einer versunkenen, unwirklich und märchenhaft gewordenen Monarchie ausgeht. Auch der Film macht sich daran, die alten idyllischen Rezepte der Operette zu verbreiten, indem er sich »diese einträglichen Spekulationen auf romantische Vergangenheitssehnsüchte«[1] zunutze macht, die von *Zwei Herzen im Dreivierteltakt* bis zum *Walzerkrieg*, vom *Liebeswalzer* bis zum *Walzerparadies* reichen und in Erik Charrells anmutiger Geschichte eines hübschen Wienerkinds zur Zeit des berühmten Kongresses, *Der Kongreß tanzt*, gipfeln.[2]

Das Publikum der verrückten zwanziger und dreißiger Jahre amüsiert sich noch immer gern mit diesen Geschichten im Walzertakt, und gleichzeitig brechen Kunst und Literatur ihre Verbindung mit der vorangegangenen Tradition ab und weisen damit auch die echtesten Werte jenes Menschenbilds zurück, von dem diese harmlosen kleinen Stücke nur den oberflächlichen und kitschigen Aspekt wiedergeben. Und zur selben Zeit stürzt sich Europa in seine furchtbarste Tragödie. Während die Heimwehren und die Repressionen von Dollfuß Wien in Blut tauchten, blieb es doch die Phäakenstadt wie seit eh und je und die illusorische Hauptstadt eines glücklichen Lebens. Daran sollte nicht einmal der Zweite Weltkrieg etwas ändern: Die verschiedensten Prinzessinnen Sissi oder der gutmütige Dickbauch, der in keiner operettenhaften Wiederbelebung fehlen darf, wiederholen den Zauber Wiens der Zeit Kaiser Franz Josephs. Die eigentliche Literatur, die mit diesem Klischee merkwürdigerweise verbunden, wenn auch von unvergleichlich höherem Wert ist, geht ähnlich vor und verewigt das habsburgische Thema mit gleicher Ausdauer. So bringt die zweite Nachkriegszeit nicht nur die »Entdeckung« Musils, sondern auch Doderers bis in die feinsten Schattierungen vom alten österreichisch-ungarischen Kulturgut durchdrungene Erzählkunst.

Ein weiterer Grund für das Fortleben der alten österreichisch-ungarischen Motive könnte in einem allgemeineren Zug der zeitgenössischen österreichischen Literatur zu finden sein. Es ist symptomatisch, daß sich die österreichische Lyrik, ungefähr zwischen 1920/25 und 1940, auf allegorisch-religiöse Themen, eine vage Schollenmystik und das Mysterium des jahreszeitlichen Geschehens konzentriert. *Sichel am Himmel*[3], *Wir Bauern*[4], *Die frohe Ernte*[5], *Das verzauberte Jahr*[6] sind die Titel der Gedichtsammlungen jener Jahre. Sie bilden eine Art irrationale und mystizierende Abwandlung der Heimatliteratur, sind ein Hymnus auf die dunklen Erdkräfte, den magisch-jahreszeitlichen Rhythmus und auf das erhabene, tiefwurzelnde Geheimnis des ländlichen Lebens. Diese Flucht wird von einem irrationalen Ton, gewissermaßen dem Echo der vielen »Seelenjahre« der deutschen Dichtung belastet, denn nichts anderes als eine Flucht bedeutet diese Schwärmerei für das Landleben in der von Problemen heimgesuchten österreichischen Republik eines Renner und Seipel, Dollfuß und Seyß-Inquart. Ebenso unbeirrbar erneuert Max Mell mit seinen Weihedramen wie dem *Apostelspiel* oder dem *Nachfolge-Christi-Spiel* (1923, 1927) die mittelalterlichen Mysterienspiele. Und doch ersteht auf diesem Boden beispielsweise Josef Weinhebers Lyrik[7], wohl eine der bedeutendsten stilistischen Errungenschaften des europäischen 20. Jahrhunderts.

Die konventionelleren Beschwörungen der vergangenen habsburgischen Kultur könnten bis zu einem gewissen Grad diesem breiteren literarischen Rahmen eingegliedert werden. Um aber eine Erklärung zu finden, warum das Bild Franz Josephs faszinierenderweise weiterbesteht, genügt keine literarische Einordnung allgemeiner Natur, nicht einmal dann, wenn für den Augenblick von den einzelnen Schriftstellern abgesehen werden soll und nur allgemeine Überlegungen getroffen werden. Auch die oberflächlichsten Erinerungen an das Habsburgerreich beseelt eine starke Wehmut, die sie beinahe über ihre Mittelmäßigkeit hinaushebt. Denn unter der vordergründigen Operettenanmutung, die die Phantasie in das Reich heiterer Erinnerungen lockt, liegt auch etwas Tieferes. Die österreichische Welt von gestern symbolisiert am Ende einen ganzen versunkenen Abschnitt der europäischen Kultur, die Belle Époque eines ehrwürdigen, sentimentalen und genießerischen 19. Jahrhunderts. In der wehmütigen Heiterkeit der Walzer trauert Europa seiner verlorenen Lebensfreude, der fröhlichen Jugend vor dem Krieg, die reich an Illusionen war, und den umgestürzten Mythen eines sanften, lieben Glücks nach. Die Beschwörungen der Habsburgermonarchie oder auch einfach die Themen und Weisen jener Kultur, die in der Literatur wiedererstehen, entsprechen vor allem diesem Heimweh nach der Belle Époque der Großväter und der goldenen *mediocritas* des liberalen Zeitalters. Freilich verklärt die Zeit die von ihr verschluckten Dinge stets mit einer zarten, magischen Patina, und natürlich gibt es im Geistesleben ein ewiges erhaltendes Moment, den Blick zurück auf die Güter und Gefühle des Gestern. Doch war die habsburgische Welt für das europäische Empfinden zum eigentlichen Symbol dieser liebevollen, verklärenden Pietät gegenüber der Vergangenheit geworden und hatte es wie wohl kein anderes jüngstentschwundenes geschichtliches Gebilde verstanden, sich mit einer suggestiven Aura zu umgeben. Vielleicht weil diese »Versuchsstation für Weltuntergang«[8] die Widersprüche und die intime Dialektik des kurzen Glanzes im 19. Jahrhundert in der paradoxesten Weise in sich vereinigte, hatte sie ein besonders feines Gespür für die Zeichen der Auflösung und hatte versucht, sie mit kläglichen Verteidigungsstrategien aufzuhalten. So konnte Ravel mit seiner *Valse*, der Anspielung auf die ironische Ambivalenz des Walzers – Symbol einer heiteren Zeit, die er in deren traurige Elegie verwandelte –, dem alten Vorkriegseuropa ein

Totenamt halten. Und die heiter-wehmütigen Strauß-Walzer erzählen den Generationen der Jahre zwischen den beiden Kriegen von einer kostbaren, verlorenen Lebensfreude.

Die nationalen Gegensätze, die sich mit dem Verschwinden der Monarchie zuspitzen – und die unmittelbar bei Kriegsende in den österreichisch-ungarischen Truppen zum Ausbruch kommen –, verstärken den alten, übernationalen habsburgischen Mythos und verleihen ihm eine gewisse Aktualität. Ja, je unruhiger sich die europäische Situation gestaltet, desto mehr trauert man den alten k. u. k. Zeiten nach, desto mehr werden sie nostalgisch beschworen. In der Tat entstehen die schwärmerischsten, leidenschaftlichsten Beschreibungen dieser Welt zu einer Zeit, da der Nazismus an Boden gewinnt oder sich schon etabliert hat, und sie sind größtenteils jüdischen Schriftstellern wie Werfel oder Roth[9] zu verdanken.

Spontaner Einfluß einer schon fest verankerten Tradition, Flucht aus einer turbulenten Gegenwart, persönliche Verarbeitung und Verklärung der eigenen Vergangenheit, also Bemühen um die Klärung der eigenen geschichtlichen wie menschlichen Lebensbedingung: von dieser komplexen Verquickung aus Motiven und Ursachen geht der letzte Akt des habsburgischen Mythos aus. Dieser Mythos spielt auf einer sehr variablen Klaviatur, von Werfels Lobpreis bis zu Roths Pietät und Musils vernichtendem Sarkasmus; von der minuziösen Gesellschaftsanalyse bis zum flüchtig hingeworfenen Farbton oder undeutlichen Milieuhintergrund. Jedenfalls schließt sich die Verklärung der österreichisch-ungarischen Welt in den Werken dieser modernen Autoren, trotz der Zäsur des Kriegs und des Zusammenbruchs, fugenlos an die ganze frühere habsburgische Tradition an. Musils k. u. k. Österreich, mag es auch ironisch auf den Kopf gestellt worden sein, trägt noch viele Züge des Österreich von Grillparzer oder Hofmannsthal. Der Filter von Erinnerung und Sehnsucht erzeugt einen perspektivisch interessanten Winkel und macht den Blick intimer und subtiler, vor allem aber freier von äußeren Bedingungen. Zweifellos ist dieses postume Leben des Kaiserreichs das reichste an Zauber und

Poesie, an geglückten Einfällen, die seine konkrete Wirklichkeit erfassen, und das reichste an wundersamer Veränderung dieser Wirklichkeit; es ist am stärksten an der Verklärung des Mythos beteiligt.

2. Die unbedeutendere Literatur

Es mag vielleicht nützlich sein, auf eine ganze Reihe von Werken hinzuweisen, die ausdrücklich die österreichisch-ungarische Welt, besonders ihren Zusammenbruch, beschreiben und dabei auf dem Niveau einer literarischen Übung oder einer leicht konsumierbaren Ware bleiben. Bei diesen Werken ist es nicht so wichtig, sie nach ästhetischen Gesichtspunkten zu beurteilen und sie aufgrund ihrer bescheidenen literarischen Qualitäten in einen untergeordneten Rang zu verbannen; kurz, nicht ihr künstlerischer Beitrag, sondern ihr Ausgangspunkt und das Menschenbild sind von Interesse, das diese Autoren der Gestaltung ihrer Welt zugrunde legen. Diese Schöpfungen gehen also nicht von vitalen Inspirationen der Phantasie oder von einem intellektuellen Imperativ aus, der zur Bewußtmachung der eigenen Geschichte aufruft; auch scheinen sie nicht, wie dies bei anderen, gleichfalls mittelmäßigen Werken der Fall ist, von den augenblicklichen Lebensumständen, von geschichtlichen Fakten und politischen wie kulturellen Strömungen hervorgerufen worden zu sein. Im allgemeinen handelt es sich vielmehr um Romane, die ein wenig am Rande der eigentlichen, lebendigen Literatur eines Landes bleiben und die zwischen der konventionellen literarischen Übung und dem Metier des geschickten Erfolgsautors liegen. Freilich gibt es auch unter ihnen Unterschiede im Stil und in der künstlerischen Aussagekraft: zwischen dem anmutigen *Wundervogel* (1929) von Franz Karl Ginzkey, der grotesken Geschichte des Doppeladlers, und den sentimentalen Roman von Alfons von Czibulka[10] liegt ein Abstand, der vom reizvollen, wenngleich leichten literarischen Zeugnis bis zum Fortsetzungsroman reicht. Jedenfalls aber handelt es sich um Werke, die mit einer gewissen Monotonie eine nun schon standardisierte Dimension des Mythos wiederholen: die gleichen Milieus, traditionelle habsburgische Figuren, wie launenhafte Damen, elegante Offiziere und treue Diener, kurz, die Schwärmerei für die äußerlichsten, farbenfrohesten Seiten jener Welt. Im allgemeinen schließen sie ziemlich unterschiedslos an das Vorkriegsgenre an: Friedrich von Gagern erzählt weiterhin pittoreske Geschichten aus dem alten Kroatien (*Ein Volk*, 1925) und beschreibt das Völkermosaik der Doppelmonarchie (*Die Straße*, 1929). Es fehlt auch nicht an ehrgeizigen Versuchen, ein vollständiges Bild der jüngsten österreichischen Vergangenheit zu geben, wie die Tetralogie von Otto Stoessl, der teils vor, teils nach dem Zusammenbruch der Monarchie entsteht[11]. Vor allem im zweiten Roman, *Morgenrot*, mehr aber noch im dritten, *Das Haus Erath*, will Stoessl den österreichischen Untergang als Verfall des bürgerlichen Zeitalters darstellen[12]. Vom idyllischen Ton in *Morgenrot*, wo noch das Vertrauen zum Staat vorherrscht, gelangt man zur zyklischen Geschichte des anderen Romans, der drei Generationen von Leinenfabrikanten umfaßt, vom alten, reichen Großvater bis zu seinen Töchtern, die in einer raffinierten, intellektuellen Umgebung leben, in der sich schon der wirtschaftliche Verfall ankündigt, und zu dem Dichter Ludwig Mainone, der auf den Trümmern des Kriegs ein neues Leben aufbaut. Diese in vielen Romanen von Stoessl wiederkehrende Figur ist das Alter ego des Erzählers. Die Lehre der *Buddenbrooks* ist augenscheinlich, doch ist der Versuch, einen richtigen Gesellschaftsroman zu schreiben, als mißglückt zu betrachten. Das geschichtlich und psychologisch Konkrete verflacht zu einer wehleidigen, allgemeinmenschlichen Tönung und verfliegt mit dem Ehrgeiz, über den behandelten Stoff und die eigentlichen Probleme hinauszugelangen, um sie in einer nicht recht definierten Harmonie zu überwinden. Diese ganze zweitrangige österreichische Literatur scheint wie ausgehöhlt, bleibt im Allgemeinen stecken und ist unfähig, einer konkreten Situation oder einem konkreten geschichtlichen Problem kraftvoll entgegenzutreten. Man braucht nur zu bedenken, daß der Zusammenbruch des Jahres 1918 und die aufwühlenden Probleme der Nachkriegszeit die Literatur – mit Ausnahme einiger großer Schriftsteller – kaum geprägt haben, wie dies natürlich gewesen wäre, sondern daß diese die Problematik lieber übersah oder ins Rhetorisch-Süßliche, jedenfalls aber Nichtssagende, verlagerte.

Diese Werke allgemeinerer Art bleiben also dem eigentlichen habsburgischen Mythos recht fern; dasselbe gilt auch für den monumentalen Roman von Felix Braun, *Agnes Altkirchner* (1927), der 1957 unter dem Titel *Herbst des Reiches* neu herausgegeben wurde. Dieses entsetzlich langweilige Buch von siebenhundert dichtgedrängten Seiten, das das Ende Österreichs Schritt für Schritt verfolgt, wiederholt an manchen Stellen und in bestimmten Wendungen charakteristische Merkmale des habsburgischen Österreich: die Beschreibung des alten Hofrats, der einen Beamtenrang und deshalb keine persönliche Meinung hat[13], die Abneigung gegen die preußische Härte, ein zwiespältiges Gefühl aus Haß und Liebe zum freundlichen Österreich, wo »nirgends ein Funke, nirgends auch nur ein Wille«[14] ist.

Es ist dies ein zyklopischer, mißglückter Versuch, die ganze Dramatik einer Zeit einzufangen. In Wirklichkeit wird alles sinnlos, der Krieg und die Erhebungen in Wien, die Hoffnungen der Sozialisten und alles übrige. Die geistige Laufbahn der beiden Hauptgestalten, des weichlichen, gefühlsbetonten Anselm und des starken Attilo, ist unzusammenhängend und führt den einen zu einer Reihe geistiger Abenteuer, die für ihre Zeit paradigmatisch sein sollen und in der Verbindung mit der schönen Agnes einen harmlosen Ausgang nehmen, und den anderen zu einem matten stifterschen Verzicht auf die Liebe und das Leben: »Sein Schicksal war, sie unsterblich zu machen, nicht, sie zu besitzen ...«[15] Anselm, die Schlüsselfigur des Romans, ist mit seiner Unsicherheit und seiner unglücklichen Liebe ein Nachkomme der Gestalten Stifters und ganz allgemein der typischsten (auch am wenigsten lebendigen) österreichischen Tradition. Schon der Aufbau des Romans zeigt des Autors naive Absicht: unzählige parallel verlaufende Handlungen, die künstlich miteinander in Zusammenhang gebracht werden, endlose Dialoge, die die Atmosphäre und die Problematik jener Jahre wiedergeben sollen, ja sogar zur Gänze berichtete imaginäre Reden. Es ist augenscheinlich, daß auf diese Weise weder ein Milieu noch der Geist einer Zeit mitgeteilt werden können, wenn auch Braun oft mit aufrichtiger Rührung vom alten Wien Grillparzers und Schuberts und von jenem gesunden Bürgertum spricht, »das mit dem Tage abstarb, da der erste Sohn sich vom Vater lossagte«[16], und von einer Zeit, da würdige Väter »vor Naturaliensammlungen und Aktenstücken saßen ... hell gekleidete Kinder zeigten sich mit Anstand; feste Satzungen teilten die Zeit ein; Ehrerbietung hielt die Dienerschaft ferner, aber Treue verband sie inniger dem Hause, und obwohl auch in diesen Räumen Leidenschaften und Begierden kämpften wie in den unseren: sie waren dort beherrscht, im Innern der Seele verhalten, während jetzt jeder über sie redet«[17].

Aus den Reihen dieser übriggebliebenen Schriftsteller erhebt sich ein mächtiger Choral, der der distanzierten Strenge des Gefühls nachtrauert. Doch Brauns Stimme bleibt schwach und matt; er scheint sich um seine Zeit gar nicht wirklich zu bekümmern, ihre Stimmen und Anregungen gar nicht konkret zu erfassen. Das einzige Motiv seines Schaffens ist die Verherrlichung einer idealen, metahistorischen »Austriazität«. Er preist die freundlichen Bande zwischen Herrn und Dienern und die einnehmend sanfte österreichische Menschlichkeit, der die Härte der abstrusen deutschen Philosophie gegenübersteht[18]. In seinem Essay *Das musische Land* werden die Tugenden der österreichischen Kultur gleichsam auf einen idealen Himmel projiziert, wo das Salzkammergut und Raimund, Landschaft und Dichtung, Musik und Kunst in einer himmlischen, übergeordneten Harmonie, in einer Seelenheimat, vereint werden. Hier verliert das Lob

Österreichs seine bestimmte geschichtliche Physiognomie und Eigenart und verflüchtigt sich in ein unbestimmtes musikalisches Seufzen und in eine vage Sinfonie aus Landschaften und Gefühlen. Die Themen dieser Sinfonie sind die der Tradition, doch nunmehr ohne die Bindungen an die Geschichte und die konkreten Daseinsgründe, die ihr Vorhandensein in der Vorkriegsliteratur noch begründen konnten. Darum verlieren sie auch an Kraft, und man merkt diese Schwäche im Roman sehr deutlich. Es geht hier nicht, wie bei anderen Schriftstellern, etwa Schaukal oder Andrian, um die raffinierte und subtile neue Ausarbeitung der alten Definitionen der habsburgischen Kultur, vielmehr zeigt Braun hier eine gewisse gewohnheitsmäßige Geschicklichkeit in der Darstellung fix und fertiger, traditionserprobter Themen. Auf diese Weise baut er mühselig Seite um Seite seinen Roman auf, ohne dabei zu einem eigentlichen phantasie- oder intellektbedingten Mittelpunkt vorzudringen; alles bleibt im Allgemein-Pietätvollen. Dasselbe gilt für seine Dramen, wie *Karl der Fünfte* (1936), ein Echo des *Bruderzwists* und der Grillparzerschen Überwindung der Macht durch die Gnade. Das historische Drama ist in der modernen österreichischen Literatur recht häufig vertreten und ist, wenn es dem Andenken Habsburgs gewidmet ist, selten mehr als eine literarische Übung. Genau denselben Spuren folgt noch ein anderes Drama des Autors, *Rudolf der Stifter* (1953): matte historische Reminiszenzen, Liebe zu Österreich, »das nur bedenkt, nie handelt«[19], Vorhersage seines Untergangs, dem »schmählich nicht«[20] entgegengesehen wird. Auch hier handelt es sich um menchanisch übernommene traditionelle Motive (wie das Nichthandeln) und keineswegs um ein neues Erleben oder Bewußtwerden, wie dies zur selben Zeit bei Werfel der Fall ist.

Von dieser eher oberflächlichen Strömung kann man gewiß nicht viel erwarten. Der lebendigste Schriftsteller ist wohl der Wiener Alexander Lernet-Holenia. Mit eleganter, leichter Hand versucht er, die alten Formen des österreichischen Barock zu verjüngen und ihnen einen modernen Beigeschmack zu verleihen. In dieser Hinsicht sind seine Lustspiele wie *Olla potrida* (1926) und *Österreichische Komödie* (1927) geglückte Versuche und eine unübersehbare Rückkehr zur alten Tradition bis zurück zu Stranitzky. Sein wichtigstes Werk ist jedoch der Roman *Die Standarte* (1934), der den Zusammensturz der Monarchie schildert. Diesem Werk fehlt es nicht an Lebendigkeit, Eindringlichkeit und einem Sinn für schicksalhafte Tragik. Das Ende des Reiches wird sowohl in seinen äußeren Aspekten – die militärische Niederlage, mehr noch aber das Zerbröckeln der moralischen Einheit des Heeres, an deren Stelle nationale Ressentiments treten – als auch an inneren Erscheinungen verdeutlicht, nämlich der geistigen Müdigkeit, die selbst die tapfersten Verteidiger der Monarchie entkräftet. »Aber sie (die Welt) war eben doch anders geworden. Zwar, sie sah noch aus wie sonst, die Felder, die Häuser, der Himmel, der Mond waren wie immer, aber irgend etwas hinter den Dingen hatte sich verändert, das Sichtbare war wohl gleichgeblieben, allein das Unsichtbare war ganz anders geworden, innen in den Menschen verwandelte sich eine Welt, löste sich auf, ging unter ... Es war ein Ende der Welt ... so unbegreiflich wie die Nichtbefolgung von Befehlen, denen man viele Menschenalter hindurch gehorcht hatte ... Wir glaubten vielleicht selber nicht mehr so sehr an das Reich, wie wir daran hätten glauben sollen.«[21]

Dennoch bleibt die Beschreibung an der Oberfläche und läßt es beim wirkungsvollen Farbton bewenden, ohne daß die Ursachen des Endes gründlich analysiert würden. Erst Roth oder Musil werfen tatsächlich die Problematik der Auflösung Österreichs auf, und auf dichterisch sehr viel niedrigerer Ebene geben auch Csokor und Schreyvogl eine Interpretation und ein Bild dieses Vorgangs. Nicht so Lernet-Holenia, dem es nicht gelingt, über die Grenzen des sentimentalen Romans mit geschichtlichem Hintergrund hinauszuwachsen. Im Gegenteil, seine Vision des habsburgischen Untergangs, die im wesentlichen aus quälendem Heimweh besteht, versucht gar nicht, die Motive und Rechtfertigungen des historischen Phänomens zu durchdringen, sondern überläßt sich lieber einer religiösen Erklärung, die das habsburgische Ende schicksalhaft der Torheit der Menschen zuschreibt: »Manchmal reißen die Menschen selbst Gebäude ein, die Generationen vor ihnen errichtet haben, und zerstören sie, als wäre es nichts. Die Menschen verlieren ja manchmal ganz plötzlich allen Sinn für den Wert der Dinge. Bloß um sich die Hände zu wärmen, zünden sie dann königliche Schlösser an ...«[22]

Also wiederum eine Ablehnung der Geschichte. Immerhin spürt man auch im leichten, gefälligen Ton dieses Romans das tiefe Unbehagen, das die Auflösung der Monarchie bei den damaligen Menschen hinterließ, deren geistige Prägung unlösbar mit jener Welt und Kultur verbunden war. Die Geschichte dieser überlebenden Generation sollte immer die eines rückwärtsgewandten Phantasierens sein, einer vergeblich von Ironie verhüllten, unbezwinglichen Sehnsucht und einer Suche nach der verlorenen Zeit: Vom vordergründigen Lernet-Holenia bis Musil finden sich alle diese Schriftsteller in einer allzu stark veränderten Welt richtungslos wieder, deren politischen Anforderungen gegenüber hilflos und von der habsburgischen Vergangenheit gleichsam besessen. Auch in der *Standarte* weht jener alte mitteleuropäische Hauch, in den slawischen und ungarischen Regimentern, im Zauber des Konak, der Belgrader Königsburg. Die zarte Poesie des Romans ist völlig der habsburgischen Atmosphäre zu danken, während die eigentliche Handlung des Romans, die Liebesgeschichte zwischen dem Fähnrich Menis und Resa, farblos und zusammenhanglos bleibt. Vielmehr sind es manche Figuren und Einzelheiten, die dem Roman eine gewisse Faszination verleihen: der alte Diener Anton, der eigenartige, gespenstische Baron Hardenberg mit seinen unglaublich blauen Augen, der wie die beunruhigende Verkörperung der bevorstehenden Katastrophe erscheint; der stramme, aufrechte Graf Bottenlauben, ein deutscher Verbindungsoffizier, der sich in den Wirren und der Disziplinlosigkeit, die das Heer zu zersplittern droht, nicht zurechtfindet. Letztlich bleiben Eindrücke wie jener »Gruß aus der Radetzky-Zeit«[23] haften, den Bottenlauben der Rebellion der Truppen im Geist entgegenstellt, und »der feierliche Weihrauchduft der Feldmessen und Prozessionen, der süße Blutgeruch der Siege, der bittere der Lorbeergewinde«[24] der Standarte; dieses Banner versinnbildlicht den ganzen Ruhm Österreichs und wird, zusammen mit den übrigen Fahnen, in einer traurigen Schlußapotheose zu Schönbrunn von Offizieren verbrannt, die ihres Treueids entbunden sind.

Das häufigste Stimmungsbild des habsburgischen Mythos, das auch in den weniger bedeutenden Werken immer wieder aufscheint, ist die getragene, einem bestimmten Rhythmus unterworfene Kasernenatmosphäre; Lernet-Holenias Roman geligt es allerdings nicht, sie wirksam einzufangen: zu sehr spürt man das Manierierte und eine gewisse innere Distanziertheit vom Erzählten selbst[25].

Im Lauf der Zeit – stets abgesehen von den Werken der engagiertesten Schriftsteller – verblassen die Reminiszenzen ans alte Österreich immer mehr zu Gemeinplätzen. Traditionelle Gestalten und Milieus bleiben zwar unverändert, werden aber kraft- und leblos und gleiten immer mehr ins Klischee ab. So gelangt man schließlich zu den kitschigen Romanen Alfons von Czibulkas, wie *Der Kerzelmacher von Sankt Stephan* oder *Das Abschiedskonzert*[26]. Diese Werke wandeln den Topos des idyllischen, sentimentalen Wien unermüdlich ab und sind nur im Kielwasser einer oberflächlichen Mode, nicht aber aus innerem Bedürfnis entstanden. Auch hier sind manche Figuren von gewisser Wirkung, wie etwa der rauhe kroatische Feldmarschall Hadik mit seinen Tabakprisen und den Pferden der Maria-Theresia-treuen Panduren[27]. Doch gewinnt der Hintergrund des Siebenjährigen Kriegs weder epische Bedeutung noch dramatische Spannung, sondern gleicht eher einem anmutigen, leichten Menuett; dieser Krieg hat mit der Realität nichts gemein, sondern stellt sich vielmehr dar wie ein entzückender alter Stich, eine wunderbare Zeichnung eines der Wiener Vedutenmaler aus dem 18. Jahrhundert.

Diese Strömung ist wohl noch immer nicht ganz ausgeschöpft, wie ja auch die Operette das Publikum im Zeitalter

Brechts noch immer anzieht. Und trotz des begrenzten Werts derartiger literarischer Beiträge kann der Umstand, daß sich die kleinbürgerliche Flucht noch immer schwarzgelb färbt und die Gunst eines recht breiten europäischen Publikums findet, als Gradmesser für die Durchdringungskraft des österreichisch-ungarischen Erinnerungsguts gelten.

3. Habsburgische Metaphysik

Die Werke der bedeutendsten Nachkriegsschriftsteller sind, abgesehen von ihrem unterschiedlichen Wert, aufs innigste mit einem ganz bestimmten literarischen Genre verknüpft, das aus dem Zusammenbruch der Monarchie in Österreich hervorging. Ganz allgemein war in Österreich eine reflektierende und etwas narzißtische, wenn auch geistreiche und verfeinerte Literatur besonders zur Blüte gelangt: die Feuilletons, ziselierte Prosakunstwerke, Kaffeehaus-Anmerkungen. Diese Literatur hatte mit eleganter Sentimentalität und geistreicher Lebendigkeit den Mangel an Phantasie ersetzt und hatte sich im wesentlichen auf eine endlose Abwandlung des ewigen Themas der Austriazität beschränkt; sie hatte Freude an der Betrachtung der eigenen Eigenschaften und an der Erfindung und Vortäuschung neuer Merkmale gefunden. So war eine geistvolle, mehr aus musikalischen »Scherzi« als gedanklichen Beiträgen gestaltete feuilletonistische Kunst entstanden, die einige spezifische Aspekte jenes geschichtlichen Augenblicks der habsburgischen Kultur in eine zeitlose metahistorische Geistigkeit und in eine ewig gültige nationale wie rassische Kategorie verwandelte.

Das Ende der Monarchie flößt diesem anspruchsvollen literarischen Genre neues Leben ein. Neben Erzählern, die die alte, entschwundene Welt zu neuem Leben erwecken, zeichnen auch elegante, geistreiche Publizisten die Züge einer idealen, unvergänglichen »österreichischen Seele«. All dies ist selbstverständlich nur eine Reaktion auf die Katastrophe und ein Werk der Selbsttröstung darüber, daß Söhne eines großen Reiches nun zu Bürgern einer beengten Heimat geworden sind. So entstehen launige, subtile Essays, bizarre Stickereien auf den alten Motiven des habsburgischen Mythos, die nun nicht mehr in konkreten literarischen Gestalten verkörpert, sondern um ihrer selbst willen gepriesen werden. Dies sind Bücher wie *Österreichische Züge* (1918) von Schaukal oder *Österreich im Prisma der Ideen* (1937) von Andrian; im Gegensatz zu den Vorkriegsautoren, die, mehr oder minder bewußt, manche thematische Anregungen empfingen und mit geheimer Verführungskraft beeinflußt worden waren, sind sich diese Schriftsteller des Mythos, über den sie intensiv nachgedacht haben, außerordentlich bewußt und verstehen es, mit Abstraktionen umzugehen, die nicht einmal mehr versuchen, in die Niederungen der Realität hinabzusteigen. Die habsburgischen Motive erlangen dadurch einen fast metaphysischen Charakter, da sie als etwas angesehen werden, was der Wirklichkeit schon entrissen ist. So entsteht eine richtige theoretische Verankerung in allgemeingültigen und vor allem metahistorischen Begriffen. »Die österreichische Nationalität ist die von allen am wenigsten materielle. Sie ist ein Zustand, ein goldener Schnitt nur zwischen Distanzen und Kräften, aus denen man fallen kann, wenn man eine rohe und ungeschickte Bewegung macht; und in den man geraten kann, komme man gleich aus Pernambuco ... wenn einen dieses Spannungsfeld festhält. Es kann adoptieren und entlassen. Zum Österreicher müßte man eigentlich fallweise und einzelweise ernannt werden.«[28] So spricht einer der unbekümmertsten und doch treuesten Erben der Tradition Franz Josephs, Heimito von Doderer. Die übrigen Autoren halten sich noch bedingungsloser und williger an den Mythos; Andrian zum Beispiel träumt von einer nebelhaften Zukunft der deutsch-österreichischen Kultur durch Belebung der Vergangenheit.[29]

Die Hofmannsthal so sehr am Herzen liegende österreichische »Idee« tritt in diesen europäischen Krisenjahren als etwas Märchenhaftes, als weise Wunderformel auf, die zu einer anderen Zeit eine geordnete Kultur verwirklicht hatte. Schon der Titel eines Buchs von Schaukal, *Österreichische Züge*, deutet den fast naturalistischen Ton an, den die alten Mythen in seiner Schrift gewinnen. Und Schaukal preist den österreichischen Geist, dem jeder aggressive Imperialismus und Despotismus fremd ist, der sich der Humanitas aufschließt und innerlich frei bleibt. Dies ist der alte reaktionäre Anspruch auf die innere Freiheit, die ihren greifbaren geschichtlichen Äußerungen und politischen Erfolgen entgegengesetzt wird: In der Tat stürzt sich Schaukal auf das Luthertum und die von diesem in Anspruch genommene Gewissensfreiheit und auf die drei »absurden«, großen Worte der Französischen Revolution[30]. Es braucht nicht betont werden, daß sich diese reaktionäre Verkündung als falsch und unwirksam erweist, doch ist diese Einstellung schon darum sehr wichtig, weil sie sich auch in Joseph Roths großem Werk bestimmend auswirkt.

Auch Wildgans spricht von einem idealen »österreichischen Menschen«, der vor allem stark im Ertragen ist, mehr von Natur aus als durch sittliche Disziplin gut und selbstverständlich konservativ ist, da sich in seiner Seele jahrhundertealte Traditionsgüter angelagert haben und ihm zur spontanen Natur wurden[31].

Natürlich kann sich auch diese Rückkehr zu den Themen der österreichischen Kultur als Ausgangspunkt hoher dichterischer Inspiration erweisen: Josef Weinhebers Lyrik wurzelt unter anderem auch in diesem kulturellen Nährboden, wenngleich sie sich noch von vielen anderen Seiten Nahrung holt. In *Wien wörtlich* und seinen anderen Sammlungen setzt Weinheber die reinste Wiener Volksliedtradition und das ganze subtile menschliche wie stilistische Kulturgut Österreichs fort und übersetzt es in die reine, klare Wesentlichkeit einer der modernsten europäischen Dichtungen. Hinter der gemessenen, vollkommenen Strenge seiner Verse leben, bar jeder Sentimentalität, die wehmütigen alten Wiener Volkslieder fort, wie *Erst wann's aus wird sein*, oder *Solang im*

Glaserl no a Tröpferl is, solang a Geigen no voll Melodien is. Aus dieser Spannung zwischen der Übernahme blutvoller lokaler Motive und der kristallenen Nüchternheit des Stils entsteht die Wirkung des Werks von Weinheber; es überträgt den Mythos eines ewigen Österreich des Herzens in die strengste moderne Lyrik und wird wahrhaft »im Zeitlich-Ewigen der Heimat«[32] skandiert. Doch handelt es sich hier fast um einen Einzelfall; im übrigen wird auch die Übernahme der Gemeinplätze der habsburgischen Tradition immer seltener und nimmt entweder folkloristische Töne an[33] oder wird geradezu, wenn man so sagen darf, zum Gegenstand touristischer Werbung, wie Hans Weigels *O du mein Österreich.* Dieses Buch ist mit seiner leichten, amüsanten Darstellung fast ein kultureller Baedeker, der die paradoxen Eigenschaften und widersprüchlichen Definitionen der österreichischen Seele vordergründig und unterhaltsam, aber durchaus wirkungsvoll wiederholt: Österreich wird als »staatgewordenes Paradoxon«[34] vorgestellt, wo alles nicht weil, sondern trotzdem geschieht, wo man nicht für, sondern gegen jemanden wählt, wo der Witz alles richtet und würzt, wo man alles als Dilettant macht und Vereinbarungen »um fünf herum« getroffen werden, wo eine weise Vorsicht alles in Schwebe läßt und dem Reden das ambivalente Verschweigen vorgezogen wird; ein Land, das neidlos auf die tätige deutsche Schwester blickt: »Die Deutschen arbeiten. Lassen wir sie arbeiten. Sie sind auch noch stolz darauf.«[35] Diese ewigen Österreicher sind schließlich »streitbare Pazifisten, östliche Westler, selbstbewußte Kleingläubige, tieftraurige Lebenskünstler, konservative Revolutionäre, westliche Östler, schlampige Pedanten, arbeitsame Faulenzer, gläubige Skeptiker, germanische Slawen, balkanische Älpler, ein barbarisches Kulturvolk. Was immer sie sind, sind sie halb und zugleich hundertfünfzigprozentig«[36].

Von der Literatur zum oberflächlichen Journalismus: so schließt sich der Kreis. Bei Weigel wie bei den übrigen ähnlich gearteten Autoren erreichen diese Motive ein Maximum an Unverbindlichkeit und leben, völlig unabhängig von ihrem Ausgangspunkt, ein nur noch folkloristisches Dasein. Dies ist die äußerste Auflösung des habsburgischen Erbes und zugleich das Zeugnis für dessen zähe Vitalität. Parallel zu diesen mehr rhetorischen Schriften entstehen aber Werke wahrhaft großer Dichter, die jene Motive neu aufgreifen und nachschöpfen.

4. Joseph Roth

In den Romanen von Joseph Roth, dem galizischen, aus dem Weltkrieg heimgekehrten Juden, findet die Nachkriegssaga ihre genaueste und packendste Darstellung. Genau und packend: in der Tat schwankt die Kunst dieses Schriftstellers zwischen einer minuziösen, objektiven Beobachtung der Wirklichkeit und einer warmen, stillen menschlichen Anteilnahme an den erzählten Dingen, die sie mit mitfühlender Pietät und einem ständigen dichterischen Pulsschlag umgibt. Nicht umsonst wurde Roth gleichzeitig als Vorläufer der Neuen Sachlichkeit und der lyrisch gestimmten Neuromantik angesehen; in Wirklichkeit weiß er sich jedoch sowohl vor dem trügerischen Realismus als auch vor dem billigen, sentimentalen Mystizismus zu bewahren, dessen Doppeldeutigkeit er gleichfalls aufzeigt. Als geborener Schriftsteller und wie nur wenige andere moderne Autoren mit sicherem erzählerischen Instinkt begabt, entzieht sich Roth jeder bequemen Klassifizierung, jedem schulmäßigen Etikett; scharfe, ironische Beobachtungsgabe der Wirklichkeit und episches Pathos existieren in ihm als natürliche und komplementäre Gaben nebeneinander und fügen sich in seinem Werk reibungslos zusammen. Seine Qualitäten als aufmerksamer Beschreiber und Journalist von hohen Graden lassen ihn die Charaktermerkmale eines Volks oder einer Region mit wenigen Federstrichen skizzieren, wie etwa die rasch hingeworfenen Bilder des *Panoptikum* (1930) oder die trockenen Bemerkungen, die im Roman *Hiob* (1930) das Gesicht des Amerika der dreißiger Jahre erstehen lassen. Aber auch in diesem Falle ergibt sich die Lebendigkeit, ja, sagen wir ruhig der Realismus seiner Bilder aus dem außerordentlich persönlichen Blick des Dichters und mehr aus seiner Interpretation als aus der Beobachtung der Dinge. So sollte er zum großen Beschreiber und Dichter der östlichen Länder, besonders der Juden Galiziens und Wolhyniens werden: Essays wie *Juden auf Wanderschaft* (1927), Romane wie *Hiob* und *Tarabas* (1934) und Erzählungen wie *Der Leviathan* (1940)[37] beschwören das tragische Wanderleben der erniedrigten und beleidigten Juden, die in ihrer dumpfen Resignation und ihrer biblischen Leidenskraft und Widerstandsfähigkeit dennoch ausdauernd und unbesiegbar bleiben.

In seinen Romanen schildert Roth die ganze Verirrung, Gefühlsunsicherheit und nihilistische Verzweiflung, die in den Jahren nach dem Zusammenbruch der Monarchie die Menschen erfaßt. In seinen frühen Werken herrscht ein trostloser und verzweifelter Ton vor, eine fieberhafte, ziellose Unruhe, die in bitterstem Versagen, in Enttäuschung und Tod endet. Jenes *Hôtel Savoy* (1924), in dem die Überlebenden des Krieges zusammentreffen und wieder auseinandergehen, in ständiger Flucht versprengt, ist das Symbol der großen geistigen Leere nach dem habsburgischen Zusammenbruch und eines Lebens ohne feste Grundlagen, Frieden und Ruhe. Flüchtige Begegnungen, kurze, traurige Intermezzi der Liebe verflechten sich in dem tristen Hotel und verschwinden sofort wieder. Der Stil ist bewußt grau, gleichförmig und monoton und bis in die feinsten Nuancen von einem verzweifelten, tragischen Pessimismus durchdrungen, von einem unausweichlichen Gefühl für die Vergänglichkeit der menschlichen Geschicke, erfaßt von einem Wirbel, der die Gäste auseinandertreibt. Schon in diesem Roman zeigt sich die Größe des Autors: Er ist der Beschreiber, der sich nie dem Billigen oder Sentimentalen hingibt, nie ein Wort zuviel gebraucht und die eigene dichterische Intuition nur durch die trockene Objektivität der geschilderten Tatsachen sprechen läßt. Derselbe Pessimismus äußert sich auch in der *Rebellion* (1924) und der bitteren, bedrückenden Geschichte *Zipper und sein Vater* (1928), die das Zerbröckeln des klassischen, kleinbürgerlichen österreichischen Philistertums schildert (ebendes Vaters, also der älteren Generation), während der Sohn, die entwurzelte Kriegsgeneration, die Übel beinahe masochistisch akzeptiert. Die Handlung spielt zur Zeit der Inflation und spiegelt im Einzelschicksal die ganze Krise der Zeit wider. Der Roman erschien 1928: dies sind die Jahre der durch die Inflation von 1922 noch verschärften großen Wirtschaftskrise, der erfolglosen Sozialgesetzgebung, die die Produktion verteuert, die Privatinitiative erstickt und doch keine wirkliche Alternative wirtschaftlicher Planung entgegensetzt; indessen verbreitet sich vor dem Hintergrund dieser Krise die Idee des Anschlusses, und 1927 setzen legislative Kontakte zwischen Berlin und Wien ein, während es zu blutigen Zusammenstößen der Heimwehren mit den Sozialisten kommt.

Roths Roman spiegelt diese chaotische Krise wider und ist eines der besten Beispiele für den Gesellschaftsroman im eigentlichen Sinn des Wortes, nämlich für jene Erzählweise, die, ohne gewaltsame Verbindungen zwischen historischen Geschehnissen und psychologischem Erleben herstellen zu wollen, aus dem Innersten eines Einzelschicksals heraus die Physiognomie einer ganzen Zeit und einer ganzen politisch-sozialen Situation darstellt. Das bedeutungsvollste Werk dieser frühen Schaffensperiode des Autors ist wohl *Die Flucht ohne Ende* (1927). Der apathische, willenlose Franz Tunda, ein österreichischer Offizier, der aus der sibirischen Gefangenschaft entflieht und ohne Glut noch Überzeugung von einer Frau zur anderen, von den bolschewistischen Reihen nach Wien, von Berlin nach Paris überwechselt, ist eine sinnbildliche Gestalt für die Nachkriegsverwirrung, ein Mensch in ständiger Flucht, dessen Geschichte eine ziellose Odyssee darstellt.

Diese Romane stellen auf netativem, indirektem Weg die Bindung des Dichters an die habsburgische Welt dar. Nihilismus und Pessimismus sind die Reaktion auf den Zusammenbruch. Nachdem das Reich verschwunden ist, scheinen auch alle Werte, alle Garantien für ein beständiges, sicheres Leben und die kostbare Freude am täglichen Leben verschwunden. Der österreichisch-ungarische Untergang scheint das unausweichliche Ende aller gesunden, festgefügten Lebensmöglichkeiten zu bedeuten. Zunächst verharrt Roth noch in dieser negativen Haltung; später aber wendet sich seine Phantasie wieder dem habsburgischen Kaiserreich, der Welt von gestern, dem Radetzkymarsch zu.

Es wurde mit Recht hervorgehoben[38], daß Roth zur Zeit dieser seiner Romane revolutionäre, zwischen Sozialismus und Anarchie angesiedelte Gedanken hegte. Jahre später wurde er ein habsburgischer Legitimist, nahm in Paris aktiv am Leben der nach dem »Anschluß« emigrierten Monarchisten teil und schrieb für ihre Zeitschriften Artikel, die die undurchführbarsten, anachronistischsten Argumente und Ideale des habsburgischen Gepäcks, darunter die religiös-feudale Polemik gegen die moderne Kultur, wieder aufgriffen, nur mit größerer künstlerischer Eindringlichkeit. Dies ist zweifellos ein erstaunlicher, ungewollter Lebensweg. Doch müssen Roths ausdrücklichen politischen wie intellektuellen Bekenntnisse stets *cum beneficio inventarii* aufgefaßt werden. Roth war eine ruhelose, umherirrende Seele, ein Nomadenschriftsteller und Trinker, dessen Zuhause die Hotelzimmer ganz Europas und das Heimweh nach der fernen wohlhynischen Heimat waren; seine geistige Welt waren die warmen, unmittelbaren Emotionen, die in der Phantasie erlebten Trugbilder, die schwermütige Verlorenheit der Liebe und menschliche Begegnungen, in denen sich seine Persönlichkeit enthusiastisch verausgabte und die eigenen Gaben großzügig verschwendete. Er blieb ein ewiger Jüngling und erhob sich nie ins Reich der Ideen: diese blieben für ihn nur Anlässe und stimulierende Reize, Anregungen und Gewänder für seinen augenblicklichen Seelenzustand. So ist sein zum Anarchismus tendierender Sozialismus nur der vorübergehende Ausdruck seines Pessimismus und des Mangels an Anhaltspunkten und sein Legitimismus die Folge einer lyrischen, phantastischen Rückkehr zur Vorkriegswelt. Hinsichtlich seines habsburgischen Loyalismus spielt, wie man sehen wird, noch ein weiterer Faktor mit, nämlich der Schock, den der Nationalsozialismus in ihm auslöste und der ihn zur sehnsüchtigen Rückkehr zum geordneten Österreich von gestern drängte. Jedenfalls bleibt die politische Ideologie den menschlichen Möglichkeiten des Dichters fremd; er war ein Beschreiber von Mythen und Seelenzuständen, ein Epiker mit der Gabe, das ganze Pathos menschlichen Erlebens und der Geschichte zu verstehen und mit kraftvollem Atem zu beschreiben, doch stets in Form der Erzählung, nie als Dialektik politischer wie ideologischer Systeme. Roth war, seine Freunde bezeugen es, auch mündlich ein unermüdlicher Erzähler, gleich einem alten griechischen Sänger; und in seiner Kunst liegt etwas Homerisches, eine außergewöhnliche Einfachheit und ewige Frische, die ihm den Zugang zu allen Äußerungen des Lebens erschließen und die Schilderung der kleinen Dinge ermöglichen. Wie bei Tolstoi scheint auch seine Dichtung dem Inhalt und den Geschehnissen zu entspringen, die für sich selbst sprechen; der schmucklose Stil verzichtet auf jegliche Beigabe und jeden Kunstgriff und erinnert an die klare Einfachheit des *Stillen Don* von Scholochow. Denn trotz seiner ideologischen Begrenzung ist Roth ein großer Realist: wie andere Schriftsteller auch hat er in seiner Dichtung, vielleicht unbewußt, die Enge seiner eigenen intellektuellen Anschauung überwunden. So ist auch der *Radetzkymarsch* keine leere Verherrlichung einer verlorenen Zeit, mag er auch scheinbar einer nostalgischen Zugehörigkeit zum habsburgischen System entspringen und mag der Dichter auch zur gleichen Zeit legitimistische Artikel schreiben, sondern ganz einfach ein Roman, der jene Welt begriffen hat. Die Sympathien oder Antipathien des Menschen Roth zählen dabei nicht; wichtig ist, daß Roth die Auflösung des habsburgischen Mitteleuropa verstanden hat und ihm nun nicht – wie angenommen wurde – eine Elegie, sondern ein Epos widmete. Darum kann er nicht als reaktionärer

Schriftsteller betrachtet werden, das heißt, als Gefangener ideologischer Grenzen, die ihm die Erfassung der Wirklichkeit verwehren. Er ist der epische Erzähler einer Welt, deren Saga er schrieb.[39]

Schon beim frühen Roth findet man seinen unverwechselbaren Stil und seine ganz persönliche Erzählweise. Auch trifft man schon einige seiner Phantasie liebe Themen und Motive, die in den späteren Romanen wiederauftauchen. Es sind dies Elemente allgemeiner Art, wie die Schwermut, die nicht verdrängbare Ahnung des Todes, die liebevolle Beachtung von Farben und Düften und die stille Würde der Gefühle, die seinen Gestalten etwas Steif-Gemessenes und Tragisch-Einsames verleihen. »Wie schwer es ist, hilflos zu sein und würdig zu bleiben«[40], denkt Herr von Trotta. Dazu kommen der Sinn für die Eitelkeit aller menschlichen Dinge und die verzweifelte Liebe zum Leben, zu den Gefühlen und zu den Sinnen; die qualvollen Liebesgeschichten, die dem Vergessen geweiht und dennoch mitreißend und hingebungsvoll sind. Es finden sich auch besondere Motive, die Roth gerne heranzieht, wenn er seine eigenen Anschauungen plastisch ausdrücken will: der Staub, der sich überall niederläßt, der traurige, stechende Geruch der Petroleumlampen, der Wind, der Flug der Wildgänse am nächtlichen Himmel, vor allem aber der Regen, ein leiser, nicht enden wollender Regen, der herbstliche Traurigkeit verbreitet und mit zermürbender Ausdauer anhält. Ein leichter, irritierender Regen fällt in dem slawischen Städtchen, als der Ausbruch des Ersten Weltkriegs bekannt wird: »Es begann zu regnen. Es war ein Donnerstag. Am nächsten Tag, Freitag also, klebte die Botschaft schon an allen Straßenecken. Es war das Manifest unseres alten Kaisers Franz Joseph, und es hieß: ›An meine Völker.‹«[41] Und ein Novemberregen schlägt an die Fenster des Kaffeehauses, wo sich Herr von Trotta nach dem Ende der Völker und des Reichs niedergelassen hat.

Die Dimension des Kaiserreichs, die Roth vermittelt, ist typisch slawisch-föderalistischer, peripherer Art. Sein Reich ist das Reich der Kronländer, der fernen Provinzen an der russischen Grenze und der slawisch jüdischen Welt Galiziens und der Bukowina. Er ist der Erbe der Erzählkunst einer Ebner-Eschenbach, eines Saar oder mehr noch eines Franzos oder Sacher-Masoch; nie aber hatte sich der habsburgische Austroslawismus so vollendet in Dichtung umgewandelt wie in seinem Werk. Dieser taucht hier in seinen politischen Termini auf – zähes Überleben der Feudalwelt mit ihren Werten der Würde und Treue, föderalistische Bestrebungen im Gegensatz zum Staatszentralismus, die der illusorischen (oder schlauen, je nachdem) Sorge um die Autonomie entsprechen; die Leibeigenschaft und das Problem der jüdischen Gemeinschaften –, vor allem aber in seinem feinschattierten Erscheinungsbild der Sitten und Gebräuche. Ein ganz eigenartiges Gemüt wird mit der Redeweise und dem lokalen Farbton, mit den jüdischen Kaftanen und der dickköpfigen, treuen Ausdauer der ruthenischen Bauern lebendig; dieser Welt entströmt geradezu beispielhaft jener ärarische Geruch, von dem Zweig spricht, man hört den rhythmischen Schritt der Gendarmen und die Kasernenlieder. Roth erzählt mit großer Eindringlichkeit vom Leben an den östlichen Grenzen, vom grauen, einförmigen Dasein der Gendarmen mit dem ewig gleichen Schritt und von den ruhelosen Schmugglern; vom Korporal Slama und dem Gesetzesbrecher Kapturak[42], von der schönen Eufemia, die an das Meer erinnert, und von Mendel Singer, dem galizischen Hiob. Die schönsten Gestalten sind vielleicht die der jüdischen Händler, wie jenes Korallenhändlers Nissen Piczenik[43], der, durch die Konkurrenz der künstlichen Korallen zugrunde gerichtet, dem Meer zureist. In diesen Erzählungen verflicht sich eine überaus konkrete soziale Wirklichkeit mit einem Legendenton, wie auch in den Herzen der alten, geizigen jüdischen Kaufleute, mögen sie reich oder arm sein, eine heroische religiöse Kraft ruht. Der Einfluß des nahen Rußland, vor allem aber das jüdische Element geben diesen Werken eine tiefreligiöse Note, die nie zum billigen Mystizismus wird, sondern das konkrete Geschehen durchdringt. Joseph Roths habsburgischer Mythos ist jüdisch-slawisch: In der Tat ist die leidgeprüfte, ruhelose und prophetische Menschheit seiner geglücktesten Gestalten semitisch, und semitisch ist auch ihr Erleben des Bösen. Dieser Semitismus ist, das muß hinzugefügt werden, von religiöser und östlicher Prägung, ganz zum Unterschied vom skeptischen, kapitalistischen jüdischen Geist Wiens. Slawisch ist das Milieu seiner Romane; nicht von ungefähr ist die Familie von Trotta, deren Geschick das Los des ganzen Reichs spiegelt, slowenischer Abstammung.

Roth hat das Leben der östlichen Reichsgebiete mit Meisterschaft gezeichnet und durch die Dichtung der Erinnerung bewahrt. Und der slawischen Seele entlehnt er auch den Zauber seiner Phantasie, das, was Slataper »die seltsame Sehnsucht, das Sehnen … nach verlassenen Wäldern: ein zärtlichkeits- und freudebedürftiges Empfinden: ein endloses Träumen ohne Grenzen«[44] nannte. Ohne diese Komponente wäre eine Erzählung wie *Stationschef Fallmerayer* (1933), die Geschichte eines rettungslosen Verfallenseins an die Liebe, nie geschrieben worden.

Roth entwächst seiner Phase anarchischer Rebellion mit dem Roman *Hiob*, in dem Mendel Singer, der moderne Hiob, nach unsagbaren Qualen und der lästerlichen Auflehnung gegen Gott den verlorenen Sohn und den Seelenfrieden wiederfindet. So beginnt ein zweiter Abschnitt in Roths Schaffen, das nun zwar gleichfalls pessimistisch, aber beherrschter wird und sich an den Dingen nicht mehr stößt, sondern leidend mitfühlt. In dieser Periode kehrt der Dichter auch ausdrücklicher und direkter zur jüngst entschwundenen Vergangenheit, zur Welt Österreich-Ungarns zurück. Verschiedene Faktoren mögen ihn in diese Richtung getrieben haben; sicherlich war die seelische Nachwirkung auf den Schock des Aufstiegs und der Drohung des Nazismus dabei von wesentlicher Bedeutung. Und in der Tat, je mehr sich diese ausbreitet, desto stärker tritt Roths sehnsuchtsvolle Rückwendung zur glücklichen habsburgischen Zeit, deren Ende die dämonischen Kräfte entfesselte, hervor. Der *Radetzkymarsch* stammt aus dem Jahre 1932, als sich die Hitler-Lawine schon drohend über Europa zeigte, und ist nicht nur der beste, sondern auch der am wenigsten legitimistische und der unparteiischste seiner Romane. Später hingegen, da der Nationalsozialismus bereits triumphiert und Österreich wie den Dichter selbst unmittelbar bedroht, wird das Lob des Ancien régime ausdrücklicher und bedingungsloser. Die *Kapuzinergruft*, eine gedankliche Fortsetzung des *Radetzkymarschs*, ist aus dem Jahre 1938 und zeigt das Heimweh nach dem Kaiserreich in augenscheinlicherer und äußerlicherer Form; die *Geschichte der 1002. Nacht*, eine märchenartige Erzählung, die in einem mythologischen Österreich der Ära Franz Josephs spielt, entsteht 1939. Noch wichtiger für das Verständnis dieser Entwicklung des Dichters sind einige Aufsätze, wie *Grillparzer*[45], aus dem Jahre 1937, oder *Rede über den alten Kaiser*[46], aus dem Jahre 1939.

In diesem letztgenannten Aufsatz entwirft er eine bewegte Lobrede auf den alten Kaiser, den er schon im *Radetzkymarsch* großartig beschrieben hatte, eine Lobeshymne auf seine Einsamkeit und sein weises Zaudern, seine kindliche Leidenschaft für Uniformen und Militärparaden, in der Roth die Liebe zur Ordnung und Symmetrie als Abwehr des Chaos erblickt. »Kragen, Blusen, Sterne, Kappen, Säbel, Hosen, Hosenschnallen, Stiefel haben ganz bestimmte Vorschriften. Die Kappen sind nicht höher als drei Mannesfinger, die Form ist konisch. Der Kragen ist niedrig, wie ihn die Soldaten noch bei Solferino getragen haben.«[47] Und im Namen dieser rührend-lächerlichen Symmetrie wendet sich Roth gegen das Deutschtum, Wilhelm II. und die Preußen, besonders aber gegen den Antisemitismus, indem er jenem illusorischen antideutschen Österreichertum, dem Verteidiger der rassischen Gleichheit (und Schützer der Juden) überaus typisch Ausdruck verleiht. Noch weiter geht er in seinen Betrachtungen über Grillparzer: Die moderne Geschichte wird als Bruch des alten universalen, lateinischen und einheitlichen Europa gedeutet. Daraus ergibt sich eine Parabel, die Erasmus und Luther mit Friedrich II., Napoleon, Bismarck und den modernen Diktaturen verknüpft. Bewegt gedenkt Roth der österreichischen Niederlage gegen die Preußen:

»Man stirbt edel ...«[48], indem er den letzten Glanz der alten Kavallerie, der alten feudalen Welt, die von den Parvenus und der plebejischen Technik überholt wird, verbreitet. Man stirbt in den alten weißen Uniformen und mit verrosteten Gewehren, man zielt vom Pferd aus auf getarnte Kanonen[49]. Und das »Divide et impera« verwandelt sich für Roth in das wohlwollende »Dezentralisiere und übe Einfluß aus!«[50].

Abgesehen vom Einfluß des Nationalsozialismus auf diese nostalgische Stelle, muß man sie auch, wie gesagt, als Zeugnis von Einwirkungen der Phantasie und nicht so sehr als überzeugte ideologische Anschauung betrachten.

Das übermäßige Lob habsburgischer Vergangenheit im letzten Roman, *Kapuzinergruft*, wie in anderen Erzählungen dieser Periode geht zu Lasten der Lebendigkeit und Wahrhaftigkeit, was beim *Radetzkymarsch* freilich nicht der Fall ist.

Mit Absicht wurden zu Beginn dieser Untersuchung längere Zitate aus dem *Radetzkymarsch* wiedergegeben, um die Atmosphäre und mythologische Beschwörung der habsburgischen Welt leichter verständlich zu machen. In der Tat enthält dieser Roman den ganzen, im Ton unaufhaltsamen Niedergangs enthaltenen Geist einer Zeit. Mit der Monarchie stirbt auch die Familie Trotta: mit dem Soldatentod des jungen Carl Joseph, mit dem Tod seines steifen, schweigsamen Vaters in der Zeit, da sich das Kaiserreich auflöst. Die Militärkaste, das Fundament des habsburgischen Systems, wird in ihrer innersten Struktur eingehend analysiert. Sicherlich beweist der Roman tiefes Verständnis, ja Sympathie für die versunkene Welt; aber dies beeinflußt weder den Verlauf der Erzählung noch ändert es etwas an der Wirklichkeit – wohl deshalb, weil Roth die schicksalhafte Notwendigkeit dieses geschichtlichen Gefüges insgeheim erkannt hatte. In dieser untergehenden Welt verflechten sich die leidvollen Erlebnisse der Menschen: das Kasernendasein, die Verständnislosigkeit, das stille Altern des Hauses Trotta. Und auf allem ruht wie eine Staubschicht das Vorgefühl des Endes, das auch Franz Joseph ahnt: »er hatte Kriege nicht gern – denn er wußte, daß man sie verliert«[51], und seine hellen Augen »sahen seit vielen Jahren verloren in eine verlorene Ferne«[52]. Dieses Bild des Kaisers ist außergewöhnlich: verwirrt, von den Jahren gezeichnet, ausgestattet mit Zügen der Kassandra, das Ende ahnend, hartnäckig und kindlich schlau, die scheinbare Einfalt noch betonend, da es einem Kaiser nicht geziemt, »klug zu sein wie seine Ratgeber«[53]. Ehrfurcht, Zuneigung und Ironie umgeben bei Roth den alten Kaiser, der unter seiner eisigen Würde kleine kindliche Leidenschaften, wie die Vorliebe für Paraden und Lagerfeuer, verbirgt. Und er erscheint gleichsam in einer Aura aus lethargischer Torheit und schmerzlicher Abgeklärtheit. »Er stand noch eine Weile vor dem Leutnant, aber er sah weder Trotta noch die anderen. Er hatte keine Lust mehr, die Reihen abzuschreiten, aber er mußte es wohl tun, damit die Leute nicht merkten, daß er vor seinem eigenen Alter erschrocken war. Seine Augen sahen wieder, wie gewöhnlich, in die Ferne, wo die Ränder der Ewigkeit schon auftauchten. Dabei bemerkte er nicht, daß an seiner Nase ein glasklarer Tropfen erschien … der endlich, endlich in den dichten, silbernen Schnurrbart fiel und sich dort unsichtbar einbettete.«[54]

Der Roman ist eine richtiggehende Saga des Kaiserreichs, von dessen Leben, dämmernden Gestalten und vom leisen Zauber der Erinnerung umgebenen Liebesgeschichten er in hingehauchten Tönen erzählt[55]. Bewußt greift Roth auf die charakteristischen Figuren der habsburgischen Tradition zurück: auf den treuen Diener, den Bürokraten, die verheiratete, nicht mehr ganz junge Frau, die sich mit mütterlicher Wärme und leichter Traurigkeit der Liebe hingibt, wie Frau Slama oder Frau von Taussig. Und doch sind dies alles neue, originelle und lebendige Gestalten.

In dem weniger geglückten Roman *Kapuzinergruft* erlebt der letzte Trotta das Ende der österreichischen Republik durch Hitlers Besetzung. So endet die Saga: Während in der trüben Morgendämmerung am Tag nach dem Einmarsch der deutschen Truppen die letzten Straßenlaternen gelöscht werden, schickt sich der letzte, einsame und unstete Trotta an,

Wien zu verlassen und ins Ungewisse zu ziehen. Nach der vorübergehenden Eingliederung in die habsburgische Welt (die beiden mittleren Generationen derer von Trotta, der Held von Solferino und sein Sohn, der Bezirkshauptmann) endet Roths Hauptgestalt dort, wo die Parabel begonnen hatte, in einer endlosen, umherirrenden Flucht.

5. Franz Werfel und Stefan Zweig

Der Weg Franz Werfels weist manche Analogien zu dem von Roth auf. Auch Werfel ist in gewissem Sinne ein Beispiel für die Orientierungslosigkeit, die sich seit Beginn des 20. Jahrhunderts bis zur Nachkriegszeit der österreichischen Kultur bemächtigt hatte, und ebenso für die konfuse Art, mit der die österreichischen Intellektuellen häufig auf diese Richtungslosigkeit reagierten und aus ihr herauszukommen suchten. Ein vages, unbestimmtes Kosmopolitentum, ein von Rhetorik und Dilettantismus nicht immer freies Streben nach Universalismus kennzeichnen oft Autoren wie Werfel, Zweig und andere; ihre Kunst folgt nicht immer einem eigenen dichterischen Weg, sondern gehorcht manchmal äußerlichen, wenn auch noblen und sympathischen Aufforderungen, wie einer allgemeinen und apolitischen, europäisch ausgerichteten Instanz oder einem literarischen Pazifismus. Dies waren Versuche, aus der geistigen Situation Österreich-Ungarns herauszukommen, aber auch die natürliche Folge ihrer Erziehung und der habsburgischen Kultur, der es ja gerade an konkretem Engagement, an spezifischer Aufmerksamkeit gegenüber genau abgegrenzten Problemen fehlte.

Mit seinen Gedichten im *Weltfreund* (1911) beginnt Werfel als glühender, religiöser Freund des Lebens; die folgende Gedichtsammlung *Wir sind* (1911/12) zeigt schon eine bittere Traurigkeit über die Schwierigkeit, seine Liebe auf die anderen Menschen auszudehnen; *Einander* (1913/14) bezieht sich auf eine unbestimmte, betrübte Demut. Es gibt viele Werfel: den Expressionisten des *Nicht der Mörder, der Ermordete ist schuldig* (1920), den eindringlichen, mystischen Symbolisten des *Bocksgesangs* (1922) oder des *Schweigers* (1923), den Hermetiker der *Beschwörungen (*1923), den großen Epiker der *Vierzig Tage des Musa Dagh* (1933), den Erzähler von Science-fiction im *Stern der Ungeborenen* (1946) und vor allem den Erfolgsautor einiger überaus geglückter Werke wie *Die Geschwister von Neapel* (1931), *Verdi, Roman der Oper* (1924); der Bogen reicht von der tolstoischen Religiosität in *Barbara, oder die Frömmigkeit* (1929) bis zu seinem berühmten *Lied von Bernadette* (1941), das ihn an die Schwelle zum Katholizismus führte.

Werfel suchte, wie er selber sagte, überall das Menschliche und die Gnade, in Verdis lateinischer Musik, im Heldentum der verfolgten Armenier und in den Erscheinungen von Lourdes, um ihnen mit seiner Kunst zu huldigen. In dieser fortgesetzten, chamäleonartigen Metamorphose, die allerdings auf persönlicher Ebene immer durch eine tiefe Menschlichkeit gerechtfertigt wird, droht seine Inspiration manchmal zu versickern; dies ist auch an manchen oberflächlichen, etwas effekthascherischen Stellen der Fall, die neben anderen, kraftvollen und tiefbewegten stehen. Werfel schwankt ständig zwischen dem echten Schriftsteller und dem Bestsellerautor, der noch jenseits der eigentlichen Literatur steht. Seine Ideen spiegeln die etwas chaotische Vielfalt der Romane wider: sie reichen von einem vagen Pantheismus zu einem als Nächstenliebe begriffenen Christentum, von einem schmerzlichen, prophetischen Judentum[56] zum barocken, gegenreformatorischen, typisch österreichischen Katholizismus. Aber wie seine Romane haben auch seine Ideen einen gemeinsamen Nenner, ein warmes Mitgefühl für die Menschen und das Leben.

An einer bestimmten Stelle in Werfels Entwicklung kommt auch das habsburgische Moment zum Tragen, die Rückkehr seiner Phantasie zur österreichisch-ungarischen Welt, die vielleicht mit seiner höchsten dichterischen Ausdruckskraft zusammenfällt. Schon 1925 hatte er ein Drama, *Juarez und Maximilian*, geschrieben, das den unglücklichen Kaiser von Mexiko zum Inhalt hat. Die Geschichte Maximilians schien ihm geeignet, eines der Motive zu beleuchten, die ihm Jahre später besonders am Herzen liegen sollten: die – in mythologischen, geschichtlich absurden Begriffen verstandene – Gegenüberstellung einer Idee der übernationalen, religiösen Macht und des irrationalen, barbarischen nationalistischen Triebs. Das Drama besteht aber nicht nur in dieser Gegenüberstellung, sondern ist vor allem die Geschichte Maximilians und seiner »heroischen und tragischen Sittlichkeit«[57], die lieber verstehen als besiegen, die den Feind lieben und von ihm geliebt werden will und die schließlich dem Tod mit höherer religiöser Einsicht entgegentritt. Trotz Werfels feiner Sensibilität, die »jene österreichische, morbide, verträumte und licht-bekümmerte Atmosphäre«[58] heraufbeschwört, von der Spaini spricht, mündet die geschichtliche in eine religiöse Tragödie, das politische Problem kann nicht bestehen; obgleich das tatsächliche Recht auf seiten Juarez' steht, hat doch Maximilian, das unschuldige Sühneopfer des letzten imperialen Traums, im Innersten recht. Die habsburgischen Ideale werden auf einen metapolitischen Hintergrund projiziert, wie um sie einer gefährlichen geschichtlichen Wertung zu entziehen und sie zu allgemeinmenschlichen Vorbildern zu machen.

Aber Dichter des habsburgischen Mythos ist Werfel vor allem in den Erzählungen, die unter dem Titel *Aus der Dämmerung einer Welt* vereinigt sind. Manche dieser Geschichten waren schon früher geschrieben worden, aber der allgemeine Grundton des Buches und der geschichtliche Einführungsessay entsprechen dem Seelenzustand Werfels der Jahre 1936/37. Nur die Verbreitung des Nazismus und des antisemitischen Rassismus kann ein derart uneingeschränktes Lob des Habsburgerreichs erklären. Werfel ist der einseitigste und begeistertste aller Schriftsteller des Mythos: er greift auf Motive der alten habsburgischen Idealisierung zurück und preist sie, indem er sie voll und ganz akzeptiert, ja deren mythologischen Aspekt sogar noch mit unbedingtem Glauben hervorhebt. So erweist er sich nicht nur als Erbe der habsburgischen Tradition, sondern als ein sie verjüngender und belebender Dichter: darum ist er ein idealer Ausgangspunkt für das Verständnis dessen, was dieser Mythos bedeutet. Wie aus den zahlreichen Zitaten aus seinem Vorwort zu Beginn unseres Buchs ersichtlich, besteht Werfel vor allem auf dem übernationalen Charakter, auf der »höheren Idee« im Gegensatz zu den »dämonischen« nationalen Kräften und den erregenden Instinkten des Blutes. Diesen jüdischen Intellektuellen wie Werfel, Roth und Zweig, die ein neues, von rassischen Haßgefühlen beherrschtes Europa erstehen sahen, erschien die alte habsburgische Monarchie, mochte sie auch nicht frei vom Makel des Antisemitismus gewesen sein, als ideale Heimat, die ein heiteres, sicheres Leben gewährleistet hatte; darum entstammen ihrer Feder auch die bewegtesten, liebevollsten Erinnerungen an das Kaiserreich.

Werfels Werk ist der Prototyp des habsburgischen Mythos. Es wurde schon gezeigt, daß er vor allem die drei Hauptkomponenten verherrlichte: die übernationale Idee, die statische, grandiose Mittelmäßigkeit und den genießerischen Hedonismus. Seine »grandiose Statik« wiederholt und verstärkt den Imperativ des Nichthandelns aus dem *Bruderzwist.* Unter diesem Gesichtspunkt sind noch einige Erzählungen derselben Sammlung von Interesse, in denen Werfel sein eigentlichstes erzählendes Maß gefunden zu haben scheint. Hier verläßt er die allgemeinen Themen seines vielgestaltigen Schaffens und geht auf eine besondere, konkrete Realität ein, die ihm aus hundert inneren Gründen vertraut ist und deren feinste Nuancen er wiedergibt. So erweckt das mit den Augen eines elfjährigen Knaben erlebte Schicksal einer schönen, verführten Erzieherin in *Kleine Verhältnisse*[59] die Atmosphäre der untergehenden habsburgischen Welt und des alten Prag mit seinen hundert Türmen und seinen verwunschenen Gärten.

Das gesellschaftliche Milieu wird meisterhaft nachgebildet, ob es sich um das bürgerliche Philistertum der wohlhabenden Familie des Knaben oder um das Elend im Haus der schönen Erna handelt; ihre beiden Verführer, der Oberleutnant Zelnik und der pedantische, in Gemeinplätzen redende Beamte Tittel, scheinen den malerischen Menschentyp der habsburgischen Gesellschaft schlechthin zu verkörpern. Der Bürokrat Tittel schließlich, der der Gouvernante den Hof macht, indem er ständig seine langweiligen Sprichwörter vor sich hin brummt, wie: »Wer sich früh erhebt, ein hohes Alter erlebt«, oder: »Vermische Essen und Trinken nicht«, ist eine der köstlichsten Figuren des alten Österreich, der pedantische Brummbär mit den pädagogischen Grundsätzen und dem philisterhaften Hausverstand; diese Gestalt ist seit Nestroys Herrn Gundelhaber ständig in der österreichischen Tradition vertreten. Werfel versteht es meisterhaft, ein Milieu oder eine Stimmung an einer konkreten Figur zu veranschaulichen: so ersteht die ganze habsburgische Welt in der würdevollen Armut und humanistischen Naivität des Professors Kio[60], in seiner unübersetzbaren Sprechweise, der Begeisterung, die ihn mit dem Lineal die Schauplätze der österreichisch-ungarischen Schlachten unterstreichen läßt, und seinem rührenden Glauben an die hierarchische Systempyramide und die kaiserstaatliche Idee.

Doch überträgt sich die habsburgische Welt bei Werfel vor allem in einen ganz bestimmten Erzählton, in eine dämmernde, schwermütige Atmosphäre, in feine psychologische Nuancierungen und in eine vibrierende Verwirrung der Sinne und Gefühle. So vermengen sich in der Novelle *Kleine Verhältnisse* der Frühlingszauber der Gärten, die ersten erotischen Verwirrungen Hugos und die Attraktivität der Erzieherin, die das Kind ungewollt mit den Unruhen der Liebe bekannt macht: »Hiebei löste sich der aus Handtüchern gewundene Turban, den sie um den Kopf trug, und ihre Haare fielen frei herab. Eine Wolke aus Kamillenduft schlug Hugo entgegen: Ernas, des Weibes Duft, von nun an fürs Leben.«[61]

Auch in der großen Erzählung *Der Abituriententag* – der tragischen Geschichte einer Jugendschuld, einer Art seelischen Mordes an einem jüdischen Schüler – ist die habsburgische Welt das eigentliche Band, das die Fäden der Novelle zusammenhält. Das Milieu ersteht nicht so sehr aus einzelnen Details (»Dumpfer Knall des Auerlichts, ein Kindheitslaut, der aus der Welt verschwunden ist«[62]), sondern aus der ganzen Atmosphäre und den Personen selbst. Sehr fein beschwört Werfel die erotische Problematik und die Liebesmythen seiner Jugend: »Die Mädchen kehrten mit ihren Röcken die Straße, kicherten untereinander und trugen einen Panzer, der aus Angst, Reinheit und Berechnung geschmiedet war«[63] und konnten nur von ferne begehrt werden; die eleganten, geheimnisvollen Damen in ihren parfümierten Pelzen und dekolletierten Abendkleidern, unerreichbar wie Göttinnen; das feste, schamlose Fleisch der Freudenmädchen. Werfel beschreibt nicht nur überaus differenziert Seelenzustände, sondern auch eine bestimmte Atmosphäre; und diese sinnliche, leicht korrupte Welt, der sich seine Erinnerung nachsichtig und dankbar zuwendet, wird in diesem Werk konkret und lebendig. In dieser kleinen menschlichen Komödie, in der es tragikomische Lehrergestalten gibt und fröhliche Prostituierte, strenge k.k. Justizbeamte und erniedrigte Menschen aus den unteren sozialen Schichten, lebt die habsburgische Welt durch den Filter der Erinnerung hindurch wieder auf. Über der ganzen Novelle liegt die tragische Stimmung des Kernthemas, des sadistischen seelischen Zerstörungswerks, das die Klassenkameraden an dem jüdischen Schüler Franz Adler verüben, von dessen Überlegenheit sie wie besessen sind und der einer Rasse angehört, »von der man gerne alles hinnimmt – nur nicht Herrschaft«[64].

Die munteren Freudenmädchen waren Werfel sehr lieb, der, wie jeder wohlanständige habsburgische Untertan, die Sinnenfreuden mit Nachsicht betrachtete. Sie sind auch die Heldinnen einer seiner besten Erzählungen, *Das Trauerhaus*[65], dessen Titel maliziös auf das Wort »Freudenhaus« anspielt. In dem alten, aristokratischen Lupanar von Prag stirbt plötzlich der milde, freundliche Besitzer, und sein Tod wirft einen unmerklichen Schatten auf das fröhliche Haus und seine Mädchen. Es sind die letzten Tage Österreich-Ungarns: und am Niedergang des prächtigen Bordells (wie an dessen schließlicher Aufhebung, ein Werk der neuen Tschechoslowakischen Republik) wird das Ende des Kaiserreichs verdeutlicht. Mit tiefer Sehnsucht und leiser Ironie gedenkt Werfel des Glanzes dieses Orts, der nicht nur ein Zentrum vergnüglichen Zeitvertreibs, sondern auch angeregter kultureller Diskussionen zwischen Adeligen, Beamten und Advokaten, dessen Stammgästen, war. Dieses jahrhundertealte Prager Freudenhaus war der Legende nach von Karl IV. gegründet worden und sollte den jungen Klerikern der Universität Zerstreuung bieten und sie vom Abgleiten in die hussitische Irrlehre, als Folge allzu tiefer Versenkung in das Evangelium, bewahren. Also ein Bordell zur Verteidigung des rechten Glaubens, der Ordnung und der Tradition; ein Haus, in dem die herrschende Klasse des Reichs seit Jahrhunderten mit den verschiedenen jungen Mädchen der einzelnen Völker zusammengetroffen war. So geht Fräulein Editta, die Leiterin des Hauses, regelmäßig und voll aufrichtiger Andacht zur Beichte, um ihr Amt nach wie vor auszuüben. Eine malerische, bunte Poesie umgibt das im Niedergang begriffene Bordell. Nie war Werfel habsburgerischer: dieser geistige Konservativismus, diese skeptische Abneigung gegenüber demokratischen Würden (Ludmilla, die schönste unter den Kurtisanen, endet als Gattin des Präsidenten der Frauenrechtskommission, die das Haus geschlossen hatte) sind Ausdruck einer typisch katholisch-österreichischen, barocken Mentalität. Werfel ist der Dichter einer Empfindungsweise, für die die nackte Wahrheit eine barbarische Metze ist, die von der Kultur bedeckt und verhüllt werden muß[66]. Mehrmals drückt Werfel seine Abneigung gegenüber der schamlosen modernen Aufrichtigkeit und der Psychologie als roher Enthüllerin ungeordneter Gefühle aus. Dieselbe Prägung zeigt auch sein Katholizismus: er ist heidnisch und sinnlich, gegenreformatorisch und barock. Als Feind jeglichen Engagements des modernen Intellektuellen scheint Werfel zum Typus des »Angestellten als Verräters« im Sinne Bendas zu gehören. Er ist die letzte Stimme der unmöglichen Bewahrung des Erbes Habsburgs, jenes Reichs, das inmitten der Spiegel des großen Saals eines Freudenhauses stirbt.

Auch Stefan Zweig trauert der k. u. k. Monarchie nach, die sich für ihn – wie für Werfel – im Vergleich zu der in jenen Jahren zunehmend grassierenden nationalsozialistischen Barbarei zu einem lieblichen Land der Erinnerung verklärt, doch hält er sich mit seinem Lob der verflossenen Zeiten mehr zurück als Werfel. *Die Welt von Gestern* enthüllt in der Tat auch das Scheinheilige und das geistige Elend, das sich unter der achtbaren Patina versteckte; man denke nur an die traurigen Abschnitte über die falsche Formulierung der Sexualprobleme. Werfels Pyramide zeigt selbst noch im wehmütigen Ton der Erinnerung ihre Schattenseiten. Zweig ist der klassische Vertreter jenes vagen, humanistischen Kosmopolitentums, das aus der habsburgischen Kultur hervorging; ein unklares, internationales humanitäres Streben *au dessus de la mêlée* hätte zur Überwindung der habsburgischen Gegensätze führen sollen und war doch nur deren kulturelle Folgeerscheinung.

Zweigs Schriften zeigen alle, vom pazifistischen *Jeremias* (1917) bis zu den *Augen des ewigen Bruders* (1925), eine gedankliche und stilistische Unverbindlichkeit, die auf dem Niveau edler Rhetorik bleibt. Seine Essays zeigen diese Tendenz besonders deutlich: *Der Kampf mit dem Dämon* (1925), *Drei Meister* (1919) oder *Drei Dichter ihres Lebens* (1928) sind Ausdruck eines mit Religiosität und aufrichtiger Menschenliebe umkleideten Dilettantismus. Noch oberflächlicher sind seine historischen Biographien in Romanform, von *Marie Antoinette* (1933) bis *Amerigo* (1942). Stilistische Naivität und sentimentale Emphase ruinieren auch manche interessante Novellen, die zum Teil – wie die packende Erzählung *Verwirrung der Gefühle* (1927) – einen geglückten Einfall und einen originellen poetischen Kern enthalten, doch trägt der erzählerische Atem nicht bis zum Schluß, so daß die Geschichten eher die Hand des Literaten als die des Dichters verraten.

Ähnlich wie sein Erasmus von Rotterdam[67], mit dem sich Zweig identifiziert, bleibt auch er ein verspäteter, unzeitgemäßer Humanist, eine sympathische, warmherzige Persönlichkeit, die den Problemen ihrer Zeit nicht gewachsen ist, gleichsam die edle, liebe und vergebliche Stimme eines moralischen Protests gegen den grausamen Lauf der Dinge. Seine Erinnerungen an die Welt von gestern, während der tragischen Zeit des Exils entstanden, die mit Selbstmord enden sollte, enthalten – wie die eingangs zitierten Ausschnitte zeigen – ein eindringliches, farbiges Bild des Habsburgerreichs, das mit seinen auffälligsten und typischsten Kennzeichen, in seinen beispielhaftesten Komponenten erfaßt wurde. Ja, er gab dieser Welt wohl ihr berühmtestes und populärstes Bild, die nun schon klassisch und fast obligat gewordene Dimension. Für die meisten Menschen ist das Österreich der Ära Franz Josephs nichts anderes als seine *Welt von Gestern*. Doch handelt es sich hier um keine dichterische Verwandlung, sondern um ein Zeugnis der Erinnerung. Dem Buch entströmt der leise Zauber eines alten Fotoalbums, und seine Gestalten gleichen mehr vergilbten Daguerreotypien als lebenden Menschen: von einem Hintergrund kostbarer Dinge von schrecklichem Geschmack heben sich ehrwürdige, backenbärtige Großväter und junge Großmütter in langen Gewändern ab. Trotz der unvoreingenommenen Behandlung mancher sozialer Mißstände zeigt *Die Welt von Gestern* den gefühlsbetonten, liebevollen Aspekt der Monarchie. Dasselbe gilt für eines der letzten Bücher des Autors, den Roman *Ungeduld des Herzens* (1945 postum erschienen), die schwermütige Geschichte einer Liebe vor dem Hintergrund quälenden Heimwehs nach dem verlorenen Österreich.

6. Habsburgisches Europäertum: Franz Theodor Csokor und Friedrich Schreyvogl

Stefan Zweigs ganzes Werk ist das Streben, die eigene kulturelle Vorstellung zu erweitern und von den übernationalen österreichisch-ungarischen Prämissen zu einem europäischen Bewußtsein zu gelangen. Auch die Werke Csokors und Schreyvogls lassen sich unter diesem Gesichtspunkt einordnen. Ersterer hatte sich, vom Zusammenbruch der Donaumonarchie ausgehend, an einer richtiggehenden *Europäischen Trilogie*[68] versucht: von der Auflösung der Monarchie (*Dritter November 1918*) über die bewegte Periode der Weimarer Republik (*Besetztes Gebiet*) bis zum Partisanenkrieg während des Zweiten Weltkriegs (*Der verlorene Sohn*). Csokor wollte also die geistigen habsburgischen Grenzen überschreiten und die umfassendere europäische Krise begreifen; in anderen Dramen hatte er bereits getrachtet, den Untergang der bürgerlichen Kultur des 19. Jahrhunderts darzustellen[69]. Sicherlich trugen seine persönlichen Erfahrungen – Widerstand gegen den Nationalsozialismus, Exil nach 1938, Miterleben des Krieges in Polen und auf dem Balkan[70] – dazu bei, sein europäisches Empfinden und seine überaus menschliche, mitleidende, wenngleich begrenzte Kunst zu bereichern. Sein Ausgangspunkt ist das schicksalhafte, das apokalyptische Jahr 1918, das ihn viel später zu seinem besten Drama, *Dritter November 1918*, inspirierte. In einem Militärlazarett in den Karawanken warten einige genesende Offiziere und ihr Oberst Radosin auf Nachrichten über den Ausgang des Kriegs. Sie gehören den verschiedensten Völkern der Monarchie an: Polen, Italiener, Slowenen, Ungarn, Tschechen; auch ein Arzt ist bei ihnen, der Jude Doktor Grün. Nach und nach dringen Neuigkeiten aus der Welt ein: der Krieg ist schon beendet und verloren, das Heer aufgelöst, und in den k.u.k. Truppen selbst sind die ersten Auseinandersetzungen zwischen den einzelnen Völkern des Reichs ausgebrochen. Allmählich erwacht auch in den verwundeten Offizieren das Bewußtsein ihrer Nationalität, es kommt zu Zwistigkeiten und zu rassistisch motivierten Ausbrüchen, die die brüderliche Waffenkameradschaft zerbröckeln lassen. Oberst Radosin, der zumindest in diesem verlorenen Winkel der Erde die habsburgische Einheit bewahren möchte, begeht schließlich Selbstmord. Nach brüderlichem Abschied reisen die anderen in ihre jeweiligen Länder ab, und ausgerechnet die beiden Freunde, der Kärntner Ludoltz und der Slowene Zierowitz, eröffnen den Kampf gegeneinander, da es bereits zu heftigen Auseinandersetzungen zwischen Österreichern und Slawen um den Besitz Kärntens gekommen ist. Mit ihren Schüssen endet das Drama.

Csokor schildert die Handlung gekonnt und eindringlich und vermag durch geschickte Charakterisierung der Personen stets dem Allgemeinen, dem abstrakten Problem, zu entgehen, welcher Gefahr das Thema leicht hätte unterliegen können. Er bewahrt dabei einen gewissen Abstand zum behandelten Stoff, was dem Werk dramatische Lebendigkeit gibt: hört er voll Sympathie auf die Worte seines Obersten Radosin, der immer noch den pathetischen Glauben an das »Vaterland über den Völkern«[71], an ein Vaterland des Geistes und nicht des Blutes, zum Ausdruck bringt, so sind die Beschuldigungen und Anklagen der Offiziere gegen die Monarchie von nicht geringerem Nachdruck. Freilich bedeutet der Tod des Obersten einen unersetzlichen Verlust, und es hat einen tieferen Sinn, wenn bei seinem Begräbnis jeder der Offiziere im Namen seines jeweils neuentstandenen kleinen Vaterlands eine Handvoll Erde über ihn wirft, der jüdische Arzt aber »Erde aus Österreich!«[72] spricht.

Einzig der Jude ist habsburgisch geblieben, der sich in keinem anderen Land erkennen kann. Der Jude ohne Bindungen des Blutes und ohne nationalistische Leidenschaften ist also der Erbe des untergegangenen Reichs. Das Drama entstand 1936: dies macht die Bedeutung der durchscheinenden Allegorie verständlich. Jenes Europa, das sich aus den Trümmern Österreich-Ungarns erhebt, beginnt mit dem Bruderkrieg zwischen Ludoltz und Zierowitz. Wiederum ist es das Phänomen des Nationalsozialismus – und überhaupt der faschistischen Krise, die Europa in den zwanziger Jahren zwischen den beiden Kriegen zu überstehen hatte –, das eine nostalgische Trauer um die habsburgische Welt bestimmt.

Doktor Grün, der einzige der Gruppe, der keine neue Heimat finden kann, ist ein wenig die symbolische Gestalt in Csokors Werk; häufig kommen darin jüdische Hauptpersonen vor, bis hin zu jenem armen Hausierer, der in dem serbischen Dorf Borodin ermordet wird[73]. Csokor hielt, vielleicht mit einer gewissen Naivität, mit hartnäckiger Treue am habsburgischen übernationalen Ideal fest: in seinem Namen bekämpfte er den Nationalsozialismus, und aus seinem Geist heraus schrieb er seine wichtigsten Werke. Auch er hängt am mitteleuropäischen Mythos, dem er seinen noblen Humanismus, den internationalen Horizont seiner Kunst, aber auch das Unverbindliche, das Fehlen einer konkreten Ideologie und echter politischer Anschauungen entnimmt. Darum verblaßt sein Europa zu einer vagen, religiösen Humanitas: noch 1956 schrieb er im Hinblick auf die *Idee Europa*, er wolle diese Frage »auf eine andere Ebene gehoben, entfernt vom Politischen« behandeln[74].

Ähnliche, allerdings deutlicher artikulierte Gedanken finden sich auch in dem umfangreichen Werk von Friedrich Schreyvogl, einem Nachkommen des großen Theaterdirektors. Ein überaus fruchtbarer Literat, beschrieb Schreyvogl die letzten hundert Jahre der Monarchie in Dramen, Romanen und Erzählungen. Sehr interessant sind seine zahlreichen Essays für das Verständnis des Erbes der habsburgischen Kultur nicht nur als ausdrückliche Darstellung, sondern als kulturelle Bindung. Schreyvogl, ein dem Kreis um Richard von Kralik nahestehender Katholik, versucht der modernen Auflösung aller Werte im Namen eines – bisweilen anmaßenden – christlichen Humanismus und österreichischen Europäertums entgegenzutreten. Seine Gedanken sind das Sammelbecken eines jahrhundertealten ideologischen Erbes[75], des katholischen Dualismus und des thomistischen

Realismus, die er in einigen Essays wie *Katholische Revolution, Katholizismus als Aufgabe* und *Katholizismus und Jugend*[76] lebhaft bejahte.

Seine »katholische Revolution« ist der Versuch, einem veralteten ideologischen Gedankengut neue Aktualität zu verleihen – ein Versuch, der freilich nicht geglückt ist. Schreyvogls ganzes Werk schwankt zwischen dem Gewicht eines erworbenen traditionellen Kulturgutes und dem Bemühen, es zu erneuern und durch Umgestaltung zu bewahren. In dieser Hinsicht sind seine Schriften über das nationale Problem bedeutungsvoll. Hinter den behandelten Problemen läßt sich hier eine typisch habsburgische ideologische Prägung feststellen. Seit 1925 war Schreyvogl für einige Zeit Schriftleiter der Zeitschrift *Das Abendland*, worin er das Ideal eines Abendlands als kulturelle Einheit auf dem geistigen Boden des Christentums vertrat und es als Grundlage der europäischen Kultur und Schutz vor jeglichem nationalen Chauvinismus propagierte. In *Österreich, das deutsche Problem* (1925) sieht er sein Land, das gleichzeitig deutsch und europäisch sein sollte, als Wiege eines künftigen abendländischen Staats an. Diese Gedankengänge folgen sehr getreu der auch in seinen Romanen feststellbaren, christlich-sozialen Ideologie und insbesondere jener seines verehrten Freundes Monsignore Seipel. Gerade mit diesen politisch-religiösen Mythen, die ihre habsburgische Herkunft deutlich verraten, versuchten die Christlich-Sozialen, der gequälten österreichischen Republik Ordnung zu geben und dabei einen Zweifrontenkrieg gegen Nationalsozialisten und Sozialisten zu führen. Politisch zeigte sich dies in der vorsichtig gemäßigten Haltung Seipels, in Dollfuß' Franco-ähnlicher Diktatur und in Schuschniggs vergeblicher Verteidigung der österreichischen Unabhängigkeit. Sicherlich ist Schreyvogls essayistisches Schaffen dieser klerikal-gemäßigten Politik an die Seite zu stellen. In *Nationalismus und Nation* (1926) nimmt er die klassische habsburgische Gegenüberstellung dieser beiden Elemente auf; *Die Entdeckung Europas* (1931) schreibt die politische Krise einer allgemeinmenschlichen Krise zu, während er im Pamphlet *Vom Glück der deutschen Sprache* (1933) behauptet: »Das Abendland ist eine politische Konstruktion nach einem überpolitischen Baugesetz«[77], und von einer »metaphysischen Lebensordnung«[78] spricht. Die habsburgische Geisteshaltung besteht also fort.

Diese Ideen bilden den Hintergrund und die Voraussetzung seiner Romane und Dramen. Unter ihnen ragt nach Umfang und Bedeutung eine Romantrilogie hervor, die die österreichische Geschichte von 1812 bis 1920, und zwar die Romane *Grillparzer* (*Sein Leben ein Traum*, 1935), *Die Schicksalssymphonie* (1941) und *Die Dame in Gold* (1957) umfaßt. Dies ist eine Rückkehr zur unsterblichen österreichischen Idee. Der bedeutendste dieser Romane ist der zweite, *Die Schicksalssymphonie*. Um die österreichische Welt möglichst vollständig zu erfassen, greift er zu dem simplen Mittel, neben den Protagonisten auch die wichtigsten historischen Persönlichkeiten jener Zeit auftreten zu lassen: Nonchalant läßt er Makart und Brahms, Rudolf und Johann Orth, Strauß und den Pionier der Luftschiffahrt, Kreß, zu Wort kommen; all diese Figuren umgibt ein gespenstisches Licht, und ihre Bewegungen gleichen einem nutzlosen Spiel. »... die meisten Lebendigen (sind) gar nicht richtig lebendig«[79], meint Erzherzog Rudolf. Aber mehr noch als diese Parade historischer Masken interessiert der Roman vom sozialen Gesichtspunkt aus. Der Held des Romans ist der Inhaber einer altrenommierten Wiener Möbelfabrik, Heinrich Bachmeyer, der sich aus ganzer Kraft dem neuen industriellen Geist, der von dem plumpen Kapitalisten Cyriakos vertreten wird, entgegenstellt. Bachmeyer weigert sich, seinen alten, handwerklich geführten Betrieb in eine Aktiengesellschaft umzuwandeln. Diese Bindung an ein vorkapitalistisches System, die durch die heftige Antipathie, mit der die Figur des Großindustriellen Cyriakos dargestellt wird, noch stärker hervortritt, beleuchtet eine der typischsten Komponenten der habsburgischen Gesellschaft, die, trotz eines beachtlichen wirtschaftlichen Fortschritts, noch in einem ständisch-feudalen Stadium verharrte. Diese antikapitalistische Gesinnung sollte später, nach dem Zusammenbruch der Monarchie, von den Christlich-Sozialen übernommen werden. Jene berufsständisch geprägte Versöhnung zwischen Arbeit und Kapital, die Bachmeyer bei Ausbruch der ersten sozialen Kämpfe in seinem Betrieb zu bewerkstelligen versucht, ist ein weiteres Symbol der vergeblichen, diesmal auf sozialwirtschaftliche Ebene verlagerten Kompromisse Österreich-Ungarns. Da sie von jenen Gegensätzen insgeheim unterhöhlt wird, nähert sich die österreichische Gesellschaft ihrem Untergang, während gleichzeitig auch der strenge Lebensstil langsam aufgeweicht wird. Nur der Krieg entfacht ein trügerisches Feuer geistiger Belebung und rüttelt die Seelen auf, und mit diesem Ton vergeblicher Hoffnung endet der Roman.

Im dritten Roman, *Die Dame in Gold*, verstärkt sich die mythologische Verklärung der österreichischen Wirklichkeit: In einem Gespräch mit Kaiser Karl spricht Fürst Usingen von der österreichischen Idee nicht als von einer Konstruktion der Vergangenheit, sondern als der »fruchtbarsten politischen Idee der Zukunft«[80]; sie sei das Modell eines geeinten Europa und seiner Ansicht nach aktueller als das *Kommunistische Manifest*. Dies ist die äußerste Mythisierung der habsburgischen Wirklichkeit, die auch in anderen Werken, zum Beispiel der *Habsburglegende* (1933), wiederkehrt. Hier wird ein bejahrtes, ewiges Österreich dargestellt, mehr ein Mythos der Erinnerung als eine politische Realität; dies ist »das Reich, das wir im Kopf haben«[81], wie der alte Hofrat Dürrmoser, dessen Gesicht dem Grillparzers seltsam ähnelt, zu Johann Orth sagt. Es ist ein Österreich, dessen Untergang einen merkwürdigen Zauber ausstrahlt und dessen einzige Stärke heißt: »Sterben können. Ohne Eile. Nach dem Gesetz.«[82] Johann Orth, der Franz Joseph zu Reformen bewegen möchte, die den Staat retten könnten, muß die Unterredung ergebnislos beenden und schickt sich zur Flucht an. Denn Franz Joseph ist »der Kapitän auf einem sinkenden Schiff. Er sieht den Tod, aber er kommandiert bis zuletzt. Wer meutert da?«[83]

So macht sich Schreyvogl zum Erben und Erneuerer der habsburgischen Tradition. Er nimmt das Schicksal Orths und Maximilians als Ausgangspunkt, verarbeitet Motive des alten Wiener Lustspiels und greift die Themen der klassischen österreichischen Dichter und der Kaiserreichlegende auf[84]. Mehr als das vage, chaotische Europa, das er ersehnt, ist die alte Habsburgermonarchie seine Welt; eine Monarchie, die er, im Unterschied zu Roth, unter einem christlich-sozialen und deutsch-österreichischen Gesichtswinkel sieht.

7. Robert Musils religiöse Soziologie

»... Kakanien (war), ohne daß die Welt es schon wußte, der fortgeschrittenste Staat; es war der Staat, der sich selbst irgendwie nur noch mitmachte, man war negativ frei darin, ständig im Gefühl der unzureichenden Gründe der eigenen Existenz und von der großen Phantasie des Nichtgeschehenen oder doch nicht unwiderruflich Geschehenen wie von dem Hauch der Ozeane umspült, denen die Menschheit entstieg.«[85] Es wurde schon mehrfach festgestellt, daß Österreich in ganz besonderer Weise die Krise der europäischen Kultur, die Auflösung der alten Werte und die sich daraus ergebende Auflösung der künstlerischen Formen, speziell der erzählenden, erlebte. Die Gründe für diese besondere kulturelle Sensibilität liegen klar zutage: das unruhige Völkergemisch auf der einen Seite, das weder eine gesicherte geistige Einheitlichkeit noch eine sichere Sprache ermöglichte, und die Dekadenz auf der anderen Seite, die hier noch stärker hervortrat als im übrigen Europa. Mit dem Krieg verschwand ja auch die österreichisch-ungarische Gesellschaft recht geräuschvoll und zog sämtliche erworbenen geistigen Gewißheiten in den eigenen Sturz mit hinein. Das neue kleine deutschsprachige Österreich andererseits fuhr fort zu existieren – oder begann vielmehr zu existieren – und beobachtete jenes Ende voller Entsetzen; es war allzusehr der habsburgischen Vergangenheit eingedenk, so daß seine schwierige Existenz nicht dazu beitragen konnte, die Unruhe zu mildern, sondern sie noch verstärkte. Die österreichischen Intellektuellen – Neugeborene und Überlebende zugleich –, denen das alte Menschenbild keine Stütze mehr bieten konnte, mußten sich auf neue Weise ausdrücken und lehnten die veralteten Kategorien und die überholten Erzählmodelle des Romans des 19. Jahrhunderts ab. An die Stelle des Milieu- oder des psychologischen Romans treten nun der ideologische und soziologische Roman, der gar keiner mehr ist, sondern bloß Vorwand für die Entwicklung einer geistigen Problematik, für die Darlegung einer Weltanschauung. In einer noch radikaleren Art wird der Roman zum Roman seines inneren Aufbaus und eigenen Werdens. Sind Joyce und Proust die beiden großen Vertreter dieser Auflösung, die im *Doctor Faustus* von Thomas Mann einen ihrer Höhepunkte erreichen sollte, so trägt Österreich mit einigen der bedeutendsten europäischen Werke dazu bei: *Karl und das 20. Jahrhundert* (1933) von Rudolf Brunngraber, *Die Strudlhofstiege* (1951) und *Die Dämonen* (1956) von Doderer und vor allem die philosophisch-erzählenden Poeme von Hermann Broch. Seine Trilogie *Die Schlafwandler* (1928–31) und der sinfonieähnliche *Tod des Vergil* (1947) zerstören das letzte Erscheinungsbild des klassischen Romans, entwickeln die Erzählung gleichzeitig auf verschiedenen Ebenen und brechen jede traditionelle Struktur auf, indem einander unterschiedslos philosophische Abhandlungen, lyrische Passagen, religiöse Betrachtungen und erzählende Seiten ablösen.[86] All dies heißt, daß ein typisch österreichischer Seelenzustand auf die Spitze getrieben wird. Schon Grillparzer, und mit ihm andere Dichter bis hin zu Hofmannsthal, hatten unter dem beunruhigenden Bruch zwischen Individualität und äußerer Wirklichkeit, dem quälenden Hiatus zwischen dem eigenen Empfinden und den Dingen gelitten; schon bei ihnen war die klassische Harmonie zwischen Idealem und Realem, zwischen dem Ich und dem anderen zerbrochen. Grillparzers

Tagebücher sind das fiebrige Zeugnis dieser Lebensbedingung, in der sich das Reale – um einen oft gebrauchten Begriff Musils zu verwenden – nicht erfassen und besitzen läßt, sondern in vielfache und einander widersprechende Möglichkeiten aufgliedert. Schon Grillparzers Generation hatte also mit der eigenen Empfindungsweise die widersprüchliche soziale Situation ihrer Welt erlitten; in den achtzig Jahren, die zwischen dem *Bruderzwist* und den *Schlafwandlern* liegen, überstürzen sich die Dinge und nimmt die Krise unvorstellbare Ausmaße an. Schon Rilkes *Aufzeichnungen des Malte Laurids Brigge* (1910) hatten diesen Bruch des traditionellen literarischen Genres und des klassischen Menschenbilds des 19. Jahrhunderts vorweggenommen; nach dem Krieg ist es Kafkas Kunst, die dieser Angst, vom *Prozeß*[87] bis *Amerika* (1926)[88], von den Novellen in dem Band *Beim Bau der chinesischen Mauer*[89] bis zum bösen Zauber im *Schloß* (1926), Ausdruck verleiht.

Robert Musil ist der größte Dichter dieser Problematik und zweifellos einer der größten des europäischen 20. Jahrhunderts überhaupt. Seine Thematik schließt noch unmittelbarer als bei anderen Schriftstellern an die habsburgische Welt, an das Fabelreich Kakanien an, dessen erregendstes und genialstes, scharfsichtigstes Bild er geschaffen hat. Eines der hervorstechendsten Elemente seiner Kunst ist eben jener lächelnde Kontrast zwischen der unbefangensten Revolution der Gefühle und den verblüffendsten stilistischen Wagnissen einerseits und dem altväterischen, liebenswerten k. u. k. Hintergrund anderseits. Es soll hier gar nicht versucht werden, ein erschöpfendes Bild dieser alle Maße sprengenden, vielflächigen geistigen Enzyklopädie zu geben, die sein Werk darstellt; am Ende der vorliegenden Untersuchung ist aber die Analyse der am spezifischsten »österreichischen« Komponente in Musils Persönlichkeit und vor allem seine Bindung an die Mythen der habsburgischen Gesellschaft von Interesse, kurz, die Darlegung, wie sein Kakanien in dem großen Fresko des *Mannes ohne Eigenschaften*[90] aussieht.

In Musils Werk erscheint die Welt Österreich-Ungarns

nicht nur direkt und unmittelbar in der großartigen Beschreibung jenes Kakanien, dieses »seither untergegangenen, unverstandenen Staats; der in so vielem ohne Anerkennung vorbildlich gewesen ist«[91], oder in der wunderbaren Menschlichkeit einiger emblematischer Personen; mehr noch als in dieser augenscheinlicheren dichterischen Inkarnation zeigt sich die Austriazität als geistige Konstante von Musils Kunst und Persönlichkeit. Es liegt ihr das gewaltige Thema des Möglichen zugrunde: »Wenn es aber Wirklichkeitssinn gibt, und niemand wird bezweifeln, daß er seine Daseinsberechtigung hat, dann muß es auch etwas geben, das man Möglichkeitssinn nennen kann. Wer ihn besitzt, sagt beispielsweise nicht: Hier ist dies oder das geschehen, wird geschehen, muß geschehen; sondern er erfindet: Hier könnte, sollte oder müßte geschehn; wenn man ihm von irgend etwas erklärt, daß es so sei, dann denkt er: Nun, es könnte wahrscheinlich auch anders sein ... Solche Möglichkeitsmenschen leben, wie man sagt, in einem feinen Gespinst, in einem Gespinst von Dunst, Einbildung, Träumen und Konjunktiven.«[92]

Auf diese Weise wird die Realität zersplittert, da alles Objektive nur die zufällige, Form gewordene Verwirklichung seiner ungezählten Möglichkeiten ist und folglich »von verschiedenen zusammengehörigen Seiten«[93] gesehen wird. Die Realität wird zum Vorwand für die Ausübung der geistigen Tätigkeit und in gewissem Maße vom prägenden Geist abhängig, der aus dem wirren Knäuel von Verknüpfungen und Zusammenhängen jene Möglichkeiten auswählt, die zu diesem Zeitpunkt seinen Erfordernissen entsprechen. Es braucht nicht betont werden, daß dieser »Geist« nichts vom idealistischen schöpferischen Subjektivismus an sich hat; auch dieser Geist – besser wäre es, Seele zu sagen – ist nur ein Ergebnis gesammelter Erfahrungen und Empfindungen. Musil hatte mit einer Arbeit über Ernst Mach, den Philosophen der Empfindungen und der Beziehung zwischen Physischem und Psychischem, promoviert[94]. Musils Ideen schwanken, wie Ulrich zu Diotima sagt, zwischen Seele und Exaktheit, zwischen klarster mathematischer Strenge und glühendem Sehnen nach der übermenschlichen Freiheit metarationaler Ekstase; zwischen Integralrechnungen und Tausendjährigem Reich. Und dabei ist er ein erbarmungsloser und sarkastischer Zerstörer des Idealismus und des liberalbürgerlichen Humanismus.

Realität also als Potentialität, die auf unendlich viele verschiedene Weisen verwirklicht werden kann. Diese Auffassung hat, selbst wenn Musil sie metaphysisch verankerte und ihr fast die Bedeutung eines absoluten Gedankens gab, einen ganz bestimmten geschichtlichen Ursprung. Musil strebt aber gerade danach, ihr eine fast metaphysische Gültigkeit beizumessen: »Die reale Erklärung des realen Geschehens interessiert mich nicht. Mein Gedächtnis ist schlecht. Die Tatsachen sind überdies immer vertauschbar. Mich interessiert das geistig Typische, ich möchte geradezu sagen, das Gespenstische des Geschehens.«[95] Tatsächlich mußte Musil mit der gesamten traditionellen ideologischen Systematisierung des Realen, mit der Struktur selbst brechen, die seine Kultur – ganz allgemein die europäische bürgerliche Kultur, vor allem aber die österreichische – der Existenz gegeben hatte. Schon zu Beginn seines geistigen Schaffens hatte er sich als Gefangener einer mittlerweile erstarrten Kodifizierung des Lebens und einer philisterhaften Einordnung des ganzen menschlichen Erfahrungsguts betrachtet. Die Kultur des 19. Jahrhunderts, und ganz besonders die österreichisch-ungarische, hatte eine sichere, durch Gewohnheit erworbene Dimension des Lebens geboten; in der geordneten habsburgischen *éducation sentimentale* befand sich jedes Ding an seinem Platz und fand in der großen, weisen Pyramide seine richtige Etikettierung. Für Musils Generation begann jene aber zu bröckeln, zu knirschen und einen Kadavergeruch zu verbreiten; so mußte er, der glühend und aufrichtig wünschte, zu einem vollen und ganzen Verständnis des Menschen zu gelangen, zunächst einmal das alte Zeughaus ausräumen und unbarmherzig die süßen, nur scheinbar soliden Voraussetzungen der bisherigen Existenz zerstören. »Der Geist ... untersucht einen Stoff und erkennt, daß er in großen Mengen ein Gift, in kleineren ein Genußmittel sei. Er weiß, daß die Schleimhaut der Lippen mit der Schleimhaut des Darms verwandt ist, weiß aber auch, daß die Demut dieser Lippen mit der Demut alles Heiligen verwandt ist. Er bringt durcheinander, löst auf und hängt neu zusammen. Gut und bös, oben und unten sind für ihn nicht skeptisch-relative Vorstellungen, wohl aber Glieder einer Funktion, Werte, die von dem Zusammenhang abhängen, in dem sie sich befinden. Er hat es den Jahrhunderten abgelernt, daß Laster zu Tugenden und Tugenden zu Lastern werden können ... Er anerkennt nichts Unerlaubtes und nichts Erlaubtes, denn alles kann eine Eigenschaft haben, durch die es eines Tages teil hat an einem großen, neuen Zusammenhang. Er haßt heimlich wie den Tod alles, was so tut, als stünde es ein für allemal fest, die großen Ideale und Gesetze und ihren kleinen versteinten Abdruck, den gefriedeten Charakter. Er hält kein Ding für fest, kein Ich, keine Ordnung.«[96]

Natürlich schließen die Ziele dieser Auflösung die ganze europäische Kultur ein, und darin liegt die universale Bedeutung von Musils Werk, diesem außergewöhnlichen Dokument und Rechenschaftsbericht einer ganzen Epoche. Doch sind diese Ziele ganz besonders auf die habsburgische Kultur und ihre ein für allemal feststehenden, versteinerten und mehr denn alle anderen befriedeten Mythen gerichtet. In dieser Auflösung werden überdies die historische Verkettung und die Kontinuität der Person selbst gesprengt: und daraus ergibt sich jener typisch österreichische Inbegriff der Selbstentfremdung, jenes Gefühls der Untreue gegen sich selbst, weil man den Faden der eigenen Geschichte nicht zu halten vermag, was zu einer krankhaften Aufmerksamkeit gegenüber der Vergänglichkeit der Dinge und dem unaufhaltsamen Zerstörungswerk der Zeit führt. Baumann hat diesen Musilschen Aspekt sehr richtig mit der österreichischen Tradition eines Grillparzer und eines Hofmannsthal[97] in Verbindung gebracht, von der aufgezeigt wurde, daß sie die habsburgische Situation widerspiegelte. Es ist offensichtlich, daß Musil mehr auf dem grausam-vernichtenden als auf dem wehmütigen Moment beharrt; er möchte die muffige Ordnung der Wirklichkeit zerstören, um sie zum »flüssigen Feuerkern der Schöpfung«[98] zurückzuführen. Darin liegt der Reiz seiner Bücher, besonders des *Mannes ohne Eigenschaften*: daß sie eine neue Wirklichkeit bilden, die den neuen Bedürfnissen des Menschen entspricht. Dies ergibt sich, wie gezeigt, im wesentlichen aus der Reaktion auf die stragnierende habsburgische Immobilität; doch sind die widersprüchliche Polyvalenz und die ständige Doppeldeutigkeit dieses Vorgehens von sämtlichen Antinomien der österreichischen Seele durchdrungen, greifen sie doch mit ironischem Kontrapunkt die Doppelhaltung wieder auf, die von der politischen bis zur literarischen Ebene und der der Sitten und Gebräuche die österreichisch-ungarische Menschheit kennzeichnete und damit vollkommen den geschichtlichen wie geistigen Widersprüchen jener Monarchie entsprach, die nicht durch Zufall durch den Doppeladler symbolisiert wurde. Die wesentliche Komponente der habsburgischen Kultur wird bei Musil zu einer intellektuellen Kategorie, zu einer Art und Weise, die Wirklichkeit zu erkennen und zu deuten. Von diesem Gesichtspunkt aus gesehen ist der Dichter, mag er auch unbarmherzig sämtliche Idole der ehrwürdigen österreichisch-ungarischen Gesellschaft auf den Kopf stellen, bis ins Mark vom geistigen habsburgischen Gut durchdrungen. Und ist sein Ulrich, der Mann ohne Eigenschaften, etwa nicht der letzte Nachfahr aller Gestalten der österreichischen Literatur, die unfähig sind, zu handeln und sich der Geschichte tatkräftig einzugliedern? Grausam frei und nackt vor sich selbst einerseits, ist Ulrich andererseits die moderne Version des entfremdeten, von der Verpflichtung gegenüber dem Leben und der geschichtlichen Verantwortung ausgeklammerten habsburgischen Untertans. Denn in ihm zerstört Musil zwar sehr wohl die alten Hemmungen und Zensuren, indem er ihn schonungslos aufrichtig sein läßt, doch entzieht er ihn gewissermaßen der Geschichte und gibt ihm nicht die Fähigkeit, diese seine Verpflichtung zur Wahrheit einem sozialen oder einfach nur menschlichen Geflecht einzugliedern. Ulrichs Erlösung liegt im Tausendjährigen Reich, in der Ekstase der vollkommenen liebenden Verschmelzung, in der »heimatlosen großen Liebe«[99]. Im braven Alltagsgefecht ist er bloß ein Mann ohne Eigenschaften, aufgelöst in einem Fluß vernunftmäßig verlaufender Prozesse, das letzte menschliche Ergebnis der an Eigenschaften allzu reichen Widersprüche des habsburgischen Staatsgefüges; seine Persönlichkeit erscheint wie eine heterogene Ablagerung verschiedenster Komponenten, in der sich das habsburgische Erbe mit der modernsten wissenschaftlichen Ideologie verbindet, so wie sich auch die verschiedenen Stilrichtungen verschiedener Epochen in dem sonderbaren Schlößchen, das er bewohnt, überlagern. Als Amalgam der »Eigenschaften ohne Mann«[100] ist Ulrich ein Spiegel der zersplitterten neuen Wirklichkeit Musils. Es ist bemerkt worden, im *Mann ohne Eigenschaften* sei jede Person ein durchscheinendes Prisma, ein Spiegel der anderen und der Welt, aber kein irgendwo fixierter, sondern ein ständig in Bewegung begriffener Spiegel, so daß er ein facettiertes, ewig changierendes Bild der Dinge zurückstrahle[101]. Das Symbol dieser Wirklichkeit ist vielleicht Moosbrugger, der gutmütige Zimmermann und sadistische Sexualmörder, von dem Musil sagt: »In den Augen des Richters gingen seine Taten von ihm aus, in den seinen waren sie auf ihn zugekommen wie Vögel, die herbeifliegen«[102]; für ihn ist ein Eichhörnchen »halt ein Fuchs oder vielleicht ... ein Hase; es kann auch eine Katz sein oder so«[103] und machen vierzehn und vierzehn »so ungefähr achtundzwanzig bis vierzig«[104] aus. Gleichzeitig aber stellt Moosbrugger, zumindest in den Augen der törichten Clarisse, die sich danach sehnt, eine keusche und dionysische Einheit der Welt wiederzufinden, eine Möglichkeit der Erlösung, der Übereinstimmung mit dem Universum, dar.

Der Aufbau des großen Romans selbst entspricht dem Musilschen Möglichkeitssinn. Seine gigantische Komposition spielt nicht nur alle denkbaren Möglichkeiten der Erfahrung durch, indem sie jede nur mögliche Beziehung zwischen den Personen herstellt und auflöst, sondern alle Anmerkungen und Entwürfe der mehrere Jahrzehnte dauernden Arbeit des Autors an diesem Roman weisen darauf hin, daß er ununterbrochen versuchte, alle möglichen Kombinationen anzuwenden und die potentielle Disponibilität des Wirklichen und der Erfahrung beinahe auszuschöpfen: so die Liebe zwischen Ulrich und Agathe, Ulrich und Clarisse, Ulrich und Diotima, Arnheim und Leona, die vielfachen Beziehungen der verschiedenen Personen und die stets neuen ideologischen Problemkreise. Wenn man diese Entwürfe nach der Lektüre der endgültigen (wenngleich unvollendeten) Fassung durchblättert, gewinnt man einen seltsamen Eindruck: als ob man von einer vielgestaltigen, aber immerhin geformten Wirklichkeit zum noch nicht differenzierten, der Schöpfung vorausgehenden Chaos zurückkehrte. Im Lauf der Jahre änderte Musil oft den ursprünglichen Entwurf der Arbeit, wie die zahlreichen Titelentwürfe und die verschiedenen Namen der Hauptfiguren beweisen, die nie zufällig sind, sondern stets eine bestimmte, beziehungsreiche Bedeutung haben. *Monsieur le Vivisecteur, Das Haus ohne Gegenüber, Der Teufel, Der Roman des Priesters, Der Spion, Der Erlöser, Die Zwillingsschwester*: dies sind einige der Titel, die Musils Schöpfung nacheinander trug und deren jeder den ideologischen Gehalt von einer anderen Perspektive aus beleuchtet[105]. Und Ulrichs ursprüngliche Namen lauten Achilles und Anders, der »andere«.

Also ein österreichischer, habsburgischer Möglichkeitssinn; und was ist schließlich die Parallelaktion anderes als die liebenswerte, unterhaltsame Satire auf die österreichische Unfähigkeit, etwas zu wählen oder zu wollen? Ein großes Komitee soll die Feierlichkeiten anläßlich des siebzigsten Jahrestags der Thronbesteigung Franz Josephs vorbereiten; es wetteifert dabei insgeheim mit den deutschen Vorbereitungen zur Ehrung Wilhelms II., der im gleichen Jahr gefeiert werden soll. Das treibende Moment der ganzen Romanhandlung ist die fieberhafte Suche nach einer »Idee« für die Parallelaktion: man zögert noch, ob man den »Bau einer Wallfahrtskirche und einer Stiftung zur Unterstützung unbemittelter

Kooperatoren, … die Veteranenvereine Erzherzog Karl und Radetzky, die Kriegerwitwen und -waisen aus den Feldzügen 66 und 78 …, einen Fonds zur Unterstützung ausgedienter Unteroffiziere und die Akademie der Wissenschaften …« oder eine »Groß-Österreichische-Franz-Josefs-Suppenanstalt« wählen soll[106]. Man denkt an eine eindrucksvolle, vom Volk ausgehende, aber von oben geleitete Demonstration, an ein Österreich als weltweites Vorbild für die Eintracht der Völker, an eine Synthese von Seele und Kapital oder auch an einen Weltfriedenskongreß, an eine Friedenspolitik auf der Grundlage der Aufrüstung … Der jahrhundertealte Kompromiß der habsburgischen Politik nimmt hier ballettähnliche, ironische Züge an, und die so oft mythisierte höhere Weisheit dieser *mediocritas* wird wie ein Handschuh gewendet und entlarvt. Der Mythos wird also auf den Kopf gestellt, obwohl, wie man sehen wird, nicht einmal Musil dessen entfremdendem Erbe völlig entgeht.

Die Wirklichkeit erscheint Musil ganz allgemein als große Metapher, als ein Geflecht provisorischer Bindungen und Lösungen, von Prototypen und Variablen, die in einem ständig austauschbaren System von Abszissen und Ordinaten stehen. Jedes Ding verweist auf ein anderes: den jungen Törleß erinnern Basinis Züge undeutlich an ein anderes, nicht klar erkennbares Gesicht, die Brüste einer Frau sind weiß wie Schnee, der Schnee geht in die Weiße einer Frauenbrust über, und ein allumfassender Analogieprozeß bringt die entferntesten Dinge in Zusammenhang und läßt eines aus dem anderen keimen. Die Metapher ist darum kein stilistischer Ausweg, sondern eine Erfassung der Welt und des ewigen Dahinfließens. Daraus ergibt sich auch die seltene Macht der Musilschen Dichtung und die Wirkung seiner bestürzenden Verbindung von Gefühlen und Bildern.

Die geschichtliche Dimension dieser Wirklichkeit scheint Musil zu ignorieren und die psychologische scheint er übersehen zu wollen. Im *Mann ohne Eigenschaften* gibt es keine Geschichte; es gibt das Gesicht einer Epoche, den Hauch einer unrettbar verlorenen Zeit, die soziologische Untersuchung von Gefühlen und Bräuchen und den zeitlosen Augenblick des Aufgehens in der Liebe und der mystischen Ekstase. Aber es fehlt der Sinn für den konkreten Weg des Menschen, für das geschichtliche Werden und die immanente Dynamik einer Gesellschaft. Es gibt überaus scharfsinnige Passagen über die österreichische Gesellschaftsstruktur, die die ganze Physiognomie einer Zeit beispielhaft nachbilden, doch heben sie sich wie tadellose fotografische Aufnahmen oder genaue statistische Ausarbeitungen ab; geschichtlich gesehen bleiben sie Daten und Ziffern; vergeblich sucht man darin die Wahrnehmung jenes konkreten menschlichen Handlungsraums, der stets ein geschichtlicher ist. Wenn von Daten und Ziffern gesprochen wurde, soll damit natürlich nicht auf eine dichterische Schwäche dieser Nachbildung angespielt werden, die, im Gegenteil, eine der lebendigsten und überzeugendsten der Literatur des 20. Jahrhunderts ist. Doch ist diese Dichtung eben entweder dem überaus gewagten, paradoxen Sarkasmus oder der zarten Bindung an jene entschwundenen Jahre zu verdanken. Mittner spricht von einem »melancholischen, verzweifelten Sehnen nach der verlorenen Zeit«[107]. Nun taucht in dieser fast proustschen *recherche* der typisch österreichische Sinn für die Vergangenheit und das Verfließen der Zeit auf, das stets gegenwärtige Wissen um das Alter und das Leid der Erinnerung; folglich Geschichte als Vergänglichkeit oder als zeitlose Feier der wiedergefundenen Zeit; aber nie als Phase der menschlichen Entwicklung im Prozeß ihrer Entfaltung. Dies ist die alte Antigeschichtlichkeit, von der bei Grillparzer die Rede war, eine traditionelle Einstellung des österreichischen Empfindens, auf dem zu viele versteinerte, verstaubte Erinnerungen lasteten, als daß eine dynamische Anschauung des menschlichen Geschehens möglich gewesen wäre. Musil, für den die Geschichte eine schwere Unvollkommenheit, eine negative Kategorie darstellt, ist der Erbe dieser noch barocken Einstellung. Von diesem geistigen habsburgisch-barocken Erbe geht er mit Leichtigkeit zur modernsten mathematischen Logik über, wobei er die bürgerlich-liberale Weltkenntnis des 19. Jahrhunderts überspringt und die modernen ethisch-politischen Ideen, seien sie marxistisch oder liberaldemokratisch, außer acht läßt. Dieser Mangel an echtem historischem Empfinden beweist die tiefen Bindungen an die ganze traditionelle habsburgische Entfremdung, an Grillparzers Schmerz und Hofmannsthals Vergänglichkeit. Ulrich selbst entdeckt, daß seinem Leben die epische Dimension fehlt, die Kontinuität der Aufeinanderfolge von Ereignissen und Erfahrungen gemäß einer Entwicklungslinie, mit anderen Worten, die Geschichtlichkeit.

Noch »entfremdeter« im habsburgischen Sinn erscheint Musil im Bereich des Politischen und der unmittelbaren staatsbürgerlichen Verantwortung. In einem schönen Artikel schreibt Guido Devescovi, Musil »sei eher ein Revolutionär«[108], der zwar von der Unzulänglichkeit des Kapitalismus überzeugt, doch aufgrund einer Anzahl von psychologischen Hindernissen unfähig sei, fortschrittliche Bestrebungen zu den seinen zu machen. Freilich spricht Musil deutlich seine Abneigung gegen die bürgerlich-kapitalistische Mentalität aus; dies beweist zur Genüge die scharfe Satire, mit der er die Gestalt Arnheims, des Geistesfürsten und Großindustriellen, Aktionärs und kultivierten Mannes, analysiert. In Arnheim wird sowohl das Wesen der bürgerlichen Kultur, der Profitkult, als auch die Unverbindlichkeit des überfeinerten liberalen Lebensstils zerstört, der jene geistige Leere anmutig verziert.

Doch ist diese Abneigung des Dichters bei weitem keine revolutionäre, sondern vielmehr konservativer und reaktionärer Prägung, und Mittner hat recht, wenn er ihn einen »Erzkonservativen«[109] nennt. Musil selbst bezeichnete sich als einen »Unzufriedenen«[110], der nicht zu wählen verstehe. Und ebendiese Unfähigkeit zeigt, wie weit der so moderne Schriftsteller von der Entwicklung des ethisch-politischen modernen Denkens entfernt war. Er trug in sich dieLast der traditionellen österreichischen Loslösung des Intellektuellen, des Schriftstellers von jedem politisch-sozialen Engagement. Hier wiederholt sich in Musil Grillparzers dramatische und kindliche Unentschlossenheit, die im Grunde von denselben Beweggründen und ähnlichen Voraussetzungen in bezug auf Umwelt und Kultur ausgegangen war; auch ihn hinderte die habsburgische Tradition an der zielstrebigen Eingliederung in eine Gesellschaft. Er kennt nur das Negative des politischen Lebens, den Protest und die Ablehnung, nicht die konstruktive Tätigkeit. Er war ein großer Verbannter, ein Verbannter der habsburgischen und wilhelminischen Kultur, und unfähig, zu deren Überwindung beizutragen. Seine eigenen diesbezüglichen Rechtfertigungen bestätigen noch diese Haltung: von einem kompromißablehnenden »Geist« sprechen und stolz behaupten, wie er es tat, daß es schwerer sei, einen Roman zu schreiben als einen Staat zu lenken, bedeutet ein Verharren im Dilettantismus. Welche Figur wäre im übrigen politisch weniger verankert als sein Ulrich, der nur in einer Liebesmystik, in der religiösen Ekstase der »Reise ins Paradies« und in der Liebe zur Schwester Agathe Rettung findet? Auch Musils Antikapitalismus ist eine restaurative, reaktionäre Einstellung, eine vorbürgerliche Geisteshaltung, die insgeheim den Einfluß des in der Habsburgermonarchie noch herrschenden aristokratischen Feudalempfindens verrät, das der Industriekultur, die bedrohlich näher rückte, verachtungsvoll gegenüberstand. Er ist folglich ein Erzkonservativer, wie Karl Kraus[111]. Diese Interpretation wird auch von Lukács, wenngleich mit dem barschen Nachdruck des Doktrinärs, bestätigt[112].

Es ist interessant, auch wenn es über den Rahmen dieser Arbeit teilweise hinausgeht, an Musils merkwürdige Verachtung für die Psychologie, die psychoanalytische Forschung und für Freud selbst zu erinnern. Dies ist tatsächlich merkwürdig, da er gleichzeitig eine seltene Analysierungsgabe und großen psychologischen Scharfblick verrät. Kaum ein anderer moderner Schriftsteller hat die verborgensten Geheimnisse, die Hemmungen und die Selbstzensur der Seele so grausam bloßgelegt. Seine Tagebücher wimmeln von sarkastischen Angriffen gegen Freud und die »Psychologia phantastica«[113]: »Fasse so Klages, z. T. Freud, Jung ... zusammen. Meine instinktive Feindschaft: weil sie Pseudo-Dichter sind und der Dichtung die Stütze der Psychologie vorenthalten!«[114] Ein anderes Mal bemerkt er, er habe ein starkes Interesse für die »›flache‹ Experimentalpsychologie«[115], aber keines für Freud, Klages und die Phänomenologie; auch wirft er der Psychoanalyse häufig vor, die Vernunft durch obskure Affekte entthront zu haben, und beschuldigt Freud, er habe das Terrain für die »geistige Diktatorenverehrung«[116] vorbereitet.

Hier steht man einem anderen Musilschen Mythos, vielleicht dem Kern – wenn nicht seiner Kunst, so doch seiner Konzeption von der Kunst – gegenüber. Da er die Brücken zur Tradition der bisherigen erzählenden Literatur abbrechen wollte, wünschte er nicht einmal mehr, Personen zu schaffen, und folglich auch nicht, in ihre Psyche einzudringen. Es interessierte ihn nicht der Einzelfall, sondern das Phänomen, der Geist des Geschehenen; nicht das, was in den Menschen vorgeht, sondern »das Zwischen-ihnen«[117]. Die Person sollte einfach nur eine momentane Herauskristallisierung irgendwelcher geistiger Möglichkeiten ihrer Zeit, irgendwelcher psychischer und soziologischer Erscheinungen ihrer Epoche sein.

Von dieser Absicht ausgehend, mußte sich die psychologische Erforschung auflösen; was zählte, war »das geistig Typische«, das in den verschiedenen Personen festgehalten wurde, die ihrerseits wie die Facetten eines Prismas, wie verschiedene perspektivische Seiten einer soziologischen Wesenheit erschienen. Das Verlangen nach Totalität gestattete es Musil nicht, auf einzelne Zufälligkeiten einzugehen, sich also der Individualität zuzuwenden; das organische Ganze, das er erfassen wollte, war etwas Soziologisches und Religiöses zugleich. Soziologisch wegen des Vorherrschens der Kultur und der Probleme einer Gesellschaft; religiös wegen des breiten Raums, der der unruhigen Unbestimmtheit der »Seele« vorbehalten ist, vor allem aber wegen des Bemühens, das zufällig-zeitliche Element auszuschalten und an das Ufer des Absoluten, zur großen Einheit, zu gelangen. So müht sich

Clarisse, zu einer mystischen Harmonie mit dem Leben des Universums zu gelangen, so strebt Ulrich in der Liebe der Schwester nach der vollkommenen liebenden Verschmelzung, nach dem Tausendjährigen Reich. Diese zwischen den beiden Polen einer »weich dunklen Innerlichkeit«[118] und »dem befehlshaberischen Ton der mathematischen und wissenschaftlichen Sprache«[119] liegende religiöse Soziologie ist also wohl der geistige Kern des Musilschen Werks, das ganz auf eine allumfassende Auffassung der Existenz abzielt.

Die Ergebnisse eines Schriftstellers stimmen mit seinen Absichten nicht immer überein. Dies ist auch bei Musil festzustellen, besonders, was sein soziologisches Anliegen und seinen Verzicht auf psychologische Ergründung seiner Personen anbelangt. Denn gerade er hat einige der lebendigsten Gestalten der modernen Literatur geschaffen und sie bis auf den Grund ihrer Seele erbarmungslos klarsichtig zergliedert. Musils Leidenschaft für die Analyse war stärker als seine vorgefaßten Meinungen, und er überließ sich der messerscharfen chirurgischen Arbeit, der durchdringendsten und strengsten Prüfung menschlicher Handlungen, Empfindungen und Vernunftmechanismen. Dies geschieht in solchem Ausmaß, daß diese fortgesetzte, schonungslose, haarscharfe Analyse vom dichterischen – nicht vom intellektuellen – Standpunkt aus zum Zentrum Musilscher Kunst wird und von hier seine außergewöhnliche Fähigkeit ausgeht, Gestalten zu schaffen. Seine absolute Verachtung für die sentimentale Fiktion und für jede fromme Verschleierung der Wahrheit machen es ihm möglich, ins Innerste der Personen einzudringen; seine kalte, von keinerlei falschem Mitleid gemilderte mathematische Strenge registriert unerbittlich jede seelische Regung und jede noch so erbärmliche menschliche Hemmung. Das Werkzeug dieser Schürftätigkeit ist gerade die Ironie, die Kenntnis der Armseligkeit, die sich in den menschlichen Handlungen verbirgt. Daher stammt auch Musils in gewisser Hinsicht dem erfahrenen Wissen Manzonis verwandte distanzierte Weisheit. Im übrigen ist sein stilistisches Können selbst den plötzlichsten, ungeahntesten psychologischen Übergängen und den sonderbarsten Analogieverbindungen, denen unsere Gedankengänge folgen, gewachsen. Seine Dichtung ist eine Brücke zwischen seelischen Impulsen und flüchtigster Hingabe der Phantasie; Metaphern und Gleichnisse sind seine beiden bevorzugten Stilmittel, die stets mit außerordentlichem künstlerischem Können angewendet werden. Feinste ironische Kontrapunkte und aufrüttelnde Bilder skandieren das ganze Buch, das stets die menschliche Wahrheit der Personen aus ihrem Innern hervorholt.

Ironie und sarkastische, mit eherner mathematischer Logik gehandhabte seelische Analyse einerseits, Liebe als fast religiöses Erlösungsmittel andererseits. Eine Liebe, die volles Begreifen der Existenz und, ähnlich den Liedern der sanften Tonka[120], eine Sprache des Totalen ist, eine Liebe, in der das ganze Leben erlöst und zu seiner Heiligkeit gereinigt wird. Die inzestuöse Liebe zwischen den beiden Geschwistern ist nichts anderes als eine derartige vollkommene Verschmelzung, als die Erfüllung des platonischen Mythos von den beiden getrennten Hälften, die einander in der Hauptfigur verfolgen, um zur ursprünglichen Einheit zurückzugelangen. Als Mittel zur Erlangung jener völligen Selbstaufgabe und absoluten Hingabe findet selbst der Inzest Erlösung. Jene Passagen, die nach soviel entnervendem intellektuellem Spiel die Erfüllung der Liebe zwischen Ulrich und Agathe beschreiben, gehören zu den Höhepunkten der deutschen Literatur; man denke nur an den Zauber des Sommertags im blumenweißen Garten, an die Gespräche der Geschwister über die Liebe, die wohl noch schöner sind als Thomas Manns berühmte Seiten zum selben Thema. Es ist eine verbreitete Anschauung, Musil sei ein grausamer Spieler und kalter Magier, der seine Marionetten bewußt manipuliere, um sie ihrem Spiel zu überlassen und sie mit unbeteiligter Ironie zu betrachten. Zweifellos kann dieser Eindruck bei der ersten Lektüre entstehen, die manchmal sogar heftige Abneigung gegen diese unerbittliche, ungemilderte Eiseskälte – Musils wie seines Ulrich – einflößt, welch letzterer beim Tod des Vaters mit amüsiertem Interesse die pornographischen Fotografien entdeckt, die der Alte in einer Schublade in seinem Arbeitszimmer aufbewahrt hat. Und dennoch gießt Musil in Wirklichkeit etwas von der großen, ziellosen Liebe, an die er glaubte, über seine Geschöpfe aus, werden die Erlebnisse seiner Gestalten insgeheim von bekümmertem Mitleid begleitet und entzündet sich für einige im besonderen ein Licht der Sympathie, wie für die tragische kleine Clarisse oder Sektionschef Tuzzi, Agathe oder Rachel. Demnach gibt es also einen ganz »menschlichen«, weniger grausamen, warmherzigen Musil zu entdecken. Unter der schneidenden Ironie liegt ein tiefes Empfinden für das schmerzliche Erleben seiner Geschöpfe, so wie auch die klare Analyse zeitweise unterbrochen wird, um einem verzauberten Staunen über die plötzliche Gnade des Lebens Raum zu geben: »Es war Abend geworden. Das Zimmer war schwarz. Das Klavier war schwarz. Die Schatten zweier sich liebender Menschen waren schwarz. Clarissens Auge leuchtete im Dunkel, angesteckt wie ein Licht, und in dem vor Schmerz unruhigen Mund Walters schimmerte der Schmelz auf einem Zahn wie Elfenbein. Es schien, mochten draußen in der Welt auch die größten Staatsaktionen vor sich gehn, und trotz seiner Unannehmlichkeiten, einer der Augenblicke zu sein, um deretwillen Gott die Erde geschaffen hat.«[121] Die wahre »Möglichkeit« des Intellektuellen Robert Musil liegt in der Dichtung.

Musils »Austriazität« kann von seiner übrigen Persönlichkeit, auf die hier aber gerade Nachdruck gelegt werden soll, nicht getrennt werden; sie ist mit allen anderen Elementen eng verknüpft und lugt immer wieder aus schlagfertigen Bemerkungen, Anspielungen und Hinweisen hervor, die fast unmerklich die Welt Österreich-Ungarns in all ihren Komponenten wiedererstehen lassen. Nationale Gegensätze und hilflose Versuche, sie zu überwinden, Gemeinplätze und gesellschaftliches Zeremoniell, Bemerkungen über Sitten und Gebräuche und soziologische Charakterisierungen bieten in ihrer Gesamtheit das lebendigste, dichterisch gültigste Bild Kakaniens. Die berühmte, eingangs zitierte Stelle ist sicher die schönste, die je über das habsburgische Österreich geschrieben wurde; sie evoziert dessen Atmosphäre und hebt zugleich die politisch-soziologischen Widersprüche hervor. An dieser Stelle verfließen, wie übrigens im ganzen Buch, Magie der Erinnerung und sarkastisches Urteil ineinander. Diese aus Kritik und Zauber gebildete Ambivalenz, die sich dem Betrachter der österreichisch-ungarischen Welt spontan bietet, hat in Musil ihr amüsantestes, reizvollstes Gleichgewicht gefunden. Es wäre schwierig zu sagen, wo die zersetzende Kritik aufhört und die ironisch-liebevolle Zuneigung zu dieser habsburgischen Welt beginnt, die »aus einem Ganzen und einem Teil, nämlich aus einem ungarischen und einem österreichisch-ungarischen Staatsgefühl«[122] bestand, während »der Österreicher nur in Ungarn (vorkam), und dort als Abneigung; daheim nannte er sich einen Staatsangehörigen der im Reichsrat vertretenen Königreiche und Länder der österreichisch-ungarischen Monarchie, was das gleiche bedeutet wie einen Österreicher mehr einem Ungarn weniger diesem Ungarn«[123]. Entschieden neigt sich die Waage in Richtung eines negativen Urteils, wie dies auch ein paar kleinere politische Aufsätze bezeugen: in ihnen geißelt Musil die ewige Unentschlossenheit Österreichs, in dem »alles halb ist wie eine Konvention … Wahrscheinlich ist das Ganze wirklich nur Bewegung zufolge Mangels einer treibenden Idee«[124]. Dieses Österreich, das durch sein eigenes Alter aufrechterhalten wird, erscheint unentschlossen und zaudernd wie Buridans Esel[125]. Der Weltkrieg erweckt aber auch in Musil für kurze Zeit starke patriotische Gefühle, und auch er läßt sich zu einer typisch habsburgischen Überschwenglichkeit hinreißen; barsch weist er die Propaganda der anderen Länder und den nationalistischen antiösterreichischen Haß zurück; er predigt »Treue, Mut, Unterordnung, Pflichterfüllung«[126] und spricht vom Österreicher als dem »Volk im Herzen Europas und mit dem Herzen Europas«[127].

Der vorherrschende Ton bleibt aber die ironische Satire, die alle Gemeinplätze der österreichisch-ungarischen Kultur und ihres Mythos auf den Kopf stellt: die übernationale Idee, die grandiose, ohnmächtige Statik, die lächelnde Oberflächlichkeit, die pedantisch-kleinliche Bürokratie, die geschraubte, papierene Amtssprache, die Lebensfreude und das süße Mädel. Immerhin bilden diese Themen, wenngleich in negativer Weise, als ein richtiges Kaleidoskop des österreichischen Lebens und seiner Gesellschaft einen erheblichen Bestandteil dieses Werks. Alle Figuren der habsburgischen Gesellschaft, die zugleich typische Gestalten wie auch unverwechselbare Individuen sind, werden von Musil dargestellt. Darüber hinaus begnügt sich *Der Mann ohne Eigenschaften* nicht damit, Personen und Milieus nachzuzeichnen, sondern illustriert und prüft entsprechend seiner vorwiegend soziologischen Absicht auch die kulturelle Bildung und die geistige Problematik dieser Welt. Somit wird Österreich-Ungarn nicht nur in seinen Farbtönen und seinen allgemeinmenschlichen Schattierungen beschrieben, wie bei anderen Schriftstellern, sondern auch in seinem kulturellen Nährboden und seinen wirren ideologischen Voraussetzungen. Und wie schon im *Törleß* weist Musil auf die Übel hin, die diese Gesellschaft zersetzen, auf die irrationalen Kräfte, die unter der Schicht erhabener Ehrbarkeit schwelen: die Kapitel über Hans Sepp oder Clarissens glühende Nietzsche-Verehrung könnten in einer Geschichte der deutschen Kultur und der nazistischen Involution Eingang finden.

Mittner stellt fest, Musil habe in der Gestalt Diotimas, besonders in der brutalen Liebesszene mit Ulrich, die sanfte wienerische, Hofmannsthal und Schnitzler so teure Weiblichkeit, »den wahren, unverdorbenen poetischen Mittelpunkt der Welt von gestern«[128] zerstört. Dieses Los teilen fast alle Personen im *Mann ohne Eigenschaften*. In der Tat wird die habsburgische Welt im Roman durch einige emblematische Gestalten verkörpert, die auf die Figuren der österreichischen Tradition zurückgreifen und jene dabei gleichzeitig entstellen und vernichten. Graf Leinsdorf, Tuzzi, Bonadea und Diotima, General Stumm von Bordwehr: in ihnen erstehen die klassischen Gestalten der habsburgischen Literatur, von Grillparzer bis zum *Walzertraum*, bei Musil wieder: der oberflächliche Aristokrat, der ältliche Beamte, die schönen, launenhaften Damen, der Operettenoffizier. Traditionelle Gestalten also, die die Grundmotive des habsburgischen Menschenbilds und Lebensstils aufzugreifen scheinen; in ihnen erleben diese klassischen Archetypen aber ihr letztes Abenteuer, gemeinsam zerstören sie sich selbst, indem sie ihr traditionelles Antlitz entstellen. Von Diotima war schon die Rede; man denke an die Grausamkeit, mit der die Gestalt Bonadeas, der reizenden Ehebrecherin, zergliedert wird. Graf Stallburg zieht sich in sich selbst zurück, um »dreinzuschaun wie der subalternste seiner Untertanen«[129] und trägt »jenen eisgrauen, kurzen, am Kinn ausrasierten Backenbart …, den alle Amtsdiener und Eisenbahnportiers in Kakanien besaßen«[130]. Graf Leinsdorf zieht dem Besitz eines Gemäldes von El Greco den einer seltenen Briefmarke vor und glaubt, daß das Volk »gut« sei, da er die eigenen Bediensteten mit ihm gleichsetzt; er schreibt jede Unordnung gewissen »hetzerischen Elementen«[131] zu, entdeckt in jedem Buch entweder Übereinstimmung mit seinen eigenen Grundsätzen oder ketzerische Abweichung davon, ist überzeugt, daß »wir alle im Innersten ja Sozialisten«[132] sind, und hätte es gern gesehen, »wenn die wahre bürgerliche Kultur beim Adel zu finden gewesen wäre«[133]. General Stumm ist aus Liebe zu Diotima sehnsüchtig bestrebt, die große Idee der Parallelaktion zu finden, und sucht diese in den Karteikästen der Hofbibliothek, nach Büchern verlangend wie: »Friedensgeschichtliches …, eine Zusammenstellung aller großen Menschheitsgedanken …, oder ein Buch über die Verwirklichung des Wichtigsten …, etwas über die alte österreichische Kultur und über Grillparzer«[134] oder direkt einen Katalog der Kataloge. Am wenigsten grotesk ist vielleicht noch Tuzzi, die würdige Verkörperung der bürokratischen Seele der Monarchie, mit seinen schrägen, orientalischen Taschendiebsaugen und dem trockenen, herben Geruch nach Tabak und Kanzlei, der, wie Musil sagt, von ihm wie von einer leeren Zigarrenschachtel ausgeht.

So treiben die traditionellen Gestalten ihre Charaktermerkmale in einem ironischen, bitteren Reigen auf die Spitze, und doch gilt ihrem Geschick, jenseits des Sarkasmus, auch eine tiefe Wehmut. Sie werden gleichsam von einem gespenstischen Licht, jenem des sterbenden Kakanien übergossen; und diese unbestimmte Vorahnung des Untergangs lastet auf ihnen, bringt ihr Leben durcheinander und erschüttert es wie im Fieber. Es ist das drohende Ende Kakaniens, eine unruhige, von dunklen, warnenden Anzeichen schwangere Atmosphäre: »Etwas Unwägbares. Ein Vorzeichen. Eine Illusion. Wie wenn der Magnet die Eisenspäne losläßt und sie wieder durcheinandergeraten. Wie wenn Fäden aus einem Knäuel herausfallen. Wie wenn ein Zug sich gelockert hat. Wie wenn ein Orchester falsch zu spielen anfängt ... Man kann nichts dafür verantwortlich machen. Man kann auch nicht sagen, wie alles so geworden ist ... Es fehlt bloß ebensogut an allem wie an nichts; es ist, als ob sich das Blut oder die Luft verändert hätte ... und zum Schluß weiß man nicht mehr, ob wirklich die Welt schlechter geworden sei oder man selbst bloß älter ... So hatte sich also die Zeit geändert, wie ein Tag, der strahlend blau beginnt und sich sacht verschleiert ...«[135]

8. Heimito von Doderer und Gregor von Rezzori

Man sollte meinen, daß die Möglichkeiten der Wiedererweckung der vielgestaltigen soziologischen Komponenten der österreichisch-ungarischen Kultur nach Musil ausgeschöpft seien. Tatsächlich scheinen ja die Personen des *Mannes ohne Eigenschaften* eine geschichtlich-literarische Parabel zu beenden und die menschlich-stilistische habsburgische Tradition durch die eisige Berührung mit einer neuen, ganz andersgearteten Atmosphäre aufzuheben. Indes wagte sich Heimito von Doderer an die überaus schwierige Aufgabe, die Erzählung dort aufzugreifen, wo Musil aufgehört hatte, und mit Hilfe der »Tiefe der Jahre«[136] – die das prächtige k. k. Wien vom unruhigen Nachkriegs-Wien seiner Romane trennen – das Klima und den Rhythmus des alten Österreich wiederzufinden. Auch Doderers Werke, zumindest die bedeutendsten, bestehen in einem breitangelegten, überaus detaillierten Fresko; gemeinsame Personen und Themen verbinden ausdrücklich die drei Romane, die noch einmal das Ende der österreichisch-ungarischen Monarchie aufgreifen: *Die Strudlhofstiege* (1951) ist nach des Autors eigenen Worten der Prolog zu dem umfangreicheren Roman *Die Dämonen* (1956), der Motive und Hauptfiguren des ersten übernimmt; der Held der köstlichen Erzählung *Die erleuchteten Fenster* (1950), der pensionierte Amtsrat Julius Zihal, kommt auch in den beiden anderen Werken vor. Ein ganzer Zyklus, eine Saga also, die nicht nur dem Wunsch nach Abfassung einer richtiggehenden österreichischen *comédie humaine*, sondern einer angeborenen Freude am Spiel, der raffinierten Lust am Zitat, sogar am Eigenzitat, und dem Geschmack an kulturellen Hinweisen und Anspielungen entspringt.

Die erleuchteten Fenster bilden gewissermaßen ein Kapitel für sich; dieses elegante, leichte Divertissement ist wohl Doderers bestes Werk. Seine zumindest der Absicht nach größten Romane sind *Die Strudlhofstiege* und *Die Dämonen*, zwei außerordentlich umfangreiche Bücher, die über zweitausendzweihundert dichtbedruckte Seiten enthalten. Beider Handlung entwickelt sich auf einer doppelten chronologischen Ebene: in den Jahren 1923/24 (beziehungsweise beim zweiten Roman 1926/27), und – durch den Filter der Erinnerung der Hauptfiguren, die den Lauf und den Sinn ihres Daseins in der Vorkriegszeit suchen – in der Zeit um 1910/11. Diese beiden Romane sollten die geschichtliche Parabel und die geistige Entwicklung der österreichischen Generation jener schicksalhaften Jahre von 1914 bis zum Ende der österreichischen Unabhängigkeit wiedergeben: Nach Doderers eigenen Worten betrachtet der Autor den Wiener

Justizpalastbrand des Jahres 1927 als den Augenblick des Zusammenbruchs und Endes der jungen Republik. Der Aufbau der Romane selbst bestätigt diese Absicht: Es handelt sich um eine ununterbrochene Verflechtung der Schicksale zahlreicher Personen, die allen Gesellschaftsschichten angehören und deren jede die Funktion einer Hauptgestalt besitzt. Diese Entwicklung auf vielen, parallel verlaufenden Ebenen deutet auf den Plan hin, das Gesicht – oder, wie der Autor gern sagt: das Fatum – einer Zeit oder einer Gesellschaft in den verschiedenen Facetten verschiedener Personen verschiedener Kategorien eingehend zu analysieren. In dieser Hinsicht scheint der Versuch eines soziologischen Romans nicht ganz geglückt. Vor allem fehlt Doderer, wie der ganzen Strömung, auf die er sich beruft, der Sinn für die Geschichte. Alles löst sich im Einzelfall auf, in der unvorhersehbaren Bizarrerie des Ereignisses, dem Doderer einen existentiellen, vom Zusammenhang mit der Wirklichkeit unabhängigen Wert beizumessen scheint. Auch Mittner betont die Naivität der geschichtlich-politischen Ideen des Autors[137]. So fehlt die private Geschichte einer Generation, die immanente Dynamik einer Gesellschaft, und was vorliegt, ist bloß eine fortlaufende barocke Stickerei aus Gefühlen und psychologischen Antrieben, ein maliziöser kalligraphischer Schnörkel rund um Emotionen und Spiele des Gehirns.

So lösen sich die Romane schließlich beinahe in einem fortgesetzten, entnervenden Spiegelspiel auf, in einer Einlegearbeit aus bisweilen spitzfindigen Reden und preziösen Stilwendungen. Freilich ist die österreichisch-ungarische Welt mit lächelnder Finesse wiedergegeben, doch handelt es sich eher um ein ständiges, raffiniertes Zitieren milieubedingter Einzelheiten, von Ausdrucksweisen, Anmerkungen zu Sitten und Gebräuchen als um eine Verwandlung mittels der Phantasie oder um eine kraftvolle realistische Darstellung. Die Haltung Doderers ist die eines kultivierten Grandseigneurs, eines ausgezeichneten Kenners der eigenen Kultur, für den die Tradition einen sicher erworbenen Besitz bedeutet; in seinen Büchern herrscht ständig die Atmosphäre der leicht distanzierten, aristokratischen, typisch österreichischen Literatur. Aber gerade aufgrund dieser Abgeklärtheit und dieses allzu deutlich zum Ausdruck kommenden Sinns für Tradition besteht die Gefahr, daß er mehr zum überaus gewandten Literaten als zum wahren Schriftsteller wird. Seine Frauengestalten verströmen alle, von Editha bis hin zur faszinierenden Mary K., von Frau Ruthmayr, die fast in der Stille eines Aquariums lebt, bis zu den nicht mehr ganz jungen, rundlichen Wienerinnen wie Rosl Oplatek, den Duft wienerischer Weiblichkeit. Die Jagd Melzers und des Majors Laska in Bosnien läßt den österreichisch-slawischen Zauber der Monarchie auferstehen, und Pensionisten wie Zihal und Geyrenhoff verkörpern die friedliche, herbstliche Gelöstheit einer der Leitfiguren der habsburgischen Tradition, des alten Bürokraten. Doch schmälert eine übertriebene kulturelle Selbstgefälligkeit und eine nonchalante, gelehrte Koketterie das wahre menschliche Pathos seines Werks und verwandelt es in eine geistreiche Porträtgalerie und in eine Kasuistik der Gefühle. Der Mythos wird also, obwohl er ironisch-liebevoll gepflegt wird, dadurch zerstört, daß der Autor sich dieses Mythos allzusehr bewußt ist. Doch zugleich ist er weder imstande noch bestrebt, ihn zu überwinden. Kurz, man spürt ein absichtliches Verharren der Kunst in den Grenzen der habsburgischen Tradition, die Doderer vielleicht hätte überschreiten können, aber nicht überschreiten wollte. So wird das österreichisch-ungarische Thema zu einem Vorwand, einem Spiel, und der Aufbau des Romans mit seinen Arabesken und stilistischen Kontrapunkten, seinem spiralförmigen Rhythmus, dem Beharren auf den Details und dem Fehlen einer Synthese entspricht diesem Charakter. In beiden Romanen herrscht ein typisch barocker Geschmack: die Freude an intellektuellen Spitzfindigkeiten und zugleich an der sinnlichen Laune, die Freude am Detail, die den Autor vielleicht zu sehr an seinen Stoff kettet, als daß eine gewisse Konzentration und die Suche nach dem Wesentlichen gewährleistet wäre. Wie wir gesehen haben, war die barocke und analytische Komponente, jenes Untergehen im Detail und in der

Beschreibung, eines der auffallendsten Merkmale der österreichischen Literatur gewesen und hatte in unmittelbarem Zusammenhang mit der österreichischen Kultur gestanden. Von dieser Empfindung ist Doderer bis ins Innerste durchdrungen, und es ist bezeichnend, daß er in seinem Roman *Ein Umweg* (1940) auf die Barockzeit zurückgreift. War mit Musil das Menschenbild und der Stil der habsburgischen Welt an einen Endpunkt der Parabel gelangt, an den Punkt, da sie abbrach, so hat man den Eindruck, als spiele Doderer mit Gespenstern, mit bereits gestorbenen Geschöpfen. Daraus ergibt sich eine eindringliche, raffinierte, aber dekadente Erzählkunst, die auf einem koketten Spiel des Intellekts beruht. Diesen Ton bekräftigt, insbesondere in den *Dämonen*, die Romanform selbst; sie entspricht dem Schema einer Chronik, die der kundige pensionierte Sektionsrat Geyrenhoff mit minuziöser, pedantischer Genauigkeit führt. So verflüchtigen sich Ereignisse und Dramen zu musikalischer Leichtigkeit und werden zu einer Art »Laune des Pedanten«.

Innerhalb dieser Grenzen weist Doderers Kunst außerordentliche Vorzüge auf und schöpft die dichterischen Möglichkeiten einer solchen Erzählweise bis zum äußersten aus. Das Sichüberschneiden von Ereignissen und Erinnerungen ist meisterhaft durchgeführt; der Faden des Gedächtnisses lotet in die »Tiefe der Jahre« und vermittelt dadurch den Eindruck einer verzauberten Reglosigkeit, einer gläsernen Starre der Zeit, aus der sich langsam und unmerklich ein Entwicklungsprozeß abhebt, wie denn auch Frau Ruthmayr schließlich aus ihrem Glassturz heraustritt, der sie vom Leben abgeschirmt hat. Hinter den Dingen scheint sich eine andere Wirklichkeit zu verbergen, die ständig auftaucht und wieder verschwindet: eine geheime innere Wirklichkeit, von der ausgehend sich die unterschwellig dämonische Wirkung der Personen entwickelt[138].

Es ist darauf hingewiesen worden, daß Doderer sich nie völlig binde, daß er die Hindernisse mit einem Lächeln umgehe und sich weigere, auf den Kern der modernen Krise einzugehen[139]. Er hat den Ehrgeiz, eine Chronik der geistigen Zersplitterung seiner Zeit vorzulegen, verniedlicht aber die Angst des modernen Menschen in einer etwas verstaubten Erzählweise, die stets mit dem Happy-End schließt. Natürlich erscheint dieses rosarote Finale im Licht einer intelligenten Ironie, doch vermag diese Ironie die Koketterie weder auszuschalten noch wirklich zu rechtfertigen, sondern unterliegt selbst dem Reiz der Entfremdung, den sie durch gekonnte Raffinesse noch verstärkt. Das alte österreichisch-ungarische Thema wird also unter seinem formalistischen Aspekt ausgereizt und erschöpft sich in dieser seiner letzten Neugestaltung der liebenswerten Reprise durch den Autor. Im übrigen ist die Triebfeder der künstlerischen Persönlichkeit Doderers ganz allgemein eng mit dem habsburgischen Erbe verbunden, das aus seinem Werk durchscheint. Es ist weiterhin festgestellt worden, seine Thematik basiere auf einem rein individuellen Problem, nämlich auf der Fähigkeit des Individuums, auf den »Fall«, das »Ereignis«, das ihn betroffen hat, zu reagieren[140]. So ist die Episode des Verkehrsunfalls, bei dem die schöne Mary K. ein Bein verliert, völlig frei von pathetischem Anstrich; wichtig ist nur, wie Mary ihre Behinderung erträgt und dadurch zu einem vollkommeneren Menschsein gelangt. Die Menschwerdung[141]: dies ist der Kernpunkt von Doderers Kunst. Die unsichtbaren Kristallwände überwinden, die sich zwischen die Person und das Leben stellen und die aus Hemmungen, Fanatismus oder irgendwelchen anderen Formen der Entfremdung bestehen können; die Scheidewand durchbohren, »das Säckchen«, das »also wie ein Filter (wirkte), oder sozusagen nur Abstractes passieren ließ, nicht aber einen mehr-weniger fließenden Übergang von innen nach außen gestattete«[142]; jene Entfremdung überwinden, derentwegen Julius Zihal »den absoluten Abschluß von der Welt, das Leben rein aus eignem innern Vorrat … das Kreisen in einem geschloßnen Planetensystem, in einer durch unsichtbare Wände außerhalb jeglicher Communication gesetzten Sphäre«[143] erlebte. Melzer lebt im tiefen Fluß der Jahre dumpf und fast »außer sich«, ohne selbst den Grund zu kennen, weshalb er die geliebte Frau verloren hat; ein dünner Faden des Bewußtseins wickelt sich jedoch im lethargischen Verlauf seines Lebens ab, und so wird er schließlich in den Armen der schönen Thea Rokitzer, die ihn – zum erstenmal im Roman – beim Namen nennt, zum Menschen[144]. Also ein Kampf gegen die Entfremdung, ein fast antihabsburgisch erscheinendes Anliegen. Aber auch diese Menschwerdung bleibt im Grunde diesseits der alten, österreichischen Barriere der Entfremdung. Vor allem bleibt sie innerhalb der Grenzen einer persönlichen, intimen Erfahrung: wiederum entzieht sich die konkrete geschichtliche Eingliederung dem österreichisch-ungarischen Menschen. Mensch werden bedeutet einfach, sich von seiner Hülle befreien und wohlwollende Beziehungen zum Leben herstellen; es ist ein friedlicher, herbstlicher Seelenzustand, in dem das Wissen um den Zwiespalt zwischen Illusion und Wirklichkeit »einen erheblichen Übergenuß«[145] bewirkt. Der Wunsch, der Entfremdung zu entgehen, drückt sich häufig in antiquierten Tönen aus, in dem Wunsch, der Stadt zu entfliehen, sich aufs Land zurückzuziehen: eine gelbe Schuhcremeschachtel erinnert Zihal an ein goldüberflutetes Tal bei Wien zur Mittagszeit, und er schwärmt von einem »Hauerwein ... so unberührt jetzt noch und eisig wie eine unmittelbare Gabe der Natur, und nicht das Werk pfleglicher und kundiger Hände: sondern gleichsam aus dem Weinberg geflossen wie eine Quelle, ohne Winzer, ohne Lese, ohne Presse dazwischen«[146]. Auch hier handelt es sich um eine Erinnerung an alte habsburgische, antistädtische Heimatmotive, um eine überaus ausdrucksvolle, feine Stickerei, die freilich nicht die *mediocritas* einer solchen Menschwerdung mildert. Diese findet in Wahrheit nicht statt, wie sie auch nicht in der religiösen Mythisierung eines Hofmannsthal stattgefunden hat. Zihal wird Mensch und gelangt aus seinen Alpträumen zu einer anmutigen Idylle mit seiner fülligen Rosl, aber im Grunde bleibt er der alte; er hat das starre System aus Abszissen und Ordinaten, in dem er das Leben inventarisierte und abtötete, bloß gelockert, aber nicht beseitigt. Doderers humanistisches Ideal ist ganz eindeutig jeglicher Ideologie abhold, die er als Instrument der Entfremdung und nicht als aktive Deutung des Wirklichen betrachtet. Ein Kritiker, der Doderers Lob sang, schrieb: »Er entideologisiert uns«[147]. Aber ist nicht gerade das die wahre Entfremdung, ja die klassische antiintellektuelle habsburgische Entfremdung?

Von diesen nicht erreichten Zielen abgesehen, erweist sich Doderers Erzählkunst als vorzügliche zweitrangige Kunst, die durch die sprudelnden Quellen der habsburgischen Tradition, die in einer reizvollen Verflechtung von Figuren und Motiven in seinem Werk zusammenfließen, bereichert wird und pittoresk wirkt. Deshalb sind *Die erleuchteten Fenster* sein Meisterwerk, weil dieser Roman seinem authentischsten Maß entspricht. Und wirklich ist Doderer nicht so sehr der Schriftsteller großer, die ganze Krise einer Zeit umfassender Romane, sondern der intelligente Erzähler kleiner, erlesener Dinge, der Dichter der Details. *Die erleuchteten Fenster* enthalten auch am stärksten die österreichisch-ungarische Atmosphäre und sind am tiefsten von der habsburgischen Tradition durchdrungen. Wiederum steht hier ein steifer, würdevoller Bürokrat vor uns, für den die Pensionierung einen Fall »aus der abstrakten Höhe einer überpersönlichen Instanz«[148] bedeutet und der sein Leben nach dem Grundsatz einrichtet, daß »ein Akt … in gewissem Sinne eine ebenso eigenständige und von aller Welt abgelöste und unabhängige Existenz wie ein Kunstwerk«[149] hat. Doderer schildert mit feiner Eindringlichkeit die Abenteuer dieses k.k. Beamten, die Art, wie er genüßlich die Frauen beobachtet, die sich am Fenster gegenüber ausziehen, und die kleinliche Pedanterie, mit der er diese seine Erfahrungen vermerkt und katalogisiert. Das ganze Buch ist eine reizvolle Beschwörung des habsburgischen Österreich: das Fernglas, das Zihal zum Ausspähen der Frauen benützt, ist ein altes Relikt von Königgrätz, an dessen Linsen noch der Groll des Doppeladlers haftet; die hübsche kleine Venusfigur erinnert ihn an die anmutige Rokokozeit und läßt ihn denken: »Vornehme Leute gehen durch's Elend wie durch ein vorübergehendes Exil.«[150] Eine Galanterie alten Stils erfüllt dieses Werk mit einer lächelnden, herben Anmut; ein Gefühl für Distanz und Ordnung, eine leise Sinnlichkeit und Pedanterie lassen die ganze altväterische Atmosphäre der Ära Franz Josephs wiedererstehen. In Wirklichkeit lebt jene Welt im Roman nicht als echter Hintergrund und erlangt kein eigenes, wirkliches Leben in der Dichtung, sondern gestaltet sich eher als launiger Farbton, als köstliches Spiel eines aufmerksamen Kenners der Welt von gestern in all ihren Nuancen. Es ist ein äußerst amüsant zu lesendes Buch, geschrieben von einem Grandseigneur der Feder, doch zeugt es zuweilen von einer gewissen Beliebigkeit.

In die Beliebigkeit gleiten die späten Erben der Donaukultur in der Tat häufig ab, vor allem wenn sie an den etwas dünnen, raffinierten Wiener Humor anknüpfen und ihre Texte mit spitzfindigen, preziösen und wenig gehaltvollen Schnörkeln schmücken. Einer der letzten Epigonen, Fritz von Herzmanovsky-Orlando, treibt in seinem Roman *Gaulschreck im Rosennetz* (1957)[151] die Rokokoeleganz und den kalligraphischen Ästhetizismus der Wiener Kultur auf die Spitze. Doch hinter der zügellosen Einbildungskraft verbirgt sich ein ironisches, unbewußtes Wissen von der Fragilität dieser Arabesken; dieses epigonale Wissen macht eine echte Hingabe an die vielbeschworene verlorene Welt unmöglich und entzieht auch der Sehnsucht Frische und Kraft, erschöpft sie in preziösen Stilmitteln und einem verspielten Manierismus. Und es fehlt diesen Werken, die sich des eigenen Anachronismus allzusehr bewußt sind, die deutlich artikulierte Melancholie, wie sie sich noch heute im Wienerlied äußert.

Auch die *Maghrebinischen Geschichten* (1953) Gregor von Rezzoris lösen sich, trotz ihrer geistvollen Eleganz, zu einer ergötzlichen, witzigen und farbigen Intarsie ohne echte menschliche und poetische Substanz auf. Und doch bietet eben Gregor von Rezzori in seinem Roman *Ein Hermelin in Tschernopol* (1958) eine dichterisch faszinierende und alles in allem geschichtlich gültige Verklärung der habsburgischen

Welt, deren reizvollste und am meisten heimgesuchte Ecke, die südosteuropäische, hier gezeigt wird. Eine märchenhafte Suche nach der verlorenen Zeit und eine lyrisch bestimmte Beschwörung der Kindheit hindern Rezzori nicht, in der Magie der Verklärung die geschichtliche und soziale, für die österreichisch-ungarischen Schriftsteller so schwer erreichbare Wirklichkeit festzuhalten. Das Wesen des habsburgischen Mitteleuropa kommt zum Vorschein, gewissermaßen gefiltert durch die verzauberte, irreale Atmosphäre der Begebnisse, die im übrigen nach außen hin verblassen und von innen her, in ihrem inneren Widerhall und den Rückwirkungen auf die Phantasie, erlebt werden. Dieses magische Licht entstellt jedoch die geschichtlich-soziale Wirklichkeit nicht. Ist Rezzori einerseits der letzte beeindruckende Dichter der östlichen Kronländer der Monarchie, so ist er auch jener Schriftsteller, der die geschichtliche Tragweite des Zusammenbruchs durch die Verlagerung in die Gefühle der einzelnen Menschen und in die lyrische Atmosphäre des Romans festgehalten hat. Die eindringlichste Wirkung ergibt sich sicherlich aus der Beschreibung jener slawisch-deutsch-rumänisch-jüdischen Gebiete, die, noch vom Dämmerschein der Doppelmonarchie beleuchtet, von einem Abglanz der europäischen Kultur gestreift, aber von einem wilden mongolischen Wind hinweggeweht wurden: »Die ersten Schneeböen, die unvermittelt aus dem Osten kamen, ... schmeckten nach Asien«[152]; diese Wirkung entsteht aus dem Bild jener Völker, in deren Adern »das Blut von Dakiern, Römern, Gepiden, Awaren, Petschenegen, Kumanen, Slawen, Ungarn, Türken, Griechen, Polen und Russen umging«[153]. Rezzoris sagenhaftes Tschernopol (nämlich Czchernowitz in der Bukowina oder, wie es unter den Rumänen beziehungsweise den Russen, den folgenden Beherrschern der Stadt, hieß: Cernauti und Tschernowtschi) ist die letzte literarische Hauptstadt, das letzte Seelenland jener menschlichen wie stilistischen Welt, die von Franzos bis Joseph Roth in einem so bedeutenden Teil der österreichischen Literatur vertreten gewesen war.

Der Roman reicht aber weit über eine suggestive Beschwörung hinaus. Er handelt in der ersten Zeit nach dem Ersten Weltkrieg, also nach dem Untergang des Habsburgerreichs, und teilt mittelbar die Verwirrung und Richtungslosigkeit nach diesem Zusammenbruch mit. Das Symbol dieses Endes ist das tragische Geschick Tildys, eines Offiziers mit »englischen« Zügen und einem aus der Mode gekommenen Ehrgefühl, ein weißes Hermelin, das der übelriechende Basar von Tschernopol verlacht, befleckt und ruiniert. In gewissem Sinn ist Tildy, die letzte Verkörperung der habsburgischen Person, die sich selbst überlebt hat, geistig älter als Musils Ulrich, der ja vor der Auflösung der Monarchie lebt und handelt: Tildy ist nämlich noch ein »Mann mit Eigenschaften«, sein Inneres ist noch unversehrt, noch nicht berührt von der Krise und dem Nihilismus des Verfalls; um so schreiender und grotesker gestaltet sich darum sein Verhältnis zur Wirklichkeit, die von seiner Welt unüberbrückbar weit entfernt ist. Seine tragikomische Geschichte endet schicksalhaft in einer düsteren, verzweifelten Schlußkatastrophe. Jener Wagen, der Tildys englisches Gesicht entstellt, zerstört brutal auch den letzten »Mann mit Eigenschaften« der habsburgischen Tradition und vernichtet damit die jahrhundertealte Gestalt der österreichischen Literatur. Rezzori verabsäumt nicht, das Groteske der Situation Tildys mit feiner, bissiger Ironie hervortreten zu lassen, doch ist dieser Spott nicht Selbstzweck und mindert keineswegs das menschliche Anliegen des Romans, sondern ist ein Zeichen der mitfühlenden menschlichen Anteilnahme des Autors.

Im übrigen mythisiert Rezzoris Heimweh die verlorene Welt von gestern nicht, auch erträumt er keine unmögliche Rückkehr; durch seine im ganzen gesehen realistische Wertung der habsburgischen Verwaltung hält er vielmehr eine objektive geschichtliche Gegebenheit fest. In jenen ruhelosen Ländern hatte der Zusammenbruch der Monarchie tatsächlich negative Auswirkungen und leitete eine Krise ein, die kaum beizulegen war. So unbeweglich die österreichische Regierung auch gewesen sein mochte, erwies sich ihr Verwaltungsapparat der folgenden chaotischen Korruption des rumänischen Staats und dem Satrapentum türkisch-byzantinischer Herkunft doch weit überlegen. Sicherlich hatte sich das österreichische Regime damit begnügt, eine tüchtige und korrekte, aber sehr beschränkte Beamtenschaft heranzubilden, ohne die soziale Gesamtheit dieser Völker zu gewinnen und dem Staat einzugliedern, worin im wesentlichen sein Versagen bestand. Aber auf die pedantische, skrupelhafte österreichische Verwaltung folgten Leute wie Rezzoris Tarangolian, jener undurchschaubare Statthalter mit seinem trägen, irgendwie grausamen Despotismus, und auf den Trümmern des alten habsburgischen Kosmopolitentums entfesselten sich die nationalistische Mythomanie des Herrn Alexianu und die aggressive Dreistigkeit des Studenten Nastase. Die Geschichte der letzten Dezennien zeigt, wie tief sich die Krise das habsburgischen Zusammenbruchs in jenen Ländern ausgewirkt hatte.

Rezzoris Anschauungsweise bleibt also nicht im Reich des Mythos gefangen, sondern vermag, zumindest bis zu einem gewissen Grad, die Wirklichkeit zu durchschauen. Schon Heinrich Zillich, der lebendige Darsteller Siebenbürgens, hatte in seinem Roman *Zwischen Grenzen und Zeiten* (1936) die Auflösung der Monarchie als Verlust der einzigen geistigen Verbindungskraft des europäischen Ostens geschildert, doch war sein Bild von einem allzu hitzigen deutschen Nationalismus stark verändert worden. Rezzori hingegen nimmt einen rein habsburgischen, übernationalen Standpunkt ein und macht sich sogar einen Spaß daraus, in seinem in Ich-Form geschriebenen Roman jeden ethnischen Hinweis auf die eigene Person zu verbergen, so daß man dem Buch unmöglich entnehmen kann, welcher »Rasse« und Muttersprache der Held und seine Familie angehören; die einzigen »nationalen« Akzente, die darin anklingen, sind eine offene Sympathie für die Juden und ein gewisses Mißtrauen gegenüber den Deutschen. Freilich verbigt sich in all dem auch ein maliziöses Spiel, die Freude an der Verheimlichung; übrigens ist dies stets die Grenze von Rezzoris Werken, die immer nahe daran sind, sich in der Magie des Worts, in der Verführung durch die Phantasie und im sprachlichen Spiel aufzulösen. Auch Rezzori unterliegt auf seine Art der Auflösung des Romans und der eigentümlichen österreichischen wie mitteleuropäischen Dekadenz. Abgesehen von einigen selbständigen und lebendigen Hauptfiguren, neigen seine Gestalten manchmal dazu, ihre konkrete Bedeutung zu verlieren und hinter der musikalischen Note, dem Kolorit der Atmosphäre zurückzutreten; diese Auflösung der Person, die der ganzen modernen Erzählkunst gemeinsam ist, hatte ja in der österreichischen Literatur besondere Bedeutung erlangt.

Wahrscheinlich hat Ferdinando Virdia recht – der die Beziehung Rezzoris zu seiner Welt sehr klug erfaßt hat –, wenn er ihn einen »Kosmopoliten der Welt von gestern«[154] nennt, dem es in gewisser Hinsicht gelungen sei, seinen Ausgangspunkt, seine mitteleuropäische Dekadenz, die »mittlerweile kaum mehr die Möglichkeit hat, den Geist und die Probleme unserer Zeit zu interpretieren«[155], zu überwinden. Auch in diesem Werk wird das Ende des Habsburgerreichs als heillose Katastrophe, als hoffnungsloser Untergang dargestellt; mit dem Tod Tildys scheint jedes geliebte Objekt, jede Hoffnung zu sterben, und Rezzori bleibt folglich unlösbar mit der Welt von gestern verbunden. Doch scheint der Roman mit seiner europäischen Öffnung, die an die habsburgische Tradition geknüpft ist, doch zumindest teilweise frei ist von den Schemata der Mythologie, trotz seiner nicht unerheblichen Beschränkungen die Möglichkeit einer nicht anachronistischen Fortführung dieser Tradition nahezulegen, die Möglichkeit, die dichterisch und historisch gültigen Werte der habsburgischen Kultur in die zeitgenössische Literatur zu überführen.

Anmerkungen

Einführung

[1] S. Zweig, *Die Welt von Gestern* (verfaßt 1940–41), Gütersloh 1960, S. 14.

[2] Ebenda, S. 48.

[3] Ebenda, S. 39.

[4] Ebenda, S. 40.

[5] Ebenda, S. 45.

[6] J. Roth, *Radetzkymarsch*, 1932; jetzt: Köln–Berlin 1963, S. 335.

[7] »k. u. k.«: »Kaiserlich und königlich« (R. Musil, *Der Mann ohne Eigenschaften*, Bd. I, 1931; jetzt: Hamburg 1952, hg. von A. Frisé, Bd. I, S. 31).

[8] Ebenda, S. 33.

[9] J. Roth, a. a. O., S. 141 f.

[10] Titel einer Gedichtsammlung Franz Werfels aus dem Jahre 1911.

[11] F. Werfel, *Aus der Dämmerung einer Welt* (Twilight of a World), New York 1937. Das von Werfel dazu verfaßte Vorwort »Über die Bedeutung des kaiserlichen Österreich« ist als deutsches Manuskript verschollen.

[12] Ebenda.

[13] Ebenda.

[14] Ebenda.

[15] Ebenda.

[16] Ebenda.

[17] Ebenda.

[18] Ebenda.

[19] Th. Mann, *Verhältnis zu Wien*, 1926, in: *Gesammelte Werke in 12 Bänden*, hg. von H. Bürgin, Bd. XI, Oldenburg 1960, S. 399.

[20] J. Roth, a. a. O., S. 288.

[21] *Aus der Dämmerung einer Welt*, a. a. O.

[22] Ebenda.

[23] R. Musil, a. a. O., S. 33.

[24] *Aus der Dämmerung einer Welt*, a. a. O.

[25] Ebenda.
[26] Ebenda.
[27] R. Musil, a. a. O., S. 34f.
[28] J. Roth, a. a. O., S. 31–34.
[29] Ebenda, S. 301.
[30] H. von Doderer, *Die erleuchteten Fenster oder die Menschwerdung des Amtsrates Julius Zihal*, München 1950, S. 43.
[31] *Aus der Dämmerung einer Welt*, a. a. O.
[32] Ebenda.
[33] Ebenda.
[34] S. Zweig, a. a. O., S. 27f.
[35] *Aus der Dämmerung einer Welt*, a. a. O.
[36] H. von Srbik, *Deutsche Einheit. Idee und Wirklichkeit vom Heiligen Reich bis Königgrätz*, München 1935; Ders., *Österreich in der deutschen Geschichte*, München 1936; Ders., *Mitteleuropa. Das Problem und der Versuch einer Lösung in der deutschen Geschichte*, Weimar 1937.
37 R. Musil, a. a. O., S. 33ff.

I. Genesis des habsburgischen Mythos

[1] Ironischer, abfälliger Ausdruck, der von den Schriftstellern des Vormärz gebraucht wurde; vgl. E. von Bauernfeld, *Erinnerungen aus Alt-Wien*, hg. von J. Bindtner, Wien 1923, S. XI (es handelt sich um mehrere, zwischen 1867 und 1877 geschriebene Aufsätze).
[2] Kaiserlich-königlich, oder, wie die Ungarn lieber gehabt hätten: kaiserliche und königliche Doppelmonarchie; sie polemisierten damit gegen den Ausdruck »kaiserlich-königlich«, der den Österreichern lieb war. Die Verwendung des k. k. oder k. u. k.war ein echtes Problem. Vgl. Musil: »Es war … kaiserlich-königlich und war kaiserlich und königlich; eines der beiden Zeichen k. k. oder k. u. k. trug dort jede Sache und Person …« (*Der Mann ohne Eigenschaften*, a. a. O., S. 34.)
[3] H. von Srbik, *Deutsche Einheit. Idee und Wirklichkeit vom Heiligen Reich bis Königgrätz*, a. a. O.; desgleichen *Österreich in der deutschen Geschichte*, a. a. O.
[4] E. Bagger, *Franz Joseph*, Zürich–Leipzig–Wien 1927, S. 214.
[5] Nicht näher zu erläuternder Ausdruck Musils, der »österreichisch-ungarisch« bedeuten soll. Es kommt im *Mann ohne Eigenschaften* sehr häufig vor.

[6] L. Pyrker (1772–1847), *Rudolph von Habsburg*, 1824.

[7] Franz nahm 1804 den Titel Kaiser von Österreich an, doch erfolgte der Verzicht auf die Krone des Heiligen Römischen Reiches erst am 6. August 1806.

[8] Bei der Entstehung des habsburgischen Mythos oder, will man die innere Vielfalt hervorheben, der habsburgischen Mythen, ist unleugbar eine antipreußische Komponente, oder besser: Funktion, vorhanden.

[9] *Aus der Dämmerung einer Welt*, a. a. O.

[10] H. von Srbik, a. a. O.

[11] C. Antoni, *Storia dell'Austria. L'interpretazione del von Srbik*, in: *Considerazioni su Hegel e Marx*, Neapel 1946, S. 248.

[12] R. Lorenz, *Drei Jahrhunderte Volk, Staat und Reich*, Wiener Verlagsgesellschaft, o. J. (Manuskript 1942).

[13] Vgl. E. Bagger: »Es war aber ein typisch österreichischer, ein Habsburger Kompromiß – nicht ein Verschmelzen von Unterschieden, sondern ein Nebeneinander-weiter-Bestehen derselben«, a. a. O., S. 104.

[14] Wie die Reformen Maria Theresias und vor allem Josephs II. mit der Bauernbefreiung und der daraus folgenden Problematik.

[15] F. Grillparzer, *Ein treuer Diener seines Herrn*, 1828.

[16] »Phäakisch« ist ein charakteristischer Ausdruck der Wiener Schriftsteller, um den fröhlichen Hedonismus ihrer Stadt und ihrer Umgebung anzudeuten. Vgl. u. a. E. von Bauernfeld: »Hauptstadt der Phäaken« (*Das Leben ein Tanz*, 1849; in: *Bauernfelds ausgewählte Werke in vier Bänden*, hg. von E. Horner, Leipzig o. J. [1905?], Bd. I, S. 58).

[17] F. Grillparzer, *Abschied von Wien*, 27. August 1843, in: *Gesammelte Werke*, hg. von E. Rollett und A. Sauer, Wien 1925, Bd. I, S. 112.

[18] A. Bäuerle, *Aline oder Wien in einem andern Weltteile*, 1822; in: *Das parodistische Zauberspiel*, hg. von O. Rommel, Leipzig 1937, S. 115 (der Band gehört zur Reihe »Barock. Barocktradition im österreichisch-bayrischen Volkstheater«, hg. von O. Rommel).

[19] Für E. Stranik (*Österreichs deutsche Leistung, eine Kulturgeschichte des südostdeutschen Raumes*, Wien–Leipzig o. J. [Manuskript 1937], zit. bei C. Antoni, a. a. O., S. 272) ist der Österreicher »unter allen Deutschen … der phantasie- und gefühlsbegabteste und trägt zur menschlichen Rasse die ›genial Oberflächlichen‹ bei«. Diese Deutung führt auf eine abstrakt-naturalistische, metahistorische Ebene, die das Ergebnis bestimmter geschichtlicher Ursachen ist.

[20] C. Antoni, a. a. O., S. 273.

[21] Zit. bei E. Bagger, a. a. O., S. 276.

[22] So hatte der Kahlenberg, der mit Grillparzer zum mythischen Begriff und zum Schlüssel für das Verständnis seines ganzen Wesens wird (»Hast du vom Kahlenberg das Land dir rings besehn, so wirst du, was ich schrieb und wer ich bin, verstehn«, F. Grillparzer, *In ein Stammbuch*, 1844; G. W., a. a. O., Bd. II, Wien 1923, S. 124), dem *Pfaff vom Kahlenberg* von Philipp Frankfurter (2. Hälfte des 15. Jh.s) als heiterer Hintergrund gedient, doch ist dies ein geographischer Zufall und gewiß keine Koinzidenz der Stimmung; auch dringt aus Frankfurters heiterem Werk noch in keiner Weise etwas von dem leichten, betrübten und jauchzenden Wienertum durch, das einen der echtesten und musikalischsten Aspekte des habsburgischen Mythos darstellt. In der zweiten Hälfte des 14. Jahrhunderts schrieb Peter Suchenwirt seine »Ehrenreden«, darunter *Von fünf Fürsten* (hg. von A. Primisser, Wien 1827), worin er die für den Habsburger verderbliche Schlacht bei Sempach beschrieb, während Heinrich von Müglin seine *Ungarische Chronik* Rudolf IV. widmete. Michael Beheim schrieb, anläßlich des Wiener Aufstandes vom Jahre 1462 gegen seinen Herrn und Beschützer Friedrich III., voll herben Grolls gegen die Bewohner dieser Stadt wohl das erste *Buch von den Wienern* (hg. von T. von Karajan, Wien 1843); es ist dies ein literarisches Genre, das die Verspottung oder die Lobpreisung des Wiener Herzens und Wiener »Bluts« zum Gegenstand hat und das in der späteren österreichischen Literatur einen wichtigen Platz einnimmt. Derselbe Beheim überragt in seinen *Zehn Gedichten zur Geschichte Österreichs und Ungarns* (hg. von T. von Karajan, Wien 1848) durch den größeren historischen Gehalt seiner Lobeshymnen die zahlreichen patriotischen Sänger Österreichs, Ungarns und Böhmens. Wolfgang Schmeltzl, einer der geistigen Väter des Wiener Theaters (ca. 1500–1560), fruchtbarer Verfasser von Lobpreisungen auf Erzherzöge und von Komödien und Liedern gegen die Türken, wurde – als ehemaliger Lutheraner – katholischer Priester und verließ seine Familie. 1548 verfaßte er einen der ersten Gesänge auf Wien: *Ein Lobspruch der hochlöblichen weitberühmten khüniglichen Stat Wienn in Österreich* (*W. Schmeltzl, der Wiener Hans Sachs*, Eine Auslese seiner Werke, hg. von E. Triebnigg, Wien 1915). So besang er die liebliche österreichische Erde: »... o Österreich! Wo mag man finden dein geleich? Kein landt mir nie pass gfallen hat, ... ein landt am volck gewaltig reich, Gut müntz, groß gwicht und mass dergleich, Vil Kayser, Fürsten, Herrn, In diesem landt geboren werdn« (a. a. O., Vers 45–47, S. 25 – man beachte das bezeichnende Wort »mass« –;

Vers 61–64, S. 25) und den Ruhm von Wien: »Wie ich die Stat nun vor mir sah, O Edles Wienn! selbst in mir sprach: Du bist die port und zir alzeit, Befestigung der Christenheit! Der Türck mit ernst früh und spat sein Kopff an dir zerstoßen hat!« (a. a. O., Vers 193–198, S. 30). Doch sind diese Stellen für uns nur von archäologischem Interesse, ähnlich wie die alte Wiener Chronik von Ladislaus Suntheim (1498–1505) oder die Anspielungen der *Historia Friderici III Imperatoris* Papst Pius' II. Piccolomini. Oder auch wie das Poem *Der habsburgische Ottobert* von Wolfgang Helmhard von Hohberg (1664), das mit barocker Emphase die Sage eines legendären Vorfahren des Hauses Habsburg erzählt. Auch aus den Schriften des großen Barockpredigers Abraham a Sancta Clara (1644 bis 1709) können Ausschnitte aus dem Wiener Leben herausgelesen werden, besonders aus der berühmten Beschreibung der Pest vom Jahre 1679; auf typisch barocke Weise wird hier der Tod von Vertretern der verschiedenen gesellschaftlichen Schichten dargestellt, was dem Prediger Gelegenheit gibt, farbenfrohe lokale Figuren und den genußsüchtigen Luxus des Adels zu schildern (vgl. *Merk's Wien!*, Wien 1680; desgleichen *Austriacus Austriacus. Lobrede auf den heiligen Markgrafen Leopold*, Wien 1673; *Österreichisches Deo gratias*, Wien 1680; verschiedene neuere Ausgaben, darunter die *Werke von A. a Sancta Clara*, hg. von der Akademie der Wissenschaften in Wien, zusammengestellt von K. Bertsche, 3 Bde., Wien 1943–1945). Freilich läßt das »erhabene Wien«, das den »Wunsch der Christenheit« anzieht, von dem *»Über die Welterwünschte und Allgemeine Glückseligkeit befördernde Wahl des Allerdurchlauchtigsten, Großmächtigsten und Unüberwindlichsten Römischen Kaisers Karls VI, in Hispanien, Hungarn und Böheim Königs«* (*Gedichte … und lateinische Inschriften des kais. Rathes C. G. Heräus*, Nürnberg 1721; zit. bei F. Mayer, *Geschichte Österreichs, mit besonderer Rücksicht auf Culturgeschichte*, 2 Bde., Wien 1874, Bd. II, S. 140) die Rede ist, noch nicht das glückliche und leichtsinnige »dicke Wien« vorherahnen. Kurz, es ist noch ein ganz anderes Klima.

23 *Aus der Dämmerung einer Welt*, a. a. O.

24 Ebenda.

25 B. Auerbach, *Denkmale Kaiser Josephs*, im Almanach »Der Gevattersmann«, jetzt in: B. Auerbach, *Schatzkästlein des Gevattersmanns, B. Auerbachs Gesammelte Schriften*, Stuttgart 1864, Bd. XVII, S. 65–125. Dieses Werk stützt sich jedoch auf J. P. Hebels *Hausfreund*, wo bereits der Mythos Josephs II. enthalten ist (z. B.: *Ein gutes Rezept, Werke*, hg. von W. Altwegg, Freiburg/Br. o. J. [Manuskript 1858], Bd. II, S. 192).

[26] C. Antoni stellt sich die Frage, »ob es nicht gerade ... die zehn Regierungsjahre des philanthropischen Kaisers waren, die Österreich einen Weiterbestand von anderthalb Jahrhunderten sicherten, d. h. ob die Loyalität des Volkes, die Grundlage der Monarchie, nicht dem legendären Volksfreund zu danken war, der allen Gehör schenkte und in Mähren sogar in einer Apotheke Quartier bezog« (a. a. O., S. 277). Der Unterschied liegt jedoch im anderen Stil, diese Loyalität und Volksverehrung zu erlangen, und vor allem im andersgearteten Zweck dieses Unterfangens.

Für die vorliegende Untersuchung ist das Josephinische Zeitalter insofern interessant, als mit ihm gewissermaßen die »bürokratische Literatur«, die Gestalt des Beamten als Schriftsteller, beginnt: »Das barocke Österreich der Dichter in Schalaune und Talar endete, das bureaukratische Österreich der Dichter im Beamtenrock begann« (Nagl/Zeidler/Castle, *Deutsch-Österreichische Literaturgeschichte*, Bd. II, Wien 1914, S. 263); oder: »Rüdiger von Bechelaren, das Urbild österreichischer Treue, kleidete sich in den Beamtenrock« (S. 264). Der *Hirtenbrief* Josephs II. an die Beamten rief jene typisch stille und zurückhaltende Literatur ins Leben, der man noch oft begegnen wird; doch ist der Geist, der sie beseelt, noch weit von der langsamen, für die österreichisch-ungarische Bürokratie kennzeichnenden statischen Gelehrsamkeit entfernt: »Der Josephinische Frühlingshauch wehte auch durch die Kanzleistuben, fegte verjahrten Staub hinweg und zerriß manches wohlgehegte Spinnengewebe« (Nagl/Zeidler/Castle, a. a. O., S. 263).

[27] J. Sonnenfels, *Briefe über die Wienerische Schaubühne, 1767.*

[28] Ders., *Betrachtungen eines österreichischen Staatsbürgers an seinen Freund, veranlaßt durch das Schreiben des Hrn. v. M.*** an Hrn. Abbé Sabatier über die französische Republik*, Wien 1793.

[29] »In der Monarchie sieht der Bürger den Mittelpunkt der Macht, die sich in einem vereiniget, als den Mittelpunkt seines Glückes an. Diese Regierungsart hält zwischen der Aristokratie und Demokratie.« (J. Sonnenfels, *Über die Liebe des Vaterlandes*, Wien 1771, S. 89.)

[30] Ebenda, S. 104.

[31] Ders., *Die erste Vorlesung, welche Herr Hofrath von Sonnenfels nach dem Tode Marien Theresiens hielt*, Wien 1780.

[32] Ders., *Scienza del buon governo*, Mailand 1784.

[33] Ebenda, S. 55: Die Religion ist »das süßeste Band der Gesellschaft«, so daß der Herrscher »ein so bequemes Band nicht aus der Hand lassen darf und aufmerksam bestrebt sein muß, daß jeder Staatsbürger Religion habe. So betrachtet, ist der Atheismus

auch ein politisches Delikt, da er dem Fürsten das Mittel nimmt, seine Untertanen am sichersten zu führen«.

[34] Vgl. das Konkordat Franz Josephs (1855), das neben den der Kirche eingeräumten Begünstigungen einen gewissen Vorrang des Kaisers, als Vertreter Gottes und der göttlichen Ordnung, festlegte. R. A. Kann (*A Study in Austrian Intellectual History. From late Baroque to Romanticism*, New York 1960) beleuchtet den spezifisch österreichisch-absolutistischen Aspekt der Sonnenfelsschen Aufklärung, betont jedoch deren Unterschied zu der ethisch-politischen Kultur Österreichs im 19. Jahrhundert.

[35] »... sämtlich aber in den Ohren der Nationen das hohe Schallwort von Volkssouveränität laut widerhallen machen, und ungewarnten einzelnen Menschen die liebkosende Aussicht einer mißgekannten Freiheit, einer geträumten Gleichheit anbieten« (J. Sonnenfels, *Betrachtungen* ..., a. a. O., S. 8).

[36] J. Sonnenfels, *Betrachtungen* ..., a. a. O., S. 27.

[37] Man kann vielleicht von einer Aufklärung als typischer Komponente der österreichischen Idee auf politischer Ebene sprechen, wie Antoni sagt: »Metternich mußte im 19. Jahrhundert den europäischen Geist des 18. Jahrhunderts wahren, da Österreich eine Einrichtung des 18. Jahrhunderts war, deren Erhaltung nur in einem Europa möglich wurde, in dem die nationalen Ideen verpönt blieben ... er versuchte Österreich zu retten, nicht indem er es der neuen Zeit anpaßte, sondern vielmehr, indem er ganz Europa gewissermaßen österreichisch und patriarchalisch machte« (a. a. O., S. 253); im geistigen, menschlich-literarischen Bereich jedoch ist die Aufklärung die Antithese zum habsburgischen »System«.

[38] Nagl/Zeidler/Castle, a. a. O., Bd. II, S. 253.

[39] Ebenda.

[40] Dieselbe Meinung vertritt J. Nadler, *Literaturgeschichte Österreichs*, Salzburg 1951, S. 195.

[41] A. Blumauer (1755–1798) besang u. a. die Donau: *Donaufahrt*, 1781. J. B. von Alxinger (1755–1797), *Doolin von Mainz*, 1787; *Bliomberis*, 1791.

[42] Vgl. *Poetische Bilder der meisten kriegerischen Vorgänge in Europa seit 1756*, Wien 1760; *Poetische Bilder der meisten kriegerischen Vorgänge in Europa seit 1760*, Wien 1761. Für die Lobgedichte vgl. vor allem *Die Säule des Pflügers, Sineds Morgenlied, Die Aeonenhalle*, jetzt in: M. Denis, *Im schweigenden Tale des Mondes*, hg. von A. Fischer-Colbrie, Graz–Wien 1958, S. 49, 60, 102.

[43] F. Ratschky (1757–1810); seine Gedichte stammen aus den Jahren 1785 und 1805.

[44] *Melchior Striegel. Ein heroisch-episches Gedicht für Freunde der Freiheit und Gleichheit*, 1793.

[45] Wir verweisen auf Autoren wie G. Prehauser 1699–1769), J. F. von Petrasch (1714–1772), C. H. von Ayrenhoff (1733–1819), P. H. von Gebler (1726–1786), W. Weiskern (1711–1768), J. F. Schink (1755–1835), P. Weidmann (1744–1801) u. a., wie J. von Kurz (171–1784), K. Marinelli, J. Perinet (1763–1816) sowie K. F. Hensler (1759–1825), die dem Wienertum schon nahestehen.

[46] *Die Zauberflöte*, 1791; E. Schikaneder (1751–1812).

[47] F. Werfel, *Aus der Dämmerung einer Welt*, a. a. O.

[48] C. Antoni, a. a. O., S. 275. Im Bereich des Allgemeinen bleiben auch die Dramen und Kriegslieder der Tiroler Dichter wie Staudacher, Rainer, Zoller, Primisser, Weißenbach oder andere Sänger des Ländlichen in der Zeit von 1797 bis 1809.

[49] J. Stranitzky (1676–1726), seit 1706 in Wien.

[50] E. von Bauernfeld, *Erinnerungen aus Alt-Wien*, a. a. O., S. 31.

[51] J. Nadler, a. a. O., S. 201; P. Hafner (1735–1764).

[52] E. von Bauernfeld, a. a. O., S. 35.

[53] Hafner schrieb gegen Sonnenfels eine Verteidigungsschrift der Stegreifkomödie und des Hanswurst: *Verteidigung der Wienerischen Schaubühne*, 1761.

[54] E. von Bauernfeld, a. a. O., S. 41. (»Die Narrheit ist der wahre Vogel Phönix … das Leben wäre nicht vollständig ohne seine eigene lebendige Parodie.«)

[55] E. von Bauernfeld, a. a. O., S. 38.

[56] K. Pahlen, *Musikgeschichte der Welt*, 2. Aufl., Zürich 1958.

[57] Zit. in: H. E. Jacob, *Johann Strauß, Vater und Sohn*, Hamburg 1956, S. 20.

[58] E. von Bauernfeld, *Das Leben ein Tanz*, Gedicht vom 27. September 1849, in: *Bauernfelds ausgewählte Werke*, a. a. O., Bd. I, S. 59.

[59] Zit. in: H. E. Jacob, a. a. O., S. 21 f.

[60] Ebenda, S. 20.

[61] Ebenda.

[62] Im Lustspiel *Thaddädl, der dreißigjährige A-B-C Schütz*, 1799, von Hensler; zit. in: Nagl/Zeidler/Castle, a. a. O., S. 481.

[63] Man denke auch an Werke, die eine richtiggehende Beschreibung der Stadt zum Gegenstand haben, frische, liebenswerte Bilder, wie die *Beiträge zur Schilderung Wiens* (1781) von Weißegger oder die *Geschichte der K. K. Haupt- und Residenzstadt Wien* (1789–1792) von F. Edlen von Geusau; dieses »Genre« erlangt im 19. Jahrhundert mit Hammer-Purgstall, Hormayr und womöglich bis hin zu Hermann Bahr große Bedeutung.

[64] Mit diesem Pamphlet gibt J. Rautenstrauch – u. a. Herausgeber eines Journals mit dem bezeichnenden Titel »Die Meinungen der Babette« – den Anstoß für eine ganze Reihe kleinerer Stücke (mehr als 25) für und wider die Stubenmädchen, deren Verführung er geißelt. Mehr als ein »blauäugigstes Nanettl« brach eine Lanze für die fröhlichen Geschöpfe. Rautenstrauch war auch Wortführer einer ganzen Gruppe ironischer, humoristischer und sarkastischer Beschreiber des Wiener Lebens, in: *Das neue Wien. Eine Fabel* (1785), eine Huldigung an das Josephinische Wien; *Die Schwachheiten der Wiener. Aus dem Manuscript eines Reisenden herausgegeben von Arnold* (1784), worin das liebenswerte und frivole Leben der Stadt ironisch beschrieben wird. »In Wien ist alles ›gnädig‹. Jeder, der kein Handwerk betreibt, ist ein ›Herr von‹, man sieht nur ›gnädige Frauen‹. Jedes Mädchen, das einen Mantel trägt, ist ein ›gnädiges Fräulein‹. Die Stubenmädchen haben ausschließungsweise den Namen ›Mamsell‹ gepachtet – und folglich geht das Wort Jungfrau ... verloren ... Die Wiener frozzeln gerne ... In jedem Wiener Kaffeehaus wird das Schicksal von Europa jeden Tag mindestens dreimal entschieden.« (Zit. in: Nagl/Zeidler/Castle, a. a. O., S. 291.) Im gleichen Jahr 1784 erschien am 1. September im Journal eine Schrift unter dem Pseudonym J. C. Sinapius mit dem Titel *Fragment von einem Reisenden an einen seiner Freunde in Hamburg*, eine farbenfrohe Beschreibung von Wien: »Es herrscht hier auf den Straßen ein unbändiges Gewühl, von Karossen, Fiakern«, zit. in: Nagl/Zeidler/Castle, a. a. O., S. 291. In diesen Jahren entsteht eine Vielzahl solch kleiner Werkchen; in ihnen läßt sich zu Recht das Entstehen des Mythos des Phäakentums beobachten.

[65] Andere Heftchen erschienen 1802/03 unter dem Titel *Briefe eines jungen Eipeldauers*. Jetzt in: J. Richter, *... bekannt als Eipeldauer*, hg. von W. Zitzenbacher, Graz–Wien 1957.

[66] J. Richter, a. a. O., S. 55.

[67] K. Pichler (1769–1844). Ihre Memoiren tragen den Titel *Denkwürdigkeiten aus meinem Leben*.

[68] K. Pichler schrieb ein Drama, *Rudolph von Habsburg* und Collin (1771–1811) ein unvollendetes Poem mit demselben Titel. Ebenfalls hatte F. A. K. Werthes im Jahre 1785 einen *Rudolph von Habsburg* verfaßt.

[69] Insbesondere in *Regulus*, aufgeführt 1801.

[70] Vgl. Nagl/Zeidler/Castle, a. a. O., S. 473; zur Funktion der deutschen Kultur siehe J. Nadler, a. a. O., S. 242.

[71] M. Collin (1779–1824), er schrieb Dramen wie *Bélas Krieg mit dem Vater, Der Tod Friedrichs des Streitbaren, Der Tod Friedrichs des Grausamen* usw.

II. Das Zeitalter des Biedermeier

[1] Der Name spielt auf eine hypothetische Standardfigur, den braven Herrn Meier, an; er stammt aus der Sammlung *Die Geschichte des schwäbischen Schulmeisters Gottlieb Biedermeier und seines Freundes Horatius Treuherz*, die von 1855 bis 1857 von Ludwig Eichrodt und Adolf Kußmaul in den *Fliegenden Blättern* veröffentlicht wurde. Die Sammlung ist eine freie Bearbeitung der Gedichte des Schulmeisters Samuel Friedrich Sauter (1766–1846). Vgl. jetzt: L. Eichrodt, *Gesammelte Dichtungen*, 2 Bde., Stuttgart 1890.

[2] W. Bietak, *Das Lebensgefühl des Biedermeier in der österreichischen Dichtung*, Wien–Leipzig 1931. Bietak spricht von einem »Reich der Resignation ..., das ihm (dem Durchschnittsmenschen) zwar die alten Ideale nicht nahm, ihn aber ihrer Verwirklichung entsagen ließ und dafür ihm maßvollere Ideale schuf« (S. 27).

[3] Vgl. E. E. Pauls, *Der Beginn der bürgerlichen Zeit*, Lübeck 1924.

[4] L. Vincenti, Stichwort »Biedermeier« in der *Enciclopedia italiana*.

[5] »Keine Meinungsverschiedenheit scheidet nun den Revolutionär von dem Mann der Reaktion« (*Das Biedermeier im Spiegel seiner Zeit*, von Georg Herrmann herausgegebene Sammlung, Berlin 1913, Einleitung, S. 3).

[6] W. Bietak, a. a. O., S. X: »Die schwierigsten Probleme, die der Literaturgeschichte an der österreichischen Dichtung erwachsen, sind etwa die der Einordnung der einzelnen Dichterpersönlichkeiten in die gewohnten literaturgeschichtlichen Perioden oder die der Herstellung und des Nachweises geistesgeschichtlicher Zusammenhänge.«

[7] Geläufiges Motto, zit. in: F. Sauter, *Und das Glück lag in der Mitten*, hg. von L. Wiedner und G. Martin, Graz–Wien 1958, S. 19.

[8] J. von Hormayr zu Hortenburg (Innsbruck 1781–München 1848). Er war kaiserlicher Kommissär in Tirol während des Krieges von 1809, seit 1816 kaiserlicher Historiograph. Wegen Unstimmigkeiten verließ er 1828 den Hof und trat in bayrische Dienste, wo er Leiter des königlichen Archivs in München wurde. 1848 erschien in Leipzig sein Buch *Kaiser Franz und Metternich*, ein heftiger Angriff gegen das österreichische Regime.

[9] L. Vincenti, *Grillparzer e i suoi drammi*, Mailand–Neapel 1958, S. 97.

[10] J. von Hormayr zu Hortenburg, *Geschichte Andreas Hofer's*

Sandwirths aus Passeyr, Oberanführers der Tyroler im Kriege von 1809, Leipzig–Altenburg 1817, S. 5. Auch Botta, *Storia d'Italia dal 1789 dal 1814*, preist Hofers Lauterkeit.

[11] Ebenda, S. 6f.

[12] Ebenda, S. 87; Beginn eines Aufrufs Hormayrs an die Tiroler im Feldzug von 1809.

[13] R. Musil, a. a. O., S. 176.

[14] Ebenda, S. 174.

[15] J. von Hormayr, a. a. O., S. 17; die Worte stammen von Kaiser Maximilian I.

[16] Ebenda, S. 52.

[17] Ebenda, S. 3.

[18] Ebenda, S. 4.

[19] Vgl. den schon erwähnten Band gegen Kaiser Franz. Nach A. Robert, *L'idée nationale autrichienne et les guerres de Napoléon: L'apostolat du Baron Hormayr et le Salon de Caroline Pichler*, Paris 1933, habe Hormayr – der den Andreas-Hofer-Mythos ins Leben rief und ihm die Proklamationen verfaßte – die Geschichte Hofers geschrieben, um den Tiroler Helden zu schmälern und sich selbst ins rechte Licht zu setzen.

[20] *Gemählde österreichischer Unterthanenliebe aus der Vorzeit*, Gedrucket in der von Hirschfeld'schen Buchdruckerei.

[21] Ebenda, S. 17.

[22] Ebenda, S. 19.

[23] Wien 1807–1814, 20 Bde. *(Österreichischer Plutarch, oder Leben und Bildnisse aller Regenten und der berühmtesten Feldherren, Staatsmänner, Gelehrten und Künstler des österreichischen Kaiserstaates).*

[24] Ebenda, Bd. I: *An die Leser*, S. XI.

[25] C. von Metternich, *Aus Metternichs nachgelassenen Papieren*, hg. von dem Sohn des Staatskanzlers Fürsten Richard Metternich-Winneburg, 2. Teil, 5. Bd., Wien 1883, S. 621, 628.

[26] *Österreichischer Plutarch*, a. a. O., Bd. I, S. XXI.

[27] C. von Metternich, a. a. O., S. 634.

[28] Hormayr, *Geschichte* …, a. a. O., S. 44.

[29] Ebenda, S. 12.

[30] L. Pyrker, *Rudolph von Habsburg*, in: *Sämtliche Werke*, Stuttgart–München 1839, s. 181.

[31] Ebenda, S. 195; »Ehrfurcht« ist ein Schlüsselwort für die habsburgische Seele.

[32] Ebenda, S. 199.

[33] Ebenda, S. 186.

[34] W. Bietak, a. a. O., S. 254.

[35] Nunmehr, wie die vorerwähnte Erzählung, in: J. Schreyvogl, *Biedermeier-Novellen,* hg. von O. Rommel, Wien 1947.

[36] J. Schreyvogel, *Samuel Brinks letzte Liebe*, hg. von W. Röttinger, Graz-Wien 1959, S. 37.

[37] Ebenda, S. 42.

[38] G. Lukács, Erzählen oder beschreiben?, 1936, in: *Schicksalswende. Beiträge zu einer neuen deutschen Ideologie*, Berlin 1948, S. 115–179.

[39] J. Schreyvogel, a. a. O., S. 64.

[40] Ebenda, S. 42.

[41] G. Baumann, *Franz Grillparzer. Sein Werk und das österreichische Wesen*, Freiburg–Wien 1954, S. 161 f.

[42] L. Pyrker, *Lieder der Sehnsucht nach den Alpen*, 1845.

[43] *Die verstreuten Hostien*, in: R. Hirsch, *Balladen*, Leipzig 1841, S. 175.

[44] Verse von E. von Feuchtersleben, 1806–1849, zit. in: E. von Bauernfeld, *Erinnerungen aus Alt-Wien*, a. a. O., S. 224.

[45] Vgl. W. Bietak, a. a. O., S. 174; vgl. auch F. von Schober, *Gedichte*, Stuttgart–Tübingen 1842; J. Mayrhofer, *Gedichte*, Wien 1843.

[46] Vgl. H. von Srbik, *Metternich, der Staatsmann und der Mensch*, München 1957 (1. Aufl. 1925, Bd. I., S. 350–414.

[47] J. G. Seidl, *An mein Vaterland*, in: *Bifolien*, Wien 1841, S. 73 f.

[48] Von Viktor Mohr und Franz Gruber, 1818.

[49] O. Rommel, *Einführung in den österreichischen Vormärz*, »Deutsche Literatur«, »Reihe Politische Dichtung«, ausgewählt von O. Rommel, 4. Bd., Leipzig 1931, S. 7.

[50] *Der österreichische Vormärz*, a. a. O., S. 8.

[51] Zedlitz, *In trüben Tagen, Gedichte*, 1832 zit. ebenda, S. 62.

[52] N. Lenau, *Abschied*, zit. ebenda, S. 63.

[53] Vgl. L. B. Namier, *1848: The Revolution of the Intellectuals*, London 1946, italienische Übersetzung von R. Gay Cialti, *La rivoluzione degli intellettuali e altri saggi sull' Ottocento europeo*, Turin 1957.

[54] *In der Veranda*, 1876; in: *A. Grüns Sämtliche Werke in 10 Bänden*, hg. von Schlossar, Bd. III, o. J., S. 5.

[55] *Am Rhein, Zeitklänge*, 1836–38; in: *S. W.*, a. a. O., Bd. II, S. 119.

[56] *Eine Hexengeschichte*, 1847; in: *S. W.*, a. a. O., Bd. III, S. 37.

[57] »In jedem Deutsch-Österreicher gab es einen Österreicher und einen Deutschen; verhältnismäßig wenige hatten ihre Wahl getroffen und waren zu einem Verzicht auf die Vereinigung mit Deutschland bereit, um das österreichische Kaisertum aufrechtzuerhalten, oder wollten Österreich für ein größeres Deutschland

opfern: die meisten hofften und versuchten irgendwie, beiden anzugehören, indem sie in Wien, der Hauptstadt eines Reiches, dessen Bevölkerung nur zu einem Fünftel deutsch war, mit ihrem ›Deutschtum‹ prunkten.« (L. B. Namier, *La rivoluzione ...*, a. a. O., S. 137f.).

[58] Grün schrieb als Abgeordneter zur Frankfurter Nationalversammlung einen Aufruf an die »slowenischen Brüder«, in dem er sie zum Beitritt aufforderte.

[59] Teil von *Der Blöde Ritter. Poetische Galerie Deutscher Staatspfiffe*, 1847; zit. in: *Der österreichische Vormärz*, a. a. O., S. 273.

[60] Vgl. den Essay von L. Vincenti, *Grillparzer e la libertà*, in: »Atti dell'Accademia delle Scienze«, Bd. XCII, Turin 1957/58.

[61] *Der liberale Kavalier*, 1836.

[62] So schloß z. B. der Antrag der Wiener Bürger auf Bildung der Nationalgarde die Proletarier aus (14. März 1848).

[63] *H. von Gilms Familien- und Freundesbriefe*, hg. von M. Necker, Wien 1912, S. 114f.

[64] Im übrigen gehören manche Passagen aus *Le mie prigioni* von Silvio Pellico zu den schönsten Zeugnissen über die damalige österreichische Stimmung. Man denke an die so menschliche Gestalt des alten Schiller, in dem sich die Atmosphäre und der Talggeruch der alten mährischen Kaserne verbinden, oder an die Bemerkungen über die vornehme Korrektheit und Achtung vor der menschlichen Person, die den Stil des habsburgischen Beamten charakterisierten: beispielsweise die höfliche Freundlichkeit des Laibacher Gemeindesekretärs oder die Würde des Gefängniswärters; als dieser den Adeligen Pellico, der nur politischer Delikte beschuldigt ist, mit gemeinen Verbrechern sprechen sieht, weist er ihn mit der Würde eines Lehrers, nicht eines Schergen, zurecht: »Schämt Euch, Herr, daß Ihr Euch herabwürdigt, mit aller Art von Leuten zu sprechen! Wißt Ihr denn, daß diese Diebe sind?« (*Le mie prigioni*, hg. von R. Verdina, Turin 1957, S. 23.)

[65] In: *Kelch und Schwert*, 1845; *Der österreichische Vormärz*, a. a. O., S. 212ff.

[66] *An Edmund*, 1838; zit. ebenda, S. 76.

[67] 1817–1879, Ungar, stand den Ideen des Jungen Deutschland nahe, Verfasser von Gedichten und Versromanen.

[68] Vgl. G. Lukács, *Friedrich Engels als Literaturtheoretiker und Literaturkritiker* (1935), in: *Karl Marx und Friedrich Engels als Literaturhistoriker*, Berlin 1948, s. 75f.

[69] In: *Der fahrende Poet*, 1838; zit. in: *Der österreichische Vormärz*, a. a. O., S. 209.

[70] W. Alexis, *Wiener Bilder*, Leipzig 1833; vgl. auch F. Gräffer, *Kleine Wiener Memoiren*, Wien 1845.

[71] Vgl. eine Anthologie von 21 Autoren, *Impressioni su Trieste, 1793–1887*, hg. von Lina Gasparini, Triest 1951.

[72] V. von Andrian-Werburg, *Österreich und dessen Zukunft*, Hamburg 1843 (ein zweiter Teil erschien 1847).

[73] Ebenda, S. 7.

[74] R. H. Bartsch, *Die Haindlkinder*, Leipzig 1913, S. 49.

[75] *Österreich wie es ist*, Übers. von V. Klarwill, Wien 1919.

[76] Ebenda, S. 35.

[77] Ebenda, S. 119.

[78] Ebenda, S. 34.

[79] Ebenda, S. 161.

[79a] Ebenda, S. 100f.

[80] *Lenaus Werke*, »Deutsche National Literatur«, hg. von M. Koch, Berlin–Stuttgart–Leipzig o. J., II. Teil, S. 128, Vers 1102–3 und 1111–12.

[81] *Für unser Glück, du edler Fürst* (1836). Fehlt in den *G. W.*; zit. in: *Der österreichische Vormärz*, a. a. O., S. 125 f.

[82] Der Ausdruck stammt von dem Historiker Heinrich Benedikt.

[83] Diese Bezeichnung Musils, die sich an sich nur auf die österreichisch-ungarische Monarchie nach dem Ausgleich (1867) bezieht, wird hier benützt, um damit eine geistige Verwandtschaft in manchen Aspekten des biedermeierlichen Österreich aufzuzeigen, die den Mythos der späteren »k. k.« Jahre in besonderer Weise vorwegnehmen.

[84] Vgl. *Goethe und Österreich*, Briefe mit Erläuterungen, hg. von August Sauer, 2 Bde., Weimar 1902–1904; außerdem die Studie von M. Rychner, *Zu Goethes Altersprosa*, in: *Welt und Wort. Literarische Aufsätze*, Zürich 1949, sowie die Dissertation von J. Schmidt, *Goethes Briefstil in den Jahren 1805–1814*, Hamburg 1957, ungedruckt.

[85] C. von Brentano, Brief vom Juli 1813 an seine Schwester, M. C. de Savigny: »Der Prater ist ein Paradies, ein Elysium, ein Traum ... Aber das Ganze dieses Lebens ist ohne Geister, ohne Vision, ohne Offenbarung, ohne inneres Aug und man kann hier nicht dichten.« (*Das unsterbliche Leben*, unbekannte Briefe von Clemens Brentano, hg. von W. Schellberg und F. Fuchs, Jena 1939, S. 484.)

[86] J. Nadler, a. a. O., S. 234.

[87] *Reisenovellen*, zit. in: H. Laube, *Der Theatercäsar*, hg. von R. Holzer, Graz–Wien 1958, S. 54, 62.

[88] Ebenda, S. 59.

[89] Ebenda, S. 62.
[90] Ebenda, S. 60f.
[91] Ebenda, S. 63.
[92] Zit. in: H. E. Jacob, *Johann Strauß, Vater und Sohn*, a. a. O., S. 35f.
[93] Zit. ebenda, S. 36.
[94] *Reisenovellen*, a. a. O., S. 58.
[95] Zit. in: I. F. Castelli, *Untermieter im Parnaß*, hg. von F. Stamprech, Graz–Wien 1958, S. 68.
[96] Ebenda, S. 68.
[97] Ebenda.
[98] I. F. Castelli, Aus den *Memoiren meines Lebens. Gefundenes und Empfundenes* (1861), jetzt in: *Untermieter im Parnaß*, a. a. O., S. 44.
[99] Zit. in: E. von Bauernfeld, *Der letzte Alt-Wiener*, Artikel in der »Neuen freien Presse« vom 25. März 1877, jetzt in: *Erinnerungen aus Alt-Wien*, a. a. O., S. 445.
[100] Z. B. *Die Fiaker in Wien* von Schikaneder (1793) oder *Der Fiaker als Marquis* von Bäuerle (1816).
[101] Z. B. *Die Bedienten in Wien* von Alois Gleich (1807).
[102] Z. B. *Der Ungar in Wien* von K. Marinelli.
[103] *Lindane oder die Fee und der Haarbeutelschneider* (1824).
[104] *Aline oder Wien in einem andern Welttheile* (1822).
[105] *Wien, Paris, London und Constantinopel* (1823).
[106] *Aline*, zit. in: *Das parodistische Zauberspiel*, hg. von O. Rommel, Leipzig 1937, S. 103.
[107] *Lindane*, zit. ebenda, S. 208.
[108] *Wien, Paris*, a. a. O., S. 281.
[109] *Aline*, a. a. O., S. 133.
[110] *Lindane*, a. a. O., S. 227.
[111] *Aline*, a. a. O., S. 115.
[112] Ebenda, S. 112.
[113] *Lindane*, a. a. O., S. 209.
[114] Zit. in dem Vorwort von L. Wiedner zu F. Sauter, a. a. O., S. 22.
[115] Zit. in dem Vorwort von G. Martin zu F. Sauter, a. a. O., S. 11.
[116] »Exitus vagabundi viennensis«, ebenda, S. 123 *(Meine Grabschrift)*.
[117] Das Theater in der Josefstadt, das Kärntnertortheater, das Theater an der Wien usw.
[118] *Die Falsche Catalani in Krähwinkel* (1818).
[119] In: *Nestroys Werke*, Auswahl in zwei Teilen von O. Rommel, Leipzig, o. J., Teil I, *Nestroys Leben und Werke*, S. XI.

120 *Erinnerungen aus Alt-Wien*, a. a. O., S. 389.
121 *Das Leben ein Tanz*, a. a. O., Bd. I, S. 58ff.
122 *Kleine Beamte*, in: *Neue Zeit*, a. a. O., S. 67.
123 Zit. in: *Erinnerungen aus Alt-Wien*, a. a. O., S. 218.
124 *Bamschabel*, in: *Neue Zeit*, a. a. O., S. 70.
125 *Erinnerungen aus Alt-Wien*, a. a. O., S. 218.
126 Vgl. das Gedicht *Die Reichsversammlung der Tiere* aus dem Jahre 1845, in: *Vormärzliches, Ausgewählte Werke in zwei Bänden*, hg. von R. Hirsch, Frankfurt am Main 1957, Bd. I, S. 30.
127 *Erinnerungen aus Alt-Wien*, a. a. O., S. 53.
128 Ebenda.
129 Ebenda, S. 51.
130 Ebenda, S. 213.
131 Vgl. *Leichtsinn aus Liebe* (1831), *Das Liebesprotokoll* (1831), *Die Bekenntnisse* (1834) usw.
132 *Die Ewige Liebe* (1834), in: *Bauernfelds ausgewählte Werke in vier Bänden*, a. a. O., Bd. II, S. 123.
133 Ebenda, Bd. III, S. 70.
134 Ebenda, S. 95.
135 Ebenda, S. 94.
136 Vgl. vor allem den Einakter *Alfred der Große*, erschienen in: *Die Gegenwart*, Berlin, 3. August 1872.
137 L. Vincenti, *Comico e drammatico nelle fiabe di Ferdinand Raimund*, in: *Saggi di letteratura tedesca*, Mailand–Neapel 1953, S. 131–185.
138 Vgl. die Analyse der »Charaktere« bei Vincenti, a. a. O.
139 Ebenda, S. 161.
140 *F. Raimunds Dramatische Dichtung*, hg. von F. Bruckner und E. Castle, I. Teil, Wien 1934.
141 H. von Hofmannsthal, *Ferdinand Raimund*, 1920, in: *Gesammelte Werke*, hg. von H. Steiner, Prosa III, Frankfurt am Main 1952, S. 474.
142 Ebenda.
143 *Der Bauer als Millionär*, a. a. O., S. 198.
144 Ebenda, S. 224f.
145 *Der Verschwender*, a. a. O., II. Teil, S. 412.
146 *Der Bauer als Millionär*, a. a. O., S. 214.
147 *Der Alpenkönig und der Menschenfeind* (1828).
148 A. Farinelli, *F. Raimund*, in: *Studi germanici*, 1938, jetzt als Einleitung zur italienischen Übersetzung der Raimund-Dichtungen von I. Persico Cappa, *Fiabe drammatiche*, Turin 1954, S. 13.
149 *Der Bauer als Millionär*, a. a. O., S. 220.
150 Ebenda, S. 264.

[151] Ebenda, S. 265.

[152] Wien 1801 – Graz 1862; er begann seine Theaterlaufbahn als Sänger; 1832 übernahm er in Wien die Leitung des Karltheaters.

[153] Titel einer Posse aus dem Jahre 1834.

[154] *Der alte Mann mit der jungen Frau* (1849); J. Nestroy, *Sämtliche Werke*, hg. von F. Bruckner und O. Rommel, Bd. V, Wien 1925, S. 430.

[155] *Einen Jux will er sich machen* (1842), in: J. Nestroy, *S. W.*, a. a. O., Bd. XI, Wien 1928, S. 155.

[156] Ebenda, S. 229.

[157] Aus der Posse *Genius, Schuster und Markör oder die Pyramiden der Verzauberung* (1832); zit. in: *Nestroys Werke, Auswahl in zwei Teilen*, hg. von O. Rommel, Leipzig o. J., Teil I, S. XXVIII.

[158] Eine Figur, die schon in den Lustspielen von Hafner, Perinet, Schikaneder, Meisl und Bäuerle auftaucht. Vgl. den einführenden Band von O. Rommel, *Die Alt-Wiener Volkskomödie*, Wien 1952.

[159] *S. W.*, a. a. O., Bd. II, Wien 1924, S. 6.

[160] Ebenda, S. 68.

[161] Vgl. *Das Mädl aus der Vorstadt oder Ehrlich währt am längsten* (1841).

[162] *Einen Jux will er sich machen*, a. a. O., S. 193.

[163] *Eine Wohnung ist zu vermieten in der Stadt, eine Wohnung ist zu verlassen in der Vorstadt, eine Wohnung samt Garten ist zu haben in Hietzing* (1837), in: *S. W.*, a. a. O., Bd. IX, Wien 1927, S. 282.

[164] In der Einführung zu dieser Posse, in: *Auswahl in zwei Teilen*, a. a. O., Teil I, S. 65. Rommel stellt insbesondere fest, daß Nestroy den Kausalzusammenhang zwischen dem Reichtum der einen und der Armut der anderen Schichten vernachlässigt habe.

[165] *Nur Ruhe* (1843); *S. W.*, a. a. O., Bd. XII, S. 10.

[166] *Die schlimmen Buben in der Schule* (1847).

[167] *S. W.*, a. a. O., Bd. V, Wien 1925, S. 44.

[168] O. Rommel, Einführung zu *Freiheit in Krähwinkel, Auswahl in zwei Teilen*, a. a. O., Teil II, S. 43.

[169] *S. W.*, a. a. O., Bd. V, Wien 1925, S. 296.

[170] Ebenda, S. 296f.

III. Franz Grillparzer, die Ordnung und die Zeit

[1] C. A. Macartney, *The Austrian Empire and its Problems 1848–67*; in: *The New Cambridge Modern History*, X, *The Zenith of European Powers, 1830–70*, Cambridge, S. 522.

[2] Brief aus Prag vom 11. April 1848; zit. in der Einleitung von E. J. Görlich zu: L. von Sacher-Masoch, *Dunkel ist dein Herz, Europa*, Graz–Wien 1957, S. 14.

[3] L. B. Namier, a. a. O., S. 42.

[4] *Die Universität.*

[5] *Neues Volkslied – Ferdinand, der erste konstitutionelle Kaiser.*

[6] Vgl. A. Grün, *Dem Erzherzog Reichsverweser*; R. Hamerling, *An Erzherzog Johann* etc.; vgl. allgemein Bd. V der Politischen Dichtung, *Die Dichtung der ersten deutschen Revolution*, hg. von E. Underberg, Leipzig 1930.

[7] Z. B. *Sieh an uns hier in kriegerischer Tracht, Mein Vaterland.*

[8] In: *Stationen meiner Lebenspilgerschaft*, 1889, jetzt in: R. Hamerling, *Ahasver in Rom*, hg. von H. Rieder, Graz–Wien 1959.

[9] Ebenda, S. 117.

[10] Brief an die Mutter vom 16. März 1848, jetzt in: H. von Gilm, *Familien- und Freundesbriefe*, hg. von M. Necker, Wien 1912.

[11] In: *Erinnerungen aus Alt-Wien.*

[12] Ebenda, S. 276.

[13] Ebenda, S. 274.

[14] Ebenda, S. 297.

[15] *Einigung*, Sommer 1848, in: *Die Dichtung der ersten deutschen Revolution*, a. a. O., S. 114.

[16] *Den Proletariern*, Sommer 1848, ebenda, S. 115.

[17] *Der gute Hirte*, Juni 1848.

[18] *Meine Erinnerungen aus dem Revolutionsjahre 1848*, in: G. W., a. a. O., Bd. IX, Wien 1925.

[19] L. Vincenti, *Grillparzer e la libertà*, »Atti dell'Accademia delle Scienze«, Bd. XCII, Turin 1957/58, S. 33.

[20] *Meine Erinnerungen aus dem Revolutionsjahre 1848*, a. a. O., S. 289.

[21] Ebenda, S. 293.

[22] Ebenda, S. 34.

[23] Ebenda, S. 271.

[24] Ebenda, S. 295.

[25] Ebenda, S. 294.

[26] Vgl. Metternichs Memoiren zum Jahr 1848: »Die März-Ereignisse sind das Werk irregeleiteter Studenten, einiger unklarer Köpfe aus verschiedenen Klassen der Gesellschaft und in

Unkenntniß der Weltereignisse redesüchtiger Bürger gewesen.« (A. a. O., S. 625.)

[27] *In ein Stammbuch* (1844); G. W., Bd. II, Wien 1923, S. 124.

[28] G. Baumann, a. a. O., S. 4.

[29] Z. B. der Band von E. Kuh, *Zwei Dichter Österreichs: Franz Grillparzer – Adalbert Stifter*, Pest 1872.

[30] P. Auernheimer, *Grillparzer, der Dichter Österreichs*, Wien 1948; W. Kosch, *Österreich im Dichten und Denken Grillparzers*, Nimwegen 1946.

[31] Z. B. P. Kuranda, *Grillparzer und die Politik des Vormärzes* (»Jahrbuch der Grillparzer-Gesellschaft«, 1926); R. Backmann, *Grillparzer als Revolutionär* (»Euphorion«, XXXII, 1931); M. Rassen, *Der Bann des Staates bei Grillparzer* (»Deutsche Vierteljahresschrift für Literaturwissenschaft und Geistesgeschichte«, 1956); vgl. auch den zit. Band von Bietak sowie die Einführung zum zit. Buch *Der österreichische Vormärz.*

[32] L. Vincenti, *Grillparzer e la libertà*, a. a. O.

[33] G. W., a. a. O., Bd. I, Wien 1925, S. 262.

[34] Gedruckt 1850; ebenda, S. 286.

[35] *Die Ahnfrau* (1817); G. W., a. a. O., Bd. III, Wien 1923, S. 76.

[36] *Sappho* (1818); ebenda, S. 167.

[37] *Ein Bruderzwist in Habsburg* (beendet ungefähr 1848, aufgeführt 1872); G. W., a. a. O., Bd. V, Wien 1923, S. 210.

[38] W. Naumann, *Grillparzer – Das dichterische Werk*, Stuttgart 1956, S. 47.

[39] *Selbstbiographie*, G. W., a. a. O., Bd. IX, Wien 1925, S. 11.

[40] *Der Traum, ein Leben*, G. W., a. a. O., Bd. IV, Wien 1923, S. 465.

[41] Ebenda, S. 479 und 579; zu diesem Grillparzerschen Menschenbild vgl. auch die scharfsinnigen Kommentare von B. Tecchi, *Le due voci*, Rom 1956, S. 162 ff.

[42] L. Vincenti, *Grillparzer e i suoi drammi*, Mailand–Neapel 1958, S. 112.

[43] »Denn es ist ja nicht die Tragödie eines Volkes oder der Beziehung zweier Völker.« (J. Nadler, *Franz Grillparzer*, Vaduz 1948, S. 157.)

[44] G. W., a. a. O., Bd. IV, S. 38.

[45] E. Staiger, *König Ottokars Glück und Ende*, in: *Meisterwerke deutscher Sprache aus dem neunzehnten Jahrhundert*, Zürich 1957, S. 166.

[46] G. W., a. a. O., Bd. IV, S. 98.

[47] Ebenda, S. 111.

[48] Ebenda, S. 112.

[49] B. von Wiese, *Die deutsche Tragödie von Lessing bis Hebbel*, Hamburg 1948, XV. Kap., S. 182.

[50] Vgl. E. Bagger: »Seit den Tagen den guten Kaiser Franz gehörte die Bestrafung der für eine Niederlage Verantwortlichen zu den wichtigsten Aufgaben der österreichischen Regierung.« (A. a. O., S. 313.)

[51] Staiger, a. a. O., S. 182.

[52] L. Vincenti, *Grillparzer e i suoi drammi*, a. a. O., S. 103.

[53] E. Staiger, a. a. O., S. 164.

[54] Ebenda, S. 170.

[55] *König Ottokars Glück und Ende*, a. a. O., S. 177.

[56] L. Vincenti, *Grillparzer e i suoi drammi*, a. a. O., S. 112.

[57] *Ein treuer Diener*, G. W., a. a. O., Bd. IV, S. 197.

[58] H. von Hofmannsthal, *Rodauner Nachträge*, Zürich 1918, Bd. III, S. 75.

[59] *Ein treuer Diener*, a. a. O., S. 223.

[60] H. von Srbik, *Metternich*, a. a. O., Bd. I, S. 321.

[61] Ebenda, S. 529.

[62] *Ein treuer Diener*, a. a. O., S. 272 f.

[63] M. Weber, *Politik als Beruf*, München 1919.

[64] G. Lukács, *Volkstribun oder Bürokrat?*, in: *Karl Marx und Friedrich Engels als Literaturhistoriker*, Berlin 1948, S. 189.

[65] Vgl. H. von Srbik, a. a. O., Bd. I, S. 350.

[66] A. Gruber Benco, *L'Austria di alcuni miei ricordi*, in: »Umana«, 6. Jg., Nr. 3/4, Triest, Mai–Juni 1957, S. 25.

[67] H. von Srbik, a. a. O., Bd. II, S. 295.

[68] In einem Gespräch vom 25. Mai 1959 mit Josef Alexander von Hübner, zit. in: H. von Srbik, a. a. O., Bd. II, S. 511.

[69] G. W., a. a. O., Bd. II, S. 245.

[70] Ebenda, S. 219.

[71] Ebenda, S. 221.

[72] Zur Bedeutung des Grillparzerschen Stils und seines Einflusses auf die spätere österreichische literarische Tradition siehe V. Santoli, *Storia della letteratura tedesca*, ERI, S. 279.

[73] G. W., a. a. O., Bd. II, S. 219.

[74] Ebenda, S. 222.

[75] B. von Wiese, *Die deutsche Novelle von Goethe bis Kafka, Interpretationen I*, Düsseldorf 1962, S. 146.

[76] G. Reckzeh, *Grillparzer und die Slawen*, Weimar 1929.

[77] H. von Hofmannsthal, *Buch der Freunde*, Leipzig 1929, S. 80.

[78] *Feldmarschall Radetzky*, in: G. W., a. a. O., Bd. I, S. 281. Grillparzer schrieb noch viele andere patriotische Gedichte, doch keines von solcher Bedeutung.

[79] Die wichtigste Sammlung dieser Lieder stammt von Schneidawind, *Feldmarschall Radetzky*, Augsburg 1851.

[80] *Soldatenbüchlein, der österreichischen Armee gewidmet* (1848).

[81] *Ehrenbuschn für d' österreichischen Armee in Italien*, neu aufgelegt 1910. Vgl. dazu auch A. Luzio, *Papà Radetzky* (1910), in: *Studi critici*, Mailand 1927.

[82] *Erinnerungen an die Feldzüge der k. k. Armee in Italien in den Jahren 1848–49 in Handzeichnungen nach der Natur lithographiert und herausgegeben von den Brüdern Adam in München*, Stuttgart 1850.

[83] R. Hirsch, a.a.O., S. 40.

[84] Ebenda, S. 35.

[85] Ebenda, S. 44.

[86] G. W., a.a.O., Bd. I, S. 281.

[87] Ebenda.

[88] Ebenda, S. 282.

[89] H. von Gilm, *Zur Aufstellung des Radetzky-Monuments*, 1852; A. Grün, *Bei Radetzkys Bestattung*, 1858; vgl. auch Gedichte von Carl Meisl, Betty Paoli usw.

[90] G. W., a.a.O., Bd. I, S. 286 (1853).

[91] *Abschied von Wien*, 1843; G. W., a.a.O., Bd. I, S. 112.

[92] Der erste Akt wurde 1840, das gesamte Drama ungefähr 1848 vollendet; die Aufführung erfolgte 1874.

[93] G. W., a.a.O., Bd. V, S. 330.

[94] L. Vincenti, *Grillparzer e la libertà*, a.a.O., S. 49.

[95] G. W., a.a.O., Bd. V, S. 375.

[96] L. Vincenti, *Grillparzer e i suoi drammi*, a.a.O., S. 210.

[97] G. W., a.a.O., Bd. V, S. 427.

[98] Ebenda, S. 428.

[99] Ebenda.

[100] Ebenda, S. 430.

[101] Ebenda, S. 431.

[102] *Selbstbiographie*, G. W., a.a.O., Bd. IX, S. 179.

[103] G. W., a.a.O., Bd. II, S. 95.

[104] G. W., a.a.O., Bd. V, S. 368.

[105] Ebenda, S. 424.

[106] L. Vincenti, *Grillparzer e i suoi drammi*, a.a.O., S. 208.

[107] G. W., a.a.O., Bd. V, S. 434.

[108] Beendet ungefähr 1848, aufgeführt 1872.

[109] G. W., a.a.O., Bd. V, S. 161.

[110] Ebenda, S. 266f.

[111] Ebenda, S. 212.

[112] Ebenda, S. 229; vgl. auf derselben Seite auch: »O, prüfe nicht die Stütze, bessre nicht«.

[113] Ebenda, S. 212.

[114] Ebenda, S. 208.

[115] Ebenda, S. 221.

[116] Ebenda, S. 263.

[117] Ebenda, S. 232.

[118] J. Nadler, *Franz Grillparzer*, a. a. O., S. 427.

[119] C. von Metternich, *Aus Metternichs nachgelassenen Papieren*, a. a. O., S. 621.

[120] »Die Welt wandelte sich um den Greis und er blieb der, der er gewesen war... Die Zeit wuchs über Metternich hinaus und seine Uhr lief ab.« (H. von Srbik, a. a. O., Bd. II, S. 84 f.)

[121] G. W., a. a. O., Bd. V, S. 212 f.

[122] Ebenda, S. 210.

[123] W. Naumann, a. a. O., S. 19.

[124] H. von Srbik, a. a. O., Bd. II, S. 298.

[125] G. W., a. a. O., Bd. V, S. 208.

[126] Aus den Jahren 1864, bzw. 1867 und 1868.

[127] *Nach der Zerstörung – Hebräische Elegien*, Wien 1856.

[128] *Zur Geschichte der Juden in Wien*, Wien 1853.

[129] Ebenda, S. VII.

[130] Ebenda, S. 33 f.

[131] *Der Primator*, II. Gesang, S. 12.

[132] Haus des Gerichts.

[133] Vgl. A. Oberdorfer, *Massimiliano I del Messico, Scrittore*, in: »Rivista d' Italia«, 15. März 1914.

[134] *Flügellahm* (1854); in: *Aus meinem Leben. Reiseskizzen, Aphorismen, Gedichte*, Leipzig 1867, Bd. VII, S. 255.

[135] *Aus meinem Leben*, a. a. O., S. 216 (17. Dezember 1860).

[136] Ebenda, S. 244 (30. August 1862).

[137] *Ich rede nicht* (1853); in: G. W., a. a. O., Bd. II, S. 16.

IV. Habsburgische Heimatliteratur

[1] Titel eines literarischen Almanachs.

[2] E. Auerbach, *Mimesis. Dargestellte Wirklichkeit in der abendländischen Literatur*, Bern 1946.

[3] Vgl. hierzu H. Mayer, *Der deutsche Roman im 19. Jahrhundert*, in: *Von Lessing bis Thomas Mann*, Pfullingen 1959, S. 297–317.

[4] *Der Baumtod, Eine Volksgeschichte aus dem obderennsischen Volksleben* (1859); F. Stelzhamer, *Der Teufelsbeschwörer*, hg. von H. Commenda, Graz 1958, S. 79.

[5] Vorrede zu *Bunte Steine* (1852); jetzt: A. Stifter, *Bunte Steine und Erzählungen*, München 1951, S. 10.

[6] W. Bietak, *Grillparzer – Stifter – Feuchtersleben. Die Unzeitgemäßen des Jahres 1848*, in: »Deutsche Vierteljahresschrift für Literaturwissenschaft und Geistesgeschichte«, XXIV. Jg., Stuttgart 1950, S. 243–68.

[7] *Studien zu Adalbert Stifters Novellentechnik*, Dortmund 1907.

[8] *Stifter, der Dichter der Spätromantik*, in: *Jahrbuch des Verbandes der Vereine katholischer Akademiker*, 1924.

[9] *Adalbert Stifter. Mensch und Wirklichkeit. Studien zu seinem klassischen Stil*, Berlin 1950.

[10] Besprechung in: »Deutsche Literaturzeitung«, 1929, S. 1820ff.

[11] *Adalbert Stifter. Eine Entdeckung*, Zürich 1919.

[12] *Adalbert Stifter. Beiträge zu seiner Würdigung*, 1926 (zit. in: E. Lunding, *Probleme und Ergebnisse der Stifter-Forschung*, in: »Euphorion«, 1955).

[13] A. Stifter, *Bunte Steine*, a. a. O., S. 9.

[14] Ebenda.

[15] Ebenda, S. 12.

[16] *Turmalin* (1852), ebenda, S. 119.

[17] Ebenda, S. 77.

[18] *Studien* (1843), München 1950, S. 8.

[19] *Condor* (1840), in: *Studien*, a. a. O., S. 18.

[20] *Granit* (1849), in: *Bunte Steine*, a. a. O., S. 33.

[21] *Der Hochwald* (1841), in: *Studien*, a. a. O., S. 210f.

[22] Ebenda.

[23] *Der Waldsteig* (1844), in: *Studien*, a. a. O.

[24] *Das Heidedorf* (1840), ebenda, S. 162.

[25] *Die Mappe meines Urgroßvaters* (1841), in: *Studien*, a. a. O., S. 397 (von der Novelle gibt es mehrere Fassungen).

[26] Ebenda, S. 388.

[27] *Bergkristall* (1845), in: *Bunte Steine*, a. a. O., S. 163.

[28] *Granit*, in: *Bunte Steine*, a. a. O., S. 33.

[29] *Kalkstein* (1848), ebenda, S. 109.

[30] »Deutsche Literaturzeitung«, a. a. O.

[31] *Der Hochwald*, a. a. O., S. 202.

[32] *Katzensilber*, a. a. O., S. 239.

[33] *Die Narrenburg* (1841), in: *Studien*, a. a. O.

[34] *Der Hochwald*, a. a. O.

[35] *Die Narrenburg*, a. a. O.

[36] *Die Mappe meines Urgroßvaters*, a. a. O., S. 388.

[37] Vgl. M. Thalmann, *Das Menschentum in Stifters »Heidedorf«*, in: »Modern Language Notes«, 1946; sowie *Stifters Nachfolge Goethes*, in: »Journal of English and Germanic Philology«, 1946.

[38] München 1949.

[39] Vgl. S. Lupi, *Nota su Stifter*, in: *Messana, Studi diretti da M. Catalano*, Bd. I, 1950, S. 43–70.

[40] Vgl. Bertram, a. a. O.

[41] *Nachsommer*, a. a. O., S. 209.

[42] Vgl. zu dieser Mischung aus Traum und Pedanterie Bertram, *Adalbert Stifter, Wesen und Welt*; 1949. In einem Vortrag von 1928 – *Adalbert Stifter als Dichter der Frühe* – spricht er von kleinbürgerlicher Beschränktheit.

[43] Vgl. hierzu auch G. Lukács, *Erzählen oder beschreiben?*, in: *Schicksalswende*, a. a. O.

[44] *Nachsommer*, a. a. O., S. 610.

[45] U. C. Pietsch, *Das Wesen des Ordo-Begriffes bei Adalbert Stifter und seine künstlerische Gestaltung in den Romanen »Nachsommer« und »Witiko«*, Dissertation, München 1949.

[46] *Katzensilber*, in: *Bunte Steine*, a. a. O., S. 242.

[47] Vgl. W. Rehm, *Nachsommer*, 1951 (zum Thema Zeit).

[48] Ebenda, S. 623. Zum Gegensatz Stadt–Land vgl. F. Koch, *Dichtung des Plunders*, in: »Archiv für das Studium der neueren Sprachen«, CI, 1949.

[49] München 1949.

[50] Nadler, *Literaturgeschichte Österreichs*, a. a. O., S. 294.

[51] Stil »des einfachen Geschehenden«, F. Hüller, *Adalbert Stifters »Witiko«*, Kassel-Wilhelmshöhe 1930, S. 117.

[52] Nach Mehl auch von Varnhagen von Ense und Carl von Rotteck (E. Mehl, *Adalbert Stifter und die Geschichte*, in: *Lebenskräfte in der abendländischen Geistesgeschichte*, Dank- und Erinnerungsgabe an W. Goetz, 1948).

[53] F. Hüller, a. a. O., S. 19.

[54] Th. Pütz, *»Witiko« als Urbild des politischen Menschen*, Klassiker der Staatskunst, 1950.

[55] In einem Brief an Emil Kuh vom 28. Juli 1872.

[56] *Der Getreue Unterthan.*

[57] F. Hüller, a. a. O., S. 73.

[58] F. Hüller, a. a. O., S. 67. Vgl. auch P. Demetz, *René Rilkes Prager Jahre*, 1953.

[59] E. Sestan, *Le riforme costituzionali austriache del 1860–61*,

in: *La crisi dell' impero austriaco dopo Villafranca*, Triest o.J. (1961), S. 83.

[60] Stifter wurde 1805 in Oberplan, im südlichen Teil des Böhmerwalds, geboren.

[61] Sie wurde am 13. September 1830 in Zdislawitz bei Kremsier in Mähren geboren und starb 1916.

[62] Zit. von Josef Hofmiller im Band: M. von Ebner-Eschenbach, *Die schönsten Erzählungen*, mit einem Schlußwort von J. Hofmiller, ausgewählt von Edgar Groß, München 1956, S. 284.

[63] »Diese Rasse geht unter und gehe!« Satz im Tagebuch, zit. von J. Hofmiller, in: *Die schönsten Erzählungen*, a.a.O., S. 284.

[64] Aus der Sammlung *Dorf- und Schloßgeschichten* (1883).

[65] *Er laßt die Hand küssen*, ebenda (1886).

[66] *Komtesse Muschi*, in: *Zwei Komtessen.*

[67] Vgl. auch den Roman *Unsühnbar* (1889), der die Falschheit mancher sozialer Beziehungen geißelt.

[68] *Die erste Beichte*, in: *Erzählungen* (1875).

[69] *Erste Trennung*, in: *Stille Welt* (1915).

[70] *Der Vorzugsschüler*, in: *Aus Spätherbsttagen* (1901).

[71] *Die Freiherren von Gemperlein* (1881), jetzt in: M. von Ebner-Eschenbach, *Die Freiherren von Gemperlein und andere Novellen*, hg. von Edgar Groß, München 1958, S. 13.

[72] E. Schadauer sieht in dieser Erzählung eine polemische Stellungnahme gegen das Vorherrschen der deutsch-liberalen Partei, die von 1859 bis 1879 die Oberhand hatte. (E. Schadauer, *Gesellschaft und Kultur Österreichs im Spiegel der Novellen Ferdinands von Saar und Maries von Ebner-Eschenbach*, Dissertation, Wien 1950, S. 107.)

[73] Edgar Groß spricht von einer »Resignation über die Unzulänglichkeit der Welt«, in: *Die Freiherren von Gemperlein und andere Novellen*, a.a.O., S. 264.

[74] Die österreichischen Erzähler der slawischen Kronländer waren besonders von Gogol und Turgenjew beeinflußt.

[75] *Der Kreisphysikus*, a.a.O.

[76] *Der gute Mond*, in: *Neue Dorf- und Schloßgeschichten*, a.a.O.

[77] *Die Resel*, in: *Die Freiherren von Gemperlein*, a.a.O., S. 198. Bisweilen scheint diese Atmosphäre des Alters das Gespür für den Verfall der Monarchie zu verraten, das aber vom optimistischen Idealismus der Dichterin gleich wieder unterdrückt wird. Dies unterscheidet sie grundlegend, trotz der Verwandtschaft des Milieus, vom Erzählwerk eines Ferdinand von Saar, dem Dichter der sterbenden Monarchie.

[78] Eine der Hauptgestalten des Romans *Božena.*

[79] Ernstlich bricht der Konflikt nach 1900 aus, insbesondere nach der Einführung des allgemeinen Wahlrechts im Jahre 1906, das die alte gemäßigte Partei eliminiert und den »Jungtschechen« Platz macht. Aber schon 1884 hatte die Annäherung zwischen Tschechen und Slowaken begonnen, und 1895 fand das slowakisch-tschechisch-rumänische Treffen für die nationalen Autonomien statt. 1897 führte ein Gesetzentwurf zur Gleichstellung der deutschen und tschechischen Sprache in Böhmen und Mähren wegen des heftigen Widerstandes der Deutschen zum Sturz Minister Badenis. Was die übrigen Slawen betrifft, so ging die Einigung von Serben und Kroaten weit schwieriger und langsamer vor sich, da sie durch einen jahrhundertealten Haß – der durch die magyarische Politik, insbesondere durch Banus Khuén-Hédervàry, noch geschürt wurde – gespalten waren. Die Annäherung erfolgte um 1905 (Versammlungen von Fiume und Zara), blieb jedoch problematisch.

[80] *Der Kreisphysikus*, a. a. O.

[81] *Mašlans Frau*, in: *Aus Spätherbsttagen*, jetzt in: *Die Freiherren von Gemperlein*, a. a. O., S. 209.

[82] K. E. Franzos, *Aus Halb-Asien*, 1876.

[83] S. Slataper, *L'Austria e l'impero degli Absburgo*, in: »Il resto del Carlino« vom 19. September 1914; jetzt in: *Scritti politici*, hg. von G. Stuparich, Rom 1925, S. 166.

[84] Zit. von E. J. Görlich in der Einleitung zu den von ihm herausgegebenen Schriften von Sacher-Masoch, L. von Sacher-Masoch, *Dunkel ist dein Herz, Europa*, Granz–Wien, S. 10.

[85] Vgl. die Erzählung *Magaß, der Räuber*, in: Sacher-Masoch, *Galizische Geschichten* (1876).

[86] Lemberg 1836 – Lindheim 1895.

[87] So hießen in Österreich die in Galizien lebenden Ukrainer.

[88] So bezeichnet ihn seine Gattin Wanda. Zit. von E. J. Görlich, *Dunkel ist dein Herz, Europa*, a. a. O., S. 11.

[89] Frauenjacke, wie sie in den Karpaten getragen wurde.

[90] Vgl. *Abe Nahum Wasserkrug*, in: *Galizische Geschichten*, a. a. O.

[91] *Eine galizische Geschichte*, 1858; zweite Aufl. 1864 unter dem Titel *Graf Donski*.

[92] Vgl. *Die Heirat des Valerian Koschanski*, in: *Galizische Geschichten*, a. a. O.

[93] Höchste Erhebung der Karpaten.

[94] *Der Hajdamak*, in: *Galizische Geschichten*, a. a. O.

[95] *Die Heirat des Valerian Koschanski*, a. a. O.

[96] Vor allem in dem gegen Friedrich II. geschriebenen Roman

Kaunitz, in der Schrift *Die Deutschen*, im Lustspiel *Die Verse Friedrichs des Großen* (1864) usw. Er verfocht auch liberalismusfreundliche Gedanken, wie manche seiner Werke demonstrieren, so beispielsweise das Drama *Unsere Sklaven* (1872) usw.

97 *Der Kapitulant*, in: *Dunkel ist dein Herz, Europa*, a.a.O., S. 78.

98 Czortkow 1848 – Berlin 1904.

99 *Die »Gezwungenen«*, in: *Vom Don zur Donau*; 1878; jetzt in: K. E. Franzos, *Halb-Asien*, hg. von E. J. Görlich, Graz–Wien 1958, S. 101.

100 In: *Halb-Asien*, a.a.O.

101 Es handelt sich um eine überaus umfangreiche Literatur, die von der zweiten Hälfte des 19. Jahrhunderts bis zur Zeit nach dem Ersten Weltkrieg reicht. Sie umfaßt bedeutende Schriftsteller, an erster Stelle der Wiener Ludwig Anzengruber (1839–1889), der kraftvolle Volkskomödien und Dramen schrieb, die den Einfluß des Naturalismus verraten. Einige seiner liberal und antiklerikal gehaltenen Dramen sind für die österreichische Literatur von Bedeutung, wie *Der Pfarrer von Kirchfeld* (1870), *Die Kreuzelschreiber* (1872) usw. Von den überaus zahlreichen regionalen Autoren sollen hier nur einige Namen angeführt werden, um die Reichhaltigkeit dieses literarischen Genres zu veranschaulichen: H. Watzlik (1879–1948), J. Peter (1858–1935), R. Kralik (1852–1934) und vor allem Josef Rank (1816–1896) in Böhmen; F. Perkonig (1890) und F. von Gagern (1882–1947) in Kärnten; auch die slowenischen und Uskokenerzählungen Gagerns, die in Oberösterreich handelnden Erzählungen von J. Zerzer (1889) und C. H. Watzinger (1908) sowie die in Niederösterreich spielenden von F. Nabl (1883) und M. Grengg (1898) sind zu erwähnen. Das Banat lebt in den Schriften von A. Müller-Guttenbrunn (1852–1923), die Steiermark in H. Frauengruber (1863–1933), Siebenbürgen in A. Menschendörfer (1877), Dalmatien in den Sonetten der Paula von Preradovic (1887–1951) und so fort. Einen besonderen Rang nehmen innerhalb dieser Heimatliteratur die Tiroler Schriftsteller von Adolf Pichler (1819–1900) bis Franz Kranewitter (1860–1938), H. von Schullern (1865–1956) und Rudolf Greinz (1866–1942) und viele andere ein, und zwar wegen ihres Patriotismus und ihres Sinns für patriarchalische Folklore. Oft werden auf diesen lokalen Grundlagen andere Elemente ausgebaut, wie der starke Naturalismus des Tiroler Dramatikers Karl Schönherr (1867–1943), doch überschreitet dies den Rahmen dieser Untersuchung.

102 Geboren 1843 in Krieglach in den steirischen Alpen, gestorben 1918.

[103] Musil, *Der Mann ohne Eigenschaften*, a. a. O., Bd. I, S. 203.
[104] *Als ich den Himmlischen Altäre gebaut*, in: *Waldheimat; P. K. Roseggers Schriften*, Wien–Pest–Leipzig 1883–1901, S. 227.
[105] *Als ich das erstemal auf dem Dampfwagen saß*, in: *Waldheimat*, a. a. O., Bd. I, Wien–Pest–Leipzig 1890.
[106] *Als ich davonging*, in *Waldheimat*, a. a. O.
[107] *Die Schriften des Waldschulmeisters* (1875), Wien–Pest–Leipzig 1888, S. 56.
[108] Ebenda.
[109] Vgl. E. Sestan, a. a. O., S. 76.
[110] Z. B. *Der Heimgarten.*
[111] A. von Helfert, *Österreichische Geschichte für das Volk*, 1864–82; A. Huber, *Geschichte Österreichs*, 1885–95 (5 Bde. bis 1648, von O. Redlich bis 1740 weitergeführt); M. A. Becker – H. Jirecek – H. Zeißberg u. a., *Österreichische Geschichte für das Volk*, 1865–1867; F. Krones, *Geschichte Österreichs für die reifere Jugend*, 1879.
[112] Im historischen Roman *Peter Mayr, der Wirt an der Mahr* (1891).
[113] *Heidepeters Gabriel* (1882); *Der Gottsucher* (1883); *Jakob der Letzte* (1888).
[114] Vgl. die Romane *Das ewige Licht* (1897); *Erdsegen* (1900); *I.N.R.I. Frohe Botschaft eines armen Sünders* (1904).
[115] *Die Schriften des Waldschulmeisters*, a. a. O., S. 336.

V. Finis Austriae

[1] Berichtet von Ernst Decsey, zit. in: H. E. Jacob, a. a. O., S. 237.
[2] H. von Hofmannsthal, *Österreich im Spiegel seiner Dichtung*, 1916, *Prosa III*, Frankfurt am Main 1952, S. 333.
[3] K. Kraus, *Die letzten Tage der Menschheit*, Bd. V der Werke von K. Kraus, hg. von Heinrich Fischer, München 1957, S. 9.
[4] Zit. in: H. E. Jacob, a. a. O., S. 193; das Libretto von Haffner und Genée geht auf einen französischen Text von Meilhac und Halévy, Offenbachs Librettisten, zurück.
[5] *Fledermaus*, zit. in: H. E. Jacob, a. a. O., S. 196.
[6] Vgl. Hofmannsthals *Terzinen über Vergänglichkeit* (1894).
[7] Protagonistin des *Rosenkavaliers* (1911).
[8] Aus der Operette *Boccaccio* von Franz von Suppé, zit. in: H. E. Jacob, a. a. O., S. 181. Suppé ist ein wenig der Vater der Wie-

ner Operette. In den Jahren 1860 bis 1870 schrieb er deren mehrere in der Art Offenbachs, doch im Wiener Lokalkolorit.

[9] Auch bei der Architektur kann man, beispielsweise bei dem eklektischen, historisierenden sogenannten Ringstraßenstil, von einem Hang zur Maske und zur Verstellung sprechen. Nach dem Ausspruch des Architekten Gottfried Semper sollte jedes Ding eine Maske tragen und sich verbergen, und der zusammengesetzte Stil seiner Bauten bestätigt das Wiederaufleben des Barock. Hansens griechisches Parlament, das gotische Rathaus und Hasenauers zwei kaiserliche Museen im Neorenaissancestil sind der Ausdruck eines gewichtigen, auf Wohlstand bedachten Zeitalters, das sich mit Monumentalbauten brüstet (vor allem die Hofoper von Siccardsburg und van der Nüll), keinen eigenen Stil schafft und sich hinter einer hybriden Zusammensetzung verschiedener Stilformen der Vergangenheit verbirgt.

[10] Vgl. den bereits erwähnten *Karneval in Rom, Die lustigen Weiber von Wien* und *Cagliostro in Wien* (1875) mit ihrer wienerischen Färbung und, beim letztgenannten Werk, die Barock- und Rokokogestalt des Abenteurers, die bei Hofmannsthal wiederkehrt (*Der Abenteurer und die Sängerin*, 1899). In italienischem Milieu spielen *Der lustige Krieg* (1881) und *Eine Nacht in Venedig* (1883); italienisch-spanisch ist das Klima im *Spitzentuch der Königin* (1880).

[11] Schon die Titel der bekanntesten Operetten erinnern an Motive und Gestalten dieser maskierten Welt: Lehárs *Zigeunerliebe* und Kálmáns *Csardasfürstin* verherrlichen Zigeuner und ungarische Folklore, wie sie in den Pußtabildern August von Pettenkofens heraufbeschworen werden; der *Walzertraum* (1907) von Oscar Straus preist die Verführungstalente des österreichischen Leutnants; vgl. auch den *Fidelen Bauer* von Leo Fall u. a. m.

[12] E. Rocca, *Storia della letteratura tedesca dal 1870 al 1933*, Florenz 1950, S. 36. Zum vorliegenden Thema vgl. vor allem das Kapitel *Crepuscolo lirico di un impero.*

[13] Vgl. G. Getto, *La polemica sul barocco*, in: *Letteratura e critica nel tempo*, Mailand 1954, insbesondere S. 182–85.

[14] L. Mittner, *La letteratura tedesca del Novecento*, in: *La letteratura tedesca del Novecento e altri saggi*, Turin 1960, S. 178. Zum Verständnis der österreichischen »Décadence« ist das gesamte Kapitel *L'Austria nella letteratura della crisi. Il primo Rilke. Trakl* grundlegend.

[15] *Amen*, in: G. Trakl, *Die Dichtungen*, 12. Aufl., Salzburg 1965, S. 78.

[16] Vgl. dazu die Gedichte *Afra* (in: *Herbst der Einsamen*), *O des*

verfluchten Geschlechts (Traum und Umnachtung), Abendland (Gesang des Abgeschiedenen), Hellbrunn (Offenbarung und Untergang), Der Abend (Gesang des Abgeschiedenen).

17 R. Paoli betont in seiner Einführung zur italienischen Übersetzung der Gedichte von Trakl (*Poesie*, Mailand 1949) die Bedeutung von Ausdrücken wie Verwesung, Verfall und aller Worte mit der Vorsilbe Ver-, die auf Zerstörung und Verfall anspielt.

18 *Unterwegs*, in: *Sebastian im Traum*, in: G. Trakl, *Die Dichtungen*, a. a. O., S. 100.

19 *Gesang zur Nacht.*

20 Vgl. W. Meyknecht, *Das Bild des Menschen bei Georg Trakl*, Diss., Münster 1935, sowie R. Paoli, a. a. O.

21 Vgl. die den Gestalten Elis und Helian gewidmeten Gedichte.

22 *Abendland*, in: *Gesang des Abgeschiedenen*, a. a. O., S. 170.

23 L. Mittner, a. a. O., S. 177.

24 Herzls Buch *Der Judenstaat*, das die zionistische Bewegung einleitet, stammt aus dem Jahre 1896. Zwei Jahre später antwortete Karl Kraus mit *Eine Krone für Zion*; auch einige Werke von Hermann Bahr, die sich mit der Judenfrage befassen, sind von Bedeutung, wie *Der Antisemitismus* (1894) und *Die Rotte Korahs* (1918).

25 Rilke, Kafka und Musil, der seine Jugend in Brünn verbrachte.

26 L. Mittner, a. a. O., S. 177 f.

27 Brief aus Paris vom 11. Januar 1914; R. M. Rilke, *Briefe*, 2 Bde., hg. von Karl Altheim, Wiesbaden 1950, Bd. I, S. 472 f. Er handelt insbesondere von der deutschen Sprachkrise in der Tschechoslowakei.

28 Teil der *Ersten Gedichte.*

29 Die Sammlungen *Am Leben hin* (1898), *Zwei Prager Geschichten* (1899), *Die Letzten* (1902), *Erzählungen und Skizzen aus der Frühzeit* (1928) umfassend.

30 *Die Geschwister*, in: *Zwei Prager Geschichten*, a. a. O., S. 115.

31 *Volksweise.*

32 Titel einer Skizze (1897).

33 *Das Familienfest*, in: *Am Leben hin.*

34 *Die Geschwister*, a. a. O., S. 92.

35 *Die Geschwister*, a. a. O.

36 *Erste Gedichte* (1895–97), *Die Frühen Gedichte* (1897–99), *Das Buch der Bilder* (1902).

37 Vgl. das Gedicht: *Das sind die Gärten, an die ich glaube* usw.

38 Vgl. *Der Abend kommt von weit gegangen* usw.

39 Vgl. *Kindheit.*

[40] Vgl. *Auch du hast es einmal erlebt, ich weiß*, R. M. Rilke, *Sämtliche Werke*, hg. von E. Zinn, Bd. I, Wiesbaden 1955, S. 197.

[41] Vgl. *Ich bin zu Haus zwischen Tag und Traum; Abendläuten; Aus den Bergen hallt es.*

[42] *Der Letzte*, in: *Das Buch der Bilder, S. W.*, a.a.O., Bd. I, S. 395 f. Zum Thema Habsburg ist auch an die eindringliche Beschwörung der mittelalterlichen Welt des Kaiserreichs in der *Weise von Liebe und Tod des Cornets Christoph Rilke* (1906) zu erinnern: »Da sind sie alle einander nah, diese Herren, die aus Frankreich kommen und aus Burgund, aus den Niederlanden, aus Kärntens Tälern, von den böhmischen Burgen und von Kaiser Leopold. Denn was der Eine erzählt, das haben auch sie erfahren und gerade so. Als ob es nur eine Mutter gäbe ...« (A. a. O., Bd. I, S. 257.)

[43] Zit. bei W. Bietak, *Das Lebensgefühl* ..., a. a. O., S. 254.

[44] G. Lukács, *Die Zerstörung der Vernunft*, Berlin 1955.

[45] R. Musil, *Die Verwirrungen des Zöglings Törleß*, Wien–Leipzig 1906, S. 9.

[46] Zum Einfluß des österreichisch-ungarischen bürokratischen Systems auf einige Stellen im *Prozeß*, wie es von Th. Mann und Lukács aufgezeigt wurde, siehe L. Mittner, a.a.O., S. 281, der einen solchen Einfluß ablehnt. Sicherlich darf man nicht gewaltsam etwas hineininterpretieren wollen, doch läßt sich dem entnervenden Wechsel zwischen Hoffnungen und Enttäuschungen im *Prozeß* und noch mehr im *Schloß* vielleicht doch eine tragische Ironisierung der bürokratischen Pedanterie entnehmen.

[47] Vgl. *Die Verwandlung.*

[48] Vgl. *Gespräch mit dem Betrunkenen*; F. Kafka, *Erzählungen*, hg. von M. Brod, New York 1946, S. 18. Zum soziologischen Aspekt des Kafkaschen Werks und seiner Bindung an das österreichische jüdische Milieu vgl. G. Baioni, *Franz Kafka. Romanzo e parabola*, Mailand 1963.

[49] Vgl. die Anthologien von J. Mauthe, *Wiener Meister-Feuilletons*, Wien 1946, und P. von Zsolnay, *Wiener Cocktail*, Hamburg–Wien 1960; ebenso V. Chiavacci, *Aus Alt- und Neu-Wien. Franz Joseph I. und seine Zeit*, hg. von J. Schnitzer, Wien–München 1898.

[50] H. Broch, *Hofmannshtal und seine Zeit*, in: *Dichten und Erkennen*, Essays, Bd. I, hg. von H. Arendt, Zürich 1955, S. 66; Wien wird dort als »Zentrum des europäischen Vakuums« bezeichnet (S. 83).

[51] Ebenda, S. 43.

[52] Vgl. beispielsweise P. Altenberg, *Gedichte an Ljuba*, in: *Wie ich es sehe*, 1896.

[53] D. Spitzer, *Eine Elegie*, in: »Neue Freie Presse« vom 20. Mai 1880; jetzt in: J. Mauthe, a. a. O.

[54] H. Weigel, *O du mein Österreich*, Stuttgart 1956, S. 15.

[55] Es ist dies eine witzige Verspottung der österreichischen Indolenz: Der Autor gibt vor, für die »Frankfurter Zeitung« einen Essay über die österreichische Seele verfassen zu müssen; er stellt der Zeitung zunächst kleinliche Gegenfragen und versucht dann abzulehnen; er spielt den Auftrag anderen Wiener Schriftstellern zu, die sich dann ihrerseits, stets mit überaus höflichen, entgegenkommenden Briefen, zurückziehen, so daß die »österreichische Seele« schließlich nur durch diesen eleganten, zeremoniösen Briefwechsel illustriert wird. (Jetzt in: *Kaffeehaus, Literarische Spezialitäten und amouröse Gusto-Stückln aus Wien*, Auswahl und Schlußbetrachtung von L. Plakolb, München 1959, S. 28–35.) Die gelungenste Wendung ist wohl die des Befragten Sassmann: »Über Österreich zu schreiben ist schwer. Was wird das Ausland dazu sagen?« (S. 31.)

[56] A. Polgar, *Theorie des »Café Central«*, jetzt in: *Kaffeehaus*, a. a. O., S. 6f. Von Polgar, einem der geistreichsten Schriftsteller dieses Genres, stammt der berühmte Kaffeehausaphorismus: »Seit zehn Jahren sitzen die zwei, jeden Tag stundenlang, ganz allein im Kaffeehaus. Das ist eine gute Ehe! Nein, das ist ein gutes Kaffeehaus.« (*Kaffeehaus*, a. a. O., S. 63.)

[57] Vgl. P. Altenberg, *Kaffeehaus*, a. a. O.

[58] Vgl. Fritz Stüber-Gunther (1872–1922), den Beschreiber Wiens und des »Wiener Alltags«, insbesondere in den Romanen *Schwiegersöhne* (1909), *Der Schönheitspreis* (1912), *Rappelkopf* (über das Leben Raimunds, 1921).

[59] Er schrieb mehrere, alle in diesem Ton gehaltene Bücher.

[60] *Selbstbiographie*, in der Sammlung *Was der Tag mir zuträgt*; zit. in: P. Altenberg, *Reporter der Seele*, hg. von G. Martin, Graz–Wien 1960, S. 47.

[61] P. Altenberg, *Reporter der Seele*, a. a. O., S. 49.

[62] »Oh Fraue, nicht was du bist, bist du! Das bist du, was wir von dir träumen!« (*Nichts Neues*, in: P. Altenberg, *Neues Altes*, Berlin 1911, S. 185.)

[63] *Sehnsucht*, in: *Wie ich es sehe*; P. Altenberg, *Reporter der Seele*, a. a. O., S. 29.

[64] *Kusine*, in: *Semmering*, 1912 (1913).

[65] *Vöslau*, in: *Neues Altes*, a. a. O., S. 97.

[66] *Erste Liebe*, in: *Mein Lebensabend* (1919).

[67] L. Plakolb, *Kaffeehaus*, a. a. O., S. 77.

[68] *Saar, Poet of a Declining Age*, R. Pick, in: *German Life and Letters* (1950/51).

[69] Vgl. E. Schadauer, a. a. O.: Saar, Dichter »der absterbenden Monarchie«, S. 114.

[70] Sammeltitel der Erzählungen; verschiedene Einzel- und Gesamtausgaben; der Titel taucht zum erstenmal 1877, zum letztenmal 1904 auf; jetzt in: F. von Saar, *Das erzählerische Werk*, 3 Bde., hg. von J. F. Fuchs, mit einer Studie von A. Bettelheim, Wien 1959.

[71] E. Soukoup (*Die Darstellung der Wirklichkeit in F. v. Saars »Novellen aus Österreich«*, Dissertation, Wien 1946) meint, Saars Pessimismus verkehre die Darstellung der Wirklichkeit ins Negative; gerade diese Verkehrung ist aber hier von Bedeutung, desgleichen die menschlichen und historischen Momente, die ihre Ursachen sind.

[72] Brief vom 8. Februar 1889 aus Blansko an die Fürstin Hohenlohe; zit. bei E. Schadauer, a. a. O., S. 3.

[73] Vgl. die Novellen *Requiem der Liebe* bzw. *Die Troglodytin, Geschichte eines Wiener Kindes, Ginevra, Schloß Kostenitz* (1897, 1889, 1892, 1892, 1892).

[74] Vgl. S. Heller, *Ein Ausreißer aus dem Lager Schopenhauers, Literatur-Blatt, Wochenschrift für das geistige Leben der Gegenwart*, hg. von A. Edlinger, Bd. III, Wien–Leipzig 1879.

[75] Vgl. *Innocens, Das Haus Reichegg, Schloß Kostenitz, Requiem der Liebe* (1871, 1877).

[76] Vgl. J. Gassner, *Das Bild Österreichs bei Ferdinand von Saar*, Dissertation, Innsbruck 1948.

[77] *Das erzählerische Werk*, a. a. O., Bd. I, S. 78 (die Novelle *Marianne* stammt aus dem Jahre 1873).

[78] Vgl. *Leutnant Burda, Das Haus Reichegg, Ninon, Requiem der Liebe*; das Thema der betrogenen, erniedrigten Liebe taucht auch im kleinen Gedicht *Die Pincelliade* auf, die in einer alten österreichischen Kaserne spielt (*Leutnant Burda* [1889], *Ninon* [1897], *Die Pincelliade* [1897]).

[79] *Das Haus Reichegg*, a. a. O., Bd. I.

[80] *Das erzählerische Werk*, a. a. O., Bd. I, S. 234.

[81] *Schloß Kostenitz.*

[82] *Vae victis*, a. a. O., Bd. I, S. 218.

[83] *Schloß Kostenitz*, a. a. O., Bd. II, S. 227.

[84] Seine Familie hatte erst 1793 den Adelstitel erhalten. Saar war lange Jahre Soldat, und so wirkte sich vermutlich wohl auch die Erfahrung ferner Garnisonen lyrisch in einer schwermütigen Vorahnung des Untergangs aus, wie dies übrigens bei vielen militärischen Erinnerungen dieser Zeit der Fall war: von K. F. V. Torresani (*Schwarzgelbe Rittergeschichten* [1889], *Aus der schönen Leutnantszeit* [1889]) bis zu A. Byn (*Österreichische Garnisonen* [1863]).

Eine Vorahnung des Endes ist auch dem Werk *Siegelringe* (1874) von F. Kürnberger zu entnehmen.

[85] *Die Familie Worel* (1906).

[86] *Herr Fridolin und sein Glück* (1897).

[87] *Dissonanzen* (1901).

[88] *Geschichte eines Wiener Kindes.*

[89] *Seligmann Hirsch* (1889).

[90] *Zwölf aus der Steiermark*, Leipzig 1913, S. 311.

[91] *Schloß Kostenitz*, a. a. O., S. 228.

[92] P. Chiarini, Einführung zu A. Schnitzler, *Girotondo e altre commedie*, hg. von P. Chiarini, Turin 1959, S. 5.

[93] *Anatol*, in: *Gesammelte Werke*, 1. Bd., Berlin 1912, S. 33.

[94] Ebenda, S. 43.

[95] Ebenda, S. 78.

[96] Ebenda, S. 81.

[97] Ebenda, S. 45.

[98] Ebenda, S. 80.

[99] Freilich bewies er auch einen klaren Blick für die Probleme seiner Gesellschaft: sein Theaterstück *Professor Bernhardi* (1912) und der Roman *Der Weg ins Freie* (1908), worin er sich für Herzls zionistische Bewegung ausspricht, zeigen großes Verständnis für die Judenfrage, während sein Drama *Das Vermächtnis* (1898) vom sozialen Standpunkt aus interessant ist. Doch ist Schnitzlers dichterische Phantasie an die Darstellung der fröhlichen und müde genießenden Fin-de-siècle-Welt gebunden, und ebendiese Richtung seiner dichterischen Disponibilität unterstreicht seine wenn auch kritische Zugehörigkeit zur Literatur des »Mythos«.

[100] H. von Hofmannsthal, *Prolog zu dem Buch »Anatol«*, 1892.

[101] H. von Hofmannsthal, *Gesammelte Werke*, *Gedichte und Lyrische Dramen*, hg. von H. Steiner, Frankfurt am Main 1952, S. 43 ff.

[102] *Komtesse Mizzi.*

[103] *Die Gefährtin* (1898).

[104] *Der einsame Weg* (1903).

[105] *Der grüne Kakadu* (1899). Diese Sicht und die Bedeutung des Ehebruchs sind auch in *Paracelsus* (1899) zu finden, der Geschichte eines Mannes, der nach dem Tod seiner Frau erfährt, daß er betrogen worden ist; er verliert nun den Sinn für die Stabilität der Dinge und verfällt in eine Verwirrung zwischen Traum und Wirklichkeit in der Art Calderóns, Grillparzers und Hofmannsthals.

[106] *Liebelei* (1894).

[107] *Therese* (1928).

[108] *Der einsame Weg.*

109 Vgl. *Ringelspiel* (1906), Das Konzert (1909).

110 *Komtesse Mizzi*, in: *Gesammelte Werke*, a. a. O., 4. Bd., S. 22.

111 *Der Puppenspieler* (1902).

112 Sturz des Ministers Auersperg auf Betreiben der Katholiken. Mit Hilfe der anderen liberalen Parteien hatten die Deutschliberalen bei den Wahlen des Jahres 1873 zwei Drittel aller Sitze erlangt.

113 H. Bahr, *Austriaca*, Berlin 1911, S. 9.

114 Ebenda, S. 16. Durch den parlamentarischen Transformismus des Ministeriums Taaffe (1879–93) war die liberale Partei ihres Ansehens beraubt worden. Um die Balkanpolitik zu verwirklichen, hatte Taaffe die Effizienz der Parteien dadurch zunichte gemacht, daß er sie in unfruchtbare parlamentarische Debatten, die bewußt provoziert wurden, verwickelte.

115 Vgl. das Beispiel vom 21. März 1911, als die deutschen Sozialisten nicht den Widerstand des tschechischen Abgeordneten Nemec gegen das Projekt des Kabinetts Bierneth unterstützten, das die Kriegsanleihen zur Verfügung stellen wollte; gewöhnlich zog die *Arbeiterzeitung*, wenn ein Plan der Regierung durchgekommen war, heftig dagegen zu Felde, um ihre Leser zufriedenzustellen. Man denke auch an die Kampagne der *Arbeiterzeitung* zur Zeit des Libyenfeldzugs, als sie mit der klerikalen und imperialistischen Presse gleichzog. Es gab Dutzende solcher Episoden, die auf die Mediokrität und die gemäßigte Haltung der österreichischen Sozialdemokratie verweisen. Im übrigen demonstriert ein guter Teil der sozialistisch angehauchten Literatur, wieviel verwässerte humanitäre Sentimentalität statt konkreter fortschrittlicher Vision die österreichische Linke enthielt: man denke nur an Autoren wie Scheu, Stern, Petzold, die darauf bedacht waren, Ideale franziskanischer Armut oder einen nicht genau definierten, antimodernistischen Humanismus zu predigen. Trotz allem stand der Sozialismus am Ursprung einer lebhaften kulturellen Aktivität, von den vielen Zeitschriften (*Volksstimme*, *Volkswille*, *Gleichheit* etc.) bis hin zu Emils Ertls Tetralogie *Ein Volk an der Arbeit*: vier Romane, die ein ganzes Jahrhundert österreichischer Geschichte umspannen und es von einem neuen, außerhalb der »habsburgischen« Schemata befindlichen Blickwinkel beleuchten.

116 Vgl. u. a. V. Gayda, *La crisi di un impero*, Turin 1913, und A. Dudan, *La Monarchia degli Absburgo*, Rom 1914.

117 Wie es bei den Metallarbeitern in Prerau der Fall war.

118 Der nationalistische Zwist im sozialistischen Lager, wie er besonders zwischen Deutschen und Tschechen herrschte, wirkte

sich freilich in den Beziehungen sämtlicher deutscher Völker des Habsburgerreichs aus; man vergleiche z. B. die Autonomiebestrebungen des polnischen Führers Daszynski oder des Ruthenen Hanckewycz. Um eine Vorstellung von der Heftigkeit solcher Ressentiments zu erhalten, braucht man nur die Gazetten der separatistischen tschechischen Sozialisten zu lesen (wie *Rovnost*, *Delnické Listy*), die einem eklatanten Antisemitismus Ausdruck verleihen. Diese Beschränktheit sollte allerdings nicht die positiven Seiten des Austromarxismus völlig verdunkeln, nämlich den manchmal recht konkreten Reformwillen und den dankenswerten Versuch, die Massen in das parlamentarische legalitäre System einzugliedern und dabei dem Anarchismus aus dem Weg zu gehen. Auch die Sozialdemokratie spiegelt also den ewigen österreichischen Zwiespalt zwischen bürokratischer Effizienz und zivilen Sitten einerseits und politischer Schwäche andererseits wider. Dennoch konnte sie sich trotz ihrer zahlenmäßigen Stärke nicht als herrschende Klasse durchsetzen.

[119] Carl E. Schorske, *Politics and the Psyche in »fin de siècle« Vienna: Schnitzler and Hofmannsthal*, in: »The American Historical Review«, Bd. LXVI, Nr. 4, Juli 1961, S. 930–46.

[120] C. E. Schorske, a. a. O., S. 937.

[121] Ebenda.

[122] *Der einsame Weg.*

[123] *Flucht in die Finsternis* (1931). Natürlich soll damit die poetische Gültigkeit der nach 1918 entstandenen Werke, darunter die Meisterschöpfung *Fräulein Else* (1925), nicht geleugnet, sondern einfach die Zugehörigkeit zu einem bestimmten geistigen Klima hervorgehoben werden. Schnitzler spürte den Zerfall der habsburgischen Welt, und sein danach entstandenes Werk empfindet und zeichnet von neuem jene Orientierungslosigkeit, ohne dabei die österreichisch-ungarische Sicht und Mentalität wirklich zu überwinden.

[124] H. von Hofmannsthal, *Gesammelte Werke*, hg. von H. Steiner, Frankfurt am Main–Stockholm, *Gedichte – Lyrische Dramen*, Stockholm 1946, S. 149.

[125] *Manche freilich müssen drunten sterben, Gedichte*, a. a. O., S. 19 (1895?).

[126] *Terzinen über Vergänglichkeit, Gedichte*, a. a. O., S. 18 (1894).

[127] *Gestern*, in: *Gesammelte Werke*, Bd. I, S. Fischer, Berlin 1924, S. 131.

[128] *Der Tor und der Tod*, ebenda, S. 142.

[129] *Terzinen über Vergänglichkeit.*

[130] *Erlebnis* (1892).

[131] Vgl. den Orient in seinen Erzählungen *Das Märchen der 672. Nacht* (1895), *Der goldene Apfel* und in seinem Drama *Die Hochzeit der Sobeide* (1899); Venedig taucht als Schauplatz oder Motiv überhaus häufig auf: *Der Abenteurer und die Sängerin* (1899), *Christinas Heimreise* (1910) usw. Zur Welt des Unterirdischen vgl. *Das Bergwerk zu Falun* (1900) und zur Sphäre des Phantastischen *Die Frau ohne Schatten* (1913–19); Wien erscheint im *Rosenkavalier* (1911), in *Arabella* (1933; das Datum bezieht sich auf die Uraufführung der von R. Strauss vertonten Oper; den Text schrieb Hofmannsthal in seinen letzten Lebensjahren unter Verwendung seiner Novelle *Lucidor* aus dem Jahre 1910) usw.; zum Imaginären vgl. das polnische Märchenreich im *Turm* (1925) usw.

[132] *Terzinen über Vergänglichkeit*, in: Gedichte, a. a. O., S. 18.

[133] *Das Märchen der 672. Nacht.*

[134] *Das Erlebnis des Marschalls von Bassompierre* (1900).

[135] Zum Thema Treue vgl. L. Traverso, Vorwort zu H. von Hofmannsthal, *Liriche e drammi*, Florenz 1942.

[136] *Ein Brief* (1902).

[137] *Ein Brief*, in: *Gesammelte Werke*, Bd. II, S. Fischer, Berlin 1924, S. 182.

[138] Brief an R. Strauss, zit. in: *Rodauner Nachträge*, Zürich 1918, Bd. III, S. 75.

[139] Vgl. dazu L. Traverso, a. a. O., Carl J. Naef, *Hugo von Hofmannsthals Wesen und Werk*, Zürich–Leipzig 1938.

[140] La Traverso, a. a. O., S. 33.

[141] C. Du Bos, *Le legs de Hofmannsthal*, zit. in: A. Pellegrini, *Novecento tedesco*, Mailand–Messina 1942, S. 35. Auch Pellegrini betont sehr stark diese Seite der dichterischen Persönlichkeit Hofmannsthals.

[142] Vortrag, gehalten am 10. Januar 1927 an der Universität München.

[143] In dieser Hinsicht steht er dem Dichter Richard von Schaukal sehr nahe. Auch er bekennt sich zu einem religiösen Kult der Tradition der Väter und einer Abneigung gegen die »Pöbelherrschaft des Positivismus« (R. von Schaukal, *Musik der ruhenden Welt*, hg. von W. Alt, Graz–Wien 1960, S. 9); wie Hofmannsthal gelangt er zu einer Mystik des Schweigens, zum Mißtrauen gegenüber dem Wort.

[144] Vgl. R. Alewyn, *Über Hugo von Hofmannsthal*, Göttingen 1958, S. 92.

[145] Ebenda, S. 81.

[146] Hofmannsthal hatte lombardisches Blut in den Adern und

empfand dieses lateinisch-mediterrane Erbe, das er mythisierte, überaus stark.

147 Vgl. G. Torcellan, Einführung zu G. Ortes, *Riflessioni di un filosofo americano*, hg. von G. Torcellan, Turin 1961, S. IX.

148 *Ad me ipsum*, veröffentlicht von H. Steiner in der »Neuen Rundschau«, 65, 1954, S. 367.

149 R. Alewyn, a. a. O., S. 92.

150 *Arabella*.

151 Ebenda.

152 *Der Unbestechliche* (1923).

153 *Goethes west-östlicher Divan* (1913).

154 Ebenda, in: *Gesammelte Werke*, Bd. III, S. Fischer, Berlin 1924, S. 26.

155 »In Hofmannsthals Lustspielen tritt einmal das gesegnete Schöne der österreichischen Art und des österreichischen Erbes vor die Welt, Sinn für Gleichgewicht, Konvenienz im Höchsten und Diskretion.« (E. Hederer, *Hugo von Hofmannsthal*, Frankfurt am Main 1960, S. 179.)

156 R. Alewyn, a. a. O., S. 79 f.

157 H. von Hofmannsthal, *Gesammelte Werke*, a. a. O., *Lustspiele IV*, Frankfurt am Main 1956, S. 77.

158 Zwei Fassungen, 1912 und 1916.

159 *Gesammelte Werke*, a. a. O., Lustspiele II, Frankfurt am Main 1954, S. 258.

160 1903, 1911, 1922, 1925 (eine andere Fassung 1927).

161 R. Curtius, »Neue Rundschau«, November 1929, S. 655.

162 Einleitung von A. Grünberg zu E. Pirchan, *Gustav Klimt*, Wien 1956, S. 7.

163 Vgl. dazu jeweils: *Antwort auf die »Neunte Canzone« Gabriele D'Annunzios* (1912), *Appell an die oberen Stände* (1914), *Prinz Eugen, der edle Ritter* (1915), *Maria Theresia* (1917), *Geist der Karpathen* (1915), *Die Bejahung Österreichs* (1914).

164 *Die Bejahung Österreichs*.

165 *Österreich im Spiegel seiner Dichtung* (1916).

166 Ebenda, *G. W.*, Bd. III, S. Fischer, Berlin 1924, S. 55.

167 *Wir Österreicher und Deutschland* (1915), in: *G. W.*, a. a. O., Prosa III, Frankfurt am Main 1952, S. 230.

168 *Österreich im Spiegel seiner Dichtung*, a. a. O., S. 58.

169 Ebenda.

170 Vgl. z. B. *Wir Österreicher und Deutschland*, *Preuße und Österreicher* (1917) usw.

171 *Die Österreichische Idee* (1917).

172 *Österreich im Spiegel seiner Dichtung*, a. a. O., S. 252.

[172a] L. Goldmann, *Un grand polémiste: Karl Kraus*, in: »Recherches dialectiques«, Paris 1959, S. 229.

[173] Die von Kraus in Wien herausgegebene Zeitschrift.

[174] Von 1917 bis 1919 entstanden.

[175] P. Chiarini, *Le due apocalissi di Karl Kraus – Dalla Grande Guerra al Nazismo*, in: *Romanticismo e Realismo nella letteratura tedesca*, Padua 1961, S. 183.

[176] *Die letzten Tage der Menschheit*, Bd. V der Werke von Karl Kraus, hg. von H. Fischer, München 1957, S. 9.

[177] K. Kraus, a. a. O., S. 724.

[178] Ebenda, S. 259.

[179] *Die dritte Walpurgisnacht* (1933).

[180] P. Chiarini, a. a. O., S. 179.

[181] Man bedenke, daß er im Jahre 1934 die brutalen gegen die Arbeiter gerichteten Maßnahmen Dollfuß' mit den Hinweis unterstützte, er stärke damit die einzige Kraft, die sich dem Nazismus widersetzen könne. Vgl. dazu L. Goldmann, a. a. O.

[182] *Die letzten Tage der Menschheit*, a. a. O., S. 260.

[183] Vgl. den Abschnitt über Karl Kraus in: E. Heller, *The Disinherited Mind*, London 1952; desgleichen C. Kohn, *Karl Kraus, polémiste et écrivian*, Paris 1963.

[184] C. Cases, *Karl Kraus*; *La parola e l'apocalissi*, in: »Spettatore italiano«, 9. Jg., Nr. 9, September 1956, S. 395.

VI. Eine Welt von gestern – ein Mythos von heute

[1] S. Kracauer, *Von Caligari bis Hitler*. Ein Beitrag zur Geschichte des deutschen Films, Hamburg 1958, S. 132.

[2] Diese Filme entstanden in den Jahren 1930 bzw. 1933, 1930, 1931, 1931.

[3] Von R. Billinger (1931).

[4] Von F. Schlögl (1938).

[5] Von E. Scheibelreiter (1935).

[6] Von W. Riemerschmid (1936). Vgl. zum Beispiel auch *Das Jahr des Herrn* von K. H. Waggerl (1933) oder *Nie stirbt das Land* des Tirolers Oberkofler (1937) usw.

[7] *Adel und Untergang* (1934), *Wien wörtlich* (1935), *Kammermusik* (1939).

[8] Definition Wiens von K. Kraus, in: F. Bruckner, *Vom Schmerz und von der Vernunft*, hg. von F. Th. Csokor, Graz–Wien 1960, S. 6.

[9] F. Werfel, *Aus der Dämmerung einer Welt* (1936), J. Roth, *Radetzkymarsch* (1932), *Kapuzinergruft* (1933) usw.

[10] Hier sind auch die zahlreichen Romane von Rudolf von Eichthal zu erwähnen, die mit Vorliebe das Leben der fernen Garnisonen der Monarchie schildern (*Miczike* [1930], *Gloria Viktoria* [1935] usw.).

[11] *In den Mauern* (1907), *Morgenrot* (1912), *Das Haus Erath* (1920), *Sonnenmelodie* (1923).

[12] *Das Haus Erath* trägt den Untertitel *Der Niedergang des Bürgertums.*

[13] F. Braun, *Herbst des Reiches*, Olten–Freiburg i. Br. 1957, S. 138.

[14] Ebenda, S. 117.

[15] Ebenda, S. 670.

[16] Ebenda, S. 30.

[17] Ebenda, S. 30 f.

[18] Vgl. *Ferdinand Raimund und die Komödie*, in: *Das musische Land*, Wien 1952, S. 87; zur Polemik gegen die Kälte des deutschen Denkens vgl. *Die Idee der Liebe in der Dichtung Österreichs*, ebenda. Vgl. auch W. Ehlers, Einleitung zu F. Braun, *Unerbittbar bleibt Vergangenheit*, hg. von W. Ehlers, Graz–Wien 1957.

[19] F. Braun, *Rudolf der Stifter*, Salzburg 1960, S. 288.

[20] Ebenda, S. 367.

[21] A. Lernet-Holenia, *Die Standarte*, Frankfurt am Main–Hamburg 1955, S. 76.

[22] Ebenda; mit dem Ende Österreich-Ungarns befassen sich auch die Romane von B. Brehm, von *Apis und Este* (1931) bis *Das war das Ende* (1932) und *Weder Kaiser noch König* (1933), die einen bedeutenden Publikumserfolg erzielten.

[23] A. Lernet-Holenia, a. a. O., S. 66.

[24] Ebenda, S. 137.

[25] Indirekter und mittelbarer, aber nicht minder bedeutend, macht sich der habsburgische Mythos bei Lernet-Holenia auch in der surrealen und phantastischen Atmosphäre vieler seiner Erzählungen bemerkbar: dieser Surrealismus ist ein zutiefst österreichischer Weg der Evasion und der Niederschlag des traditionellen leichten Wiener Geschmacks.

[26] 1937, 1950.

[27] *Die Handschuhe der Kaiserin* (1930).

[28] H. von Doderer, zit. in: H. Weigel, *O du mein Österreich*, Stuttgart 1956, S. 7.

[29] L. Andrian, *Österreich im Prisma der Ideen*, Graz 1937.

[30] Vgl. im schon zit. Band *Musik der ruhenden Welt* die Abschnitte *Ordnung*, S. 61–63, *Die drei Grundwahrheiten*, S. 73–75.

[31] Vgl. *Rede über Österreich*, die Wildgans am 1. Januar 1930 im Wiener Rundfunk hielt.

[32] J. Nadler, a. a. O., S. 509.

[33] Vgl. beispielsweise die mit witzigen Zeichnungen von A. Gerstenbrand ausgestatteten Erinnerungsskizzen von M. Jelusich: M. Jelusich–A. Gerstenbrand, *Soldaten, Künstler, Leut' und Herrschaften* (Erinnerungen zweier Altösterreicher), Wien 1961.

[34] H. Weigel, a. a. O., S. 205.

[35] H. Weigel, a. a. O., S. 28 (der Satz stammt von Fritz Grünbaum).

[36] Ebenda, S. 205.

[37] Dieses Werk erschien 1939, ein Jahr nach Roths Tod.

[38] Von H. Kesten in der Einführung zum Gesamtwerk von Roth, J. Roth, *Werke*, 3 Bde., Köln–Berlin 1956, S. III–XXVI.

[39] G. Necco spricht von »naiver oder absoluter epischer Eigenschaft« (*Realismo e idealismo nella letteratura tedesca moderna*, Bari 1937, S. 228).

[40] *Radetzkymarsch*, a. a. O., S. 337.

[41] J. Roth, *Kapuzinergruft*, in: *Werke*, a. a. O., Bd. I, S. 345.

[42] *Das falsche Gewicht* (1937).

[43] *Der Leviathan* (1940 postum erschienen).

[44] S. Slataper, *Alle tre amiche*, Mailand 1958, S. 421.

[45] Erschienen in Paris in der Zeitschrift »Das neue Tagebuch«.

[46] Erschienen in Paris in der »Österreichischen Post«.

[47] J. Roth, *Rede über den alten Kaiser*, in: *Werke*, a. a. O., Bd. III, S. 408.

[48] J. Roth, *Grillparzer*, in: Werke, a. a. O., Bd. III, S. 398.

[49] Ebenda.

[50] Ebenda, S. 393.

[51] J. Roth, *Radetzkymarsch*, a. a. O., S. 273.

[52] Ebenda, S. 271.

[53] Ebenda, S. 272.

[54] Ebenda, S. 286.

[55] Zu den eindrucksvollsten Erinnerungen an die habsburgische Welt und ihre ungreifbare Atmosphäre gehören manche Stellen des autobiographischen Bandes *Musik der Kindheit* (1927/28) von Anton Wildgans. Hier entsteht das idyllische Bild Wiens aus der Erinnerung an die Kindheit in der Josefstadt: täglich um Punkt zwölf Uhr fand die zeremoniöse Ablöse der Justizwache vor dem Landesgericht statt, ungarische Regimenter defilierten vorbei, und aus der nahen Piaristenkirche drang Orgelklang in die Gänge des Gymnasiums; bei Soldatenbegräbnissen erhob sich »aus dem knatternden Wirbel der Trommeln empor … als das

stärkste Symbol jenes unvergeßlichen Vaterlandes der Kindheit in herrlich genauem Zusammenklang der Instrumente mächtig, feierlich und immer wieder erschütternd, die begnadete Melodie des ›Gott erhalte‹« (zit. in: A. Wildgans, *Gesang vom Menschen*, hg. von H. Vogelsang, Graz–Wien, 1959 S. 62). Aus der Kaserne klangen schwermütige, fremdsprachige Lieder, wunderschöne Frauen fuhren in ihren Wagen vorbei, wohlhabende Bürger tranken im Wirtshausgarten ihren Wein und »Lavendelfrauen« verkauften ihre Büschel.

[56] Vgl. vor allem *Der Weg der Verheißung* (1935) und *Höret die Stimme* (1937).

[57] A. Spaini, *Il teatro tedesco*, Mailand 1933, S. 204.

[58] Ebenda, S. 203.

[59] In dem Band *Aus der Dämmerung einer Welt*.

[60] *Der Abituriententag* (1938), ebenda.

[61] F. Werfel, *Kleine Verhältnisse*, Berlin–Wien–Leipzig 1931, S. 106.

[62] F. Werfel, *Der Abituriententag*, Berlin–Wien–Leipzig 1928, S. 244f.

[63] Ebenda, S. 176.

[64] Ebenda, S. 113.

[65] In dem Band *Aus der Dämmerung einer Welt*.

[66] Vgl. P. Stöcklein, *Franz Werfel*, in: *Deutsche Literatur im 20. Jahrhundert*, hg. von H. Friedmann und O. Mann, Heidelberg 1955, S. 272.

[67] *Erasmus von Rotterdam* (1934).

[68] Sie umfaßt die drei Dramen *Besetztes Gebiet* (1930), *Dritter November 1918* (1936), *Der verlorene Sohn* (1943, erschienen 1946).

[69] Besonders in den Dramen *Gewesene Menschen* (1932), *Hebt den Stein ab* (1956, erschienen 1957), *Treibholz* (1953, Manuskript).

[70] Vgl. *Als Zivilist im Polenkrieg* (1940) und *Als Zivilist im Balkankrieg* (1946).

[71] F. Th. Csokor, *Dritter November 1918*, Wien 1957, S. 31.

[72] Ebenda, S. 59.

[73] In: *Auf fremden Straßen* (1955).

[74] Zit. in: F. Th. Csokor, *Du bist gemeint!*, hg. von E. Buschbeck, Graz–Wien 1959, S. 110.

[75] Vgl. V. Suchy, *Friedrich Schreyvogl*, in: »Wort in der Zeit«, III. Jg., H. 10, Oktober 1957, S. 2.

[76] Aus den Jahren 1924 bzw. 1924, 1925.

[77] Zit. in: F. Schreyvogl, *Bild und Sinnbild der Welt*, hg. von M. Enzinger, Graz–Wien 1959, S. 11.

78 Ebenda.

79 *Die Schicksalssymphonie*, Hamburg 1952, S. 108.

80 *Die Dame in Gold*, München 1957, S. 268.

81 Zit. in: F. Schreyvogl, *Bild und Sinnbild der Welt*, a. a. O., S. 111.

82 Ebenda.

83 Ebenda, S. 113.

84 Von den »österreichischen« Werken Schreyvogls seien hier noch die Romane *Der Friedländer* (1943) und *Das fremde Mädchen* (1955), die szenische Ballade *Johann Orth* (1928), die Komödien *Die kluge Wienerin* (1941) und *Die Weiße Dame* (1942), über ein Thema von Hermann Bahr, erwähnt.

85 R. Musil, *Der Mann ohne Eigenschaften*, a. a. O., S. 35.

86 Vgl. E. Alker, *Il romanzo sociologico*, in: »Rivista di letterature moderne e comparate«, II. Jg., H. 1, März 1958, S. 12–24. Zur Nachwirkung des habsburgischen Verfalls in der Literatur vgl. auch die Besprechung von G. Dolfini über den *Mann ohne Eigenschaften*, in: »Belfagor«, 4, 1957, S. 474ff.

87 Entstanden 1917/18, erschienen 1924.

88 Kafka starb 1924.

89 Erschienen 1931.

90 Musil begann dieses Werk schon 1898, änderte aber mehrmals gänzlich dessen Anlage und Formulierung. Der erste Teil erschien 1930, der erste Band des zweiten 1933; 1943 wurden andere, noch nicht erschienene Kapitel von seiner Witwe veröffentlicht; 1952 erschien der gesamte Roman.

91 *Der Mann ohne Eigenschaften*, a. a. O., S. 33ff.

92 Ebenda, S. 16.

93 Ebenda, S. 1640.

94 E. Mach, *Die Analyse der Empfindungen und das Verhältnis des Physischen zum Psychischen*, Jena 1900.

95 *Was arbeiten Sie? Gespräch mit Robert Musil* (Interview aus dem Jahre 1926 mit Oskar Maurus Fontana), in: R. Musil, *Tagebücher, Aphorismen, Essays und Reden*, hg. von A. Frisé, Hamburg 1955, S. 785.

96 *Der Mann ohne Eigenschaften*, a. a. O., S. 157f.

97 G. Baumann, *Robert Musil*, in: »Germanisch-Romanische Monatsschrift«, N. F., Bd. III, H. 4, Heidelberg, Oktober 1953, S. 296.

98 R. Musil, *Prosa, Dramen, Späte Briefe*, hg. von A. Frisé, Hamburg 1957, S. 392.

99 *Der Mann ohne Eigenschaften*, a. a. O., S. 164.

100 Ebenda, S. 152.

[101] G. Baumann, a. a. O., S. 311.

[102] *Der Mann ohne Eigenschaften*, a. a. O., S. 77.

[103] Ebenda, S. 247. L. Mittner hat sehr scharfsinnig den analogen psychischen Vorgang herausgestellt, der diesen Moosbruggerschen Assoziationen zugrunde liegt: »Die Psychiater glauben, mit dieser Antwort beweisen zu können, daß Moosbrugger verrückt ist; nach Musil ist die Antwort völlig gerechtfertigt. Der geläufigste Name des Eichhörnchens ist Eichkätzchen, also sozusagen eine Katze, die auf Eichen lebt; doch Moosbrugger, der in der Welt herumgekommen ist, entsinnt sich in diesem Moment, daß man in Bayern das Eichhörnchen Baumfuchs nennt; er folgt also durchaus richtigen Ideenverbindungen; das Tier, das einmal als Katze, einmal als Fuchs erscheint, kann sehr gut auch ein Hase sein.« (L. Mittner, *Robert Musil e l'unità irreparabile del tempo perduto*, in: *La letteratura tedesca del Novecento*, a. a. O., S. 330.)

[104] *Der Mann ohne Eigenschaften*, a. a. O., S. 247.

[105] Der erste Entwurf, *Monsieur de Vivisecteur*, stammt aus dem Jahre 1898. In engstem Zusammenhang mit dem Hauptthema des Romans stehen einige andere Werke des Autors, wie das Drama *Die Schwärmer* (1921) oder die Posse *Vinzenz oder die Freundin bedeutender Männer* (1923), die geradezu als Varianten des *Mannes ohne Eigenschaften* gelten können. Sehr nahe steht auch die Problematik anderer Werke, von den *Verwirrungen des Zöglings Törleß* (1906), den *Vereinigungen* (1911) und den *Drei Frauen* (1924) bis *zu Isis und Osiris*, ein Gedicht, das das Thema der vollkommenen inzesthaften, »schwesterlichen« Vereinigung zwischen Ulrich und Agathe vorwegnimmt.

[106] *Der Mann ohne Eigenschaften*, a. a. O., S. 177f.

[107] L. Mittner, a. a. O., S. 322.

[108] G. Devescovi, *Ritratto di Robert Musil*, in: »Umana«, IX. Jg., Triest, Mai–Juni 1960, Nr. 5–6, S. 26.

[109] L. Mittner, a. a. O., S. 323.

[110] Zit. in: R. Musil, *Drei Frauen*, Hamburg 1959, S. 148.

[111] Bezeichnend sind in diesem Zusammenhang einige ausgesprochen politische Aufsätze wie *Politik in Österreich* (1913), *Europäertum, Krieg, Deutschtum* (1914), *... und Nationalismus Internationalismus* (ungefähr 1919), *Buridans Österreicher* (1919), *Der Anschluß an Deutschland* (1919) usw., auf die noch hingewiesen werden soll.

[112] G. Lukács, *Wider den mißverstandenen Realismus*, Hamburg 1958, S. 27. Auch A. Rendi, *Robert Musil*, Mailand 1963, betont oft Musils konservative Haltung.

[113] Titel dieser Anmerkung, enthalten im Tagebuch 1838–39.

114 *Psychologia phantastica*, in: *Tagebücher, Aphorismen, Essays und Reden*, a. a. O., S. 435.

115 *Tagebücher*, a. a. O., S. 475.

116 Ebenda, S. 398.

117 G. Baumann, *Robert Musil – Die Struktur des Geistes und der Geist der Struktur*, in: »Germanisch-Romanische Monatsschrift«, Bd. X, H. 4, Oktober 1960, S. 438.

118 *Der Mann ohne Eigenschaften*, a. a. O., S. 125.

119 Ebenda.

120 *Tonka*, in: *Drei Frauen*, 1924.

121 *Der Mann ohne Eigenschaften*, a. a. O., S. 152.

122 Ebenda, S. 175.

123 Ebenda.

124 *Politik in Österreich* (1913), in: *Tagebücher*, a. a. O., S. 589 f.

125 Vgl. *Buridans Österreicher* (1919).

126 *Europäertum, Krieg, Deutschtum* (1914), in: *Tagebücher*, a. a. O., S. 596.

127 Ebenda, S. 597. Obgleich Hösle das Fehlen des geschichtlichen Moments hervorhebt, betont er doch die Antithese zwischen Ulrich und den traditionellen statisch-kaiserlichen österreichischen Gestalten, wodurch er die »Austriazität« des Buchs begrenzt (*Utopia e realtà ne L'uomo senza qualità*, in: »Rivista di letterature moderne e comparate«, Bd. 12, H. 2, Juni 1959, S. 120, 127).

128 L. Mittner, a. a. O., S. 333.

129 *Der Mann ohne Eigenschaften*, a. a. O., S. 86.

130 Ebenda.

131 Ebenda, S. 91.

132 Ebenda, S. 92.

133 Ebenda, S. 195.

134 Ebenda, S. 472.

135 Ebenda, S. 59 f.

136 So lautet der Untertitel der *Strudlhofstiege oder Melzer und die Tiefe der Jahre*, 1951.

137 L. Mittner, *Heimito von Doderer fra i mostri e la grammatica latina*, in: *La letteratura tedesca ...*, a. a. O., S. 349.

138 In seinem überaus gelungenen Aufsatz über Doderer betont J. Hösle die eindringliche, dunkle Gegenwart dieser Transzendenz, dieses Jenseitigen im Diesseitigen. (*L'epopea viennese di H. von Doderer*, in: «Rivista di letterature moderne e comparate«, Bd. 13, H. 4, Dezember 1960, S. 240.)

139 L. Mittner, a. a. O., S. 346 f.

140 Vgl. dazu K. A. Horst, *Dämonie der zweiten Wirklichkeit,*

Rede auf Heimito von Doderer, in: »Merkur«, X. Jg., H. 10, Stuttgart, Oktober 1956, S. 1008.

141 Bezeichnend ist der Untertitel der *Erleuchteten Fenster oder Die Menschwerdung des Amtsrates Julius Zihal.*

142 H. von Doderer, *Die erleuchteten Fenster*, München 1950, S. 156.

143 Ebenda.

144 *Die Strudlhofstiege*. Über die Bedeutung dieser Verwendung des Taufnamens, die Melzers Menschwerdung betont, vgl. F. Sulke, *Menschen an der Strudlhofstiege*, in: »Wort und Wahrheit«, VI. Jg., Wien 1951, S. 774.

145 *Die Strudlhofstiege*, München 1958, S. 909.

146 *Die erleuchteten Fenster*, a. a. O., S. 140.

147 H. Eisenreich in: H. von Doderer, *Wege und Umwege*, hg. von H. Eisenreich, Graz–Wien 1960, S. 7.

148 *Die erleuchteten Fenster*, a. a. O., S. 7.

149 Ebenda, S. 15.

150 Ebenda, S. 176.

151 Nach dem Tod des Autors (1954) erschienen.

152 G. von Rezzori, *Ein Hermelin in Tschernopol*, Hamburg 1958, S. 20.

153 Ebenda, S. 19.

154 F. Virdia, *Cosmopolita nel mondo di ieri*, in: »La Voce Republicana«, 23–24, II, 1962, S. 3.

155 Ebenda.

Namenregister